Horizontes
Gramática y conversación

Cuarta edición

Graciela Ascarrunz Gilman

(late) University of California, Santa Barbara

K. Josu Bijuesca

Universidad de Deusto

HEINLE & HEINLE
™
THOMSON LEARNING

United States • Australia • Canada • Mexico • Singapore • Spain • United Kingdom

HEINLE & HEINLE

THOMSON LEARNING

Horizontes, 4/e
Gramática y conversación
Gilman (late); Bijuesca

Publisher: Wendy Nelson
Marketing Manager: Jill Garrett
Senior Production Editor and Developmental Editor Supervisor: Esther Marshall
Senior Developmental Editor: Glenn A. Wilson
Associate Marketing Manager: Kristen Murphy-LoJacono
Manufacturing Manager: Marcia Locke

Compositor: Victory Productions, Inc.
Project Manager: Sharla Volkersz
Photo Researcher: Billie Porter
Interior Designer: Rita Naughton
Cover Designer: Ha Nguyen
Illustrator: Dave Sullivan
Printer: R.R. Donnelley & Sons Co.

Library of Congress Cataloging-in-Publication Data:

Gilman, Graciela Ascarrunz de.
  Horizontes : gramática y conversación /
  Graciela Ascarrunz Gilman,
  K. Josu Bijuesca.—4th ed.
  p. cm.
  Includes index.
  ISBN **0-8384-1466-4** (student text) – ISBN 0-8384-1468-0 (instructor's ed.)
    1. Spanish language—Grammar.   2. Spanish language—Textbooks for foreign students— English. I. Bijuesca, K. Josu. II. Title.

PC112.G49 2000
468.2'421—dc21
                                    00-063277

This book is printed on acid-free recycled paper.

Contenido

Preface

TO THE STUDENT

The *Horizontes* program is designed to help you move from elementary to advanced Spanish at the college level. The grammar text is *Horizontes: Gramática y conversación*. The reader, *Horizontes: Cultura y literatura*, is also a conversation and activity guide. The workbook/laboratory manual *(Manual de laboratorio y de ejercicios)* is accompanied by a series of audio CDs. The entire program includes a complete review of what you have learned in beginning Spanish classes, as well as carefully chosen new materials that we think you will find stimulating and effective.

As its title suggests, *Horizontes: Gramática y conversación* gives you a broader grasp of language concepts by presenting grammatical structures in real-life contexts. When the first edition of *Horizontes* appeared in 1984, we said that class time should be reserved principally for oral practice and that grammatical discussion should be streamlined and highlighted through charts which we designed to give students a quick reference guide and explanation. Over the years, instructors using *Horizontes* have reported that these visual presentations of grammar have helped their students understand and remember the most important structures of the language as they developed the ability to communicate by listening, speaking, reading, and writing.

The following are hallmarks of the *Horizontes* program:

- A strong correlation of vocabulary, charts, and exercises helps you more easily integrate newly learned vocabulary and grammar as you use the language in communicative activities.
- Use of authentic reading materials exposes you to real language and prepares you to read at higher levels.
- A pre-writing section, *Antes de escribir*, helps you master Spanish spelling and organize your thoughts.
- Each chapter highlights a different Spanish-speaking country to help you gain an appreciation for the diversity of Hispanic cultures.

To spur your progress in the language, we have written *Horizontes: Gramática y conversación* entirely in Spanish (except for the use of English for complete and efficient explanation of vocabulary). Don't feel intimidated by this. An all-Spanish text is a natural complement to a classroom in which only Spanish is spoken. We want you to feel encouraged to acquire a genuine command of the language and to free yourself from dependence on English. Even if you have previously used texts written in English, you will not be at a disadvantage. You will find that the visual presentation of grammar structures in *Horizontes* effectively eliminates your need for English to do your homework.

You may need many opportunities to use the language in contexts that are as close as possible to what you would encounter in a Spanish-speaking society. Our program is designed to give you these opportunities. This also implies giving you most of the responsibility for your learning. Make a genuine attempt to absorb the underlying grammatical concepts on your own when interaction with others is not essential to advance your knowledge. Take advantage of class time to ask questions (in Spanish of course!) about the homework that you might not have fully grasped, to understand what your instructor is saying, and to participate with your classmates in the activities that, we hope, will inspire you to talk and talk and talk.

TEXT ORGANIZATION

In the fourth edition text, you will find the material divided into ten lessons, each of which is organized as follows.

Enfoque

The drawing at the beginning of each lesson depicts a scene from everyday life (such as *Primer día de clase, En el aeropuerto, Los quehaceres domésticos, En la sala de espera*). It is followed by two or three conversational activities and a list of *Vocabulario para la comunicación*. Together, the drawing and the vocabulary help you concentrate immediately on speaking. We won't overload you with new words and we will make sure the vocabulary we give you is appropriate for conversation about the topic illustrated in the drawing. We will also make sure these same words appear later in the text for more practice.

Perspectivas

Reading—and understanding what you read—is important in order to learn to speak fluently. For *Perspectivas* we have chosen topics with your interests in mind (such as *El proceso de matricularse, Los negocios del diablo, La medicina casera, ¿Ciudad sucia o ciudad limpia?*). You'll find they combine cultural, practical, and contemporary issues with aspects of Spanish and Latin American life. After these cultural readings we'll ask you some questions and invite you to find a partner for more extensive discussion.

Gramática

Studying the grammar at home will pay off when you do the class activities that are designed to help you put grammar concepts to practical use.

Reading selections help you see all-important grammar concepts employed in authentic material from newspapers, magazines, advertisements, and so forth. Here you will see "textbook Spanish" translated into daily interchanges among Spanish speakers. This is how verbs, pronouns, prepositions, and other grammatical items become genuine tools of communication.

Grammatical presentations will give you concise explanations of several related points in the paragraphs you have read. We've provided charts to help you focus on the most important items. You should be able to grasp these largely visual explanations without help from the teacher.

The *Actividades* sections are based on real-life situations and contain a variety of practice. Some of these have specific answers; others are more open-ended and call for your creative input. All are closely related to the lesson theme; the idea is to give you repeated opportunities to practice the same vocabulary and grammar so that by the end of a lesson you can express yourself in certain contexts with a natural confidence.

¡Ojo con estas palabras!

This section urges you literally to keep a sharp eye out for tricky Spanish words whose meanings can fool the English speaker. Good Spanish speakers do not confuse *saber* and *conocer*, though both are literally translated as "to know" in English, and they will select automatically the correct way to say "to take," choosing between *llevar* and *tomar*. They will not assume that *actualmente* means "actually," but instead "presently, right now." Take this section seriously and commit these words and expressions to memory.

Ampliación y conversación

The activities in this section are designed to "put it all together" for you. You have a chance to practice in still more sophisticated exercises the vocabulary, grammatical, and cultural topics that you have been learning in progressive steps from the beginning of the lesson. As always, the emphasis is on oral practice in activities such as *Encuestas*, *Mesas redondas*, and *Minidramas*. We have found that students particularly like these activities because they bring out the ham—and the philosopher—who lives in each of us.

The final *¿Qué saben Uds. de... ?* activities provide a wealth of suggestions for investigating important aspects of the highlighted country's culture.

Antes de escribir: ¡Revise su ortografía!

This section provides basic spelling rules to help improve your writing skills in Spanish. While necessary to every student of Spanish, this section is particularly useful to native speakers or heritage language learners who have had little or no Spanish language instruction.

Composición

We like to talk about the *art* of writing at this stage. In assignments that may ask you to compose a letter, an opinion essay, or a detailed description, you are given an opportunity to say what you think and put your feelings into words, without the pressure of pronouncing words correctly or speaking off the top of you head. You can—and should—take the care of an artist with these creations, and polish them, revise them, and retouch them before handing them in.

The Table of Contents doesn't mention a section called *"¡Que te diviertas!"* That's because there isn't one. We are hoping that everything else mentioned there adds up to an enjoyable experience. It's a cliché to say that learning should be fun, but popular sayings have their origin in truth. That's the reality we had in mind when we created this learning program for Spanish students. We've demanded that you work hard at home and participate energetically in class precisely because we know that hard work nets results. If the product of your diligence in this instance is a vastly improved ability to communicate in the real world of Spanish, we know that you are going to be thrilled with yourself. *¡Buen viaje hacia nuevos horizontes en español!*

Dedicamos esta edición de *Horizontes*
a la memoria de Graciela Ascarrunz Gilman,
profesora y amiga, cuyo amor por la enseñanza del español
es lazo de entendimiento entre el mundo hispano y el anglosajón.

Acknowledgments

As we move into a fourth edition of the *Horizontes* program, we are indebted to the many students and colleagues who have helped shape both volumes with their feedback. We thank them for their perceptive comments and suggestions as they've reacted to reading selections as we considered including them. We would also like to thank Marian Zwerling Sugano for her contributions to previous editions of *Horizontes*. A very special thanks to Kimberley Sallee for revising the workbook/lab manual and testing program, and for creating the all-new fourth edition web site, and to Jennifer Rogers for preparing activities to accompany the new, fourth-edition video program.

We would like to thank Wendy Nelson, Publisher, Glenn Wilson, Senior Developmental Editor, and Esther Marshall, Senior Production Editor and Developmental Editor Supervisor, all at Heinle and Heinle, for their support and collaboration throughout the development of this edition. Many thanks also to our friends and colleagues whose support, creative suggestions, and constructive criticism helped make this fourth edition of *Horizontes* possible, and to our production team: Sharla Volkersz, Project Manager; Linda Smith and Patrice Titterington, Proofreaders; and Victory Productions, Inc., Compositor.

We are very grateful to the following reviewers for their many insightful suggestions on this and previous editions of the *Horizontes* program:

Chad Everett Allan
Diane Andrew
Yvette Aparicio
Elise Araujo
Marius Cucurny
María Falcón
Luisa García-Verdugo
Norma Grasso
Garrett Gregg
Jeanette Harker
Francisco Iñíguez
Saúl Jiménez S.
Juergen Kempf
April Koch

Kimberly Kowalczyk
Esther Marion
Timothy McGovern
Elina McPherson
Olga Marina Moran
Michelle Natan
Judith Nemethy
Ted Peebles
Yolanda Rosas
Jennifer Ryan
Bradley Shaw
Sally Stokes Sefami
Carmen Urioste Azcorra
Andrea Warren Hamos

LECCIÓN 1

Primer día de clase

¡Encantada de conocerlo!

Las clases comienzan hoy. Para muchos estudiantes éste es su primer día de vida universitaria. Aunque están un poco nerviosos, todos desean hacer nuevas amistades o encontrarse con sus compañeros del año anterior para hablar de las vacaciones y del nuevo año escolar.

1. Observe el dibujo con atención y describa:
   a. el lugar
   b. el número de estudiantes
   c. su aspecto físico
   d. la ropa que llevan
   e. …

2. Conteste las siguientes preguntas.
   a. ¿Cómo sabemos que los muchachos son estudiantes? ¿Cuántos son? ¿Cuántos chicos y cuántas chicas hay? ¿Cómo es la expresión de la cara de cada estudiante? ¿de alegría? ¿de preocupación?
   b. ¿Piensa Ud. que esta escena es al comienzo o al final del curso? ¿Por qué?
   c. ¿Qué lleva en la mano derecha el muchacho del Diálogo A? ¿Qué profesión tiene? ¿Qué desea hacer?
   d. ¿En qué facultad están inscritos estos estudiantes? ¿Sabe Ud. qué materias se estudian en esta facultad?
   e. En el Diálogo C, ¿a quién acaba de conocer Alfonso? ¿Podría Ud. describir a Alfonso? ¿y a María Elena?
   f. ¿Qué profesión podría tener la persona que sale de la facultad? ¿Qué ropa lleva? ¿Se visten así los profesores de su universidad?
   g. ¿Cuál es el tema de la conversación del chico y la chica del Diálogo B?

ENFOQUE

ACTIVIDAD 1   ¡Charlemos!

Preséntese a uno(a) de sus compañeros de curso. Después, hágale las siguientes preguntas. Use siempre la forma familiar (tú) al hablar con sus compañeros. Trate de obtener la mayor información posible.

1. ¿Cómo te llamas?
2. ¿Cuántos años tienes?
3. ¿Dónde vives?
4. ¿Qué estudias?
5. ¿Por qué estudias español (historia, matemáticas, literatura)?
6. ¿Qué haces en tu tiempo libre? ¿Te gusta ir al cine? ¿a la playa? ¿a conciertos de rock? ¿...?
7. ¿Tienes coche? ¿De qué color es tu coche? ¿de qué marca? ¿qué modelo? ¿Funciona bien? ¿Te gustaría comprar un coche nuevo? ¿Por qué?
8. ¿...?

VOCABULARIO PARA LA COMUNICACIÓN

Cortesías de la vida social

Para presentar a alguien

Quiero (Quisiera[1]) presentarle(te) a... *May I introduce you to . . .*
Me gustaría presentarle(te) a... *I would like you to meet . . .*
Mucho gusto en {**conocerlo(la).** **conocerte.**} *Pleased to meet you.*

El gusto es mío. *The pleasure is mine.*
Encantado(a). *Pleased to meet you.*
Es un placer. *It is a pleasure.*
Gusto de conocerlo(la). *It has been nice meeting you.*

Para conocer a alguien

¿Cómo se (te) llama(s)? *What is your name?*
Me llamo... *My name is . . .*

¿Qué tal? *How are you?*
¿Cuál es su (tu) apellido? *What is your last name?*

Al entrar en una oficina

¿Puedo pasar? *May I (come in)?*
Pase (Pasa), por favor. *Please, come in.*
¡Adelante! *Go ahead!*

¿En qué puedo servirle(te)? *What can I do for you?*
Siéntese (Siéntate), por favor. *Please, sit down.*

Al recibir a alguien en su casa

¡Bienvenido(a)! *Welcome!*
¡Qué alegría {**verlo(la)!** **verte!**} *How nice to see you!*

Tome(a) asiento, por favor. *Please, sit down.*
Está(s) en su (tu) casa. *Make yourself at home.*

---

[1] **Quisiera** *(I would like to, may I?)* es una forma más cortés que **quiero**.

Para solicitar información

¿Cómo se dice... ? *How do you say . . . ?*
¿Qué quiere decir... ? *What does . . . mean?*
¿Qué es esto? *What is this?*
Dígame (Dime)... *Tell me . . .*
Para empezar... *To begin with . . .*
Me gustaría saber... *I would like to know . . .*
¿Podría[1] hablar con... ? *Could I speak to . . . ?*
Quisiera hacerle(te) una pregunta. *I would like to ask you a question.*
¿Me puede(s) (podría[s]) decir... ? *Can (Could) you tell me . . . ?*
explicar... ? *explain . . . ?*

Quisiera decirle(te) que... *I would like to tell you that . . .*
¿Qué le (te) parece si... ? *What do you think about . . . ?*
¿Qué opina (opinas) de... ? *What is your opinion about . . . ?*
¿Qué hace(s) en su (tu) tiempo libre? *What do you do in your free time?*

Para solicitar (pedir) ayuda

Quisiera pedirle(te) un favor. *I would like to ask you a favor.*
¿Me puede(s) ayudar? *Can you help me?*
Mil gracias. *Thank you very much.*

Un millón de gracias. *Thanks a lot.*
Muchísimas gracias (por...). *Thanks a lot (for . . .).*
No hay de qué.⎫
De nada.⎭ *You're welcome.*

Para pedir disculpas

¡Perdone! (¡Perdona!)⎫
¡Disculpe! (¡Disculpa!)⎭ *Excuse me.*

Lo siento (mucho). *I am (very) sorry.*

Para despedirse

Hasta luego. *See you later.*
Hasta la vista. *So long.*
Hasta pronto. *See you soon.*

Adiós. *Good-bye*
Cuídese (Cuídate). *Take care.*

Algunas exclamaciones

¡No me diga(s)! *You don't say!*
¡Claro que sí!⎫
¡Cómo no!⎟
¡Pero claro!⎬ *Of course!*
¡Por supuesto!⎟
¡Desde luego!⎭
¡Estupendo! ¡Magnífico! *Wonderful! Magnificent!*
¡Súper! ¡Fantástico! *Super! Fantastic!*

¡Qué sorpresa (verte por aquí)! *What a surprise (to see you around here)!*
¡Qué bien! *Fine!*
¡Vale!⎫
¡De acuerdo!⎭ *O.K.!*
¡Qué lástima!⎫
¡Qué pena!⎭ *What a pity!*
¡Qué (mala) suerte! *What (bad) luck!*
¡No lo puedo creer! *I can't believe it!*
¡Ya era hora! *It was about time!*
¡Ni hablar!⎫
¡Qué va!⎭ *No way!*

---

[1] **¿Podría...?** = *Could I . . . ?* es una forma de cortesía como **quisiera**.

¿Sabía Ud. que... ?

Un colegio mayor es una residencia para estudiantes que depende de una universidad. Para poder vivir allí es necesario solicitar una plaza con bastante anticipación, ya que muchos estudiantes españoles viven en colegios mayores hasta que terminan la carrera.

El Pub Royalty es un lugar de reunión en la zona de La Castellana en Madrid, muy popular en el verano por sus terrazas. La gente joven se reúne hasta muy tarde en la madrugada para conversar y oír música.

Los ligues, ligar son palabras coloquiales que usan los jóvenes para expresar las relaciones amorosas informales.

Ir de tapas es la costumbre de recorrer varios bares con el propósito de probar diferentes platillos y tomar unas copas de vino.

Nuevas amistades

María Elena Martínez (ME) acaba de llegar a Madrid y está viviendo en un colegio mayor. En este momento está en la cafetería, desayunando a toda prisa. Armando Bonilla (A), un muchacho español, se acerca a la mesa.

A: Hola, ¿qué tal?

ME: ¡Hola!

A: ¿Estudias aquí?

ME: Sí, empiezo este año ciencias políticas.

A: ¡Qué bien! Creo que te va a gustar. Tengo varios amigos que estudian esa *carrera*. ¿Cómo te llamas?

profesión

ME: María Elena. ¿Y tú?

A: Armando, Armando Bonilla. ¿De dónde eres, María Elena?

ME: Soy de la Florida. Mis padres son de Cuba.

hace que estás

A: ¿Cuánto tiempo *llevas* en Madrid?

ME: Casi una semana. Llegué el viernes.

Listen

A: *Oye*, ¿no te gustaría salir una noche y conocer el Pub Royalty? Es un lugar divertidísimo.

ME: Lo siento, Armando. No he venido a España a divertirme, sino a estudiar.

A: Así nunca vas a llegar a conocer bien la vida en España.

ME: ¿Por qué dices eso?

A: Bueno... pues... no todo es el estudio. Me refiero a... experiencias nuevas, diversiones, ligues. Todo eso también forma parte de la vida, ¿no? A los estudiantes aquí les gusta salir por la noche. Así uno puede conocer a mucha gente interesante, digo yo.

pasear un poco

ME: Bueno, quizás tienes razón y yo debería tratar de hacer amistad con chicos españoles.

A: Oye, ¿qué te parece si esta noche vamos de tapas, a *dar una vuelta*, a bailar a una discoteca; en fin, a divertirnos...?

ME: Me has convencido. ¿Por qué no pasas por el colegio mayor a las ocho?

A: ¡Vale! Hasta luego.

ACTIVIDAD 2   Comprensión de la lectura

Conteste las siguientes preguntas, según el diálogo.

1. ¿Cómo comienza la amistad entre María Elena y Armando?
2. ¿Cuál es la primera reacción de María Elena cuando Armando le propone salir por la noche?
3. ¿Qué argumentos usa Armando para convencer a María Elena?
4. ¿Por qué decide María Elena salir a divertirse?

ACTIVIDAD 3   Y Ud., ¿qué opina de la lectura?

1. ¿Cómo se imagina Ud. a Armando Bonilla? ¿Cree Ud. que es un buen estudiante? ¿Y qué nos puede decir de María Elena?
2. ¿Piensa Ud. que Armando busca una simple amistad o un ligue? ¿Por qué?
3. Según Armando, ¿qué otros aspectos, además de los estudios, son también parte de la vida? ¿Está Ud. de acuerdo?
4. Si Ud. fuera a España, ¿le gustaría vivir en un colegio mayor o preferiría compartir un apartamento con otros estudiantes?

ACTIVIDAD 4   ¿Salimos a divertirnos?

Complete el diálogo con un(a) compañero(a) de clase.

—¡Hola! ¿Qué tal?

—

—¿Cómo te llamas?

—

—¿Qué estudias?

—

—¿De dónde eres?

—

—¿Cuánto tiempo llevas aquí?

—

—Me gustaría salir esta noche. ¿Conoces alguna discoteca o algún lugar para divertirse?

—Oye, ¿qué te parece si salimos juntos?

—

—¿A qué hora quieres que pase a buscarte?

—

—Entonces, hasta más tarde.

ACTIVIDAD 5   ¿Qué contestaría Ud.?

1. —Me gustaría presentarte a mi papá.
   —

2. —Perdone, ¿puedo pasar?
   —

3. —Siéntese, por favor.
   —

4. —Para empezar, ¿podría hacerle una pregunta?
   —

5. —Muchísimas gracias.
   —

Entrevista con Marcos Sánchez

journalist
film

El actor de cine Marcos Sánchez (MS) habla con el *periodista* Patricio Aldama (PA) sobre su última *película* filmada en Argentina.

PA: Buenos días, señor Sánchez. ¿Puedo pasar?

MS: ¡Por supuesto! Pase Ud. ¿En **qué** puedo servirle?

PA: Soy periodista y quisiera hacerle unas preguntas.

MS: Con mucho gusto. Siéntese, por favor.

PA: Gracias. Para empezar, ¿podría decirme **cuál** es su nacionalidad?

MS: Soy argentino.

PA: ¿**Cuántas** películas ha filmado Ud.?

filmando

MS: Tres. Ahora estoy *rodando* la cuarta.

PA: ¿**Cómo** se titula la película?

MS: *El gaucho.* La estamos filmando en Argentina.

PA: ¿Para **cuándo** van a terminarla?

MS: Para el mes que viene, si todo va como hasta ahora.

PA: ¿**Quién** es el director?

MS: Francisco Guerrero, un buen amigo mío.

PA: ¿**Qué** opina Ud. de esta película?

MS: Creo que es muy buena y estoy seguro de que le va a gustar al público. En esta película soy un hombre pobre que vive en el campo, fuera de la ley.

PA: ¿**Por qué** aceptó ser un antihéroe?

roles

MS: Porque pienso que para ser un buen actor hay que interpretar diferentes *papeles* en diferentes situaciones.

PA: ¿**Dónde** cree Ud. que debe filmarse esta película?

jungla / grasslands

MS: En escenarios naturales, como la *selva*, o la *pampa* argentina en este caso. ¿No le parece?

PA: ¡Claro que sí! Bueno, pues... muchísimas gracias por la entrevista, señor Sánchez. Le deseo mucha suerte con su nueva película.

MS: Gracias. ¡Hasta pronto!

ACTIVIDAD 6   Comprensión de la lectura

Diga si la oración es verdadera o falsa según la lectura. Si es falsa, diga por qué.

1. V_____ F_____ Marcos Sánchez es un actor de cine.
2. V_____ F_____ La película *El gaucho* se está rodando en Venezuela.
3. V_____ F_____ Marcos Sánchez ha filmado cinco películas.
4. V_____ F_____ El actor piensa que al público no le va a gustar *El gaucho.*
5. V_____ F_____ Según el periodista, un buen actor tiene que actuar en diferentes papeles.
6. V_____ F_____ Marcos Sánchez dice que las películas deben filmarse en escenarios naturales, pero el periodista no está de acuerdo.

ACTIVIDAD 7   ¿Qué preguntaría... ?

Empareje las respuestas de la columna A con las preguntas de la columna B.

A
1. —
   —Muy bien, gracias.
2. —
   —Tengo muchas ganas de ver una película.
3. —
   —*El gaucho.* La acaban de filmar.
4. —
   —Marcos Sánchez. Es un actor argentino muy bueno.
5. —
   —En el cine Rex.
6. —
   —En la Plaza de España.
7. —
   —A las ocho y media.
8. —
   —No te preocupes. Yo te invito.

B
a. ¿Dónde está el cine Rex?
b. ¿Qué película?
c. ¿En qué cine pasan esa película?
d. ¿Cuánto cuesta el billete?
e. Hola, ¿qué tal?
f. ¿Quién es el actor principal?
g. ¿A qué hora la pasan?
h. ¿Qué piensas hacer esta noche?

ACTIVIDAD 8   Y a ti, ¿qué películas te gustan?

María Elena y Armando no se ponen de acuerdo. A ella le gustan las películas de amor, las películas de Walt Disney y el cine mudo *(silent)*. A él le gustan las comedias, las películas de vaqueros y el cine clásico. Y a los estudiantes de su clase, ¿qué les gusta? Hágale las siguientes preguntas a su compañero(a).

1. Y a ti, ¿qué películas te gustan?
2. ¿Te gusta ir al cine? ¿Cuántas veces a la semana (al mes) vas al cine?

3. ¿Cuál es tu actor favorito? ¿Podrías describirlo?
4. ¿Cuál es tu película favorita? ¿Podrías resumir el argumento?
5. ¿Qué opinas de las escenas de violencia y sexo en el cine?

GRAMÁTICA

 A. Los interrogativos

Para solicitar información	Ejemplos
¿Cómo? *How?*	—¿**Cómo** te llamas? —Me llamo Herlinda Ramírez.
¿Cuál? ¿Cuáles? *Which one(s)? What?*	—¿**Cuál** es tu nacionalidad? —Soy cubana.
¿Cuánto? ¿Cuánta? ¿Cuántos? ¿Cuántas? *How much? How many?*	—¿**Cuántos** años tienes? —Tengo veintidós años.
¿Cuándo? *When?*	—¿**Cuándo** naciste? —Nací el 26 de marzo.
¿Quién? ¿Quiénes? *Who?*	—¿**Quiénes** son tus padres? —Felipe Ramírez y María José García.
¿De dónde? *Where from?*	—¿**De dónde** son? —Mi padre es de Santiago de Cuba y mi madre de Camagüey.
¿Dónde? *Where?*	—¿**Dónde** viven ahora? —En La Habana.
¿Adónde? *Where to?*	—¿**Adónde** vas de viaje? —A Veracruz, México.
¿Qué? *What? Which?*	—¿**Qué** documentos llevas? —El pasaporte, la tarjeta de identidad y el carné de conducir.
¿Por qué? *Why?*	—¿**Por qué**[1] deseas ir a Veracruz? —Porque quiero estudiar periodismo en la Universidad Veracruzana.
¿Para qué? *Why? For what reason?*	—¿**Para qué**? —Para escribir sobre el mundo americano.

Una oración declarativa implica a veces una pregunta. En estos casos hay que usar la palabra interrogativa con acento.

No sé **quién** es el director de la película *Asesinos.*
Me pregunto **por qué** Antonio Banderas trabaja en el cine norteamericano.

---

[1] **¿Por qué?** *(Why)* como pregunta se escribe en dos palabras y lleva el acento escrito en **qué.**
Porque *(Because)* como respuesta se escribe en una sola palabra y no lleva acento ortográfico.

¿Qué? vs. ¿Cuál(es)?

Con el verbo **ser** el pronombre interrogativo **¿qué?** se emplea para pedir definiciones. **¿Cuál?** se usa para seleccionar uno de entre varios.

¿Qué?: *Definición o explicación*	¿Cuál (es)?: *Selección*
¿Qué es el amor para ti?	**¿Cuál** es el país que más te gusta?
¿Qué quieres hacer esta noche?	En tu opinión, **¿cuáles** son las mejores películas de este año?

Como adjetivo interrogativo (es decir, cuando precede a un sustantivo), se prefiere el uso de **¿qué?,** aun cuando el sentido sea de selección.

¿Qué...? *como adjetivo*
¿Qué pregunta me hiciste?
¿Qué carrera sigues?
¿Qué país te gusta más?

Algunas expresiones interrogativas	Ejemplos
¿Qué hora es? *What time is it?*	—¿Qué hora es? —Son las diez menos cuarto.
¿A qué hora... ? *At what time?*	—¿A qué hora comienza tu clase? —A las diez en punto.
¿Cuántos años tiene(s)? ¿Qué edad tiene(s)? } *How old are you?*	—¿Qué edad tienes? —Tengo dieciocho años.
¿De qué color es (son)... ? *What color is (are) . . . ?*	—¿De qué color es tu coche? —Es verde.
¿Cuánto cuesta... ? *How much is . . . ?*	—¿Cuánto cuesta el boleto? —Quince dólares.
¿Cuánto tarda... ? *How long does it take . . . ?*	—¿Cuánto tarda el autobús de Los Ángeles a Santa Bárbara? —Dos horas.

ACTIVIDAD 9   Una manera de conocerse mejor

Con el pretexto de decidir qué película van a ir a ver, María Elena y Armando hablan de películas, libros y música. Es una manera de conocerse mejor. Complete sus comentarios con el interrogativo indicado: **¿qué?, ¿cuál?** o **¿cuáles?**

1. —¿_____ es la película que quieres ver?
    —No lo sé. Quiero ver una película divertida.

2. —¿_____ son tus comedias favoritas?
   —Dime, en tu opinión, ¿_____ es una comedia?
   —Una comedia es una película que te hace reír.
   —Entonces, mis comedias favoritas son las de Almodóvar.

Pedro Almodóvar

3. —¿También te gustan los libros cómicos?
   —No, ésos no me gustan. Y a ti, ¿_____ libros te gustan?
   —Los libros de comentario social.
   —¿_____ es tu escritor favorito?
   —Guillermo Cabrera Infante.
   —¿_____ libro de Cabrera Infante prefieres?
   —*Tres tristes tigres*, sin duda.

4. —Y en música, ¿_____ te gusta escuchar?
   —Música cubana.
   —¿_____ es tu disco favorito?
   —*Buena Vista Social Club.*
   —¿_____ canciones te gustan más?
   —"Chan Chan" y "Candela".
   —A mí me gustan ésas también... Entonces, ¿vamos al cine ahora?
   —Sí, vamos.

ACTIVIDAD 10 Lectura: Estrenos

A. Lea el siguiente reportaje que apareció en la revista española *Sin ir más lejos* sobre el actor malagueño Antonio Banderas.

Antonio Banderas afronta su primer papel como protagonista absoluto en Hollywood. Bajo la batuta de Robert Rodríguez, nuestro compatriota triunfa en los Estados Unidos.

 5

 Estrenos

DESPERADO

Tras el éxito obtenido tanto por el público como por la crítica de la película "El Mariachi", el joven director mexicano Robert Rodríguez nos presenta la continuación de este relato, donde nuestro compatriota Antonio Banderas interpreta el papel protagonista. "Desperado" cuenta la historia de un mariachi que se sumerge en el oscuro mundo del hampa donde conoce a un peligroso narcotraficante (Joaquín De Almeida) al cual se enfrenta con ayuda de su mejor amigo (Steve Buscemi) y de la joven propietaria de una librería (Salma Hayek).

El realizador mexicano nos cuenta una historia extremadamente violenta cuya acción se desarrolla en México y a la que muchos han calificado como un *"western* contemporáneo".

Antonio Banderas ha conseguido, por fin, su primer papel principal en una película norteamericana después de los grandes éxitos que consiguieron sus anteriores trabajos en títulos como "Philadelphia" o "Entrevista con el Vampiro". Entre los próximos proyectos de este cotizado actor malagueño se encuentra la superproducción de Steven Spielberg "El Zorro", en la que Banderas encarnaría al famoso justiciero enmascarado.

También se encuentra pendiente de estreno su trabajo junto a Fernando Trueba "Two Much", cinta en la que conoció a su actual compañera sentimental la conocida actriz estadounidense Melanie Griffith.

Como anécdota a destacar hemos de comentar la presencia en esta película del director de "Pulp Fiction" Quentin Tarantino, que abandonó su papel como realizador para intervenir en la producción de R. Rodríguez.

Ficha Técnica

Director: Robert Rodríguez
Guión: Robert Rodríguez
Música: Los Lobos

Ficha Artística

El mariachi . . . A. Banderas
Carolina . . . . Salma Hayek
Bucho . . . . . . J. de Almeida

B. En parejas y, basándose en la lectura, completen esta entrevista usando los interrogativos necesarios.

1. —¿_____ es el título de la película que se estrena?
   —

2. —¿_____ es el director?
   —

3. —¿_____ se desarrolla *(takes place)* la acción de la película?
   —

4. —¿_____ es la historia de *Desperado*?
   —

5. —¿_____ muchas personas dicen que *Desperado* es un "*western contemporáneo*"?
   —

6. —Según este reportaje de *Sin ir más lejos*, ¿en _____ películas norte-americanas ha trabajado Antonio Banderas como actor principal?
   —

7. —¿_____ papel hace Antonio Banderas en la película *El Zorro*?
   —

B. Las exclamaciones

Los siguientes interrogativos se usan para formar frases exclamativas.

¡Qué! *What a(n) . . . ! How . . . !*

> ¡**Qué** lastima!
> ¡**Qué** idea más interesante!
> ¡**Qué** horror!
> ¡**Qué** horrible!
> ¡**Qué** aburrido!
> ¡**Qué** sueño tengo!
> ¡**Qué** bonito!
> ¡**Qué** bueno!
> ¡**Qué** hermoso!

¡Cómo! *How . . . ! (in what manner)*

> ¡**Cómo** llueve!
> ¡**Cómo** se divierte Arturo!

¡Cuánto(a, os, as)! *How much . . . ! How many . . . ! (to what extent), (quantity)*

> ¡**Cuánto** siento tu partida *(departure)*!
> ¡**Cuánto** dinero tiene!
> ¡**Cuántas** preguntas al mismo tiempo!
> ¡**Cuánto** ruido! ¡**Cuánto** jaleo *(uproar)*!
> ¡**Cuánta** gente!

ACTIVIDAD 11 Recuerdos inolvidables

Después de conocerse en la cafetería de un colegio mayor, Armando Bonilla y María Elena Martínez salieron la noche siguiente a dar una vuelta y fueron al Pub Royalty. Hoy Armando se siente muy contento. Complete sus comentarios con la exclamación indicada.

1. ¡_____ muchacha más interesante!
2. ¡_____ me gusta bailar con ella!
3. ¡_____ deseos tengo de verla nuevamente!
4. ¡_____ nos divertimos en el Pub Royalty!
5. ¡_____ contento estoy de ser su amigo!
6. ¡_____ sorpresas hay en la vida!

ACTIVIDAD 12 ¿Cómo reaccionaría Ud. en las siguientes situaciones?

Busque la respuesta indicada para cada situación.

_____ 1. Un amigo le envía flores.

_____ 2. Su compañera de clase estudia día y noche.

_____ 3. Su mejor amigo está enfermo.

_____ 4. Ud. piensa que su amiga es una gran compositora (composer).

_____ 5. Es invierno. Hay una tormenta de nieve.

_____ 6. Ud. visita la zona residencial de la ciudad.

_____ 7. Le gustó mucho la comida que acaba de comer en el restaurante.

_____ 8. Ayer fue al cine y vio Desperado.

_____ 9. Un compañero le cuenta que ganó en la lotería.

_____ 10. Tu amiga llega a una cita con media hora de retraso (delay).

a. ¡Qué deliciosa!
b. ¡Cuántas casas bonitas!
c. ¡Cómo nieva!
d. ¡Qué buena película!
e. ¡Qué lástima!
f. ¡Ya era hora!
g. ¡Cuánto talento!
h. ¡No me digas!
i. ¡Qué sorpresa!
j. ¡Cómo estudia!

C. Los sustantivos y los artículos

Los sustantivos se clasifican en masculinos y femeninos. Los sustantivos masculinos llevan los artículos definidos e indefinidos **el** y **un (los/unos)** y los sustantivos femeninos llevan los artículos definidos e indefinidos **la** y **una (las/unas)**.

1. El género de los sustantivos

Generalmente los sustantivos que terminan en **–o, –al, –or, –ente** y **–ante** son masculinos.

–o	–al	–or	–ente, –ante
el pelo	el animal	el color	el accidente
el domicilio	el hospital	el amor	el presente
el nacimiento	el carnaval	el calor	el diamante
Algunas excepciones			
la mano	la catedral	la labor	la gente
	la señal	la flor	la corriente
			la serpiente

Los sustantivos que terminan en **–a, –ión (–ción, –sión), –umbre, –ie, –d (–dad, –tad, –ud)** y **–z** generalmente son femeninos.

–a	–ión	–umbre
la fecha	la canción	la costumbre
la entrevista	la situación	la incertidumbre
la cara	la ilusión	la muchedumbre
–ie	**–d**	**–z**
la serie	la amistad	la luz
la especie	la ciudad	la paz
	la actitud	la rapidez

Algunas excepciones

el día, el tranvía, el mapa, el avión, el lápiz y varias palabras que terminan en **-ma:** el sistema, el problema, el clima, el tema, el programa, el idioma, el drama, el poema

Los sustantivos que terminan en **–ista** son masculinos o femeninos, según el sexo de las personas.

Hombre	Mujer
el periodista	la periodista
el turista	la turista
el artista	la artista

2. El plural de los sustantivos

Si el sustantivo termina en vocal, se añade **–s.**[1]

Singular	Plural
la mano	las manos
el pie	los pies
la hora	la horas

Si el sustantivo termina en consonante, se añade **–es.**

Singular	Plural
la ocasión	las ocasiones[2]
el papel	los papeles
la vez	las veces[3]
el joven	los jóvenes[4]

Si el sustantivo es de más de una sílaba y termina en **–s**, la forma plural no cambia.

Singular	Plural
el lunes	los lunes
el tocadiscos	los tocadiscos
el paraguas	los paraguas

3. El artículo definido

El artículo definido es más frecuente en español que en inglés. Sirve para indicar lo siguiente.

1. una persona o cosa específica

> **El** periodista desea hablar con Ud.
> **La** película de Marcos Sánchez es buena.

---

[1] Algunas palabras que terminan en **–í** forman el plural con **–es**: el rubí, los rub**íes**; el ají, los aj**íes**.
[2] Con el aumento de una sílaba, el acento escrito no es necesario. (Ver Apéndice pág. 351.)
[3] **Z** cambia a **c** delante de **e**.
[4] Con el aumento de una sílaba, el acento escrito es necesario. (Ver Apéndice pág. 351.)

2. algo genérico o abstracto

> Queremos **la** libertad.
> **El** motociclismo es un deporte peligroso.

Formas del artículo definido

	Singular	*Plural*
Masculino	**el** actor	**los** actores
Femenino	**la** pregunta	**las** preguntas

Atención: Se emplea **el** (el artículo masculino singular) delante de sustantivos femeninos que comienzan con **a** o **ha** acentuada para facilitar la pronunciación.

> Mi madre tiene **el a**lma bondado**sa**.
> **El a**gua de la piscina está frí**a**.
> **El ha**da es un ser fantástico del sexo femenino que tiene poderes mágicos.

Pero:

> **Las** aguas del río Amazonas son claras.

Cuando el artículo definido **el** sigue la preposición **a** o **de,** la contracción es necesaria.

a + el = **al**	Vamos **al** cine.
de + el = **del**	Vuelven **del** mercado.

El artículo definido se usa...	Ejemplos
1. delante de los nombres o títulos cuando se habla **de** la persona y no **a** la persona (excepto con **don** y **doña,** que nunca llevan artículo).	**La** señora Ortega llega el viernes. Hoy viaja al Japón **el** rey Juan Carlos. *Pero:* Buenas tardes, señor Marcos. Don Luis me llamó anoche.
2. con los nombres de algunos países. Sin embargo, la tendencia hoy es de no usar el artículo.	Viví en **(el)** Perú dos años. Piensa viajar a **(los)** Estados Unidos.
3. con los nombres de personas y de países cuando están modificados.	**La** pobre María está con el médico. **La** España de hoy atrae a los turistas.
4. delante de las partes del cuerpo y la ropa en lugar del adjetivo posesivo.	Lávese **los** dientes. Se pusieron **el** abrigo.[1] Los niños levantaron **la** mano.

---

[1] Se usa el singular del objeto aun cuando la acción sea de dos o más personas: Se pusieron **el** abrigo. *Pero:* Se pusieron **los** guantes.

El artículo definido se usa...	Ejemplos
5. con los días de la semana y las estaciones del año. (Se omite después del verbo **ser** para identificar el día de la semana.)	Voy de compras **los** sábados. El concierto es **el** domingo. *Pero:* Hoy es lunes.
6. con las fechas y las horas.	La fiesta es **el** 3 de mayo. Son **las** cinco y veinte.
7. con los nombres de idiomas. (Se omite después de los verbos **hablar, aprender, estudiar, enseñar** y **entender**.)	**El** inglés es muy popular. Me gusta **el** portugués. *Pero:* Habla español y catalán.

4. El artículo indefinido

Formas del artículo indefinido

	Singular	Plural
Masculino	**un** coche	**unos** coches
Femenino	**una** casa	**unas** casas

El artículo indefinido plural **unos/unas** corresponde al inglés *some/a few* y generalmente se omite.

Tenemos (**unos**) amigos muy buenos.

Omisión del artículo indefinido

El artículo indefinido se omite...	Ejemplos
1. después del verbo **ser** con nombres que indican profesión, religión o nacionalidad, excepto cuando están modificados.	Ese señor no es abogado. ¿Es argentina María Elena? Mi padre es mecánico. Es **un** buen mecánico. Ella es **una** pianista famosa.
2. con los verbos **tener, llevar** y **haber** cuando no expresan cantidad, especialmente en frases negativas.	¿Tienes coche? Hace frío y no llevas abrigo. Para mañana no hay tarea.
3. con las palabras **otro** *(another)*, **medio** *(half)*, **cien(to), mil** y ¡**Qué**... !	Me compré otro vestido. Quiero media libra de azúcar. Pagó sólo cien dólares por el abrigo, pero vale más de mil. ¡Qué casa más bonita!

ACTIVIDAD 13   Pequeñas encuestas

Túrnese con otro(a) estudiante para completar el diálogo, usando el artículo definido, el artículo indefinido o la contracción **del** o **al**.

1. —¿Qué haces cuando tienes _____ problema serio?
   —Le pido _____ consejo a _____ buen amigo.

2. —¿Qué dices si estás cenando en casa de _____ amigas y unos frijoles se caen _____ plato _____ suelo?
   —Recojo _____ frijoles y le pido disculpas a _____ señora de la casa.

3. —¿Cuáles son _____ cualidades que más te gustan en _____ persona?
   —_____ sinceridad, _____ sensibilidad y _____ ingenio.

4. —¿Y cuáles son _____ peores defectos de algunos estudiantes?
   —_____ inseguridad y _____ timidez.

5. —¿Qué haces si le pides _____ coche a tu padre para ir _____ cine y te dice que él lo necesita?
   —¡Voy _____ cine caminando!

6. —¿Qué piensas de _____ programas de _____ universidades norteamericanas?
   —Pienso que _____ son buenos y otros son malos.

ACTIVIDAD 14   Una charla familiar

Turnándose con un(a) compañero(a) de clase, completen el diálogo siguiente con el artículo indefinido cuando sea necesario.

1. —¿Tienes _____ familia grande?

2. —Regular. Somos cuatro. Mi padre, mi madre, yo y _____ hermano pequeño.

3. —¿Qué hacen tus padres?

4. —Mi padre es _____ médico famoso y mi madre es _____ abogada.
   —¿Dónde viven?

5. —Vivimos a _____ media cuadra *(block)* de aquí.
   —Y... ¿qué hacen Uds. en las vacaciones?

6. —Nos gusta mucho viajar porque tenemos _____ amigos en México, Guatemala y El Salvador. El año pasado _____ amiga mexicana vino a vernos. ¡Qué mujer más simpática! Se quedó con nosotros _____ días. Para salir a la calle, ella siempre llevaba _____ abrigo de lana y _____ botas porque decía que aquí hace mucho frío.

7. —Yo también tengo _____ amigo en México. Él nos escribió diciendo que piensa hacer _____ viaje a los Estados Unidos para comprar computadoras para _____ negocio que tiene con _____ japoneses que viven en Guadalajara. ¡Qué sorpresa se va a llevar cuando sepa que yo no tengo _____ computadora en casa!

D. Los adjetivos calificativos

Los adjetivos calificativos describen personas, animales o cosas. Los adjetivos concuerdan en género y número con el sustantivo que modifican.

el baile **popular**	los bailes **populares**
la residencia **universitaria**	las residencias **universitarias**
un muchacho **simpático**	unos muchachos **simpáticos**
una universidad **pequeña**	unas universidades **pequeñas**

1. Las formas de los adjetivos calificativos

1. Los adjetivos que terminan en –o

Singular		Plural	
Masculino	*Femenino*	*Masculino*	*Femenino*
rojo	roja	rojos	rojas
americano	americana	americanos	americanas

2. Los adjetivos que terminan en –dor, –ol y –uz y los adjetivos de nacionalidad que terminan en consonante

Singular		Plural	
Masculino	*Femenino*	*Masculino*	*Femenino*
trabajador	trabajadora	trabajadores	trabajadoras
español	española	españoles	españolas
andaluz	andaluza	andaluces[1]	andaluzas
alemán	alemana	alemanes	alemanas

3. Los demás adjetivos

Singular		Plural	
Masculino	*Femenino*	*Masculino*	*Femenino*
importante	importante	importantes	importantes
difícil	difícil	difíciles	difíciles

2. La posición de los adjetivos calificativos

Como norma general, los adjetivos calificativos se colocan después del sustantivo y sirven para diferenciar las características de las personas, animales, cosas o ideas.

---

[1] Recuerde que z cambia a c delante de e.

Calificativos que siguen al sustantivo	Ejemplos
1. nacionalidad y creencias religiosas, políticas y sociales	Hoy llega la chica **peruana**. Vino el ministro **conservador**. Los miembros de la iglesia **católica** se reúnen hoy.
2. color, forma y tamaño	Me regalaron una blusa **azul**. Necesito una mesa **redonda**. Compraron una casa **grande**.
3. términos técnicos	¡Cuántos instrumentos **electrónicos**!

Calificativos que preceden al sustantivo	Ejemplos
algunos adjetivos cortos de uso muy común (**Bueno** y **malo** pierden la **o** final.)	La **joven** actriz estaba muy contenta. Busco un **buen** cuento (*short story*) o una **buena** novela para leer. Anoche tuve un **mal** sueño.

3. Los adjetivos que cambian de significado

Los siguientes adjetivos cambian de significado según estén antes o después del sustantivo.

Adjetivo	Antes del sustantivo	Después del sustantivo
gran(de)	un **gran** libro (*great*)	un libro **grande** (*big*)
pobre	la **pobre** muchacha (*unfortunate*)	la muchacha **pobre** (*poor, penniless*)
nuevo	una **nueva** casa (*new, another*)	una casa **nueva** (*brand-new*)
viejo	un **viejo** amigo (*of long-standing*)	un amigo **viejo** (*old, elderly*)
antiguo	un **antiguo** coche (*former*)	un coche **antiguo** (*old, antique*)

ACTIVIDAD 15   ¿Quién era esa muchacha?

Coloque la forma indicada del adjetivo antes o después del sustantivo indicado, según el caso.

1. Vi salir a una muchacha de una **casa**. (viejo)
2. Llevaba **blusa** y **falda**. (blanco) (corto)
3. La **muchacha** parecía una **dama**. (joven) (gran)
4. Buscaba algo entre las **flores**. (rojo y amarillo)
5. Eran dos **mariposas** (*butterflies*). (grande)
6. Nadie sabía quién era aquella **muchacha**. (moreno)
7. Pero una compañera me dijo que venía de un **país**. (lejano)

ACTIVIDAD 16 Mi amigo debe ser...

Ponga en orden de preferencia las cinco cualidades que Ud. busca cuando hace una amistad. Después explíquele a su compañero(a) por qué esas cualidades son importantes para Ud.

alegre	extrovertido(a)	religioso(a)
cariñoso(a)	fuerte	rico(a)
cortés	guapo(a)	romántico(a)
culto(a)	honesto(a)	sensible
dinámico(a)	inteligente	simpático(a)
divertido(a)	maduro(a)	sincero(a)
educado(a)	paciente	tranquilo(a)

 ACTIVIDAD 17 Personas famosas

Con un(a) compañero(a) de clase describan a las siguientes personas.

1. Plácido Domingo
2. Oprah Winfrey
3. Antonio Banderas
4. Gloria Estefan
5. Ricky Martin
6. Cristina Aguilera

E. Los adjetivos posesivos

Singular	Plural
mi amigo	mis amigos
tu hermana	tus hermanas
su cuaderno	sus cuadernos
nuestro(a) tío(a)	nuestros(as) tíos(as)
vuestro(a) profesor(a)	vuestros(as) profesores(as)
su pluma	sus plumas

Los adjetivos posesivos concuerdan en número con los sustantivos que modifican. Sólo la primera y la segunda persona del plural tienen género masculino y femenino.

> Con **nuestra** ambición y **vuestros** conocimientos, **nuestra** labor tendrá éxito.
> Ellos quieren conocer el origen de **su** apellido.

Si se necesita aclarar el significado del adjetivo posesivo **su** o **sus**, se usa el artículo definido y una frase preposicional.

el (la)... de Ud. (Uds.)	los (las)... de Ud. (Uds.)
el (la)... de él (ellos)	los (las)... de él (ellos)
el (la)... de ella (ellas)	los (las)... de ella (ellas)

> Busca **su** diccionario. O: Busca el diccionario de ella.
> Busca **su** pluma. O: Busca la pluma de ella.

ACTIVIDAD 18   Me gustaría saber...

Hable con un(a) compañero(a) de clase. Use la pregunta sugerida o una de su propia invención.

Modelo: ¿Tu país de origen es Venezuela?
No, mi país de origen es Estados Unidos.

1. ¿Tu país de origen es Cuba?
2. ¿Está la casa de tus padres lejos de aquí? ¿Dónde está?
3. ¿Te parecen difíciles o fáciles tus clases? ¿Cuáles?
4. ¿Crees que nuestra universidad está bien equipada? ¿Por qué?
5. Tus amigos, ¿están contentos o descontentos con sus apartamentos? ¿Y tú?
6. ¿Tienes algún problema con tu compañero(a) de residencia? ¿Cuál?
7. Tú y tus compañeros de cuarto, ¿usan mucho sus bicicletas? ¿Cuándo?
8. ¿Piensas que nuestros profesores son buenos? ¿Por qué?

 ## ACTIVIDAD 19   Intercambio

Un estudiante cubano va a venir a pasar un mes con Ud. y su familia, en un programa de intercambio estudiantil. Escríbale una nota en la que describa a su familia, su casa y sus costumbres.

ACTIVIDAD 20   ¡Charlemos!

Todos tenemos amigos que no hacen más que pedir prestado: ropa, libros, platos y demás, pero nunca se acuerdan de devolver las cosas que se llevan. Si tiene Ud. uno de esos amigos, dígale a su compañero(a) qué cosas tiene Ud. prestadas a este(a) amigo(a). Si ése no es el caso, invente. Use la imaginación.

F. Los demostrativos

1. Los adjetivos demostrativos

Singular		Plural	
Masculino	**Femenino**	**Masculino**	**Femenino**
este animal	**esta** ciudad	**estos** animales	**estas** ciudades
ese color	**esa** flor	**esos** colores	**esas** flores
aquel día	**aquella** cara	**aquellos** días	**aquellas** caras

Este se refiere a lo que está cerca en tiempo o lugar de la persona que habla, **ese** a lo que está cerca de la persona con quien se habla y **aquel** a lo que está alejado en tiempo o lugar de las personas que hablan.

> **Estos** turistas van al hotel.
> **Ese** vestido que llevas es muy bonito.
> Siempre recordaré **aquellos** días felices.

2. Los pronombres demostrativos

Singular		Plural		
Masculino	*Femenino*	*Masculino*	*Femenino*	*Neutro*
éste	ésta	éstos	éstas	esto
ése	ésa	ésos	ésas	eso
aquél	aquélla	aquéllos	aquéllas	aquello

Los pronombres demostrativos se forman con un acento escrito sobre la sílaba acentuada del adjetivo demostrativo. Se usan para reemplazar al sustantivo.[1]

¡Qué flores tan bonitas! **Éstas** me gustan mucho, pero voy a comprar **ésas,** que son más baratas.
La casa donde viven mis abuelos no es **ésta,** es **aquélla.**

Los pronombres demostrativos neutros no llevan acento. Se refieren a algo no identificado o a una idea abstracta.

—¿Qué es **esto**? —**Esto** es una fruta tropical.
Todo **eso** que ves es el barrio residencial que está en construcción.
Te prometo que **aquello** que me dijiste no se lo contaré a nadie.

ACTIVIDAD 21   Equivocación

La noche que María Elena sale con Armando, dan unas vueltas por Madrid. Más tarde están en un restaurante, listos *(ready)* para cenar. Armando hace los siguientes comentarios sobre el restaurante y la comida.
    Complételos con la forma correcta del adjetivo o pronombre demostrativo **esto, este(a, os, as), éste(a, os, as).**

1. _____ es mi restaurante favorito.

2. Si te gusta comer aquí, volveremos uno de _____ días.

3. _____ noche hay un buen menú.

4. ¿Te gustaría probar _____ gambas que son la especialidad de la casa?

5. Te aconsejo, también, _____ ensalada de pimientos rojos.

6. Pero, ¿qué es _____ que me ha traído el camarero? _____ no es lo que he pedido.

7. _____ camarero sirve muy mal.

8. Además, creo que _____ cuenta está equivocada *(wrong).*

9. _____ es la última vez que venimos aquí.

---

[1] La Real Academia de la Lengua Española aconseja usar este acento cuando el pronombre da lugar a confusión con el adjetivo.

¿Te gustaría probar las gambas *(shrimp)* que son la especialidad de la casa?

ACTIVIDAD 22   En la discoteca

Después de cenar, Armando y María Elena van a una discoteca. Para María Elena ésta es su primera salida de noche en Madrid y está muy interesada en todo lo que ve.

Complete con la forma correcta del adjetivo o pronombre demostrativo **eso, ese(a, os, as), ése(a, os, as).**

1. Por lo visto, _____ muchachos quieren ligar con alguien. _____ me preocupa un poco.

2. ¿Cómo se llama _____ actor que acaba de entrar?

3. _____ chica de minifalda baila muy bien.

4. ¡No lo puedo creer! A _____ chico lo vi en la universidad.

5. _____ camisa que llevas es muy elegante.

6. _____ muchacho me está mirando con cara de pocos amigos. ¿Por qué hace _____?

7. _____ canción me recuerda a un(a) antiguo(a) novio(a).

8. Casi *(Almost)* no se puede ver con _____ luces.

9. No comprendo cómo la gente puede hablar con _____ ruido tan terrible.

10. Además, toda _____ gente que está allí fuma mucho y el tabaco es malo para la salud.

ACTIVIDAD 23 Regalos para todos

Las fiestas de fin de año se aproximan y Ud. está en un almacén decidiendo qué regalos va a comprar para su familia y sus amigos. Haga una lista de las seis personas más importantes, escoja uno de los regalos y explique su decisión. Siga el modelo.

Modelo: vestido   rojo   azul
A mamá voy a darle aquel vestido azul; este rojo no le va a gustar.

	este, éste	*aquel, aquél*
chaqueta	de cuero	de lana
dos discos compactos	de ópera	de rock
libro	de poemas	de cocina
florero	de porcelana	de plástico
aretes (pendientes)	de oro	de plata
camisa	a cuadros	de rayas
blusa	negra	blanca
jersey	de cachemir	de algodón

¡OJO CON ESTAS PALABRAS!

to ask — pedir
— preguntar
— preguntar por
— hacer una pregunta
— preguntarse

pedir   *to ask for (something)*

Cuando tengo sed, **pido** agua.
Te **pidieron** identificación.

preguntar   *to ask (a question)*

Me **preguntaron** si quería acompañarlos.
Le **preguntaré** qué hora es.

preguntar por   *to ask (for someone)*

Fui a la casa y **pregunté por** Isabel, pero no estaba.

hacer una pregunta   *to ask (pose) a question*

¿Puedo **hacerte una pregunta** si hay algo que no comprendo?

preguntarse   *to wonder*

Me pregunto por qué no me llamó por teléfono.

question — pregunta
— cuestión

pregunta   *(an interrogative) question*

  Tengo sólo una **pregunta:** ¿Cómo piensas hacerlo?

cuestión   *an issue, matter, question*

  Nos reuniremos hoy para discutir la **cuestión** financiera.

¿por qué?
porque
a causa de (por)

¿por qué?   *why?*

  ¿Por qué no vienes a verme?

porque   *because* (introduce una frase)

  Porque no tengo tiempo.

a causa de (por)   *because of* (introduce un sustantivo o un pronombre)

  No puedo oírte **a causa del (por)** el ruido.

ACTIVIDAD 24   En casa de Maribel

A. Lea con atención el diálogo, y con un(a) compañero(a) complétenlo con las siguientes palabras que acabamos de estudiar.

pedir	pregunta	pregunté
por qué	pregunté por	porque
hacer una pregunta	a causa del (de la)	me pregunto

ROBERTO: ¡Hola, Maribel! Casi no te reconozco.

MARIBEL: Claro! Siempre me ves en clase con jeans, camisetas viejas y gafas.

ROBERTO: Esta noche estás preciosa. Llevas un vestido negro muy bonito y el pelo suelto te queda genial.

MARIBEL: ¡Gracias! Tú también estás muy guapo.

ROBERTO: El viernes, en clase, te quería _____ una invitación para tu fiesta, pero no tuve valor de hacerlo.

MARIBEL: Se me olvidó dártela, pero la tenía en mi mochila de libros. Pero, entonces, ¿cómo sabías que vivo aquí?

ROBERTO: Yo le _____ a tu amiga dónde vives y cuando llegué a la fiesta _____ ti.

MARIBEL: Yo _____ por qué me siento tan ruborizada *(awkward)* ahora.

ROBERTO: Supongo que yo también estoy rojo en este momento.

MARIBEL: ¿Te puedo _____?

ROBERTO: Sí, claro.

MARIBEL: ¿_____ estás tan rojo?

ROBERTO: _____ vine a tu casa sin invitación y también _____ me gusta mucho estar contigo. Y ahora, yo también tengo una _____ para ti. ¿Quieres salir conmigo?

MARIBEL: ¿Qué dices? No puedo oírte _____ el ruido. ¿Puedes repetir la _____?

B. Ahora, con un(a) compañero(a), imagínese cómo termina la conversación entre Maribel y Roberto y preparen un minidrama para presentarlo en clase.

ACTIVIDAD 25   Amistades

Hay muchas formas de iniciar una amistad o una relación. Una de ellas es poner un aviso en una revista o periódico indicando las características específicas de la persona que se busca.

1. Con un(a) compañero(a) de clase, lean los avisos que aparecen en la sección que les interese y comenten...
   a. qué les llama la atención.
   b. si encuentran que los anuncios son interesantes.
   c. si piensan que se puede comenzar una amistad de esta manera.

2. Escriban un anuncio de unas veinticinco palabras solicitando una interesante amistad o relación.

CHICA BUSCA CHICO	CHICO BUSCA CHICA
Carla, 18 años, acuario, estudiante. Estoy aprendiendo a tocar la guitarra. Soy morena, ojos castaños, pelo muy largo. Busco amistad con chicos de intereses similares. Nº de buzón: 199717	Soy un chico de 22 años, sagitario. Soy mecánico y me gusta pasear, salir de marcha, el cine. Me gustaría salir con una chica de aficiones parecidas a las mías. Nº de buzón: 28683
Capricornio. Me gusta el deporte, la natación, el monte, leer. Soy alegre, simpática y sencilla. Busco amistad y posible relación con chicos. Nº de buzón: 20671	Juan, 19 años, leo. Soy estudiante y trabajo en una emisora de radio y en una revista. Soy abierto, simpático, me gusta divertirme, soy liberal. Me gustaría conocer a alguna chica con la que salir. Nº de buzón: 10578
Chica, 20 años, universitaria, sincera y simpática. Busco similar para amistad o relación estable. Prometo contestar. Nº de buzón: 21164	Francisco, 22 años, acuario. Soy sensible, tímido e introvertido. No busco pareja, sólo una amiga sensible que me comprenda y ayude. Nº de buzón: 11468

CHICA BUSCA CHICA	CHICO BUSCA CHICO
Mujer busca mujer para posible relación sentimental. Nº de buzón: 30054	José, 23 años, vendedor. Me gusta pasear por el monte. Soy tímido hasta que conozco a las personas. Busco chico de 19 a 25 años para amistad y posible relación. Nº de buzón: 12822
Almudena, tengo 23 años de edad y me gustaría conocer a gente que entienda. Escribidme. Nº de buzón: 24106	Chico musculoso y atractivo se relacionaría con chicos atléticos. Nº de buzón: 31072
Ama de casa. Soy sencilla. Busco compañía para charlar o escribirnos. Nº de buzón: 01948	Soy un chico de 20 años, atractivo, liberal, rebelde, todo corazón y calor humano. Me gustaría relacionarme con chico que sepa lo que quiere. Nº de buzón: 19090

 ACTIVIDAD 26   La flecha (*arrow*) del amor

Marisa y Luismi están en la parada de autobús. Esperan el autobús que los va a llevar al centro de la ciudad. Cupido los ve y decide lanzarles una flecha de amor. Con un(a) compañero(a) de clase inventen los pensamientos de Marisa y Luismi, antes y después de la llegada de Cupido.

Pensamientos antes   Pensamientos después

ACTIVIDAD 27   Cómo hacer amistades

Intercambie sus opiniones con otro(a) estudiante acerca de las siguientes cuestiones.

1. Si quieres conocer a un(a) muchacho(a), ¿adónde vas? ¿Qué haces? ¿Qué le dices para iniciar una conversación?

2. Si no conoces muy bien a un(a) muchacho(a) y te invita a salir, ¿aceptas su invitación de inmediato? ¿Le dices que te llame por teléfono? ¿Buscas un pretexto para no salir?

3. Añada sus propias preguntas y contéstelas.

ACTIVIDAD 28 Cómo describir la ropa

Algunas personas admiran la ropa que llevan las estrellas de cine y de televisión.

1. Descríbale a su compañero(a) la ropa que lleva su actriz favorita o actor favorito en los programas que Ud. ve. Aquí hay algunas sugerencias.
   a. Los actores llevan: pantalones (anchos, estrechos), chaquetas (con/sin bolsillos), camisas (de colores vivos), corbatas.
   b. Las actrices llevan: vestidos (cortos, largos), pantalones, blusas, faldas (minifaldas), sombreros, zapatos, etc.

2. Después, pregúntele a su compañero(a) qué tipo de ropa le gusta llevar en la universidad.

ACTIVIDAD 29 Situaciones cotidianas

Ud. es director(a) de cine y está en busca de estrellas para su próxima película. Varios estudiantes desean actuar en ella. Recíbalos con cortesía en su oficina y obtenga de ellos la siguiente información.

1. nombre
2. domicilio
3. nacionalidad
4. lugar de nacimiento
5. habilidades para ser actor (actriz)
6. tipo de personajes que le gustaría interpretar

Comience la entrevista así:

   —Buenos días. ¿Cómo se llama Ud.?

ACTIVIDAD 30 ¡Charlemos!

¡Cuanto tiempo sin verte!

Comience una conversación con uno(a) de sus compañeros de curso, hágale preguntas sobre cosas que le interesen a Ud. y después...

1. pregúntele cómo se llama su mejor amigo(a), qué hace, dónde vive y qué edad tiene.
2. pídale que describa la apariencia física de su amigo(a) (por ejemplo: los ojos, la cara, el pelo) y la personalidad (por ejemplo: generoso, amable, nervioso).

ACTIVIDAD 31 Mesa redonda

A. Escoja a tres o cuatro compañeros para formar una mesa redonda, e intercambiar ideas sobre las expresiones de cortesía.

1. ¿Cree Ud. que las presentaciones formales son necesarias entre los jóvenes o que se deben eliminar? (Por ejemplo: "Te presento a... ", "Mucho gusto", "El gusto es mío".) Si se eliminan estas formalidades, ¿cómo deberían presentarse los jóvenes? ¿Por qué?

2. ¿Debe un hombre tener las siguientes manifestaciones de cortesía con una mujer?
   a. abrirle la puerta al entrar a un lugar
   b. ayudarla a sentarse a la mesa para comer
   c. comprarle flores
   d. pagar su entrada al cine
   e. ¿...?

3. ¿Qué formas de cortesía debe esperar un hombre de una mujer? ¿Por qué?

B. Después de haber intercambiado sus ideas, un(a) estudiante de cada grupo debe informarle a la clase sobre los aspectos tratados, los diferentes puntos de vista y las posibles conclusiones.

ACTIVIDAD 32   Minidrama: Entrevista

Lugar: Centro universitario
Personajes: el presidente del estudiantado
                una periodista de la prensa local

El presidente de la Asociación de Estudiantes de su universidad acaba de ser nombrado.

1. La periodista le hace las siguientes preguntas: ¿Cuál es su nacionalidad? ¿Qué opinión tiene de la universidad? ¿Es buena? ¿regular? ¿mala? ¿Qué le parecen las clases en general? ¿Se necesitan muchas reformas? ¿Cuáles son?

2. Como presidente, ¿qué planes, reformas o sugerencias tiene para la administración? ¿para los profesores? ¿para los estudiantes?

3. ¿...?

¿Qué saben Uds. de... Cuba?

A. Recordar lo que sabemos.

En esta lección de *Horizontes: Gramática y conversación* y en su correspondiente de *Horizontes: Cultura y literatura* hay varias menciones sobre Cuba. Repasando y recordando lo que leyeron, responda con un(a) compañero(a) a las siguientes preguntas:

1. ¿Cuántos nombres de ciudades cubanas recuerdan? ¿Cuáles?
2. ¿Cuántos nombres de escritores(as) cubanos(as) recuerdan? ¿Quiénes son?
3. ¿Cómo se llama el presidente de Cuba? ¿Por qué denuncia el embargo?
4. ¿Cuándo rompieron sus relaciones Cuba y los Estados Unidos? ¿Quién era el presidente de los Estados Unidos en aquel momento?
5. ¿Conocen a algún(una) cantante de origen cubano? ¿Y a algún actor (alguna actriz) o director(a) de cine? ¿Cómo se llaman?

B. Ampliar lo que sabemos.

¿Les gustaría aprender más sobre Cuba? Reúnanse en grupos de tres o cuatro personas y preparen una presentación sobre uno de los siguientes temas. Elijan el que más les interese, u otro que no aparezca en la lista:

- La diversidad de la población cubana. Las minorías étnicas de Cuba. La aportación de la comunidad africana a la cultura cubana.
- La historia de Cuba: la época precolombina, la época colonial, la época contemporánea desde la Independencia hasta hoy. Las relaciones con España y con los Estados Unidos.
- La naturaleza: la flora, la fauna y los ecosistemas de la isla de Cuba y del mar Caribe.
- Los sistemas de educación y de salud pública en Cuba: los logros y los retos.
- La literatura cubana: los (las) grandes escritores(as) cubanos(as) de prosa y los poetas. La literatura revolucionaria y la literatura en el exilio.
- La música cubana: la música colonial, la música clásica (Lecuona), la música tradicional (*Vieja trova santiaguera, Compay Segundo,* etc.), la nueva trova cubana (Pablo Milanés, Silvio Rodríguez), la música cubana en Nueva York (Celia Cruz) y en Miami (Gloria Estefan).
- El cine cubano: la proyección internacional de Néstor Almendros, los éxitos recientes de *Fresa y chocolate* y de *Guantanamera.*
- La influencia de los inmigrantes cubanos en los Estados Unidos, especialmente en Florida.
- El urbanismo: las ciudades coloniales y las modernas. La conservación de los edificios históricos de La Habana.
- La cocina cubana.

C. Compartir lo que sabemos. ¿Cómo preparar la presentación?

1. Utilicen todo tipo de fuentes de información para investigar sobre el tema elegido: libros, prensa, Internet, etc.

2. Incluyan en su presentación todos los medios audiovisuales que crean convenientes: fotografías, mapas, dibujos, videos, cintas o discos de música, etc.

3. Presenten primero un esquema *(outline)* de todos los puntos que van a desarrollar en su presentación.

ANTES DE ESCRIBIR

¡REVISE SU ORTOGRAFÍA!

En esta sección vamos a repasar aspectos básicos de ortografía muy importantes en el momento de escribir. En el alfabeto español hay cuatro letras más que en el inglés: **ch, ll, ñ** y **rr.**

Separación de palabras en sílabas

La sílaba puede consistir en:

1. una sola vocal (**a**-bri-go, **e**-ne-ro, le-**a**-mos)

2. una vocal y una consonante (**al**-to, **Es**-pa-ña)

3. una o más consonantes y una vocal (**pro-gre-so,** a-**le-gre**)

4. una consonante y dos vocales que forman un diptongo (**cien, pien**-sas, **bai**-la-mos)

A. *Las consonantes*

1. Una consonante entre dos vocales se une a la vocal siguiente (**ch, ll**[1] y **rr** forman una sola consonante).

   e-**ne**-ro   za-**pa**-to   pe-**chu**-ga   ca-**lles**   fe-**rro**-ca-**rri**l

2. Dos consonantes juntas generalmente se separan.

   co-me**n**-**zar**   a**l**-**m**or-**zar**   tie**m**-**p**o   pe**r**-so-na   a**c**-**c**ión

3. No se separan los grupos de consonantes: **b, c, f, g** y **p** seguidas de **l** o **r**, ni los grupos **dr** y **tr**.

   a-**br**i-go   a-**pr**en-der   ha-**bl**ar   a-**gr**a-da-**bl**e

4. Si hay tres o más consonantes entre dos vocales, sólo la última consonante se une a la vocal siguiente, a menos que la última consonante sea **l** o **r**.

   i**ns**-**p**i-ra-ción   co**ns**-**t**i-tuir   i**ns**-**t**an-te
   pero: a**bs**-**tr**ac-to   e**x**-**pl**i-ca-ción

B. *Las vocales*

1. El hiato es la combinación de dos vocales abiertas (**a, e, o).** Las vocales abiertas se separan así.

   le-**e**-mos   em-ple-**a**-do   **ma**-**es**-tro

2. El diptongo es la combinación de dos vocales cerradas (**i, u)** o de una abierta y una cerrada. Los diptongos no se separan.

   es-**cue**-la   **Lui**-sa   **sie**m-pre   no-**via**

COMPOSICIÓN

Atajo writing assistant software supports your efforts with the task outlined in this *Composición* section by providing useful information when the following references are accessed.

¡Prepárese a escribir!

Imagínese que Ud. trabaja para el periódico de la universidad y está escribiendo un artículo sobre los estudiantes. Prepare algunas preguntas para su entrevista, por ejemplo: ¿Cómo te llamas? ¿De dónde eres? ¿Cuántos años tienes? ¿Qué estudias? ¿Por qué elegiste esta universidad? ¿Qué haces en tu tiempo libre? ¿Qué carrera piensas seguir? Después entreviste Ud. a un(a) estudiante.

---

[1] En 1995 la Real Academia de la Lengua Española ha eliminado las letras **ch** y **ll**. Sin embargo, para la separación de sílabas y para la acentuación se las debe seguir considerando como letras del alfabeto.

¡Organice sus ideas!

Antes de comenzar a escribir su informe, organice Ud. la información obtenida.

- el nombre y los datos biográficos del (de la) entrevistado(a)
- sus preferencias y opiniones
- sus planes para el futuro

Considere también:

- el tipo de lectores a que está dirigido el informe
- la claridad y el estilo informativo para el lector

A escribir

Escriba un artículo para el periódico de la universidad sobre el (la) estudiante que Ud. entrevistó. Escriba parte de su artículo desde su punto de vista, pero también trate de incorporar algunos intercambios *(exchanges)* entre Ud. y el (la) entrevistado(a).

Recuerde lo siguiente

Antes de pasar a limpio su informe, repase los siguientes puntos.

1. Toda composición debe llevar un título. El título va en el centro de la primera línea. Escriba con mayúscula sólo la primera palabra del título y los nombres propios.

      Músico boliviano asiste a nuestra universidad.

2. Recuerde que los nombres de personas y lugares se escriben con mayúscula. Los días de la semana, los meses del año y los adjetivos de nacionalidad se escriben con minúscula.

      Gabriel **M**enéndez es un estudiante **b**oliviano que viene de **La P**az.

3. No se olvide de usar oraciones completas y de organizar sus ideas por párrafos.

      Modelo: **Músico boliviano asiste a nuestra universidad.**

      Gabriel Menéndez es uno de los 400 estudiantes extranjeros que asisten a esta universidad. Es un muchacho que viene de La Paz, Bolivia. Gabriel toca la quena, un antiguo instrumento de viento de los Andes, y el charango, una pequeña guitarra típica de Bolivia y Perú. Además, …

      Al hablar de sus primeras impresiones en los Estados Unidos, nos dice que le gusta mucho …

      Su deseo es continuar sus estudios doctorales bajo la dirección del musicólogo andinista Ramiro Balcázar. Sus planes para el futuro son …

LECCIÓN 2

En el aeropuerto

Vamos a hacer las maletas

Observe el dibujo con atención. Con un(a) compañero(a), describa la escena. Consulte el **Vocabulario para la comunicación** si es necesario. Intercambien entre Uds. preguntas y respuestas. Consideren las siguientes preguntas y otras más.

1. ¿Creen Uds. que es un aeropuerto internacional o sólo de vuelos nacionales? ¿Por qué?

2. ¿Cuántos anuncios de salidas de vuelos hay? ¿Cuántos de llegadas?

3. ¿A qué hora sale el avión para Madrid? ¿y para Los Ángeles?

4. ¿A qué hora llega el avión de Buenos Aires? ¿de Nueva York? ¿de Lima?

5. ¿Qué hacen los pasajeros que están en la Sección de Equipaje? ¿De quién puede ser la maleta que está abierta en el suelo?

6. ¿Cómo se ven los niños? ¿contentos? ¿cansados? ¿aburridos?

7. ¿Qué idiomas se hablan en la Sección de Cambio?

8. ¿Con quién habla el viajero que lleva sombrero? ¿Qué hace? ¿Por qué?

9. ¿Qué lee el muchacho que está sentado? ¿Quién está a su lado? ¿Cree Ud. que se conocen? ¿Por qué?

10. ¿Piensa Ud. que los jóvenes que se abrazan son novios? ¿Por qué? ¿Es el momento de la llegada o de la despedida de uno de ellos? ¿De quién?

ENFOQUE

ACTIVIDAD 1 ¡Charlemos!

Trabaje con un(a) compañero(a) de clase. Háganse por turno las siguientes preguntas.

1. ¿Te gusta viajar? ¿Prefieres viajar en coche, en tren o en avión? ¿Por qué?

2. ¿Cuáles son las ventajas de viajar en avión? ¿Prefieres sentarte en el asiento de la ventanilla o en el asiento del pasillo? ¿Por qué? ¿Cómo te entretienes cuando estás en el avión? ¿Hablas con tu compañero(a) de viaje? ¿Lees una revista? ¿Miras la película?

3. ¿Conoces algún país extranjero? ¿Cuál? ¿Tienes pasaporte?

4. ¿Es fácil pasar por la aduana al entrar a los Estados Unidos? ¿por inmigración? ¿por el detector de maletas?

5. ¿Te gustaría trabajar en una agencia de viajes? ¿Cuáles son algunas ventajas de trabajar en una agencia de viajes?

VOCABULARIO PARA LA COMUNICACIÓN

¡Buen viaje!

El (La) agente de viajes

¿En qué puedo servirle(s)? *How may I help you?*
Propongo que comience(n) por... *I suggest starting with . . .*
¿Le(s) interesa visitar... ? *Are you interested in visiting . . . ?*
¿Qué le(s) parece si... ? *What would you think if . . . ?*
¿Desea(n) Ud(s). viajar en avión? *Do you want to travel by plane?*

   en tren? *by train?*
   en barco? *by boat?*
   por carretera? *by road?*

¿Desea(n) un billete (boleto) de ida y vuelta? *Do you want a round-trip ticket?*
El tren sale de la estación del ferrocarril... *The train leaves from the railroad station . . .*
Debe(n) estar en el aeropuerto a la(s)... *You should be at the airport at . . .*

El (La) turista

Por favor, ¿me puede decir si hay un vuelo directo a...? *Can you please tell me if there is a direct flight to . . . ?*
¿Cuánto cuesta el pasaje a... ? *How much is the fare to . . . ?*
¿Se necesita pasaporte? ¿visa? *Is a passport necessary? A visa?*
¿Debemos pasar por la aduana? *Do we have to pass through customs?*

¿A qué hora sale el vuelo de... ? *What time does the flight to . . . leave?*
   llegamos a... ? *What time do we arrive at . . . ?*
hacer las reservaciones *to make reservations*
confirmar *to confirm*
cancelar *to cancel*
posponer el viaje *to postpone the trip*
estar en lista de espera *to be on a waiting list*
perder el vuelo *to miss the flight*

En la inmigración

pasar por inmigración *to pass through immigration*

mostrar el pasaporte *to show one's passport*

El aeropuerto

abordar el avión to board the airplane
abrocharse el cinturón de seguridad to fasten the seatbelt
el asiento de la ventanilla window seat
      del pasillo aisle seat
el aterrizaje (forzoso) (forced) landing
aterrizar to land
el (la) auxiliar/asistente de vuelo flight attendant
el avión airplane
la cabina de mando pilot's cabin
la clase turística economy class
despegar to take off
el despegue takeoff
el detector de metales metal detector
estrellarse to crash
hacer escala to make a stop/layover
el mostrador de las líneas aéreas airline counter
el pasillo corridor
el (la) piloto pilot

la pista/el campo de aterrizaje landing field
la primera clase first class
la sala de espera waiting room
salidas y llegadas de vuelos flight departures and arrivals
la sección de cambios (de moneda) currency exchange window
la sección de equipaje baggage room
      pesar las maletas to weigh the luggage
      facturar el equipaje to check the luggage
      quedarse con el equipaje de mano to keep the carry-on luggage
            el maletín small suitcase, briefcase
      pagar el exceso de equipaje to pay for excess luggage
la sección de fumar/de no fumar smoking/no smoking section
el vuelo nacional/internacional domestic/international flight

En la aduana

abrir la maleta/el maletín to open the baggage/hand baggage
encontrar contrabando to find illegal goods
el (la) inspector(a) de aduana customs inspector

pagar los derechos de aduana to pay customs duties
pasar por la aduana to go through customs
revisar el equipaje to inspect the baggage

En la estación del ferrocarril

el coche-cama the sleeping car
el coche-comedor the dining car
el (la) pasajero(a) passenger
¡Pasajeros al tren! All aboard!

El tren sale del andén número... The train leaves from platform number . . .
      hace una parada en... it stops at . . .
viajar en tren to travel by train

En el hotel

el botones bellhop
      subir/bajar el equipaje to bring up/ bring down luggage
      al (del) primer/segundo/tercer piso to (from) the first/second/third floor
      la planta baja street floor
      abrir las puertas to open the doors
el (la) gerente manager
      verificar las reservaciones to confirm reservations
      la lista de huéspedes guest list
      tomar una habitación to take a room

      dejar la llave de la habitación to leave the room key
      recibir los mensajes telefónicos to receive telephone messages
el (la) viajero(a) traveler
      desear una habitación doble to want a double room
      una habitación sencilla a single room
      llenar la hoja de inscripción to register
      pagar la cuenta del hotel to pay the hotel bill
      dar una propina to tip
la recepción lobby

¿Sabía Ud. que... ?

En España

El café con leche consiste en una taza llena de leche con sólo un poco de café.

Los churros son el equivalente del *doughnut* norteamericano. Tienen forma cilíndrica y se venden en la mañana para comerlos con el desayuno. Se venden también en las fiestas populares.

El vino con gas es una mezcla de vino y gaseosa muy popular entre la gente joven.

La tortilla española[1] es una especie de *omelet*. La más corriente es la tortilla de patatas, pero hay también tortillas de espárragos, espinacas o de jamón.

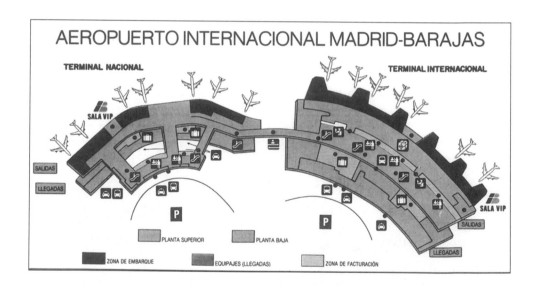

AEROPUERTO INTERNACIONAL MADRID-BARAJAS

En Barajas, España

El aeropuerto de Madrid, la capital de España, está en Barajas. Diariamente llegan miles de pasajeros de diversos países. Los aeropuertos de las grandes ciudades europeas son bastante similares. Sin embargo, el turista que llega a España por Barajas tiene la oportunidad de conocer, allí mismo, una serie de detalles que después podrá identificar como costumbres del pueblo español.

---

[1] La tortilla española es muy diferente de la tortilla mexicana, que está hecha de maíz y sustituye al pan.

gritando / *bar*

usually is

porciones

Así, en la cafetería del aeropuerto, uno puede darse cuenta de que los camareros tienen su modo particular de hablar. Con frecuencia, una vez que el cliente ha pedido lo que desea, el camarero que sirve en las mesas pide, normalmente *a gritos,* al camarero que está detrás de *la barra* la bebida o comida solicitada por el cliente. El turista que ha estudiado español notará enseguida que el camarero, al hacer el pedido, no repite la orden con todas las palabras. Ésta, por ejemplo, *suele ser* la conversación entre dos clientes y un camarero en el aeropuerto de Barajas.

CAMARERO: Buenos días. ¿Qué van a tomar?

CLIENTE: Dos cafés con leche y dos *raciones* de churros.

CAMARERO: ¿Algo más?

CLIENTE: No, de momento eso es todo. Gracias.

CAMARERO: (dirigiéndose al que atiende detrás de la barra) Manolo, ¡dos con leche y dos de churros!

MANOLO: ¡Marchando!

Así, será fácil darse cuenta de que si el camarero dice "dos solos y dos con gas" se estará refiriendo, obviamente, a vino; si grita "uno con jamón, uno de tortilla y dos de queso" se referirá a bocadillos.

ACTIVIDAD 2   Comprensión de la lectura

Conteste las siguientes preguntas.

1. ¿Podría Ud. decir dónde se encuentra Barajas y por qué es importante?
2. ¿Qué costumbre española se puede observar en la cafetería del aeropuerto de Barajas?

3. ¿Qué pide un camarero del aeropuerto cuando dice: "dos con leche y dos de churros"? ¿y "uno solo y tres con gas"? ¿Por qué cree Ud. que el camarero usa esta forma abreviada de pedir lo que quieren los clientes?

4. ¿De qué palabra se deriva **bocadillos**? ¿Qué tipos de bocadillos se mencionan en la lectura?

ACTIVIDAD 3   Y Ud., ¿qué opina?

1. ¿Cuál cree Ud. que es el propósito de la costumbre de los camareros de pedir a gritos la comida o bebida de los clientes? ¿Se parece a la manera de pedir órdenes de los camareros en los Estados Unidos?

2. ¿Qué opinión tiene Ud. de las cafeterías en los aeropuertos norteamericanos? ¿Cómo es el servicio? ¿la comida? ¿los clientes?

ACTIVIDAD 4   ¡Charlemos!

Cuéntele a su compañero(a) de clase cómo se siente cuando está en la sala de espera del aeropuerto, después de haber pasado por el detector de metales y a punto de abordar el avión.

a. ¿Se siente nervioso(a) o tranquilo(a)?
b. ¿Se distrae leyendo?
c. ¿Compra todo lo que ve para matar el tiempo?
d. ¿Se dedica a ver despegar los aviones?
e. ¿Habla con los otros pasajeros?
f. ¿...?

GRAMÁTICA

 ### A. Los pronombres personales

Singular	Plural
yo hablo	**nosotros(as)** hablamos
tú comes	**vosotros(as)** coméis
él, ella, Ud.[1] escribe	**ellos, ellas, Uds.** escriben

Tú es la forma familiar que se usa entre amigos y familiares. **Usted (Ud.)** se usa cuando una persona habla con personas que no conoce, personas mayores o personas de respeto. En los últimos años, sin embargo, hay una tendencia a usar más la forma familiar **tú,** sobre todo en España.

Como en español el verbo indica la persona y el número, los pronombres personales generalmente se omiten.

Pagaré los derechos de aduana.
Abrimos las maletas.

---

[1] En el español escrito, **usted** y **ustedes** se abrevian **Ud., Uds.**

Sin embargo, hay casos donde debe usarse el pronombre personal.

1. Los pronombres **Ud.** y **Uds.** se usan con más frecuencia como norma de cortesía.

   ¿Quiere **Ud.** un boleto de primera o de turista en el avión?
   ¿Qué piensan **Uds.** del nuevo gerente de la compañía?

2. Se usa el pronombre personal para aclarar o dar énfasis al sujeto.

   —¿Quién ha perdido la maleta?
   —**Ella** la ha perdido.
   —¿Quiénes deben hacer el viaje?
   —**Vosotros** debéis hacerlo.

3. Para dar aún más énfasis al sujeto se puede usar **mismo(a, os, as)** después del pronombre personal.

   Toma el maletín y llévalo **tú misma.**
   Uds. mismos pensaron cancelar el viaje.

4. Los pronombres son necesarios al contrastar dos sujetos.

   Yo perdí el vuelo, pero **él** no.
   Yo quisiera esperar hasta el verano, pero **ellos** desean visitar México ahora.

5. A veces los pronombres personales son necesarios para evitar confusiones con las personas.

   Los dos vinieron juntos, pero **ella** tuvo que regresar de inmediato.

6. Con el verbo **ser**, en casos enfáticos, el pronombre va después del verbo.

   —¿Eres **tú** el representante de la agencia de viajes?
   —Sí, soy **yo.**

7. Después de las palabras **según, como, entre, menos, excepto** e **incluso**, se usa el mismo pronombre personal que se usa como sujeto.

   Entre tú y **yo** no hay secretos.
   Todos lo sabían **menos yo.**
   Según ellas, el botones subió las maletas al segundo piso.

ACTIVIDAD 5 ¿Quién es?

Los abuelos han preparado una fiesta para la llegada de Lucía a Galicia. Como hace seis años que ella no pasa el verano en el campo, no se acuerda mucho de las personas y tiene que pedirle ayuda a la abuela.

En parejas, con su compañero(a), haga diálogos usando una de las siguientes exclamaciones: **¡Claro que... ! ¡Ya lo creo que... ! ¡Por supuesto que... !**

Modelo: Roberto
           —¡Es Roberto!
           —¡Claro que es él!
           —¡No lo puedo creer!
           —Pues sí, es él mismo.

1. los tíos
2. mi prima
3. las hermanas Gómez
4. Carlos
5. Sara y Guillermo
6. la tía Matilde
7. la hija de Carla
8. el papá de Rosa

ACTIVIDAD 6   Un posible viaje a Chile

Lea con mucha atención el siguiente diálogo entre Lucía (L) y José Ignacio (JI). Después, ponga el pronombre personal solamente si es necesario.
Al oír que llaman a la puerta, Lucía contesta.

L: ¿Eres _____, José Ignacio?

JI: Sí, soy _____.

L: Hola, José Ignacio.

JI: Hola, Lucía. Ya veo que mamá no está. ¿Sabes dónde está _____?

L: Supongo que de paseo, pero creo que _____ vendrá pronto. _____ He visto que la cena está ya lista, así es que _____ voy a poner la mesa.

JI: Lucía, ¿qué pasa? ¿_____ Estás nerviosa?

L: Un poco. _____ Acabo de recibir una carta de los abuelos. Desean que los visite en Chile. _____ preferiría esperar hasta el otoño, pero _____ quieren que viaje de inmediato. Mira, toma la carta y léela _____ mismo. Es muy bonita. _____ Siempre dicen cosas muy interesantes.

 B. El presente del indicativo

¿Sabía Ud. que... ?

Las verbenas son fiestas y bailes populares que se celebran al aire libre y que duran hasta la madrugada.

Las tertulias son reuniones de personas que se juntan con frecuencia en un café o a la puerta de las casas para conversar.

Estar en onda es una expresión que se usa para expresar que algo es muy popular o que está muy de moda.

La vida nocturna madrileña

se detiene

existen, hay
de la calle
muy tarde
continúan / charlas entre
amigos

Madrid, como todas las grandes ciudades españolas, **ofrece** numerosas posibilidades de diversión nocturna. La vida no *se paraliza* con la llegada de la noche, sino que simplemente **cambia** sus zonas de actividad. Las **hay** para todos los gustos y para todas las edades.

En verano *abundan* los espectáculos al aire libre: conciertos, bailes, verbenas, representaciones de actores y músicos *callejeros,* que **se prolongan** hasta *altas horas de la noche.* En las zonas más antiguas y menos urbanizadas de la ciudad, aún *se acostumbran* las *tertulias* entre vecinos, cada uno con su propia silla, a la puerta de la casa, tomando el fresco. La gente joven **prefiere** como pun-

En las discotecas y los cafés la juventud de Madrid se reúne.

skaters / evitan / cans

those who favor
prevail
centro

se encuentran
ropa / sorprendente

to de reunión las terrazas de los cafés. Algunas de estas terrazas **tienen** banda de música, otras **ofrecen** como atracción la presencia de espontáneos *patinadores* que *sortean* hábilmente *botes* de cerveza colocados en el suelo.

En invierno, la actividad nocturna **se concentra** principalmente en los distintos *pubs*, bares y cafés que poco a poco han ido invadiendo la ciudad. En ellos **se puede** oír desde música clásica interpretada en vivo hasta *heavy metal* y **se puede** ver desde un video de Michael Jackson hasta un partido de baloncesto. Para los *partidarios* de mayor movimiento **están** las discotecas que **ofrecen**, al mismo tiempo, más posibilidades de ligar. En las de público adulto *predomina* la música lenta y en algunas, incluso, **hay** orquesta. Las de gente joven, sin embargo, **son** *imperio* de la música americana y de lo que **está** más en la onda de la música española. En ellas *se dan* cita jóvenes de todas las tendencias, "rockeros", "punkies", "posmodernos". La variedad de *vestimentas* **es** verdaderamente *asombrosa*. Muchos **dicen** que para conocer Madrid **hay** que visitarla de noche.

ACTIVIDAD 7   Comprensión de la lectura

1. Dígale a un(a) compañero(a) cómo es, según la lectura, la vida nocturna en Madrid durante el verano: a) en los centros nocturnos y b) en las zonas urbanizadas.

2. Pida que su compañero(a) le diga a Ud. cómo es la vida nocturna en Madrid durante el invierno y si hay posibilidades de conocer gente.

3. Comenten si les gustaría visitar Madrid en verano o en invierno.

ACTIVIDAD 8   ¿Cuál es la diferencia entre... ?

1. la vida nocturna y la vida diurna
2. ligar y conocer
3. una persona callejera y una persona casera
4. un bar y un *pub*

ACTIVIDAD 9   ¡Charlemos!

Con un(a) compañero(a) de clase, compare la vida nocturna de su ciudad con la que existe en Madrid o en otra ciudad grande. Hablen de los espectáculos, los conciertos, las discotecas, los *pubs* y las posibilidades de diversión nocturna.

ACTIVIDAD 10   ¿Está Ud. de acuerdo?

Diga si Ud. está o no de acuerdo con las siguientes afirmaciones y exprese sus razones.

1. En los *pubs* se debe servir todo tipo de bebidas, no solamente gaseosas y cerveza.
2. Los locales nocturnos en todos los Estados Unidos deben permanecer abiertos hasta las cuatro de la mañana, como en España.
3. La ciudad no puede permitir que los músicos callejeros toquen música en las calles ni en las plazas sin un permiso especial.
4. Las discotecas son sólo para los jóvenes, la gente mayor debe ir a otros establecimientos.
5. Si los muchachos quieren ir a bailar a una discoteca, deben llevar chaqueta y corbata.

1. Las formas del presente del indicativo

Los verbos regulares tienen las siguientes terminaciones.

comunicar		comprender		abrir	
comunic	−o −as −a −amos −áis −an	comprend	−o −es −e −emos −éis −en	abr	−o −es −e −imos −ís −en

Verbos irregulares en la primera persona del indicativo

-go		c → -zco	
caer(se) to fall	yo (me) caigo	conocer to know someone	yo conozco
hacer to do, make	yo hago	desaparecer to disappear	yo desaparezco
poner to put, set	yo pongo	obedecer to obey	yo obedezco
traer to bring	yo traigo	conducir to drive	yo conduzco
salir to go out	yo salgo	producir to produce	yo produzco
		traducir to translate	yo traduzco
-gu → -go		**g → -jo**	
distinguir to distinguish	yo distingo	coger to pick, take	yo cojo
		escoger to choose	yo escojo
		proteger to protect	yo protejo
		dirigir to manage	yo dirijo
		exigir to demand	yo exijo

Otros verbos: **saber** to know (something) yo **sé**
ver to see yo **veo**

Verbos con cambios en el radical

Muchos verbos cambian la vocal del radical a un diptongo en el presente del indicativo y del subjuntivo. Este cambio no afecta las formas de **nosotros** y **vosotros**.

Cambio e → ie	-ar	-er	-ir
empezar to start	cerrar to close	defender to defend	advertir to warn
empiezo	comenzar to start	encender to light,	divertir(se) to have a
empiezas	despertar(se) to wake	turn on	good time
empieza	(someone) up	entender to understand	mentir to lie
empezamos	negar to deny	perder to lose	preferir to prefer
empezáis	pensar to think	querer to like, want, love	sentir to feel (sorry)
empiezan	quebrar to break		

Cambio o → ue	-ar	-er	-ir
poder to be able, can	acordar to agree	devolver to give back	dormir to sleep
	almorzar to have lunch	mover to move	morir to die
puedo	contar to tell, count	resolver to solve	
puedes	encontrar to find, meet	soler to be used to,	
puede	jugar to play	tend to	
podemos	mostrar to show	volver to come back	
podéis	probar to try, taste		
pueden	recordar to remember		
	soñar to dream		

Cambio e → i	–ir
servir to serve	pedir to ask for
sirvo	reír to laugh
sirves	repetir to repeat
sirve	seguir to follow
servimos	sonreír to smile
servís	
sirven	

Cambio ui → uy	–ir
distribuir to distribute	construir to build
distribuyo	destruir to destroy
distribuyes	huir to run away
distribuye	incluir to include
distribuimos	
distribuís	
distribuyen	

Verbos irregulares

dar to give	doy	das	da	damos	dais	dan
decir to say	digo	dices	dice	decimos	decís	dicen
estar to be	estoy	estás	está	estamos	estáis	están
ir to go	voy	vas	va	vamos	váis	van
oír to hear	oigo	oyes	oye	oímos	oís	oyen
oler to smell	huelo	hueles	huele	olemos	oléis	huelen
ser to be	soy	eres	es	somos	sois	son
tener to have	tengo	tienes	tiene	tenemos	tenéis	tienen
venir to come	vengo	vienes	viene	venimos	venís	vienen

ACTIVIDAD 11   Un vuelo internacional

El aterrizaje de un avión es siempre un momento de muchos preparativos y todos se sienten muy nerviosos.

Complete las oraciones con el presente del indicativo del verbo indicado.

1. El avión _____ (empezar) a descender.
2. Yo _____ (coger) mi maletín.
3. Los auxiliares de vuelo _____ (ir) y _____ (venir), controlando que todo esté en orden.
4. Algunos pasajeros _____ (reír) porque están muy nerviosos.
5. El piloto _____ (anunciar) la próxima llegada.
6. Los auxiliares de vuelo _____ (distribuir) las declaraciones de aduana.
7. Yo no _____ (querer) declarar la cámara que _____ (traer) para mi novio.

8. Tú le _____ (ofrecer) ayuda a una señora que no _____ (hablar) español.

9. ¿Me _____ (poder) Ud. decir a qué hora _____ (llegar) el avión a Madrid? ¿_____ (Conocer) Ud. la ciudad?

10. Yo no _____ (conocer) Madrid. _____ (Yo/Venir) a visitar a unos amigos que _____ (vivir) aquí.

11. Algunos pasajeros _____ (continuar) viaje de Madrid a Barcelona.

12. Finalmente los pasajeros _____ (oír) la voz del piloto que dice: "Señores pasajeros, bienvenidos a España."

Estación de trenes Atocha, en Madrid, España.

ACTIVIDAD 12   En la estación del ferrocarril

Lea con atención el diálogo y complete lógicamente las oraciones. Use éstos u otros verbos.

deber	partir	salir
desear	poder	ser
hacer	querer	tener

Una viajera llega a la estación pensando que todavía puede tomar el tren expreso para Segovia, pero se equivoca.

EL AGENTE: ¿En qué _____ servirle?

LA VIAJERA: _____ un boleto para el expreso a Segovia.

EL AGENTE: A esta hora ya no _____ trenes expresos. El próximo tren _____ varias paradas.

LA VIAJERA: ¿A qué hora _____ mañana el primer expreso?

EL AGENTE: A las ocho de la mañana, pero Ud. _____ estar en la estación a las siete y media.

LA VIAJERA: De acuerdo. ¿_____ Ud. decirme si el tren _____ coche comedor?

EL AGENTE: ¡Por supuesto! El servicio de comedor _____ muy bueno.

LA VIAJERA: Muchísimas gracias por la información.

ACTIVIDAD 13 Cuando llegan las vacaciones

Complete las oraciones siguientes.

Modelo: Si tengo que seleccionar un lugar de vacaciones (yo escoger) *generalmente escojo un lugar tranquilo en las montañas* porque *me gusta caminar y admirar el paisaje.*

1. Si tengo que seleccionar un lugar de vacaciones (yo escoger)... porque...
2. Si tengo que ir a un espectáculo nocturno (yo preferir)... porque...
3. Si te invitan a un concierto de *heavy metal* (tú deber)... tener cuidado porque...
4. Si quiero bailar y divertirme (yo ir a)... porque...
5. Si necesitas dinero (tú tener que)... y...

2. Los usos del presente del indicativo

El presente habla generalmente de **ahora, en este momento, actualmente.** Sin embargo, el concepto del presente se extiende para cubrir un futuro pensado como presente (n.º 4) o un pasado visto como presente (n.ºs 5 y 6). Recordemos también que el uso del tiempo presente es mucho más frecuente en español y equivale en inglés al presente simple, presente enfático y al presente progresivo. (**Hablo** = *I speak, I do speak, I am speaking.*)

El presente del indicativo expresa...	Ejemplos
1. una acción simultánea al momento de hablar.	**Sueño** con viajar algún día a Grecia. En este momento **estudiamos** el mapa de la ciudad.
2. acciones generales o habituales.	Le **gusta** leer libros de viajes. Los muchachos **se reúnen** todos los viernes.
3. hechos vistos como verdaderos en el presente o verdades universales.	**Hay** cuatro cambios de la luna durante el mes. Para convertir pulgadas a centímetros se **multiplican** las pulgadas por 2.54.
4. una acción en un futuro cercano.	**Vuelven** a la una para almorzar. Mañana **salimos** para Chile.
5. una acción que ha estado en progreso desde el pasado y que continúa en el momento de hablar.	Hace siglos que el hombre **padece** hambre y malnutrición.
6. el presente histórico: hace más vívida la narración de acciones pasadas.	En agosto de 1945 **estallan** las primeras bombas atómicas sobre las islas del Japón. Las explosiones **causan** un número inaudito de muertes y **traen** la destrucción de ciudades enteras.

ACTIVIDAD 14   Viajeros expertos

Con un(a) compañero(a) de clase, intercambie ideas sobre los hábitos que todos tenemos cuando hacemos un viaje. Las siguientes preguntas pueden ayudarles a iniciar la conversación.

1. Cuando decides viajar, ¿preparas las maletas varios días antes de tu viaje o las dejas para el último momento? ¿Por qué? ¿Llevas mucho o poco equipaje? ¿Cuáles son las cosas que consideras más importantes para llevar en tus viajes?

2. Cuando estás de vacaciones y decides hacer un viaje, ¿prefieres comprar un boleto de ida y vuelta o de ida solamente? ¿Por qué? ¿Escoges un hotel, un motel o prefieres acampar? ¿Por qué?

3. ¿Llegas generalmente temprano al aeropuerto / a la estación? Si tu vuelo/ autobús/tren sale a las 2:30 P.M., ¿a qué hora llegas al aeropuerto a la terminal/la estación?

4. ¿Prefieres llevar cheques de viajero o dinero en efectivo? ¿Cuáles son las ventajas de llevar cheques de viajero? ¿y dinero en efectivo?

5. ¿...?

ACTIVIDAD 15   Mi ciudad natal

Muchas personas piensan que la ciudad donde pasaron la infancia es muy atractiva.

1. Estudiante A: Piense un momento en su ciudad natal y dígale a un(a) compañero(a) lo siguiente.
   a. de qué ciudad/pueblo es Ud.
   b. por qué medio de transporte se llega a su ciudad/pueblo
   c. en qué mes del año hay que visitarla(lo)
   d. qué lugares de diversión debe conocer y a qué hora debe ir a ellos
   e. cuáles son los edificios principales de este lugar
   f. ¿...?

2. Estudiante B: Informe a la clase sobre la ciudad natal de su compañero(a).

ACTIVIDAD 16   En la agencia de la línea aérea Iberia

Imagine que Ud. es agente de viajes de la línea aérea Iberia. Antes de irse a almorzar tiene que atender a algunos clientes. Delante del mostrador hay una larga cola. Todas las personas en la cola (representadas por sus compañeros de clase) quieren viajar, unos a México, otros a Inglaterra, a Francia, a Paraguay. Cuando les llega el turno, le piden la siguiente información.

1. el precio del billete de ida y vuelta

2. la hora de salida del vuelo

3. el número de escalas

4. la hora de aterrizaje

5. qué hacer si tienen exceso de equipaje

6. ¿...?

¡Atiéndalos, por favor!

LOS SECRETOS DE LA NOCHE MADRID	LA MEJOR HORA	CUÁNTO CUESTA	UNIFORME	ESTILO DE GENTE	QUÉ TOMAR	EN RESUMEN
C E N A R — *El Almendro* El Almendro, 2	Las diez. Mucha gente y poco sitio.	1.000 pesetas por barba.	Vaqueros y deportivas.	Jóvenes, turistas, estudiantes.	Rosca de carne, huevos con jamón y patatas.	Económico y sin pretensiones.
Antigua Concha Espina, 39	De once a cuatro de la madrugada. Reservar.	Menú, 1.500. Cena, 2.500. Copas, 800 pesetas.	Ropa informal pero de marca.	Variopinto, tirando a pijo. Chicos bien y niñas monas.	Pasta Antigua, pollo Jamaica, ensaladas.	Inédito. Al mando de José Coronado
Caripen Plaza de la Marina Española, 4	Cenas hasta las tres de la madrugada.	3.500-4.000 pesetas. Dejarse aconsejar.	Todo vale: traje oscuro; minifalda con alzas; pelucas.	Elegante y extravagante.	*Foie*, mejillones, raya. Buena bodega.	Ver y dejarse ver.
C O P A S — *Cock* La Reina, 16	A las dos de la madrugada hierve.	900 pesetas los combinados.	Evitar el desarreglo. Nada de *grunge* o rock.	Famosos, intelectuales, curiosos.	Mojito.	Elegante a diario. Repleto en fin de semana.
Swing San Vicente Ferrer, 23	La hora punta, las 0.30.	Entrada conciertos, 1.000. Cerveza, 500.	No hay nada escrito. Nadie desentona.	Mezclado, según el concierto de esa noche.	Combinados.	Desenfadado. Conciertos a las 22.30 y a las 23.30.
Corazón Negro Colmenares, 5	Antes de la una, para sentarse.	Combinados, 800. Cervezas, 500.	Lo mejor, prendas sacadas de cualquier baúl.	Modernos, famosos, *gays*.	Combinados.	Original. Bajo la sombra de Paola Dominguín.
B A I L A R — *Ku* Princesa, 1	A partir de las tres de la madrugada.	Entrada, 1.500. Combinados, 900.	Siempre con marcas a la vista.	De todo entre 25 y 35 años.	Daiquiri.	El novísimo invento de Pepe Barroso.
Kapital Atocha, 125	Las tres. Fiestas, los domingos por la tarde.	Entrada, 1.500 pesetas. Copas, 1.000.	Según la planta, clásico o moderno.	Siete plantas con ambientes muy dispares.	Cóctel especial.	Gigante.
Goa Mesonero Romanos, 13	A partir de las siete de la mañana.	Combinados, 900 pesetas.	Provocativo: gorras, camisetas, *shorts*.	Los más resistentes de la ciudad.	Coronitas con limón.	Demoledor.

ACTIVIDAD 17 Los secretos de la noche en Madrid

Ud. y su compañero(a) acaban de llegar a Madrid. Como quieren conocer la vida nocturna madrileña, han comprado el periódico *El País*, que anuncia varios lugares interesantes. Pregúntele a su compañero(a) lo siguiente.

1. a qué hora le gustaría salir
2. cuánto desea gastar
3. qué ropa piensa llevar
4. qué tipo de gente desea ver (estudiantes, turistas, gente famosa, extravagante, etc.)

Después decidan a cuál de los establecimientos podrían ir y por qué.

C. El futuro del indicativo

horóscopo

Por Leonor Andrassy

ARIES

Marzo 21
- a -
Abril 19

Aunque los primeros días serán especialmente felices y memorables para el romance, pueden surgir problemas inesperados con su pareja debido a que las arianas se sentirán más inclinadas hacia los negocios que hacia el amor... No haga gastos innecesarios. Decepciones por parte de personas que se desenvuelven cerca de usted. Posibilidad de mejorar su situación económica.

CANCER

Junio 22
- a -
Julio 22

En estos momentos encontrará el campo fértil para sus investigaciones, tanto comerciales como científicas. No espere que los demás defiendan sus intereses. No lo dude, usted es el mejor abogado para estos fines. Si se siente con ideas de cambio, es precisamente porque en su vida se están abriendo nuevos y más importantes caminos. No tema tomar decisiones radicales. Triunfos...

LIBRA

Septiembre 22
- a -
Octubre 22

Los primeros días de este período serán muy activos. A los amigos debe tratarlos con mucho tacto si quiere evitar conflictos. Los viajes serán un factor importante en el desenvolvimiento de las actividades de Libra. En algunos casos serán viajes cortos y en otros largos, relacionados con algún negocio importante. La vida sentimental de Libra puede ser maravillosa si se lo propone...

CAPRICORNIO

Diciembre 22
- a -
Enero 19

Madurez en sus proyectos. Elogios y consideración fuera de lo normal. En estos días usted notará mayor armonía en familia. Exitos en el trabajo. Para que su vida sentimental llegue a ser perfecta debe mantener una actitud leal, sin dejarse alterar por inevitables contratiempos. El contacto con la naturaleza le haría mucho bien, tanto para su salud mental como espiritual. Descanse.

TAURO

Abril 20
- a -
Mayo 20

Probablemente será el mes más apasionante y feliz para los romances. Las hijas de Tauro serán más encantadoras y atractivas que nunca, por lo que no les será difícil atraer la atención de los que están a su alrededor. Período especialmente importante para adelantar sus proyectos personales. Deje para más adelante los cambios. Este no es el momento indicado. Viajes cortos...

LEO

Julio 23
- a -
Agosto 22

Grandes novedades en la vida social. Participará de una fiesta en la que conocerá una persona que puede llegar a ser muy importante para usted... Roces familiares debido a un mal entendido. Controle su carácter; la mejor forma de ganar una partida es con suavidad y mucha dulzura. Suerte especial en los negocios si sabe aprovechar su ingenio y creatividad. Un viaje...

ESCORPION

Octubre 23
- a -
Noviembre 21

Los primeros días de este período serán aquellos en que las nacidas bajo este signo se dejen influir más por su familia. Permita la iniciativa de otras personas en lugar de intentar llevar a la práctica sus planes personales, aunque esto no quiere decir que los olvide. Buen momento para proyectos de tipo creativo. Aunque estos días no están muy favorecidos para el amor, habrá sorpresas...

ACUARIO

Enero 20
- a -
Febrero 19

El hogar y los asuntos familiares serán los que más ocuparán a Acuario durante los primeros días de este período. Debe usar mucho tacto y prudencia para controlar cualquier situación desagradable. Acuario continuará atrayendo fácilmente a personas del sexo opuesto. Se encuentra en un buen momento para encontrar la persona ideal que llene plenamente su vida sentimental.

GEMINIS

Mayo 21
- a -
Junio 21

Las actividades de las nacidas bajo el signo de Géminis durante los primeros días estarán seguramente relacionadas con personas importantes. No es un buen período para hacer grandes inversiones. Cuidado: un exceso de energía mental puede convertirla en una persona impaciente y, por consiguiente, llevarla a la intolerancia y tener discusiones con los que viven cerca de usted.

VIRGO

Agosto 23
- a -
Septiembre 21

Para que sus planes lleguen a un final feliz tendrá que solucionar ciertas diferencias con personas que se desenvuelven cerca de usted. Las condiciones pueden parecerle adversas, pero si actúa con prudencia y sentido común, todo tendrá una fácil solución. No es el mejor momento para viajar, si fuera necesario, debe tener precaución. Oportunidad de conocer personas interesantes...

SAGITARIO

Noviembre 22
- a -
Diciembre 21

Las nacidas bajo este signo quizá tendrán que enfrentarse con algunas presiones que les obligarán a incrementar sus actividades. No se desanime si no encuentra la colaboración que necesita de personas que hasta el presente decían ser sus amigos. Tiene que poner más atención a esos pequeños detalles. Si está pendiente de una respuesta, en estos días la recibirá y en forma positiva.

PISCIS

Febrero 20
- a -
Marzo 20

Tendencia a exceso de actividad que debe controlar, ya que su organismo puede resentirse. Aquellas piscianas que dependan de su energía o actividad intelectual tendrán un mes muy ocupado, pero les será difícil concentrarse y evitar el aburrimiento. Las buenas noticias tan esperadas puede que demoren un poco, tenga calma y espere, que todo llega. Relaciones sentimentales felices.

ACTIVIDAD 18 ¡Charlemos!

Lea su horóscopo del mes en la página 53 y dígale a un(a) compañero(a) lo siguiente.

a. si será un buen mes para él (ella)
b. qué alegrías tendrá con sus amistades, el amor y el trabajo
c. si tendrá que enfrentarse con grandes preocupaciones
d. si llevará a la práctica los consejos que le dan
e. ¿...?

1. Las formas del futuro

Se forma el futuro de los verbos regulares con infinitivo y las siguientes terminaciones.

Infinitivo	+ Terminación	=	Futuro
viajar	–é		viajar**é**
	–**ás**		viajar**ás**
	–**á**		viajar**á**
	–**emos**		viajar**emos**
	–**éis**		viajar**éis**
	–**án**		viajar**án**

Los verbos regulares que terminan en **–er** e **–ir** forman el futuro de la misma manera:

> **volver:** volver**é**, volver**ás**, volver**á**, volver**emos**, volver**éis**, volver**án**
> **subir:** subir**é**, subir**ás**, subir**á**, subir**emos**, subir**éis**, subir**án**

Algunos verbos son irregulares en el futuro. El radical cambia, pero las terminaciones son las mismas que las de los verbos regulares.

Cambio[1]	Infinitivo	Radical del futuro	Futuro
Cae la **e** del infinitivo.	caber	cabr–	**cabré**
	haber	habr–	**habré**
	poder	podr–	**podré**
	querer	querr–	**querré**
	saber	sabr–	**sabré**
La **d** reemplaza la **e** o **i** del infinitivo.	poner	pondr–	**pondré**
	salir	saldr–	**saldré**
	tener	tendr–	**tendré**
	valer	valdr–	**valdré**
	venir	vendr–	**vendré**
irregular	decir	dir–	**diré**
	hacer	har–	**haré**

---

[1] Los verbos compuestos como **mantener, suponer** y **deshacer** se conjugan con la misma terminación en el futuro: **mantendré, supondré, desharé,** etc.

ACTIVIDAD 19 En un pequeño hotel de la Costa del Sol

El gerente está al teléfono explicando a un posible cliente las ventajas que tendrá si selecciona el Hotel Pez de Oro.

Complete la conversación, poniendo los verbos entre paréntesis en el futuro.

1. —¿Podría decirme cómo es su hotel?
   —El Hotel Pez de Oro es pequeño, pero en él Ud. _____ (encontrar) todas las facilidades de los grandes hoteles.

2. —Las habitaciones, ¿tienen vista al mar?
   —¡Cómo no! Desde su habitación Ud. _____ (tener) una maravillosa vista de la playa.

3. —Y..., dígame, ¿hay muchos turistas?
   —Para esa época del año ya no _____ (haber) muchos turistas y Ud. y su familia _____ (poder) tener mucha tranquilidad.

4. —¿Podría enviarme algunos folletos?
   —De acuerdo. En el correo de mañana nosotros le _____ (enviar) folletos con más detalles.

5. —¿Es fácil llegar al hotel?
   —Ud. no _____ (tener) ningún problema para llegar al hotel y nosotros _____ (estar) atentos a su llegada.

6. —¿Qué otros servicios ofrece el hotel?
   —Nuestro servicio de comedor es excelente; ya lo _____ (ver) Ud. Y si desea, el camarero le _____ (llevar) el desayuno a su habitación. Ud. y su familia _____ (estar) como en su casa. Recuerde que si viene con su familia nosotros le _____ (hacer) un buen descuento.

ACTIVIDAD 20   **El horóscopo del mes**

Complete el horóscopo con el futuro del verbo indicado.

Capricornio
Ud. _____ (salir) de todas sus deudas mediante la oferta de trabajo que le _____ (ser) ofrecida muy pronto.

Cáncer
Un amigo _____ (venir) a buscarlo con planes para el futuro. _____ (Valer) la pena considerar su oferta.

Acuario
Busque la compañía de sus amigos. Ellos le _____ (ayudar) con sus problemas y su vida social _____ (comenzar) un nuevo ciclo.

Leo
Ud. _____ (sufrir) una traición _____ (Tener) que cuidar sus actos al hablar con parientes y amigos.

Piscis
Ud. _____ (sentir) que el estudio es aburrido y _____ (tener) dificultades, pero muy pronto _____ (poder) resolverlas.

Virgo
El día 15 Ud. _____ (recibir) la visita inesperada de un amigo que le _____ (contar) sus penas y _____ (haber) que consolarlo.

Aries
Ud. _____ (recibir) dinero. Aproveche para dar fiestas. Muy buenos amigos _____ (buscar) su compañía.

Libra
Uno de sus pasatiempos le _____ (producir) dinero y _____ (firmar) grandes contratos con compañías muy importantes.

Tauro
Sus planes _____ (empezar) a dar frutos. Ud. _____ (ganar) más dinero y _____ (hacer) el viaje soñado.

Escorpión
Sus planes de viaje _____ (tomar) un rumbo positivo. _____ (Conocer) Sudamérica y _____ (encontrar) la felicidad y el amor.

Géminis
Ud. _____ (tener) momentos de duras luchas interiores. No se desanime; no _____ (ser) nada muy grave.

Sagitario
Piense antes de aceptar un trabajo; de lo contrario _____ (tener) muchos problemas que lo _____ (poner) en dificultades.

ACTIVIDAD 21   **El horóscopo de los estudiantes**

1. La clase se divide en doce grupos. Cada grupo escribe el horóscopo para uno de los signos del zodíaco.

¡MARCA ESTE NUMERO YA!

Marca el número de tu horóscopo y consigue más información sobre tu futuro. Marca el **(07 611) 41 11** seguido del número que figura al lado de tu estrella del Zodiaco.

62 Capricornio

51 Tauro

55 Virgo

60 Acuario

52 Géminis

56 Libra

61 Piscis

53 Cáncer

57 Escorpión

50 Aries

54 Leo

58 Sagitario

El precio de llamada es 40 pesetas por cada cinco segundos

2. Después, los estudiantes que deseen saber su horóscopo simularán marcar el número de teléfono correspondiente y uno de los estudiantes del grupo atenderá la llamada y le dará la información sobre su futuro.

 2. Los usos del futuro

Usamos el futuro para expresar...	Ejemplos
1. una acción que se predice o anticipa desde el momento presente.	El auxiliar de vuelo **servirá** bebidas después del despegue. El piloto anuncia que el vuelo **llegará** a tiempo a Málaga.
2. un sentido de mandato (con las formas de tú, Ud. y Uds.).	Te digo que **viajarás** mañana. Uds. **saldrán** conmigo.
3. una conjetura o probabilidad en el presente. Este uso del futuro se distingue del uso regular sólo por el contexto. No indica una acción que va a ocurrir, sino la probabilidad de una acción que en inglés se expresa con *must be* o *probably*.	—¿Qué hora es? —**Serán** las nueve. *(It is probably nine o'clock.)* —¿Por qué come tanto? —**Tendrá** hambre. *(He must be very hungry.)*

Frecuentemente expresamos también la idea del futuro con...	Ejemplos
1. el presente, cuando la acción va a tener lugar en un futuro inmediato, a menudo con adverbios de tiempo.	Mañana **investigamos** esas posibilidades. Lo **preparo** inmediatamente.
2. **ir a + infinitivo.** Se usa mucho en la conversación como equivalente de *to be going to.*	**Van a quedarse** con el maletín.
3. el presente del verbo **querer + infinitivo.** Se usa para pedir o solicitar algo. (Inglés: *will*)	**¿Quieres ayudarme?** *(Will you help me?)*

ACTIVIDAD 22 Cuando llegue ese día...

Todos pensamos en el futuro y en lo que haremos. Complete las siguientes oraciones.

Modelo: Cuando termine este semestre *volveré a casa para estar con mis padres. Visitaré también a mis amigos de la escuela secundaria.*

1. Cuando acabe esta actividad...
2. Cuando vaya a Europa...
3. Cuando me gradúe...
4. Cuando tenga mucho dinero...
5. Cuando conozca a la persona ideal...
6. Cuando me case...

ACTIVIDAD 23 En la agencia de viajes

Ud. trabaja en una agencia de viajes y se pregunta por qué hoy precisamente todos los clientes desean confirmar, posponer, cambiar o cancelar sus reservaciones. Atienda las llamadas telefónicas de los clientes (algunos de sus compañeros de clase).

Primera llamada

—¡Aló! ¿Es la agencia de viajes?

—...

—Soy... Llamo para posponer mi reservación. En vez de partir el 15 de septiembre,... (yo/partir) el 18.

—...

Segunda llamada

—Señor(ita), quisiera cambiar la fecha de salida de mi vuelo.

—...

—Me gustaría salir dos días antes. ¿Cree Ud. que... (yo/poder) salir el 3 de noviembre?

—Lo siento, pero...

—...

Tercera llamada

—Tengo un pequeño problema y por el momento quisiera cancelar mi viaje a Asunción. Mañana lo (la)... (yo/llamar) para darle mi próximo itinerario.

—No se preocupe,...

—...

Cuarta llamada

—Buenos días, lo (la) llamo para confirmar mi viaje a... Hoy le (yo/enviar) un cheque por la suma total del viaje.

—¡Vale! Recuerde que...

—...

D. Las comparaciones

¿Sabía Ud. que... ?

El botones es un empleado del hotel que hace diferentes trabajos. Generalmente está delante del hotel para ayudar a los clientes a llevar las maletas, abrir las puertas, conducirlos a sus habitaciones, etc.

Un puesto de botones para toda la vida

disturbs

Una de las preocupaciones que con mayor frecuencia *perturba* la vida del ciudadano español es la de conseguir un trabajo para toda la vida.

falta de trabajo
gustándole mucho

Al español le gustan poco las aventuras dentro del mundo del trabajo, quizá por el problema universal del *desempleo* o quizá porque le gusta más "trabajar para vivir" que "vivir para trabajar". En ocasiones uno acaba *encariñándose con* el ambiente familiar del trabajo y pueden ocurrir situaciones tan complicadas como la siguiente.

GERENTE: Don Pedro, hágame el favor de subir las maletas a la 309.

BOTONES: Pero... si hace más de diez minutos que las he subido.

GERENTE: ¿Está Ud. seguro de lo que dice?

clase de trabajo / accidente

BOTONES: Naturalmente, ¡hombre! Hace más de cuarenta años que estoy en este *oficio* y todavía no he tenido ni un *percance*.

Esté seguro

GERENTE: *Asegúrese* Ud. bien porque no quiero **más** problemas **de** los que tengo.

(El cliente de la 309 llama por teléfono a la recepción.)

CLIENTE: Por favor, ¿cuándo van a subir nuestras maletas? Mi mujer está

muy enojada

enfadadísima de tanto esperar.

diablos	GERENTE:	No se preocupe señor, dentro de unos minutos las tendrá en su habitación. *(De nuevo hablando con el botones.)* Don Pedro, ¿es que no es Ud. capaz de recordar dónde *demonios* ha metido las maletas?
levante	BOTONES:	Mire, jefe, ya le he dicho que no me *alce* la voz, que soy **el más** viejo **de** esta casa y sé muy bien lo que hago.
	GERENTE:	Puede Ud. decir todo lo que quiera, pero si no aparecen esas maletas, ya veremos qué es lo que pasa.
que da muchas órdenes	BOTONES:	¡Esta juventud! ¡Lo que tengo que ver a mis años! Si en lugar de un niño *mandón* como Ud. estuviera su padre, ya se habrían encontrado las maletas que yo he subido a la 309. Con su manía de que estoy viejo y que tengo que *jubilarme,* Ud. va a acabar volviéndome loco.
retirarme		
I resign	GERENTE:	El único que se va a volver loco aquí soy yo. Mañana mismo *pido la baja...*
	BOTONES:	Eso, eso es lo mejor que puede hacer, que yo solo me organizo mejor.
	GERENTE:	¡B r r r r...!

ACTIVIDAD 24   Comprensión de la lectura

¿Verdadero o falso? Si es falso, diga por qué.

1. V_____ F_____ Los españoles desean conseguir un trabajo para toda la vida.
2. V_____ F_____ Al español le gusta vivir para trabajar.
3. V_____ F_____ Hace treinta años que el botones trabaja en su oficio.
4. V_____ F_____ El cliente de la habitación 309 reclama sus maletas.
5. V_____ F_____ El botones no quiere que el gerente le alce la voz.

ACTIVIDAD 25   ¿Y Ud., qué opina?

Conteste las siguientes preguntas.

1. ¿Podría Ud. explicar por qué a los españoles les gusta tener un trabajo para toda la vida? ¿Qué opina Ud. de esta manera de pensar?
2. ¿En qué tipo de hotel piensa Ud. que trabaja don Pedro? ¿Por qué?
3. ¿Qué le parece la relación entre el gerente y el botones? ¿Piensa Ud. que puede existir una relación de trabajo similar en los Estados Unidos?
4. ¿Qué es un hotel de cinco estrellas? ¿Piensa Ud. que hay grandes diferencias entre un hotel de cinco estrellas y uno de dos estrellas? ¿Cuáles?
5. ¿Cuál es la diferencia entre un hotel y un motel?

1. Las comparaciones de superioridad e inferioridad

Para expresar comparaciones de superioridad e inferioridad se usa **más** o **menos** en las fórmulas siguientes.

más/menos +	adjetivo + que	Los aviones del futuro serán **más** cómodos **que** los aviones de hoy. (adjetivo)
	adverbio + que	El Concorde vuelan **más** rápido **que** los Jumbo. (adverbio)
	sustantivo + que	En este autobús cabrán **menos** pasajeros **que** en el primero. (sustantivo)
verbo + **más/menos que**		El botones habla **más que** el gerente. Mi maleta pesa **menos que** la tuya.
más/menos de +	número	La compañía gastará **más de** 5 millones en este proyecto turístico.
	cantidad	Me parece que lo compraron por **menos de** la mitad del precio.

Atención:

1. La palabra comparativa *than* se expresa con **que**. Delante de un número o una cantidad se expresa con **de**.

2. Al contrario del inglés, después de **más que** y **menos que** se usan los negativos **nunca, nadie, nada** y **ninguno**.

Necesito dinero **más que nunca**.	*I need money more than ever.*
Yo trabajo **más que nadie**.	*I work more than anyone.*

Ciertos adjetivos y adverbios muy comunes no emplean **más** o **menos** en las comparaciones. Las siguientes formas son irregulares.

Las comparaciones irregulares

Adjetivo	*Adverbio*	*Forma comparativa*
bueno (buen)	bien	mejor
malo (mal)	mal	peor
poco	poco	menos
mucho	mucho	más
pequeño		menor
grande (gran)		mayor

Atención:

1. Cuando **bueno** y **malo** se refieren al carácter de una persona y no a la calidad de una cosa, se usan las formas regulares.

CARÁCTER:	Jorge es **mucho más bueno** que tú: no se enfada nunca.
	Esa mujer es aún **más mala** que las otras.
CALIDAD:	La segunda película fue **mejor** que la primera.
	Mi salud está **peor** que ayer.

2. Cuando los adjetivos **grande** y **pequeño** se refieren a tamaño y no a edad, se usan las formas regulares.

TAMAÑO:	Esa maleta es **más grande** que aquélla.
	Este aeropuerto es aún **más pequeño** de lo que pensaba.
EDAD:	Soy **mayor** que tú por un día.
	Mi tía es **menor** que mi papá.

ACTIVIDAD 26   ¡Comparemos!

Cuando Ud. va de viaje tiene varias posibilidades de selección. Compare las siguientes opciones.

Modelo: el turismo en coche o en tren (¿flexible? ¿rápido? ¿interesante?)
Me gusta más viajar en coche que viajar en tren porque puedo parar donde quiero. Además es más rápido. O:
El viaje en coche es menos interesante que el viaje en tren. En el tren uno conoce a mucha gente.

1. el turismo en autobús o a pie (¿divertido? ¿económico? ¿pesado?)
2. el avión Concorde o el Jumbo (¿grande? ¿rápido? ¿cómodo? ¿caro?)
3. un restaurante de lujo o una cafetería (la comida y los precios: ¿altos? ¿bajos?; el servicio: ¿bueno? ¿malo?)
4. un viaje en grupo con guía o un viaje independiente (¿limitado? ¿eficiente? ¿con calma?)

ACTIVIDAD 27   Elija un hotel

Ud. y uno(a) de sus compañeros acaban de llegar a la playa de Marbella, en España, y es el momento de elegir un hotel. Lean con atención los siguientes anuncios y comparen el tamaño, el precio, la cercanía al mar y las facilidades que ambos ofrecen. Después, informen a la clase del hotel que seleccionaron y por qué.

Hotel Crillón	*Hotel Orillas del Mar*
a sólo cinco kilómetros de la playa	en la playa
250 habitaciones cómodas	100 habitaciones de lujo
restaurante y cafetería	dos restaurantes de lujo
piscina y cancha de tenis	dos canchas de tenis
10.000 pesetas al día	parques y jardines
	22.000 pesetas al día

2. Las comparaciones de igualdad

Para expresar una comparación de igualdad usamos **tan** o **tanto(a, os, as)** en las fórmulas siguientes.

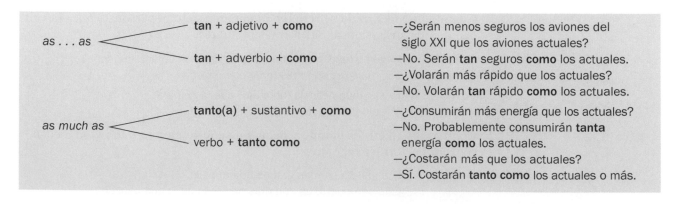

as . . . as
- **tan** + adjetivo + **como**
- **tan** + adverbio + **como**

as much as
- **tanto(a)** + sustantivo + **como**
- verbo + **tanto como**

—¿Serán menos seguros los aviones del siglo XXI que los aviones actuales?
—No. Serán **tan** seguros **como** los actuales.
—¿Volarán más rápido que los actuales?
—No. Volarán **tan** rápido **como** los actuales.
—¿Consumirán más energía que los actuales?
—No. Probablemente consumirán **tanta** energía **como** los actuales.
—¿Costarán más que los actuales?
—Sí. Costarán **tanto como** los actuales o más.

| as many as | tantos(as) + sustantivo + **como** | —¿En los aviones del siglo XXI viajarán menos pasajeros y menos maletas que en los actuales? |
| | verbo + **tantos(as) como** | —No. Viajarán **tantos pasajeros** y **tantas maletas** como en los actuales. |

as many as
— tantos(as) + sustantivo + **como**
— verbo + **tantos(as) como**

—¿En los aviones del siglo XXI viajarán menos pasajeros y menos maletas que en los actuales?
—No. Viajarán **tantos pasajeros** y **tantas maletas** como en los actuales.
—¿Y tendrán tantos problemas como los actuales?
—Claro que tentrán **tantos como** los actuales, pero serán diferentes.

ACTIVIDAD 28   De vuelta de un viaje al Ecuador

Después de un viaje de dos meses por el Ecuador, Manuel y Virginia están ya en casa comentando el largo viaje que hicieron. Exprese una comparación de igualdad según el ejemplo.

Modelo: Traigo **regalos de mi viaje.** (tú)
Traigo tantos regalos de mi viaje como tú.

1. Teníamos **ganas de aterrizar.** (el piloto)
2. ¿Estás **cansado del viaje?** (yo)
3. En Quito visitamos **iglesias.** (ellos)
4. **En el futuro** no viajaré. (este año)
5. En este viaje verdaderamente he gastado **dinero.** (tú)
6. Ellas regresaron **contentas.** (Uds.)

ACTIVIDAD 29   Avianca, Iberia y Aeroméxico

Lea con atención los servicios que ofrecen las compañías de aviación Avianca, Iberia y Aeroméxico y exprese una comparación de igualdad.

Modelo: Avianca e Iberia tienen treinta y seis vuelos diarios. Aeroméxico tiene treinta.
Avianca tiene tantos vuelos como Iberia, pero Aeroméxico no tiene tantos vuelos como Avianca o Iberia.

1. Avianca y Aeroméxico tienen quince pilotos. Iberia tiene dieciséis.
2. Los aviones de Iberia y Aeroméxico son modernos. Los de Avianca son menos modernos.
3. Avianca y Aeroméxico tienen diez aviones. Iberia tiene ocho aviones.
4. Los asistentes de vuelo de Aeroméxico y Iberia trabajan diez horas al día. Los asistentes de vuelo de Avianca trabajan sólo ocho horas al día.

3. El superlativo

Para formar el superlativo de...

1. adjetivos: se añade el artículo definido (**el, la, los, las**) a la forma comparativa.

Adjetivo	Comparativo	Superlativo	
pesado	más pesado	el más pesado	Esta maleta es **la más pesada.**
bueno (calidad)	mejor	el mejor	Son **las mejores ofertas** de viaje.
malo (calidad)	peor	el peor	Éstos son **los peores** asientos del avión.

2. adverbios: se usa la construcción **lo más + adverbio.**

Adverbio	Comparativo	Superlativo	
claramente	más claramente	lo más claramente	Repite el mensaje **lo más claramente** posible.
bien	mejor	lo mejor	Hágalo **lo mejor** que pueda.

Para expresar...

1. el superlativo en relación con otros elementos, se usa la forma superlativa seguida de la preposición **de** (inglés: *in* o *of*).

artículo + **más** + adjetivo + **de**
       o
       menos

Este viaje es **el más barato de** todos.
Marta es **la menos alta de** las chicas.
Uds. son **los más inteligentes de** la clase.

2. un superlativo independiente, se puede usar la siguiente construcción.

muy
sumamente   +   adjetivo o adverbio
extraordinariamente
extremadamente

Este viaje es **muy** barato.
Marta es **sumamente** alta.
Uds. son **extraordinariamente** inteligentes.
Vive **extremadamente** lejos.

adjetivo + **–ísimo(a, os, as)**[1]

Es un **grandísimo** tonto.
Me trajo flores **hermosísimas.**

adverbio + **–ísimo**[2]

Esta visita fue **muchísimo** más corta que la de ayer.
Me fui a la cama **tempranísimo.**

---

[1] Se suprime la vocal final del adjetivo y se añade **–ísimo(a, os, as)**. Algunas formas sufren cambios.

z → c:	feliz → **felicísimo**	**c → qu:**	rico → **riquísimo**
g → gu:	largo → **larguísimo**	**ble → bil:**	amable → **amabilísimo**

[2] Se suprime la vocal final del adverbio y se añade **–ísimo**. Algunas formas sufren los mismos cambios que los adjetivos.

z → c:	veloz → **velocísimo**		
c → qu:	poco → **poquísimo**	cerca → **cerquísima**	
ble → bil:	posible → **posibilísimo**		

ACTIVIDAD 30 ¡Charlemos!

Ud. ha estado en lugares que le han llamado mucho la atención. Descríbale a su compañero(a) un país, una ciudad o un pueblo que Ud. conoce y que le ha fascinado. No se olvide de emplear los superlativos (**el/la/los/las más, muy, sumamente, extraordinariamente, –ísimo**) para expresar su admiración.

Modelo: *Bolivia es un país sumamente interesante. Su capital es La Paz. La ciudad está a 12.000 pies de altura. Es la capital más alta del mundo. Las montañas que rodean la ciudad son altísimas. La Paz es una ciudad colonial de calles muy estrechas que tienen un encanto muy especial.*

Describa uno de los lugares que más le gusta a un(a) compañero(a) de clase. Use como ejemplo la descripción anterior sobre Bolivia. Trate en lo posible de usar superlativos para expresar su gran admiración por un lugar.

ACTIVIDAD 31 El mejor de todos

En parejas, cambien ideas sobre el mejor y el peor de los siguientes aspectos.

Modelo: un cómico de la televisión
—*¿Quién crees que es el mejor cómico de la televisión?*
—*David Letterman.*
—*¿Por qué?*
—*Porque tiene mucho humor cuando entrevista a personas famosas.*
—*Y… ¿quién crees que es el peor?*
—*…*

1. un cómico de la televisión
2. el (la) cantante del año
3. la canción del momento
4. el último libro que has leído
5. un grupo musical
6. un viaje que has hecho

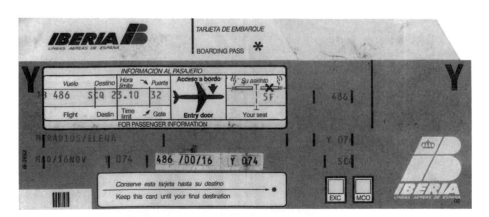

CON ESTAS PALABRAS!

En español hay varias maneras de expresar la palabra *time.*

tiempo *a period or duration of time*

—¿Cuánto **tiempo** estarás en Cuba?
—Voy por poco **tiempo.**

   time in the abstract

—¿Tienes **tiempo** para acompañarme a la agencia de viajes?
—¡Claro que sí!

una vez *once, one time*
cada vez *each time*
otra vez *once again*

—Sólo **una vez** me dijiste que me querías.
—**Cada vez** que quiero decírtelo, estás ocupada.
—Bueno, dímelo **otra vez,** ¿quieres?

veces *times*
a veces *sometimes*

—¿Ha estado Ud. **muchas veces** en Mérida?
—Sí, **a veces** voy por negocios, pero hace mucho tiempo que no voy.

hora *time of day*

—¿Qué **hora** es?/¿Tiene Ud. la **hora**?
—Es la una en punto.

hora (de) *the proper time to do something*

—¿Ya es **hora de** comer?
—¡Claro que ya es **hora**!

rato *a short time, a while*

—¿Cuándo vuelven?
—Volvemos dentro de **un rato.**

época *time during a season, historical time*

En esta **época** los vuelos son más baratos.
En la **época** de nuestros abuelos no se podía viajar por avión.

divertirse/pasarlo bien *to have a good time*

—Las vacaciones son para **divertirse,** ¿verdad?
—¡Pero si tú **te diviertes** todo el año!
—Bueno, hay que decir que me gusta **pasarlo bien.**

ACTIVIDAD 32 ¿A qué hora llegamos?

Primero complete las oraciones con las palabras y expresiones **tiempo, vez, otra vez, cada vez, veces, hora, rato** o **época**. Después empareje los diálogos.

1. ¿_____ de viaje?

2. ¿Por qué te gusta viajar en esta _____ del año?

3. ¿Estuviste alguna _____ en el restaurante Orotava?

4. ¿Sabes qué _____ es?

5. ¿A qué _____ sale tu vuelo?

6. ¿Quieres que me quede un _____ contigo?

7. ¡_____ está atrasado el vuelo!

a. A la una y cuarenta y cinco. Es _____ de despedirnos.

b. Sí, muchísimas _____. La comida es estupenda.

c. Sí, dentro de un _____ salgo para Barcelona.

d. Porque hay pocos turistas y es la _____ de conciertos.

e. No te impacientes por tu vuelo. _____ que vuelas te pones nerviosa.

f. Por favor, quédate conmigo hasta que sea _____ de abordar.

g. Es la una en punto. ¡Cómo pasa el _____!

AMPLIACIÓN Y CONVERSACIÓN

ACTIVIDAD 33 Los planetas que nos rodean

Complete con una expresión de inferioridad, superioridad, igualdad o con el superlativo. Cada espacio en blanco requiere una palabra.

1. De todos los planetas, Júpiter es _____ _____ grande.

2. Mercurio es _____ pequeño _____ Saturno.

3. Júpiter tiene _____ lunas _____ la Tierra; tiene más _____ once lunas.

4. La temperatura de la Tierra es 59°F; la de Marte, 55°F. Es decir, Marte es casi _____ caliente como la Tierra. En 1970 los científicos rusos midieron una temperatura de 885°F en Venus, comprobando que este planeta es _____ _____ caliente _____ todos.

5. El "día" de un planeta es el tiempo que dura una rotación sobre su eje. Un día en Júpiter dura un poco menos _____ diez horas; mientras que un día en Venus dura más _____ 243 días terrenales. Un día en la Tierra es _____ largo que uno de Júpiter, pero _____ largo que uno de Venus.

6. El "año" de un planeta es el tiempo que dura una revolución alrededor del sol. Un año en Mercurio dura casi ochenta y ocho días; una revolución de Plutón dura 249 de nuestros años terrenales. Un año en Mercurio es muchísimo _____ corto _____ un año en Plutón. Un hecho interesante: una rotación de Venus sobre su eje dura 243 días, mientras una revolución alrededor del sol dura sólo 225 días. Es decir, su "día" dura _____ tiempo _____ su "año".

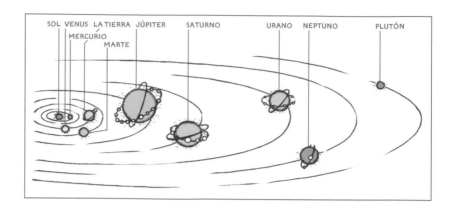

ACTIVIDAD 34 En la agencia de viajes

"Pero mamá... ¿cómo crees que voy a conocer a un millonario en un crucero económico de dos días?"

Trabajando en parejas observen y describan esta agencia de viajes. Después completen las oraciones.

1. Una señora y su hija están en...
2. Desean ir de viaje en...
3. Parece que la mamá cree que su hija...
4. El crucero económico es sólo de...

5. Sobre el mostrador hay...

6. Detrás del mostrador está... que...

7. La muchacha protesta porque...

ACTIVIDAD 35   Encuesta

Llene la siguiente encuesta, usando una equis (X). Después compare sus respuestas con las de un(a) compañero(a) y haga sus propios comentarios.

ENCUESTA

1. Tu medio de transporte preferido es...
   a. _____ ¿el avión?
   b. _____ ¿el tren?
   c. _____ ¿la carretera?

2. El número de maletas que te gusta llevar en un viaje en avión es...
   a. _____ ¿una?
   b. _____ ¿dos?
   c. _____ ¿más de dos?

3. Cuando vas de vacaciones, ¿te gusta viajar...
   a. _____ solo(a)?
   b. _____ con un(a) compañero(a)?
   c. _____ con un grupo turístico organizado?

4. Cuando viajas en avión,...
   a. _____ ¿lees revistas?
   b. _____ ¿hablas con las personas que están a tu lado?
   c. _____ ¿ves la película que pasan y que posiblemente ya has visto?

5. Cuando el avión aterriza, ¿te gusta...
   a. _____ ser el primero en salir?
   b. _____ esperar tu turno para salir?
   c. _____ que todos salgan antes que tú?

Si tiene 4 o 5 equis (X) para **a.**,   Ud. es una persona solitaria que prefiere no hacer amistades en un viaje.

Si tiene 4 o 5 equis (X) para **b.**,   Ud. es una persona amigable y cortés a la que le gusta la compañía en los viajes.

Si tiene 4 o 5 equis (X) para **c.**,   Ud. es a veces una persona poco práctica o está dispuesta a aceptar lo que ofrecen sin protestar.

ACTIVIDAD 36 ¡Charlemos!

Cada año resulta más y más fácil viajar al extranjero. Averigüe quiénes son los estudiantes que han visitado otros países e infórmese sobre los siguientes aspectos.

- necesitar pasaporte
- problemas al pasar por inmigración/aduana (fácil, difícil)
- problemas de exceso de equipaje, revisión de las maletas
- tiempo que toma pasar por la aduana
- ventajas de llevar cheques de viajero
- tipo de cambio de la moneda
- alojamiento en el lugar de destino
- tiempo de permanencia en el país extranjero
- consejos de viaje

Modelo: —¿Conoces algún país hispano?
—Sí, conozco Costa Rica.
—¿Me podrías decir si necesito pasaporte para ir a Costa Rica?
—Depende de qué país eres.
—¿Es difícil pasar por la aduana?
—…

Para la comunicación Uds. pueden usar algunas de las siguientes expresiones:

Para solicitar información

¿Me podrías (+ inf.)… ?
¿Dices que… ?
Repite, por favor.
¿Es difícil (fácil)… ?

Para dar información

Escúchame…
Para empezar…
Recuerda que…
No te olvides de (+ inf.)…
No te olvides de que (+ oración)…
Acuérdate de (+ inf.)…

ACTIVIDAD 37 Me voy de viaje

Muchos turistas están en la agencia de viajes Véalo Todo. Con un(a) compañero(a), túrnense para hacer el papel de agente de viajes y su cliente.

1. Diga a qué ciudad desea viajar.
2. Pregunte por el día y la hora de salida del vuelo.
3. Averigüe si es un vuelo directo o si hace escalas. Si hace escalas, pregúntele dónde las hace.
4. Averigüe el precio del vuelo y si se puede pagar con tarjeta de crédito.
5. Despídase cordialmente.

ACTIVIDAD 38 ¿En qué puedo servirle?

Ud. es un(a) agente de viajes en Madrid. Una pareja de recién casados desea hacer su viaje de luna de miel a Acapulco, México. Salude a la pareja con mucha cortesía y ofrézcales sus servicios.

1. Pregúnteles adónde y cuándo desean viajar, el tiempo que piensan estar en Acapulco y la clase de hotel en el que desean alojarse.
2. Explíqueles las ventajas y desventajas de los diferentes hoteles.
3. Ofrézcales un viaje especial que incluya recepción en el aeropuerto, paseos por la ciudad y cupones de descuento para los mejores restaurantes. Trate de vender este paquete turístico y de convencer a sus clientes de que viajar por su agencia es viajar barato.

ACTIVIDAD 39   En la estación del ferrocarril

Ud. está en la estación de trenes en Barcelona. Trabaje con otro(a) estudiante, que haga el papel de empleado(a).

1. Explíquele al (a la) empleado(a) que tiene un billete para Madrid a las seis de la tarde, pero que preferiría partir en el próximo tren porque…
2. Pregúntele…
   a. la hora de partida del próximo tren.
   b. si parte del mismo andén que el tren de las seis.
   c. si es un tren expreso.
   d. si…

ACTIVIDAD 40   En la aduana

Ud. es el (la) inspector(a) de aduana. Delante de Ud. hay un(a) viajero(a) que le parece muy sospechoso(a). Trabaje con otro(a) estudiante.

1. Salúdelo(la) cordialmente.
2. Pregúntele por el lugar de procedencia y el de destino.
3. Pídale que abra las maletas.
4. Interróguele sobre el contenido de unas cajas.
5. Acepte la explicación y déjelo(la) pasar.

ACTIVIDAD 41   Mesa redonda

Escoja tres o cuatro compañeros para formar una mesa redonda e intercambiar ideas sobre los siguientes temas de discusión. Después, un(a) estudiante de cada grupo debe informar a la clase sobre el tema discutido.

1. **La piratería aérea**

   Hace algunos años no corríamos tantos riesgos como hoy al tomar un vuelo internacional. Sencillamente, el tráfico en el aire no era tan intenso, el mantenimiento de los aviones era mucho mejor y no existía la piratería aérea que pone en peligro la vida de tantas personas. ¿Qué piensa Ud. al respecto? ¿Cómo se explican los secuestros de aviones? ¿En qué medida han ayudado los detectores de metales a prevenir estos problemas? ¿Cree Ud. que se podrían solucionar algunos de estos problemas? ¿Cómo?

2. **El contrabando**

¿Cuál sería la mejor manera de pasar por la aduana? Cada vez que nos encontramos delante de un inspector no sabemos si sonreír o llorar. A veces pasamos por la aduana sin ninguna dificultad, otras veces tenemos que abrir todas nuestras maletas y la revisión toma muchísimo tiempo. ¿Es que el inspector piensa que somos contrabandistas o narcotraficantes? ¿Por qué revisan unas maletas y otras no? ¿Qué piensa Ud. al respecto?

ACTIVIDAD 42   Minidrama: ¡No llegaron nuestras maletas!

Después de un largo viaje de vacaciones por Europa, Ud. y su novio(a) están esperando en el aeropuerto John F. Kennedy que les entreguen las maletas. Después de una larga espera se dan cuenta de que su equipaje no ha llegado.

Primer acto

(Conversación con el agente de la línea aérea)
En el mostrador de la línea aérea correspondiente los viajeros presentan su queja.

Segundo acto

(Conversación telefónica)
Son las siete de la mañana del día siguiente. Suena el teléfono. Es el agente de la línea aérea que desea informarles de que sus maletas están en Hong Kong...

ACTIVIDAD 43   Lectura: Euskadi (el País Vasco)

A. Con un compañero(a) de clase lea la información turística sobre Euskadi (el País Vasco) que apareció en la revista *Viajar*.

Vista aérea del Museo Guggenheim en Bilbao, España.

EUSKADI

Qué ver

En **Vizcaya** destaca por su belleza la cornisa marítima. **Sopelana, Plencia** y **Gorliz** presentan hermosas playas a pocos kilómetros de **Bilbao.** Hacia el Este merecen visitarse la *ría de Gernika* y sus marismas; la desembocadura, a la altura de **Mundaka,** es un buen lugar para la práctica del *surfing*. El interior es propicio para la práctica del montañismo, presentando alturas de cierta dificultad. **Gorbea** y **Anboto** son los techos de la provincia.

San Sebastián y la costa de **Guipúzcoa** es una visita obligada para quien se acerca al Norte. **Zumaia, Zarautz** y **Getaria** son tres enclaves muy próximos que permiten asomarse a la Euskadi moderna y tradicional a la vez. Pero donde mejor se conserva la cultura vasca autóctona es en el **Gohierri,** en medio de un bellísimo paisaje: **Azkoitia, Azpeitia, Bergara, Urretxu** y numerosos pueblos.

En **Álava,** los lagos próximos a la frontera de esta provincia con la vecina Guipúzcoa permiten la práctica de deportes náuticos. Quienes gustan del arte disfrutarán con una visita a la zona del románico en el *valle de Cuartango* —poblaciones de **Suazo, Arriano** y **Catadiano**— y a la llanada alavesa, donde destacan el *castillo del Mendoza* y el *santuario de Estíbaliz.*

Hoteles

Vizcaya: *Villa de Bilbao* (5 estrellas), Gran Vía, 87, ☎ (94) 441 60 00; *Ercilla,* (4 estrellas), Ercilla, 37, ☎(94) 443 88 00; *Avenida* (3 estrellas), Avda. Zumalacárregui, 40, ☎ (94) 412 43 00.

Guipúzcoa: *María Cristina* (5 estrellas), Paseo República Argentina, s/n, ☎ (943) 29 33 00; *Londres y de Inglaterra* (4 estrellas), Zubieta, 2, ☎ (943) 42 69 89; *Monte Igueldo* (4 estrellas), Monte Igueldo, s/n ☎ (943) 21 02 11; *Gran Hotel Balneario de Cestona* (3 estrellas), Paseo de S. Juan, s/n (Cestona), ☎ (943) 86 71 40; *Jaúregui* (3 estrellas), S. Pedro, 31 (Fuenterrabía), ☎ (943) 64 21 40; *Zarauz* (3 estrellas), Avda..de Navarra, 26 (Zarauz), ☎(943) 83 02 00.

Álava: *Gasteiz* (4 estrellas), Avda. de Gasteiz, 19. ☎ (945) 22 81 00; *Canciller Ayala* (4 estrellas), Ramón y Cajal, 5, ☎ (945) 13 00 00; *San Andrés Etxea,* Bebedero, 8 (El Ciego), ☎ (945) 10 60 30; *Jatorrena,* Florida, 10 (Lastida), ☎ (945) 33 10 50.

Restaurantes

Vizcaya: *Guria,* Gran Vía, 66, ☎(94) 441 90 13; *Bermeo,* Ercilla, 37-39, ☎ (94) 443 88 00. Sin olvidar los del Casco Viejo y los que trepan por el *monte Artxanda.*

Guipúzcoa: Visita imprescindible a las *sidrerías de Astigarraga* y los asadores repartidos por toda la provincia. Excelentes las *chuletas a la brasa de Erretegi Basusta* en *Patxita Etxezarreta,* 25 (Zumaia).

Donostia: Es una de las capitales gastronómicas de Europa. *Arzak,* Alto de Miracruz, 21, ☎ (943) 27 84 65; *Akelarre,* Barrio Igueldo s/n, ☎ (943) 21 20 52; *Nicolasa,* Aldamar, 4, ☎ (943) 42 15 72; *Urepel,* Paseo de Salamanca, 3, ☎ (943) 42 40 40; *Patxiku Kintana.* ☎ (943) 42 63 99. Imprescindible también ir a *Roteta* en Hondarribia (Fuenterrabía), Irún, s/n, ☎ (943) 64 61 93.

Álava: La especialidad de la provincia son los asados de cordero. Destacan el restaurante *Guría-bi* en la carretera Madrid-Irún, kilómetro 345 (a siete kilómetros de Vitoria); *La Parrilla,* también en la carretera Madrid-Irún, kilómetro 356.

Fiestas

De las tres capitales es **Vitoria** la que inicia el calendario festivo estival, el 4 de agosto, con una semana en honor a la Virgen Blanca. **Bilbao** comienza la *Semana Grande* el 15 de agosto, día de la patrona Virgen de Begoña. Estas fiestas empalman con las de **San Sebastián,** cuyos alardes de fuegos artificiales son tal vez lo más característico y esperado. Ya en los primeros días de septiembre destacan las fiestas de **Lekeitio** en Vizcaya, especialmente el 5, *día de los gansos.*

También merece nombrarse la *Tamborrada* del 19 al 20 de enero en **Donostia,** así como los *carnavales de Tolosa* (Guipúzcoa).

Teléfonos de interés

Centro de Iniciativas Turísticas de Bilbao: ☎ (94) 424 48 19.

Cuerpo Consular de Bilbao: ☎ (94) 424 96 30.

Aeropuerto de Foronda: ☎ (945) 27 40 00.

Aeropuerto de Sondika: ☎ (94) 453 06 40.

Aeropuerto de Hondarribia: ☎ (943) 641 12 67.

Información de carreteras: ☎ (945) 25 42 00.

RENFE Vizcaya: ☎ (94) 423 86 36.

RENFE Guipúzcoa: ☎(943) 28 35 99.

RENFE Álava: ☎ (945) 23 20 30.

Centro de Atracción y Turismo de San Sebastián: Reina Regente, s/n. ☎ (943) 42 10 02. San Sebastián.—**M. A.**

B. Ahora planeen un viaje de cinco días a Euskadi. Utilicen los siguientes verbos y otros que Uds. quieran, en el futuro:

llegar	volar	comer	dormir	hacer *surfing* (correr las olas)
visitar	ir	divertirse	salir	tomar

C. Entre toda la clase, escriban un folleto de información turística sobre la ciudad donde Uds. estudian. Para ello dividan la clase en cinco grupos. Cada grupo trabajará en una de estas secciones:

1. **Cómo llegar:** expliquen cómo pueden llegar los turistas a la ciudad, indicando los medios de transporte disponibles.

2. **Qué ver:** mencionen los lugares más atractivos y las actividades que se pueden hacer.

3. **Hoteles:** hagan una lista de los hoteles y comenten las características más importantes de cada uno. Indiquen si son adecuados para jóvenes y estudiantes.

4. **Restaurantes:** mencionen los restaurantes más típicos y los más exóticos. Comenten las especialidades de cada uno.

5. **Fiestas:** expliquen cuáles son las fiestas locales más importantes y cómo se celebran.

¡No se olviden de incluir el plano de la ciudad y una buena selección de fotografías!

¿Qué saben Uds. de... España?

A. Recordar lo que sabemos.

En esta lección de *Horizontes: Gramática y conversación* y en su correspondiente de *Horizontes: Cultura y literatura* hay varias menciones sobre España. Repasando y recordando lo que leyeron, responda con un(a) compañero(a) a las siguientes preguntas:

1. ¿Cuál es la capital de España? ¿Qué otras ciudades españolas conocen?

2. ¿Cuál es todavía la moneda de España? ¿Cuál será pronto? ¿Cómo afectará este cambio a los (las) estudiantes norteamericanos(as) que viajen a España?

3. ¿A qué estado norteamericano equivale la extensión de España? ¿Creen que es un país grande o pequeño?

4. Además del español, ¿qué otras lenguas se hablan en España? ¿En qué zonas se hablan? ¿Cómo está dividido el territorio español?

5. ¿Dónde está Santiago de Compostela? ¿Por qué era famosa en la Edad Media? ¿Les gustaría a Uds. andar o recorrer en bicicleta el Camino de Santiago? ¿Por qué? ¿Qué ciudades latinoamericanas llamadas Santiago conocen? ¿Cuál es el nombre inglés de Santiago?

6. ¿Quién es Camilo José Cela? ¿Conocen a otros escritores(as) españoles(as)?

7. ¿Cuándo tuvo lugar la Guerra Civil española? ¿Quiénes lucharon en esa guerra? ¿Qué sistema político hubo en España desde el fin de la guerra hasta 1975? ¿Qué sistema político hay ahora? ¿Les gustaría tener un rey o una reina en Estados Unidos? ¿Por qué?

B. Ampliar lo que sabemos.

¿Les gustaría aprender más sobre España? Reúnanse en grupos de tres o cuatro personas y preparen una presentación sobre uno de los siguientes temas. Elijan el que más les interese, u otro que no aparezca en la lista:

- La diversidad lingüística y cultural de España. Las comunidades históricas nómadas: los gitanos.
- Aspectos de la historia de España. Hispania bajo el dominio de Roma. El reino visigodo. La conquista musulmana y su influencia en la cultura española. La reconquista cristiana: los reinos medievales y las comunidades judías. La dinastía de los Austrias: el dominio español en Europa y en América y la leyenda negra. La independencia de los territorios americanos en el siglo XIX y la crisis española de 1898. La Guerra Civil y la dictadura de Franco.
- La literatura española. Escritores(as) del pasado y del presente. *Don Quijote.*
- El cine español posmoderno: Pedro Almodóvar. Las últimas generaciones de directores.
- La música tradicional: el flamenco; la renovación de las músicas tradicionales de las periferias a través del fenómeno *fusión.* La música clásica: el redescubrimiento de la música medieval, renacentista y barroca; los grandes compositores de los siglos XIX y XX; los cantantes de ópera. La música *pop:* Julio Iglesias. Las bandas de *rock* y de la nueva música.
- El toreo: una tradición tan popular como controvertida. El machismo y el feminismo en torno al toreo. El trato a los animales.
- El arte. La pintura española de Velázquez a Picasso. Los grandes museos españoles. Los nuevos arquitectos: Calatrava, Moneo, Bohigas, Sainz de Oiza.

C. Compartir lo que sabemos. ¿Cómo preparar la presentación?

1. Utilicen todo tipo de fuentes de información para investigar sobre el tema elegido: libros, prensa, Internet, etc.

2. Incluyan en su presentación todos los medios audiovisuales que crean convenientes: fotografías, mapas, dibujos, videos, cintas o discos de música, etc.

3. Presenten primero un esquema de todos los puntos que van a desarrollar en su presentación.

ANTES DE ESCRIBIR

 ¡REVISE SU ORTOGRAFÍA!

La acentuación

1. En cada palabra hay una sílaba que se pronuncia con mayor fuerza. Es la sílaba tónica.

    per-**so**-na   re-**cuer**-do   u-ni-ver-si-**dad**

    a. Si la palabra termina en consonante, excepto **n** y **s,** el acento tónico cae en forma natural en la última sílaba:

    pre-gun-**tar**   ciu-**dad**   fe-**liz**

b. Si una palabra termina en **vocal (a, e, i, o, u)** o en consonante **n** o **s**, el acento tónico cae en forma natural en la penúltima sílaba:

ma-**ña**-na　　**ha**-blan　　**co**-ches

2. Las palabras que se pronuncian de acuerdo a las dos formas naturales (1a y 1b) no llevan acento ortográfico. Todas las palabras que no se pronuncian de acuerdo a estas normas **llevan acento ortográfico sobre la vocal de la sílaba acentuada.**

	última sílaba	penúltima sílaba	antepenúltima sílaba
forma natural	hos-pi-**tal** re-**loj** pa-**red**	**ca**-sa pre-**gun**-tan a-**pe**-nas	[El acento tónico no cae en la antepenúltima sílaba sin acento ortográfico.]
con acento ortográfico	pa-**pá** co-lec-**ción** sa-lu-da-**rás**	**ár**-bol Gon-**zá**-lez	**pá**-ja-ro es-**pé**-ra-me **miér**-co-les

3. Las palabras de una sílaba (monosilábicas), por norma general, no llevan acento. Sin embargo, en algunos casos se usa el acento ortográfico para indicar una diferencia de significado entre dos palabras que se pronuncian de la misma manera.

artículo definido	**el**	**él**	pronombre de tercera persona singular
preposición	**de**	**dé**	modo subjuntivo e imperativo formal del verbo **dar**
adjetivo posesivo	**mi**	**mí**	pronombre preposicional
adjetivo posesivo	**tu**	**tú**	pronombre personal
pronombre	**te**	**té**	*tea*
pronombre	**se**	**sé**	primera persona del indicativo del verbo **saber**
if	**si**	**sí**	*yes*, afirmación
adjetivo *alone*	**solo**	**sólo**	**(solamente)** adverbio *only*

4. Las palabras interrogativas y exclamativas llevan acento ortográfico en la sílaba acentuada.

¿**Qué** hora es?　　¿**Cómo** estás?　　¡**Cuánto** lo quiero!

COMPOSICIÓN

Atajo writing assistant software supports your efforts with the task outlined in this *Composición* section by providing useful information when the following references are accessed.

ENFOQUE: La descripción

Observe la foto de la Plaza de Cataluña en la ciudad de Barcelona en la página 77 y comente, con un(a) compañero(a) de clase, lo que ve y lo que le llama la atención. Prepárese para escribir un párrafo que describa la escena.

1. Usualmente las descripciones comienzan con un comentario general.

Ésta es una foto tomada en España en una tarde de primavera.
Es la Plaza de…

Phrases/Functions:
Comparing and contrasting;
comparing and distinguishing;
describing objects; describing/
expressing location; pointing
out a person; pointing out an
object; talking about the
present
Vocabulary: Animals: birds;
body: face, gestures, parts,
postures; clothing; direction
and distance; media: photography and video; people; plants:
gardens and gardening; time:
of day
Grammar: Adjective agreement; adjective position;
adverb types; comparisons:
equality and inequality;
prepositions: *a*; verbs: *ser* and
estar; verbs: progressive
tenses

2. Después de escribir un comentario general, comience a dar detalles sobre la plaza. Escriba...
   a. oraciones que describan la plaza.
   b. oraciones que describan a las personas.

Recuerde que en una descripción son importantes...

Los adjetivos. Haga una lista de adjetivos que describan lo que Ud. ve, por ejemplo:

- la plaza
- las palomas
- el hombre y la niña, la ropa que llevan
- otras personas en el parque

Recuerde que en español los adjetivos...

- concuerdan en género y en número con el sustantivo.
- van generalmente después del sustantivo.

Revise el uso de los adjetivos en la Lección 1.

Las preposiciones. Relacione las cosas con las personas, por ejemplo, lo que está...

- en el centro.
- a la derecha.
- a la izquierda.
- debajo de...
- al lado de...
- frente a...

A escribir

Ordene las oraciones que usó para describir a las personas y la plaza de la escena. Añada su propia opinión sobre la escena.

Recuerde lo siguiente

Ahora lea su párrafo con mucho cuidado y verifique...
a. si ha seleccionado adjetivos interesantes que describan bien la foto.
b. si necesita cambiar el orden de las oraciones.
c. si ha conectado bien las oraciones.
d. si toda la descripción está en el tiempo presente.
e. si ha conjugado bien los verbos.

	lunes	martes	miércoles	jueves	viernes
8:15	matemáticas	–	matemáticas	–	matemáticas
9:15	inglés	historia	inglés	historia	inglés
10:15	–	historia	–	historia	–
11:15	francés	francés	francés	francés	laboratorio
12:15	–	–	–	–	–
1:15	natación	tenis	natación	tenis	–
2:15	–	–	–	–	–
3:15					

Mi horario de clases

¿Cómo son los estudios en tu país?

¿Cuál será mi horario de clases este semestre? Es la pregunta que se hace Raúl Pineda, un estudiante peruano que acaba de ingresar en una universidad norteamericana. En Lima, preparar el horario de clases no era un problema porque había solamente uno para todo el año. En la residencia estudiantil, Raúl trata de elaborar, por primera vez, su horario de clases.

Con la ayuda de un(a) compañero(a), describa el dibujo y diga en qué piensa Raúl en este momento.

1. ¿Le parece que Raúl está contento o preocupado? ¿Por qué?

2. ¿Cuántas asignaturas desea seguir en la universidad? ¿Cuáles son?

3. ¿Cuántas horas de historia piensa tomar? ¿Qué días?

4. ¿A qué hora son las clases de matemáticas? ¿y las clases de francés?

5. ¿Cuántas horas de clase tiene Raúl los viernes? ¿Cuáles son y a qué hora?

6. ¿A qué piensa Raúl dedicar las tardes?

7. ¿Podría Ud. describir la habitación de Raúl? ¿Cree Ud. que es un muchacho ordenado o desordenado? ¿Por qué?

8. Por la ropa y los objetos que tiene Raúl en su habitación, ¿cuáles pueden ser algunos de sus pasatiempos favoritos?

79

Estudiar en la facultad de:
    filosofía *philosophy*
    ingeniería *engineering*
    informática *computer science*
    letras *humanities*
    medicina *medicine*
    sicología *psychology*
    sociología *sociology*

para ser:
    filósofo(a) *philosopher*
    ingeniero(a) *engineer*
    programador(a) *programmer*
    profesor(a)/escritor(a) *teacher/writer*
    médico(a) *doctor*
    sicólogo(a) *psychologist*
    sociólogo(a) *sociologist*

Lugares y edificios importantes

la biblioteca *library*
la cafetería *cafeteria*
la clase, el aula *classroom*
el estacionamiento *parking lot*
el gimnasio *gym*
los laboratorios *laboratories*

la librería *bookstore*
la parada de autobús *bus stop*
la piscina *swimming pool*
el teatro *theater*

Algunas expresiones

¡Anda!/¡Hombre!/¡Venga ya! *Come on!*
¡Ni hablar! *No way!*
¡Ostras! *What the heck!*

¡Qué lata! *What a nuisance!*
¡Qué lío! *What a problem!*
¡Qué tontería! *What nonsense!*

PERSPECTIVAS

¿Sabía Ud. que... ?

En España:

El Documento Nacional de Identidad (DNI) es la tarjeta oficial que se debe presentar para realizar cualquier solicitud de trabajo, ingreso a la universidad, etc.

El Libro de Familia es el documento que recibe una pareja en el momento de casarse. En el van registrados todos los datos oficiales de la familia.

El Certificado de Bachiller es el equivalente al *high school diploma* norteamericano.

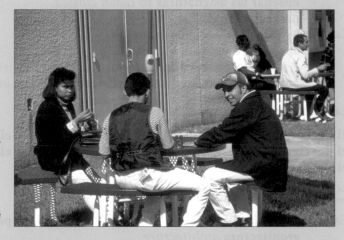

El Certificado del Curso de Orientación Universitaria (C.O.U.) se obtiene en el último año escolar antes de ingresar a la universidad. Sólo siguen este curso los estudiantes que se preparan para hacer estudios universitarios.

El proceso de matricularse

El primer día en la universidad es uno de esos que siempre *se quedan grabados* en la memoria de un *universitario*. Los jóvenes españoles antes de empezar las clases tienen que matricularse en la secretaría de la facultad a la que van a asistir. El proceso es bastante sencillo, *basta con* llenar los impresos de matrícula, llevar la documentación y el *importe* requeridos para tal efecto y... ¡cómo no! ponerse en la cola correspondiente. El plazo de matrícula se abre a principios de septiembre y se cierra a principios de octubre, cuando empieza el curso.

Algunos documentos necesarios para matricularse son el Documento Nacional de Identidad (DNI); el Libro de Familia, pues en caso de ser hijo de una familia numerosa se tiene un descuento en la matrícula; el Certificado de Bachiller; el Certificado del Curso de Orientación Universitaria (C.O.U.) y de otros estudios *cursados.*

Cada día hay más demanda en todas las facultades de la universidad.

El precio del curso anual *oscila* entre 100.000 mil y 150.000 mil pesetas; esto da derecho a asistir a las clases durante nueve meses y a examinarse de cada asignatura una vez en el mes de junio y otra en septiembre, en caso de no haber aprobado en junio.

Si se suspende al alumno en septiembre, deberá matricularse nuevamente en cada asignatura pendiente y presentarse a la *convocatoria* de febrero del siguiente año. Con más de dos asignaturas pendientes no podrá pasar de curso oficialmente.

Quizá otra de las diferencias burocráticas más notables entre la universidad española y la norteamericana es que los estudiantes españoles sólo tienen un horario de clases para cada año de carrera. Los *bedeles* de cada facultad lo ponen en *el tablón de anuncios* pocos días antes de comenzar el curso. El horario de cada uno de los cinco años necesarios para la *licenciatura* se establece de acuerdo a la *disponibilidad* de los profesores y a las obligaciones de los alumnos. El estudiante no tiene que *elaborar* su propio horario. Como todos los sistemas, éste tiene sus ventajas y sus inconvenientes.

ACTIVIDAD 3   Comprensión y ampliación de la lectura

Conteste las siguientes preguntas.

1. ¿Qué hay que hacer en España para matricularse en la universidad? ¿y para pasar de un curso a otro como alumno oficial?
2. ¿Qué es el DNI y cuál sería su equivalente en los Estados Unidos?
3. ¿Por qué no es un problema el horario de clases en España?
4. ¿Es para Ud. un gran problema preparar su propio horario de clases? ¿Le gustaría no tener que preparar su propio horario de clases? ¿Por qué?
5. ¿Cuáles son los requisitos para matricularse en nuestra universidad?
6. ¿Prefiere Ud. un sistema de estudios por trimestres, semestres o de nueve meses, como en España? ¿Por qué?

GRAMÁTICA

A. Los verbos reflexivos

1. Los verbos reflexivos indican que la acción del verbo vuelve a la persona que efectúa la acción. El verbo reflexivo lleva el pronombre **se** al final del infinitivo: **despertarse, lavarse, ducharse.** Al conjugar un verbo reflexivo, el pronombre cambia de acuerdo con el sujeto.

Singular	Plural
(yo) **me** levanto	(nosotros) **nos** levantamos
(tú) **te** lavas	(vosotros) **os** laváis
(él, ella, Ud.) **se** peina	(ellos, ellas, Uds.) **se** peinan

Muy temprano **me levanto, me ducho** y **me afeito** rápidamente. Si no **te acuestas** ahora, **me enfado.**

2. Muchos verbos transitivos se usan también en forma reflexiva.

Forma no reflexiva	Forma reflexiva
aburrir *to bore*	**aburrirse** *to get bored*
acostar (ue) *to put to bed*	**acostarse** *to go to bed*
calmar *to calm*	**calmarse** *to calm down*
casar *to marry*	**casarse** *to get married*
despertar (ie) *to awaken, or wake someone*	**despertarse** *to wake up*
mover (ue) *to move something*	**moverse** *to make a movement*
mudar *to change*	**mudarse** *to move (change address)*
preparar *to prepare*	**prepararse** *to get ready*
reunir *to gather*	**reunirse** *to get together*
sentar (ie) *to sit*	**sentarse** *to sit down*

Baño al bebé.	**Me baño.**
Le pongo (al niño) el sombrero.	**Me pongo** el sombrero.
La viste (a la niña) con ropa elegante.	**Se viste** con ropa elegante.

3. Algunos verbos toman un significado algo diferente al hacerse reflexivos. La acción de estos verbos es independiente de otras personas.

Forma no reflexiva	Forma reflexiva
acordar (ue) *to agree*	**acordarse de** *to remember*
beber *to drink*	**beberse** *to drink something all up*
comer *to eat*	**comerse** *to eat something all up*
despedir (i) *to dismiss, fire*	**despedirse** *to say good-bye*
dormir (ue) *to sleep*	**dormirse** *to fall asleep*
ir *to go*	**irse** *to leave; to go away*
llamar *to call*	**llamarse** *to be named*
parecer *to seem*	**parecerse** *to resemble*
perder (ie) *to lose*	**perderse** *to get lost; to miss out on something*
poner *to put, place*	**ponerse** *to put on*

Compare

Siempre **duermo** más de siete horas.	Siempre **me duermo** con ese programa de la tele.

4. Hay ciertos verbos que se usan siempre en forma reflexiva. Frecuentemente van seguidos de las preposiciones **a, de** o **en.**[1]

Forma reflexiva	
acercarse a *to approach*	**darse cuenta de** *to realize*
alegrarse de *to be glad*	**decidirse a** *to make up one's mind to*
apresurarse a *to hasten to*	**empeñarse en** *to insist on, to persist*
atreverse a *to dare to*	**enterarse de** *to find out*
burlarse de *to make fun of*	**fijarse en** *to notice*
convertirse en (ie) *to become*	**quejarse de** *to complain about*

Ejemplos

—¿**Te has fijado en** esa muchacha?
—No **me atrevo a** mirarla.
—¿Por qué no **nos acercamos a** ella?
—Puede que **se burle de** nosotros.

5. Los pronombres reflexivos **nos, os** y **se** pueden usarse para expresar una acción recíproca equivalente a *each other* o *one another* en inglés.

---

[1] Para una lista más completa de los verbos reflexivos que llevan preposición, consulte el **Apéndice 3: Los verbos: ¿Lleva el verbo una preposición?,** págs. 362–367.

Nos contamos nuestras vidas.
No **se hablan** desde hace mucho tiempo.

A veces, para aclarar se añade **uno a otro (una a otra, unos a otros, unas a otras)**.

Llenos de felicidad **se miran uno a otro** sin decir una sola palabra.

6. Hay algunos verbos que al usarse en forma reflexiva toman en inglés el significado de *to become.*

hacerse	Expresa un cambio basado en el esfuerzo personal.
	Trabajo mucho para **hacerme** abogado.
	Nos haremos dueños de este negocio.
ponerse	Expresa un cambio físico o emocional.
	Cuando lo veo **me pongo** roja.
	¿Por qué **te pones** tan triste?
volverse	Expresa un cambio de un estado a otro. No hay esfuerzo personal.
	Se está volviendo loco.

7. La posición de los pronombres reflexivos depende de la forma del verbo.

con un verbo conjugado	**Me** acuerdo siempre de ti.
	Te has puesto nerviosa.
con el infinitivo	**Se** quiere sentar. O:
	Quiere sentar**se.**
con el gerundio	**Nos** estamos despidiendo. O:
	Estamos despidiéndo**nos.**
con el imperativo afirmativo	Levánte**se.**
con el imperativo negativo	No **se** levante.

ACTIVIDAD 4   ¿Qué haces entre estas horas?

Dígale a la clase o a un(a) compañero(a) qué hace entre las horas indicadas. Añada otras actividades y horas si es preciso.

7:00 A.M. – 8:00 A.M.	acostarse	estar en clases
8:00 A.M. – 9:00 A.M.	afeitarse o maquillarse	estudiar
9:00 A.M. – 10:00 A.M.	almorzar	hacer tareas
7:00 P.M. – 8:00 P.M.	bañarse	irse a la escuela
9:00 P.M. – 10:00 P.M.	despertarse	lavarse
10:00 P.M. – 12:00 P.M.	divertirse	leer el periódico
	dormirse	ver la tele
	ducharse	vestirse

Modelos: *Entre las siete y las ocho de la mañana salgo de casa para llegar a clase a tiempo.*
Entre las ocho y las nueve me levanto, me ducho y después me afeito.

ACTIVIDAD 5   ¡Charlemos!

Pregúntele a su compañero(a) sobre sus hábitos y después informe a la clase de lo que recuerde de la conversación.

1. ¿A qué hora te despiertas? ¿Te quedas en cama o te levantas inmediatamente?
2. ¿Desayunas en casa? ¿Qué desayunas?
3. ¿Te duchas antes o después de desayunar?
4. ¿En cuánto tiempo te vistes? ¿Qué te pones generalmente para ir a la universidad?
5. ¿Te afeitas/Te maquillas más de una vez al día?
6. ¿Llegas a tiempo a tus clases? ¿A qué hora es tu primera clase? ¿y la última?
7. ¿Estudias o trabajas antes de ir a la universidad? Y después de terminar tus estudios (trabajo), ¿qué haces?
8. ¿Te vas a casa temprano? ¿Te alegras de estar en casa?
9. Cuando estás en casa, ¿te preocupas mucho por tus estudios?

Ahora, ¿quieres tú conocer mis actividades diarias? ¿Qué quieres saber de mí?

ACTIVIDAD 6   Nuestros fines de semana

Ha llegado el momento de hablar de nuestras actividades de los fines de semana. Con un(a) compañero(a) de clase, cuéntense por turnos sus actividades de los fines de semana. Después, presenten un informe a la clase. Puede comenzar así:

Los fines de semana generalmente me levanto a las... Desayuno tarde y...

B. Los verbos *ser* y *estar*

El sistema educativo en México

lasts

El sistema educativo en México **es** algo diferente del sistema norteamericano. La educación primaria **es** obligatoria, gratuita y *dura* seis años. Después sigue la secundaria que dura tres años. Los alumnos que desean una formación técnica, después de estos primeros tres años, pasan a escuelas vocacionales para seguir el oficio de mecánico, electricista, minero, etc. A estas carreras cortas se les llama carreras técnicas. Los que tienen intención de entrar a la universidad asisten a la preparatoria y estudian humanidades y ciencias.

B.A.
M.A.

El primer nivel del sistema universitario, la *licenciatura,* **es** de cinco años, luego viene la *maestría,* que **es** dos años, y finalmente **está** el doctorado, que **es** el grado máximo y que dura otros tres años.

La Universidad Nacional Autónoma de México (UNAM) **es** una institución del estado que **está** en la Ciudad de México. Tiene más de 250.000 estudiantes y **es** la universidad más grande de Hispanoamérica. Hay otras universidades autónomas, como la Universidad Autónoma Metropolitana de Azcapotzalco, la de Iztapalapa y la de Xochimilco, que en los últimos años **están obteniendo** gran prestigio. Hay también universidades privadas, como la Iberoamericana y la de las Américas. Entre las instituciones más prestigiosas **está** El Colegio de México, que otorga sobre todo maestrías y doctorados.

Dos de las grandes diferencias entre las universidades estadounidenses y las mexicanas **son** que las asignaturas en México no **son** *optativas* y por lo tanto el sistema mexicano **es** un poco más rígido; al revés, la asistencia a clases no **es** obligatoria y hay alumnos que se presentan sólo al examen final. Esto sucede sobre todo en los horarios *vespertinos* que **están elaborados** para aquellos estudiantes que tienen que trabajar durante la mañana.

Los avances de la ciencia y de la tecnología han hecho que la población mexicana —hombres y mujeres— tome conciencia de la necesidad de seguir una carrera técnica o profesional.

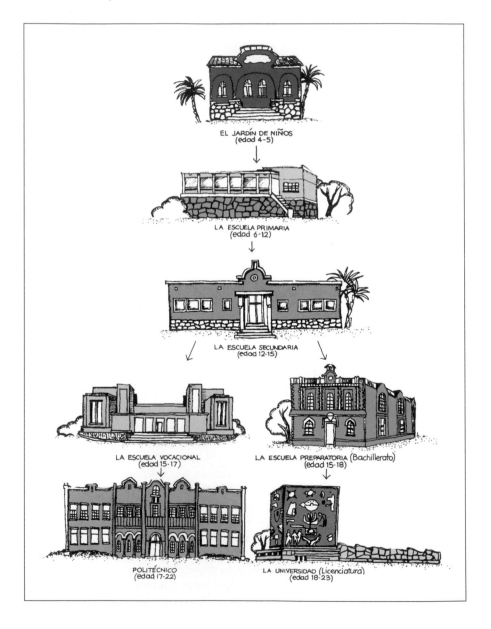

EL JARDÍN DE NIÑOS (edad 4-5)

LA ESCUELA PRIMARIA (edad 6-12)

LA ESCUELA SECUNDARIA (edad 12-15)

LA ESCUELA VOCACIONAL (edad 15-17)

LA ESCUELA PREPARATORIA (Bachillerato) (edad 15-18)

POLITÉCNICO (edad 17-22)

LA UNIVERSIDAD (Licenciatura) (edad 18-23)

ACTIVIDAD 7 Comprensión de la lectura

Empareje cada número de la columna A con una letra de la columna B.

A

1. La educación primaria en México es…
2. Los alumnos que desean una formación técnica…
3. Los que quieren entrar a la universidad…
4. La Universidad Nacional Autónoma de México tiene…
5. En las universidades mexicanas el sistema es…
6. Después del primer nivel del sistema universitario, cl (la) estudiante obtiene…

B

a. …pasan a escuelas vocacionales.
b. …un poco rígido y las asignaturas no son optativas.
c. …obligatoria, gratuita y dura seis años.
d. …asisten a la preparatoria.
e. …más de 250.000 estudiantes.
f. …el título de licenciado.

ACTIVIDAD 8 ¡Charlemos!

Con un(a) compañero(a) de clase, hable sobre las diferencias entre los sistemas educativos mexicano y estadounidense.

Ud. puede comparar…

a. los años de estudio.

México	*Estados Unidos*
seis años de primaria	seis años de escuela elemental
tres años de secundaria	tres años de *junior high school*
tres años de preparatoria	tres años de *high school*
cinco años de universidad para obtener la licenciatura	cuatro años de universidad para obtener el bachillerato

b. el número de estudiantes de la Universidad Nacional Autónoma de México (250.000) y el número de estudiantes de su universidad.
c. las asignaturas.
d. la asistencia a clases.

Después intercambien sus propias opiniones e informen a la clase.

Los usos de *ser* y *estar*

Los verbos **ser** y **estar** expresan *to be*. Se debe prestar mucha atención al uso de estos verbos.

ser + *adjetivo*	**estar** + *adjetivo*
Expresa las características esenciales del sustantivo.	Expresa una condición o estado especial en un determinado momento.
El estudiante **es** guapo.	El estudiante **está** guapo hoy.
El profesor Ulloa **es** viejo.	¡Qué viejo **está** el profesor Ulloa!

ser de	**estar de**
Expresa propiedad, origen o material.	Es equivalente a "trabajar como..." *(to be working as . . .).*
Ese coche **es de** Carlos. Esos estudiantes **son de** Lima. Aquel bolígrafo **es de** plata.	En octubre Luis **estaba de** agente de viajes. Ahora **está de** mesero en un restaurante.

ser para	**estar para** + *infinitivo*
Expresa destino, propósito o la fecha en que termina un plazo.	Es equivalente a "listo para..." *(to be about to . . .).*
Aquellos libros **son para** Juan. La tarea **es para** mañana. El lápiz **es para** tomar apuntes.	Después de recibir mis notas **estaba para** llorar.

sustantivo o pronombre + **ser** + *sustantivo*	**estar** + *sustantivo o pronombre*
Iguala el sujeto al sustantivo.	Se refiere a: listo, aquí, allí, en casa.
Ellos **son** estudiantes. El colegio **es** una institución privada.	¿**Está** Juanita? *(Is Juanita there/here/at home?)* Fui a su despacho, pero el profesor no **estaba** (allí). ¿Ya **están** las tareas (listas)?

ser *y el tiempo cronológico*	**estar** *y el tiempo atmosférico*
Expresa el día, la fecha y la hora.	Expresa los estados del tiempo.
Hoy **es** lunes. Mi cumpleaños **es** el 3 de enero. **Eran** las dos menos cuarto.	Hoy **está** muy nublado. El día **está** lluvioso.

ser = *tener lugar*	**estar** *en*
(to take place [an event])	Expresa el lugar de las personas o cosas.
La fiesta **será** en mi casa. Las reuniones **son** a las ocho.	La niña **está** en la casa. Los libros **están** en la mesa.

Sujeto + **ser** + *adjetivo de nacionalidad (región) o religión*	**Estar** + *gerundio* (*–ando, –iendo*)
Expresa origen o religión.	Expresa una acción en progreso.[1]
Todos **somos** católicos. Virginia **es** andaluza. ¿Vosotros **sois** peruanos?	**Estás hablando** mucho. **Estábamos bebiendo** agua. ¿**Estás escribiendo** cartas?

Ser *en expresiones impersonales*	**Estar** + *participio*[2] *pasado*
Expresa una idea general.	Expresa resultado de una acción anterior.
Es muy importante para mi carrera. ¿**Es** necesario tomar tantas notas?	La comida ya **está preparada.** ¿**Está abierta** la ventana?

---

[1] Vea la Lección 10 para estudiar más sobre el gerundio. Recuerde que los verbos que terminan en **–ar** forman el gerundio en **–ando** (caminar → caminando) y los verbos en **–er** y en **–ir** en **–iendo** (comprender → comprendiendo, escribir → escribiendo).
[2] Después de **estar** el participio pasado funciona como adjetivo y concuerda en género y en número con el sustantivo. Para la formación del participio pasado vea la Lección 5, pág. 155.

*Expresiones con el verbo **estar***

estar atrasado(a) *to be late, be behind*	**Estoy atrasado** en mis estudios.
estar de buen/mal humor *to be in a good/bad mood*	¿Por qué **están** todos **de mal humor**?
estar de acuerdo con *to be in agreement with*	**¿Estás de acuerdo** conmigo?
estar de regreso *to be back*	**Estaré de regreso** en media hora.
estar de vacaciones *to be on vacation*	Los estudiantes **estuvieron de vacaciones**.
estar de viaje *to be on a trip*	¿Cuánto tiempo **estarás de viaje**?
estar equivocado(a) *to be wrong*	No es así. **Estás** muy **equivocado**.
estar harto(a) de *to be fed up with*	**Estoy harto de** los exámenes.
estar listo(a) para *to be ready*	**¿Estás lista para** ir a clases?

ACTIVIDAD 9   ¡Inventario personal!

Pregúntele a su compañero(a) cómo son las cosas que tiene, las que le han regalado o las que ha comprado. Pueden Uds. usar los adjetivos y lugares sugeridos o hacer sus propios diálogos.

Modelo: bicicleta → viejo/nuevo → en buenas/malas condiciones → color
—¡Tienes bicicleta?
—Sí.
—¡Es vieja o nueva?
—Es vieja y está en muy malas condiciones.
—¿De qué color es?
—Es azul. ¿Y tú, tienes bicicleta?
—…

1. automóvil → viejo/nuevo → en buenas/malas condiciones → color
2. residencia o apartamento → lugar → grande/pequeño → cómodo
3. muchos discos compactos → música moderna/clásica → grupos musicales
4. las clascs → interesante/aburrido → edificio → lejos/cerca

ACTIVIDAD 10   En la universidad

Es su primer día en la universidad y Ud. está muy curioso(a) por saber dónde se encuentran los edificios principales y cómo son las instalaciones. Pregúntele a un(a) compañero(a) por ellos.

Modelo: la cafetería
—¡Dónde está la cafetería?
—Está a la derecha de la biblioteca.
—¡Y cómo es?
—Es muy agradable. Está abierta casi todo el día. El servicio comienza a las siete de la mañana.

El siguiente vocabulario le será útil.

la biblioteca	cerca de...	alto(a)
la cafetería	a la derecha...	amplio(a)
las canchas de tenis	a la izquierda...	bajo(a)
el estadio	al lado de...	cómodo(a)
las fraternidades/las	lejos de...	incómodo(a)
sororidades	al norte/sur/este/oeste de...	interesante
el gimnasio	a una (dos) cuadra(s) de...	limpio(a)
la librería	a una (dos) milla(s) de...	moderno(a)
la oficina administrativa		nuevo(a)
la piscina		pequeño(a)
las residencias		sucio(a)
el teatro		viejo(a)

ACTIVIDAD 11   Temporada de teatro

En algunas universidades de los Estados Unidos hay festivales de obras de teatro en español. Este año, en la Universidad de California de Santa Bárbara, la temporada teatral se cierra con *La señorita de Tacna.*

Complete el diálogo con el presente del verbo **ser** o **estar** y la preposición correspondiente.

A: La temporada de teatro _____ _____ terminar y aún no he visto *La señorita de Tacna*, de Mario Vargas Llosa.

B: ¿Quiénes son los artistas principales?

A: Teresa Bermúdez y Paco Fontana. Los dos _____ _____ Perú. Ella _____ _____ Lima y él _____ _____ Trujillo.

B: ¿En qué idioma están los programas?

A: En español y en inglés. Los programas en español _____ _____ los estudiantes de literatura hispana.

B: ¿Con quién piensas ir?

A: Con Miguel Ángel y Elena. Además viene con nosotros el profesor Martínez, que este año _____ _____ director del programa de estudiantes extranjeros.

B: ¿Dónde es la función?

A: En el teatro Loreto. Es muy elegante. Las sillas _____ _____ cuero blanco y las lámparas _____ _____ bronce. ¿Te gustaría ir conmigo?

ACTIVIDAD 12   Minidiálogos en un colegio mayor

Con un(a) compañero(a) de clase prepare uno de los siguientes minidiálogos para presentarlo en la clase.

1. **La ducha no funciona.**
   —Oiga, la ducha no funciona desde hace tres días, no puedo _____ sin ducharme...
   —Lo siento muchísimo. Voy a ver qué es lo que _____ roto y vuelvo...
   —Ésta es la segunda vez que... ¿Cree Ud. que para la noche... ?
   —...

2. **La biblioteca está cerrada.**

   —¿Cómo es que la biblioteca todavía... ? Aquí dice que se abre a las ocho y ya _____ las...

   —El personal de limpieza _____ atrasado hoy. Todavía no...

   —...

3. **En busca de alojamiento.**

   —¡Estoy harta de _____ aquí!

   —¿_____ pensando en buscar otra residencia?

   —Sí, _____ mejor para...

   —¿Crees que _____ difícil... ?

   —Francamente no lo sé, pero si quieres...

   —...

4. **Una llamada telefónica.**

   —¡Aló!, ¿... ? ¿Qué _____ haciendo?

   —Estoy esperando a un amigo para...

   —¿_____ seguro de que irá por ti?

   —...

   —Bueno, en ese caso...

   —...

5. **¿Por qué tan serio(a)?**

   —¿Qué te pasa, chico(a)? ¡_____ muy serio(a)!

   —Creo que mi novio(a) _____ saliendo con otro(a).

   —¡Ostras! ¿Por qué?

   —...

ACTIVIDAD 13   Encuesta para mejorar el sistema educativo

Llene el siguiente formulario. Si la respuesta a las preguntas (1–4) es **no,** dé sus propias sugerencias al final de la encuesta. Después compare sus sugerencias con las de un(a) compañero(a) de clase.

sí	no	
_____	_____	1. ¿Está Ud. satisfecho(a) con la enseñanza que recibe en esta universidad?
		2. ¿Está Ud. de acuerdo con el establecimiento de los siguientes cursos con carácter obligatorio?
_____	_____	a) idiomas extranjeros
_____	_____	b) estudios étnicos
_____	_____	3. ¿Piensa Ud. que la matrícula es muy alta?
_____	_____	4. Para Ud., ¿es mejor el sistema de trimestres?
_____	_____	de semestres?
		5. ¿Le gustaría que el semestre terminara...
_____	_____	a) antes de las fiestas de fin de año?
_____	_____	b) después de las fiestas de fin de año?

Sugerencias: _____

ACTIVIDAD 14   ¡Necesito ayuda!

Llame por teléfono a un(a) amigo(a) y...

1. pregúntele si pueden encontrarse al día siguiente a la hora del almuerzo.
2. dígale el lugar y la hora del encuentro.
3. pregúntele si él (ella) ha comprendido la última lección de español y si tiene tiempo para repasar la materia con Ud.
4. despídase muy agradecido(a).

En cada esquina hay un teléfono... y un muchacho enamorado.

C. Los verbos *haber, tener* y *hacer*
Los estudiantes extranjeros en España

Chad está pensando en ir el año que viene a España para estudiar español. En España **hay** muchas universidades. Una de ellas, la más conocida entre los estudiantes norteamericanos, es la Universidad Complutense de Madrid. Esta universidad es muy grande. En ella **hay** muchos estudiantes de todo el mundo y, además, la ciudad **tiene** una gran vida cultural que ofrecer: hay congresos, exposiciones, conciertos y conferencias durante todos los meses del año. Quizás un pequeño problema es el tiempo, porque en invierno **hace** mucho **frío** y en verano **hace** mucho **calor**. Los estudiantes extranjeros que no están acostumbrados a este clima **tienen** un **calor** de muerte en los meses de julio y agosto.

Otra universidad muy popular entre los estudiantes norteamericanos es la Universidad de Granada. Esta universidad es más pequeña que la Universidad de Madrid, pero tiene otras ventajas. Por ejemplo, en Granada siempre **hace buen tiempo.** Se dice que los granadinos siempre están en la calle, nunca **tienen prisa** y habitualmente **tienen ganas de** ir a fiestas y conocer a nuevas personas.

Chad no sabe muy bien a qué universidad ir. Le han dicho que la universidad más antigua y prestigiosa de España es la Universidad de Salamanca, pero se necesitan muy buenas calificaciones y hay que **tener suerte** para ser admitido. Sabe, también, que la Universidad Autónoma de Barcelona es preciosa, pero **tiene miedo de** ir a Barcelona y no entender la lengua catalana que se habla allí.

En la Universidad del País Vasco, Chad conoce a una profesora y le gustaría estudiar con ella, pero ha oído decir que en Bilbao **llueve** muchísimo y Chad preferiría un clima más moderado.

En resumidas cuentas, ¡Chad está hecho un lío!

ACTIVIDAD 15   Comprensión de la lectura

Empareje cada una de las ciudades de la columna A con una o más de las características en la columna B.

A

1. En Madrid...
2. En Barcelona...
3. En Granada...
4. En Salamanca...
5. En el País Vasco...

B

a. llueve mucho.
b. la universidad tiene estudiantes de todo el mundo.
c. la gente no tiene prisa.
d. hace buen tiempo.
e. se habla catalán.
f. hay muchas actividades culturales.
g. todos tienen ganas de ir a fiestas.
h. hace mucho frío en invierno y mucho calor en verano.
i. se necesitan muy buenas calificaciones para ser admitido.

Haber

1. **Haber,** en la tercera persona del singular, expresa existencia.

hay *(there is/are)*	En España **hay** muchas universidades.
hubo *(there was/were; took place)*	Anoche **hubo** un accidente de coches terrible.
había *(there was/were)*	**Había** unos tipos muy extraños en la residencia.

Hacer y tener

2. **Hacer** y **tener** se usan en expresiones de tiempo en los siguientes casos.

hacer	tener
En la tercera persona singular, expresa el tiempo meteorológico: **hace frío, hace calor, hace buen/mal tiempo, hace viento, hace sol.** —¿Qué tiempo **hace** en Granada? —**Hace** buen tiempo.	Expresa el efecto de la temperatura en las personas y animales: **tener frío, tener calor.** Si **tienes frío,** ponte el abrigo.

3. Otros verbos que describen el tiempo son **nevar** y **llover.**

   El pronóstico del tiempo dice que mañana **nevará.**
   En Bilbao **llueve** mucho.

4. Expresiones con el verbo **tener.**

tener cuidado *to be careful*	**tener prisa** *to be in a hurry*
tener ganas de... *to be in the mood for, to feel like . . .*	**tener razón** *to be right*
	tener sed *to be thirsty*
tener hambre *to be hungry*	**tener sueño** *to be sleepy*
tener miedo de *to be afraid of*	**tener suerte** *to be lucky*

   —¿**Tienes ganas de** salir con esta nieve?
   —Ni hablar, hace mucho frío.

ACTIVIDAD 16   ¿Qué hacemos... ?

Haga un diálogo con su compañero(a).

Modelo: hacer buen tiempo
   —*¿Qué haces cuando hace buen tiempo?*
   —*Voy a la piscina a nadar. ¿Y tú?*
   —*Salgo con mi novia a caminar por la playa.*

1. hacer buen tiempo
2. tener hambre
3. llover
4. estar de buen humor
5. tener miedo
6. estar furioso(a)
7. hacer calor
8. estar atrasado(a)

ACTIVIDAD 17   ¿Qué tiempo hace?

Pregúntele a un(a) compañero(a) de clase qué tiempo hace en este momento en las siguientes ciudades españolas. Use el mapa en la página 97.

Modelo: Barcelona
   —*¿Qué tiempo hace en Barcelona?*
   —*Hace sol./Está despejado.*

1. Valencia
2. Córdoba
3. Madrid

4. Salamanca
5. San Sebastián
6. Sevilla

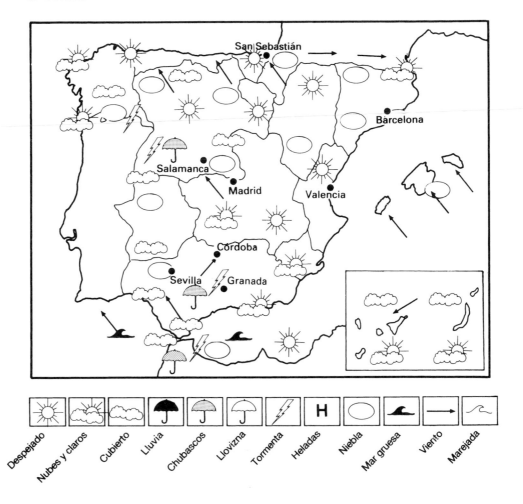

D. Expresiones de obligación y probabilidad

Tener que + infinitivo *(to have to, must)* expresa una fuerte obligación personal.

> Ellos **tienen que tomar** muchos apuntes porque no tienen buena memoria.
> El maestro **tuvo que suspender** al muchacho porque no había estudiado.
> Mi compañero de cuarto **tendrá que matricularse** pronto.

Haber (hay) que + infinitivo expresa una necesidad u obligación impersonal *(one must, it is necessary to . . .)*.

> **Hay que aprovechar** las vacaciones.
> **Había que corregir** los exámenes con mucho cuidado.
> **Habrá que resolver** el problema.

deber (de)

haber de — + **infinitivo** expresa...

1. obligación moral *(to be supposed to, should).*

   Debo preparar mi horario de clases.
   Ahora que estamos aquí, **hemos de aprovechar** las vacaciones.

2. probabilidad *(must, probably).*

   Debe (de) ser muy rico.
   Ha de tener mucho dinero.

ACTIVIDAD 18   Sé muchas cosas...

Con un(a) compañero(a) de clase formen diálogos según el ejemplo.

Modelo: la rectora/el decano
　　　　　　 —*¿Qué sabes de la rectora?*
　　　　　　 —*Sé que **tiene que** dictar una conferencia.*
　　　　　　 —*¿Y del decano?*
　　　　　　 —*(El decano) **Está** de viaje por Europa.*

los profesores	tener	ganas de ir al cine
la consejera	tener que	muy equivocado(a)
el ingeniero	deber de	de vacaciones
los hombres	estar	repasar la materia
el filósofo		mucha hambre
la abogada		dictar una conferencia
los estudiantes		un sueño terrible
mi vida		miedo de los exámenes
nosotros		solicitar una beca
esa estudiante		pensar en el futuro
		prisa por salir
		...

ACTIVIDAD 19   En la clase de español

Ud. estuvo enfermo(a) y no ha podido asistir a los primeros días de clase. Pregúntele a su compañero(a) lo siguiente.

Modelo: los requisitos para estar en la clase
　　　　　　 —*¿Cuáles son los requisitos para estar en la clase?*
　　　　　　 —***Tenemos que** asistir a cuatro clases semanales y **hay que** ir una vez al laboratorio.*

1. los requisitos para estar en la clase
2. los libros
3. el número de pruebas
4. el día del examen final
5. el número de estudiantes matriculados en la clase

6. las horas de consulta del (de la) profesor(a)
7. la hora en que comienza y termina la clase
8. el horario del laboratorio

CURSOS DE ESPAÑOL Y CULTURA POPULAR ESPAÑOLA

ESCUELA DE ESPAÑOL
DE LAS ALPUJARRAS

CURSOS DE ESPAÑOL Y CULTURA POPULAR ESPAÑOLA

Si te interesa la lengua y la cultura popular española, pasar unas vacaciones en unos pueblos totalmente típicos españoles, blancos, tranquilos, en un ambiente antiestrés, en contacto directo con la naturaleza y poder disfrutar de alternativas como: bicicleta de montaña, montañismo, alpinismo, montar a caballo, talleres de artesanía, curso de grastronomía popular española, curso de baile flamenco por sevillanas y otros bailes, etc. Todo en un ambiente familiar y de compañeros, para conocer realmente como viven, trabajan, sienten y piensan los campesinos y gentes sencillas de España. ¡Pide información más detallada a EEA, tenemos el curso que buscas!

INFORMACION

Nombre _____
Dirección _____
Localidad _____ País _____
Teléfono _____ Escuela o Universidad _____

Oficina de información e inscripción:
**ESCUELA DE ESPAÑOL
DE LAS ALPUJARRAS**
Calle Natalio Rivas, 1
18001 Granada - ESPAÑA.
Telf. y Fax: 34 / (9) 58 / 275015

ACTIVIDAD 20 Cursos de español

Ud. y su compañero(a) de clase desean ir a estudiar a España.

1. Lean con atención el anuncio de la Escuela de Español de las Alpujarras.
2. De acuerdo con la información, intercambien ideas sobre por qué les gustaría o no estudiar en Granada.
3. Escriban una nota para pedir más información sobre la escuela (si es grande o pequeña), el lugar (si está o no en las montañas), el tiempo (si hace mucho calor y si llueve en verano) y las actividades deportivas (ciclismo, alpinismo).

E. Las preposiciones *en* y *de*

En se usa...	Ejemplos
1. para designar el lugar donde algo ocurre o se localiza *(in, at)*.	La fiesta se celebra **en** Arequipa. La escultura está **en** el museo.
2. con el significado de **encima de** *(on)*.	Los papeles están **en** la mesa. El pájaro está **en** la rama.
3. en expresiones de tiempo para designar lo que ocurre en un momento dado *(at, in)*.	**En** aquel momento decidí quedarme. Regresan a su país **en** diciembre.

De se usa...	Ejemplos
1. para indicar posesión *(of)*.	Es el sombrero **del**[1] muchacho. El libro no es **de** Marta; es mío.
2. para indicar origen o nacionalidad *(from)*.	Es un árbol **de** esta región. Estos hombres son **de** España.
3. con un sustantivo para indicar la materia de que está hecho algo *(of)*.	Me regalaron un reloj **de** oro. La mesa no es **de** madera.
4. para designar una hora específica *(in)*.	Son las cinco **de** la tarde. Llegarán a las nueve **de** la mañana.
5. para designar el lugar al que pertenecen personas o cosas *(in, on)*.	Lo compré en el almacén **de** la esquina. Me refiero a los chicos **de** la calle.
6. seguido de un sustantivo, para indicar la condición, la función o el estado de algo. Expresa la idea de **como** *(as a)*.	El muchacho se vistió **de** vaquero. Está con nosotros **de** consejero. **De** niño, jugaba conmigo.
7. después de un adjetivo para expresar la causa de un estado o una acción *(of, with)*.	Vienen muertos **de** sed. Estábamos contentos **del** trabajo que habías hecho.
8. para describir el uso práctico o el contenido de un objeto *(of)*.	Acaban de comprar una nueva máquina **de** escribir. Quiero un libro **de** recetas.

ACTIVIDAD 21 La fiesta de despedida del profesor Azpillaga

Luis Bonilla está estudiando un máster en economía. A la salida de clase, su compañera le invita a tomar un café en Amadeux. Con un(a) compañero(a) de clase, complete la conversación entre los dos amigos, utilizando **en, de** o **del**.

—¿Dónde es la fiesta _____ los estudiantes para el profesor Azpillaga?
—Es _____ casa de Juan Carlos.
—Es una pena que el profesor se jubile _____ junio. ¿No crees?
—Sí, la verdad es que es un profesor excelente. Yo, _____ viejo, quisiera ser como el profesor Azpillaga.
—¿Sí? ¿Por qué dices eso?
—Porque es un hombre _____ gran corazón y gran cabeza. Uno de los reporteros _____ periódico *El Mundo* ha escrito hoy un artículo sobre su vida.
—¿En serio? ¿Qué periodista?

---

[1] Recuerde que la preposición **de** y el artículo **el** forman la contracción **del**. Ver la Lección 1, pág. 18.

—Ése que siempre lleva pantalones _____ cuero negro.

—Pero, volviendo al tema _____ la fiesta para el profesor Azpillaga, ¿vamos a comprarle algo entre todos los estudiantes del máster?

—Creo que es una buena idea. El otro día vi, _____ la mesa _____ su despacho, un librito _____ poesía _____ Mario Benedetti. Podemos ir a la librería que está _____ la esquina para preguntar qué otros libros _____ Benedetti tienen.

—Perfecto. _____ este momento no tengo nada que hacer. ¡Vamos!

¡OJO! CON ESTAS PALABRAS!

to fail
- fracasar
- suspender/reprobar
- dejar de
- faltar (a)

fracasar *to fail, to come to ruin*

> Si tienes confianza en ti misma, no podrás **fracasar.**
> Los estudiantes **fracasaron** en el examen.

suspender/reprobar a alguien *to fail (someone)*

> Los profesores lo **suspendieron** en tres materias.
> Juanita fue **reprobada** en matemáticas porque no se presentó al examen.

dejar de *to fail (to do something), to stop*

> No **dejes de** apagar la luz cuando tc acuestes.
> **Dejamos de** tomar notas cuando vimos que todas los explicamones estaban en el libro.

faltar (a) *to fail (to fulfill), to be lacking*

> Nunca **falto a** mis clases.
> **Faltan** veinte minutos para las ocho.

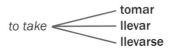

to take
- tomar
- llevar
- llevarse

tomar *to take, to get hold of, to drink, to take (a bus, cab, etc.)*

> **Tomó** los papeles y se fue.
> ¿**Toma** Ud. leche en el almuerzo?
> **Tomaron** el tren de la medianoche.

llevar[1] *to take a person somewhere, to take or carry something*

> Esta tarde **llevaré** a mi mamá al teatro.
> Pienso **llevar** una ensalada de frutas a la fiesta.

llevarse *to take away, to carry off*

> **Llévese** esas revistas viejas, por favor.

Algunas expresiones idiomáticas:

to take (a course) **seguir un curso, estudiar**

> **Estudio** matemáticas y geografía.
> ¿Qué curso **sigues** este año?

to take an exam **examinarse (en)**

> **Nos examinamos en** los verbos reflexivos.

to take off (clothing) **quitarse**

> **Se quitó** la chaqueta porque tenía mucho calor.

to take out **sacar**

> Los estudiantes **sacaron** los libros y empezaron a estudiar.

to take place **tener lugar, suceder**

> El campeonato **tuvo lugar** ayer a las ocho.

> **acabar**
> **acabarse**
> **acabar de + infinitivo**

acabar *to finish*

> **Acabó** su tarea y salió a ver una película.

acabarse *to run out of, to terminate*

> Después de tantas dificultades **se le acabó** la paciencia.
> No quiero verte más: entre tú y yo todo **se acabó.**

acabar de + infinitivo *to have (had) just . . .*

> **Acabo de graduarme.**
> **Acabábamos de cenar** cuando llegaste anoche.

ACTIVIDAD 22   A escoger

Elimine la expresión que no corresponda.

1. Los muchachos (se llevarán/tomarán) el Concord a París.

---

[1] **Llevar** se usa también con el significado de *to wear:* La novia **llevaba** un vestido de seda.

2. En este momento te (llevo/tomo) al aeropuerto. Debes (llevar/tomar) el avión del mediodía.

3. No (faltes a/dejes de) llamarnos por teléfono cada mañana.

4. ¿Sabes si Ricardo piensa (llevar/llevarse) a Marta a la cena?

5. El profesor me (fracasó/suspendió) en historia.

6. (Faltan/Toman) dos minutos para que comience el programa.

7. Cuando entra a la sala (suspende/se quita) el abrigo y (deja de/falta a) hablar.

8. Si estudias todo el año no podrás (fracasar/faltar).

ACTIVIDAD 23   El Campeonato Mundial de fútbol

Complete el siguiente diálogo con el verbo indicado.

acabar   acabarse   acabar de
faltar   llevar   tener lugar

1. —¿Sabes que sólo _____ una semana para el Campeonato Mundial de fútbol?

2. —¡Ni me lo digas! Por la tele (TV) _____ decir que el "diablo" Etcheverry no jugará para la selección nacional de Bolivia.

3. —¿Dónde _____ los partidos?

4. —En los estadios que _____ construir en varias ciudades de Francia. Iremos todos en grupo y _____ a varios amigos para que hagan barra (*to cheer*) con nosotros.

5. —En ese caso, avísame si vas a _____ a tu primo. Tenemos que comprar los boletos cuanto antes. Ya sabes que si _____ los boletos tendremos que comprarlos de los revendedores, y eso, hermano, nos va a costar muy caro.

ACTIVIDAD 24 Cuestionario de lectura

CUESTIONARIO

Lee con atención y llena este cuestionario para el concurso del Gran Lector de la Clase.

Nombre _____

Apellido _____

Dirección _____

Ciudad _____

Código postal _____

Teléfono _____

¿Qué edad tienes?
❏ De 16 a 20 años
❏ De 20 a 25 años
❏ De 26 a 30 años
❏ Más de 30 años

¿Qué estudias? _____

¿Cuántos libros lees al año? _____

¿Qué tipo de libros lees? (Numera en orden del 1 al 6, de acuerdo con tus preferencias: 1 para los libros que prefieras, 6 para los que menos te gusten.)

❏ Obras clásicas
❏ Novelas modernas
❏ Obras históricas
❏ Ciencia ficción
❏ Novelas policíacas
❏ Otras (precisa qué género) _____

¿Cuál es el libro que más te ha gustado en el último año? _____

¿Qué presupuesto mensual dedicas a la compra de libros? _____

Si mi candidatura para el concurso se selecciona, me comprometo a escribir un informe para el periódico de la universidad de los libros que lea.

Fecha _____

Firma _____

Los tres estudiantes que han leído más libros deberán dar un informe a la clase de qué libros han leído y cuál es el que más les ha gustado. Los otros estudiantes deben hacer preguntas y recomendar otros libros que han leído.

ACTIVIDAD 25   La historia que nunca acaba

Cuando Luis Bonilla se graduó, después de cinco años de estudio para obtener el título de licenciado, su mejor amiga le envió esta postal. En aquel momento Luis comprendió que la carrera académica es una historia que nunca acaba.

Prepare una postal de enhorabuena *(congratulations)* para alguno(a) de sus amigos o compañeros de clase que vaya a graduarse muy pronto. Presente su trabajo a la clase.

ACTIVIDAD 26   Mi rutina diaria

Use las palabras indicadas y forme oraciones completas. Luego póngalas en el orden de su rutina diaria y añada expresiones como **generalmente, a menudo, después, luego, en seguida, casi siempre, de vez en cuando, a veces, alguna vez, nunca.**

Modelo: *Los domingos me levanto muy tarde. Generalmente tomo el desayuno a las diez, me visto y voy a la iglesia.*

1. acostarse a las…
2. ponerse…
3. secarse con…
4. levantarse muy…
5. lavarse los…
6. desayunar…
7. despedirse de…
8. desvestirse…
9. ir a…
10. llegar de… (a…)
11. dormir…
12. estudiar…
13. bañarse…

ACTIVIDAD 27   Refranes sobre el tiempo

Explique qué quieren decir los siguientes refranes.

1. Cuando llueve, llueve;
   cuando nieva, nieva;
   cuando hace viento,
   entonces hace mal tiempo.
2. Después de la tormenta, sale el sol.
3. A mal tiempo, buena cara.

ACTIVIDAD 28   Situaciones cotidianas

Ud. acaba de llegar a la universidad y está en la Facultad de Letras solicitando a la secretaria la siguiente información. Hable con su compañero(a), haciendo los papeles de secretario(a) y estudiante.

1. requisitos para entrar al programa
2. cuándo se abre/se cierra el plazo de la matrícula
3. las posibilidades de solicitar ayuda financiera/una beca
4. formularios que se deben llenar
5. cursos de orientación
6. residencias para estudiantes
7. …

ACTIVIDAD 29   Modos de practicar una lengua extranjera

En las grandes ciudades españolas se están poniendo de moda los *pubs* y los restaurantes adonde estudiantes y ejecutivos van para charlar en inglés con nativos en un ambiente más relajado que el de una clase. Hay también discotecas en las que se contratan profesores durante veinte minutos para hacer conversación en inglés.

1. Con un(a) compañero(a) de clase preparen un informe sobre…
   a. las ventajas y desventajas de practicar una lengua en *pubs,* restaurantes o discotecas.
   b. las posibilidades de éxito o fracaso de este tipo de enseñanza en los Estados Unidos.
2. Después, presenten el informe a la clase.

Para la comunicación, pueden usar algunas de estas expresiones al dar sus opiniones:	
(No) Estoy de acuerdo con…	I (don't) agree with . . .
A mí me parece que…	It seems to me that . . .
¿Qué te parece a ti?	What do you think?
Tienes razón, pero…	You are right, but . . .
Por otra parte…	On the other hand . . .

ACTIVIDAD 30   Lectura: Paro NO, Idiomas SÍ

Lea con atención el artículo y el anuncio que ofrece el instituto de lenguas T&S y conteste las preguntas a continuación.

1. ¿Es suficiente tener un título para encontrar trabajo?
2. Según el anuncio y debido a la gran demanda de empleos, ¿qué preparación exigen los empresarios de los candidatos?
3. ¿Cuáles son los idiomas más solicitados?
4. ¿Qué otros idiomas ofrece T&S?
5. ¿Cuánto se paga por la matrícula?

ACTIVIDAD 31   ¡Charlemos!

Hágale a un(a) compañero(a) las siguientes preguntas.

1. En los Estados Unidos, ¿es importante tener un título para obtener trabajo? ¿Qué tipo de trabajo se puede obtener con un título de bachiller en artes (B.A.) o en ciencias (B.S.)? ¿con un máster? ¿con un doctorado?

2. ¿Qué quiere decir "tener buenos conocimientos de un idioma" y "dominio y fluidez de una lengua"?

3. ¿Crees que con una fuerte preparación en idiomas se puede conseguir un buen trabajo?

4. ¿Es el español un idioma necesario en los Estados Unidos? ¿Por qué sí? ¿Por qué no?

5. ¿Qué opinas del movimiento político en los Estados Unidos que quiere exigir que el inglés sea la lengua oficial? ¿Qué opinas de la educación bilingüe?

ACTIVIDAD 32   Entrevista

En su clase hay probablemente estudiantes extranjeros o estudiantes que vinieron de otras universidades. Forme un grupo con ellos y juntos hablen y comenten sobre otras instituciones educacionales. Los siguientes puntos pueden servir de base para la conversación.

1. requisitos de ingreso en las universidades públicas y privadas del país/el estado/la ciudad de origen

2. años de estudio y el sistema de calificaciones

3. número de estudiantes por clase

4. relaciones entre profesores y alumnos

5. ayuda financiera

6. deportes que se practican

7. …

 ## ACTIVIDAD 33   Mesa redonda

Pónganse de acuerdo tres o cuatro compañeros para formar una mesa redonda e intercambiar ideas sobre algún tema de educación que les interese o, si prefieren, sobre alguno de los siguientes temas.

1. **Filosofía de la enseñanza**

   Se dice que la filosofía de la enseñanza está cambiando día a día. ¿Cree Ud. en esta afirmación? ¿Podría Ud. explicar qué le gusta del sistema de enseñanza de hoy? ¿Qué no le gusta? ¿Qué tipo de enseñanza le gustaría tener para sus hijos? ¿más estricto? ¿más liberal? ¿Cuáles son algunas ventajas/desventajas de un sistema de educación más liberal/más estricto? Se dice también que los estudiantes de ciencias ya no estudian humanidades. ¿Opina Ud. que deben hacerlo o no?

2. **Rebelión contra los padres**

Hay un problema que encontramos frecuentemente hoy día en las familias. Éste es que los hijos se rebelan contra los deseos de sus padres y algunos se niegan a matricularse en la universidad. Prefieren comenzar a trabajar y a ganar dinero inmediatamente o deciden viajar para conocer el mundo. ¿Es éste un problema? ¿una ventaja? ¿A qué diferencia de valores personales podemos atribuir este problema? ¿Pueden los padres exigir que los hijos sigan una carrera universitaria?

 ACTIVIDAD 34 **Minidrama**

Creen una situación entre cuatro estudiantes. Tres padres de alumnos de la escuela primaria hablan con el (la) director(a) y reclaman para sus hijos una educación bilingüe.

El (La) director(a) les explica que no hay fondos, que no es conveniente para los niños y que no hay suficientes maestros bilingües. Además…

Los estudiantes, en su papel de padres y madres de familia, deben dar razones poderosas para establecer los programas que desean para sus hijos.

¿Qué saben Uds. de… Perú?

A. Recordar lo que sabemos.

En esta lección de *Horizontes: Cultura y literatura* hay varias menciones sobre Perú. Repasando y recordando lo que leyeron, responda con un(a) compañero(a) a las siguientes preguntas:

1. ¿Cuál es la capital de Perú? ¿Qué otras ciudades peruanas conocen?

2. ¿Quién fue Hiram Bingham? ¿Por qué es famoso?

3. ¿Pueden nombrar al menos a dos escritores peruanos contemporáneos? ¿Saben Uds. si hay diferencias de ideología entre ellos?

4. ¿Quién es el presidente de Perú? ¿Saben Uds. de dónde eran los antepasados del presidente peruano? ¿Creen Uds. que podría suceder algo así en los Estados Unidos?

5. ¿Qué comparaciones pueden hacer entre lo que saben de las universidades peruanas y lo que aprendieron sobre las universidades en España y en México en este libro?

6. ¿Cuál es la moneda de Perú? ¿Por qué creen Uds. que se llama así?

B. Ampliar lo que sabemos.

¿Les gustaría aprender más sobre Perú? Reúnanse en grupos de tres o cuatro personas y preparen una presentación sobre uno de los siguientes temas. Elijan el que más les interese, u otro que no aparezca en la lista:

- La diversidad étnica, cultural y lingüística de Perú: el variado componente original precolombino; la minoría criolla; los descendientes de los esclavos africanos; las migraciones europeas y asiáticas.
- El imperio inca: su historia, extensión geográfica y organización social. Cuzco y Machu Picchu. La literatura y la mitología incaica. Otras culturas precolombinas del Perú: los aimarás, los mochicas, los indígenas de la Amazonia, etc.
- La historia de Perú: la situación del imperio inca cuando los europeos llegan a América; la conquista española; dominio y sublevación en la colonia; el papel del general San Martín en la independencia; la creación del estado peruano contemporáneo.
- Los problemas de convivencia en el Perú contemporáneo: el empobrecimiento y marginación de las clases populares y la guerrilla de Sendero Luminoso.
- La variedad de la geografía, la flora y la fauna peruanas: los desiertos de la costa, el altiplano andino y las selvas amazónicas.
- Las literaturas peruanas: la tradición oral de las culturas indígenas y su situación actual; la literatura colonial; la literatura moderna y contemporánea: la importante presencia de las mujeres.
- Las músicas peruanas: la música andina, la música de los negros del Callao, la música criolla. El *pop* y el *rock* peruanos.
- El cine peruano: Amauta Films, el cine de Cuzco, el cine campesino, el grupo Chaski.
- La riqueza histórico-cultural del Perú. Los yacimientos arqueológicos de Machu Picchu, las tumbas reales de Sipán, las líneas de Nasca, las Huacas de Moche.
- Las bellas artes en el Perú: los (las) artistas coloniales y los (las) contemporáneos(as). El interés artístico de las ciudades: Cuzco, Lima, Arequipa, etc. Los grandes museos peruanos.
- La gastronomía peruana. El ceviche, plato nacional. Las diferencias entre la cocina costeña y la del interior.

C. Compartir lo que sabemos. ¿Cómo preparar la presentación?

1. Utilicen todo tipo de fuentes de información para investigar sobre el tema elegido: libros, prensa, Internet, etc.
2. Incluyan en su presentación todos los medios audiovisuales que crean convenientes: fotografías, mapas, dibujos, videos, cintas o discos de música, etc.
3. Presenten primero un esquema de todos los puntos que van a desarrollar en su presentación.

¡REVISE SU ORTOGRAFÍA!

El uso de la *b* y la *v*

En español las letras **b** y **v** se pronuncian igual. Esto hace que a veces el estudiante se confunda al escribir. La siguiente información le ayudará en su escritura.

1. Se escribe generalmente con **b** las siguientes categorías de palabras.

- Muchas palabras que en inglés llevan la letra **b** la llevan también en español.

probable *(probable)*   **brillante** *(brilliant, bright)*   **obligación** *(obligation)*
responsable *(responsible)*   **distribuir** *(to distribute)*   **colaborar** *(collaborate)*

- **mb:** La letra **b** siempre sigue a la letra **m** (**mb**).

  El ho**mb**re ca**mb**ia de costu**mb**res.

- **–bir:** Todas las formas de los verbos que terminan en **–bir,** como escri**bir** y reci**bir,** se escriben con **b,** menos **hervir, servir** y **vivir.**

  Reci**b**í una carta de Rosabel y dice que te escri**b**irá a ti mañana.

- **bl** y **br:** La letra **b** combina con las consonantes **l** y **r.**

  Me ha**b**ló de una **bl**usa **bl**anca.
  Al a**br**irse la puerta, apareció Tatiana con el a**br**igo de piel **br**illante en el **br**azo.

- **bu, bur, bus:** La letra **b** combina con la vocal **u** para formar las sílabas **bu, bur** o **bus.**

  Estamos a**bu**rridos de los di**bu**jos **bur**gueses. **Bus**camos obras que muestren los a**bus**os de la **bur**ocracia.

2. Se escriben generalmente con **v** las siguientes categorías de palabras.

- **nv:** La **v** siempre sigue a la letra **n** (**nv**).

  Este i**nv**ierno en el co**nv**ento e**nv**enenaron a una religiosa.

- **div:** Se usa la **v** después de la sílaba **di** (**di-v**), menos en la palabra **dibujo.**

  Fue una comedia muy **div**ertida sobre una pareja que se **div**orcia y pide la **div**isión de los hijos.
  Me pareció **div**ina.

- **pre, pri, pro:** Se usa la **v** después de las sílabas **pre, pri** y **pro,** menos en **probar** y **probable.**

  En **pri**vado me **pre**vino sobre nuestros **pri**vilegios que podrían **pro**vocar problemas.

- **–uve** y **–uviera:** Se usa la **v** en las formas verbales que terminan en **–uve** (**–uviste, –uvo,** etc.) y **–uviera** (**–uvieras, –uviera,** etc.) excepto con el verbo **haber** (hubo, hubieras ido).

  Est**uve** muy triste.
  T**uvimos** que salir temprano.

- Se usa la **v** en las formas del verbo **ir** que empiezan con el sonido /b–/, pero no cuando /–b–/ está en posición media (í**b**amos):

  ¿**V**as de compras?
  Vaya a verme a mi oficina.

COMPOSICIÓN

ENFOQUE: Ventajas y desventajas de las universidades pequeñas y grandes

Atajo writing assistant software supports your efforts with the task outlined in this *Composición* section by providing useful information when the following references are accessed.

Phrases/Functions: Comparing and contrasting; comparing and distinguishing; expressing an opinion; linking ideas; making transitions; stating a preference; weighing alternatives; writing an introduction

Vocabulary: School: classroom, studies, university

Grammar: Accents: general rules; comparisons: adjectives; comparisons: equality and inequality; verbs: *ser, estar, tener, haber*

Antes de matricularse en la universidad, Ud. probablemente ya ha considerado las ventajas y desventajas de las universidades pequeñas y grandes. Ahora es el momento de organizar sus pensamientos y escribir una composición al respecto.

 ¡Prepárese a escribir!

Con un(a) compañero(a) de clase, intercambie ideas sobre este tema y decídase a favor de las universidades grandes o de las pequeñas.
    ¡Organice sus ideas!

1. A la izquierda, escriba una lista de ventajas y desventajas del tipo de universidad que Ud. escogió como tema.

2. A la derecha, escriba algunas razones para cada una de sus opiniones.

Modelo:

Ventajas de una universidad pequeña	*Razones*
El número de estudiantes por profesor es razonable.	Se puede conocer mejor a los profesores.
Todos los estudiantes se conocen.	Se aprende mejor en clases pequeñas.
	Es más fácil hacer amigos.
	Se puede estudiar y colaborar más entre estudiantes que se conocen.

3. Ponga las ventajas por orden de importancia que tienen para Ud. y escriba un párrafo sobre cada una de ellas.

4. Lea el trabajo con atención y verifique los tiempos verbales, los usos de **ser, estar, tener** y **haber;** la puntuación, los acentos[1] y las mayúsculas.

---

[1] Si no recuerda la acentuación, repase la sección *Antes de escribir* de la Lección 2, pág. 75 y el Apéndice 2; Reglas de puntuación y ortografía, pág. 349.

LECCIÓN 4

Los quehaceres domésticos

¡Qué familias tan grandes!

Si nos detenemos a pensar en la vida familiar, aun en esta época de grandes cambios, nos damos cuenta de que las preocupaciones por el bienestar general, los deseos y sentimientos de los abuclos, padrcs c hijos y los inevitables quehaceres domésticos siguen siéndo la base del hogar.

Con un(a) compañero(a) de clase, a) observe el dibujo con atención y describa las diferentes escenas, b) diga qué le llama la atención y c) describa qué tiene en común con su propio hogar y en qué aspectos es diferente. Considere las siguientes preguntas.

1. ¿Cuántas habitaciones hay en esta casa? ¿Cuántos pisos? ¿La casa es grande o pequeña? ¿Le parece que es una casa moderna? ¿cómoda? En su casa, ¿le gustaría tener la cocina en el primer piso y el comedor en el segundo? ¿Por qué?

2. ¿Cuántos dormitorios tiene la casa? ¿Quiénes pueden ser las personas que están en ellos? ¿Qué hacen?

3. ¿Podría Ud. describir la escena de la sala? ¿y la del comedor?

4. En la cocina, ¿qué hace la mujer que está a mano izquierda? ¿y la que está a mano derecha?

5. ¿Cuál podría ser la relación familiar entre las trece personas que están en el dibujo?

ENFOQUE

ACTIVIDAD 1   ¡Charlemos!

Pregúntele a un(a) compañero(a) lo siguiente.

1. ¿Tienes una familia grande o pequeña? ¿Es muy tradicional o más bien moderna? ¿Podrías describir a tu papá? ¿a tu mamá?

2. ¿Tienes hermanos? ¿Son mayores o menores que tú? ¿Trabajan o estudian?

3. ¿Tienes muchos tíos? ¿Cómo son? ¿Podrías describir a tu tío(a) favorito(a)?

4. ¿Cuántos abuelos tienes? ¿Los visitas frecuentemente?

5. Cuando vives con tu familia, ¿cómo están distribuidos los quehaceres domésticos? ¿Quién arregla la casa? ¿Quién prepara las comidas? ¿lava los platos? ¿saca la basura? ¿hace las compras? ¿riega las plantas?

6. ¿Cuándo arreglas tu cuarto? ¿Haces la cama todos los días, una vez por semana o no la haces nunca? ¿Dónde cuelgas la ropa?

7. ¿Podrías describir cómo es tu cuarto?

ACTIVIDAD 2   Informe

Después de completar la conversación de la Actividad 1, informe a la clase sobre el hogar de su compañero(a).

ACTIVIDAD 3   La familia de Juan Ruiz León

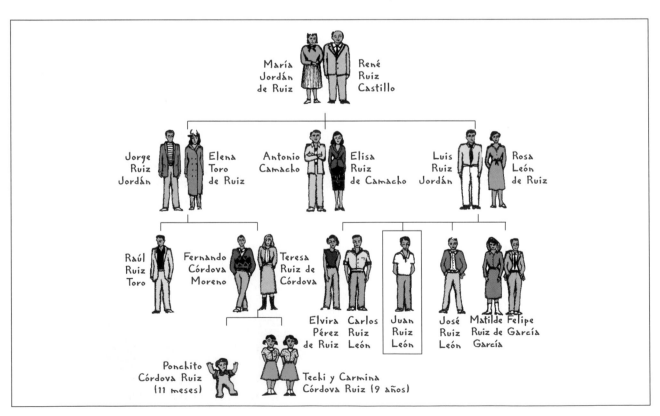

Juan Ruiz León es un muchacho de diecinueve años que vive en La Paz, Bolivia. Observe el árbol genealógico de Juan y conteste las siguientes preguntas.

1. ¿Quiénes son los padres de Juan Ruiz León?
2. ¿Cuántos hermanos tiene Juan? ¿Cuántas hermanas?
3. ¿Cómo se llama la abuela de Juan?
4. ¿Quién es Elvira?
5. ¿Quiénes son los tíos de Juan?
6. ¿Quiénes son Techi, Carmina y Panchito Córdova Ruiz? ¿Cuál es el menor de los tres?
7. Haga su propio árbol genealógico y expóngalo en clase al día siguiente.

VOCABULARIO PARA LA COMUNICACIÓN

En casa

La familia

el (la) abuelo(a) *grandfather (grandmother)*
el padre (la madre) *father (mother)*
el (la) hijo(a) *son (daughter)*
el (la) hermano(a) *brother (sister)*
    mayor *older*
    menor *younger*
los gemelos *twins*
el (la) tío(a) *uncle (aunt)*
    soltero(a) *single*
    casado(a) *married*

divorciado(a) *divorced*
viudo(a) *widowed*
el (la) primo(a) *cousin*
el (la) nieto(a) *grandson (granddaughter)*
el (la) novio(a) *boyfriend (girlfriend)*
    amar, querer *to love*
    enamorarse de *to fall in love with*
    estar celoso(a) de (tener celos de) *to be jealous of*
    tener cariño (afecto) por alguien *to have affection for somebody*

La casa

los cuartos/las habitaciones *rooms*
en casa *at home*
el jardín *garden*
la puerta principal *the front door, entrance*
los quehaceres domésticos *household chores*

arreglar/limpiar la casa *to straighten up/to clean the house*
ir de compras *to go shopping*
regar (ie) las plantas *to water the plants*
el tejado/techo *roof*
el timbre *the doorbell*

La sala

la alfombra, la moqueta *rug, carpet*
la chimenea *fireplace*
el cuadro *painting, (framed) picture*
dar la bienvenida a las visitas *to greet the visitors*
la lámpara *lamp*
el sillón *armchair*

el sofá *sofa*
el televisor *television set*
    encender (ie), apagar el televisor *to turn on, turn off the TV*
    enterarse de las noticias *to hear the news*
    mirar/ver la tele(visión) *to watch TV*

El dormitorio

la cama *bed*
    la almohada *pillow*
    la colcha *bedspread*
    descansar *to rest*
    dormir *to sleep*
    hacer/tender (ie) la cama *to make the bed*

la manta *blanket*
las sábanas *sheets*
la cómoda *dresser*
el ropero/el armario *closet*
    colgar (ue) la ropa *to hang the clothes*

El baño

el botiquín *medicine cabinet*
el cepillo de dientes *toothbrush*
la ducha *shower*
el inodoro *toilet*
el jabón *soap*

el lavabo *sink*
la máquina de afeitar *electric razor*
el papel higiénico *toilet paper*
la pasta de dientes *toothpaste*
la tina/la bañera *bathtub*

El comedor

la mesa *table*
    desayunar *to eat breakfast*
    almorzar (ue)/comer *to eat lunch*
    cenar *to eat dinner*

    poner la mesa *to set the table*
    recoger la mesa *to clear the table*
la silla *chair*

La cocina y los electrodomésticos

el armario *cabinet*
la aspiradora *the vacuum cleaner*
    pasar la aspiradora *to vacuum*
el batidor *beater*
    batir huevos *to beat eggs*
la cafetera *coffeepot*
la escoba *broom*
    barrer *to sweep*
la estufa *stove*
    cocinar *to cook*
el exprimidor *juicer*
    exprimir *to squeeze*
el fregadero *kitchen sink*
    lavar y secar los platos *to wash and dry dishes*
el horno *oven*
    hornear una torta *to bake a cake*

la lavadora y la secadora *washer and dryer*
el lavaplatos/el lavavajillas *dishwasher*
la licuadora *blender*
    licuar *to blend*
la nevera (el refrigerador) *refrigerator*
    congelar *to freeze*
    descongelar *to defrost*
la olla *pot*
la plancha *iron*
    planchar *to iron*
preparar el desayuno (el almuerzo, la cena) *to prepare breakfast (lunch, dinner)*
la sartén *frying pan*
la tostadora *toaster*
    tostar *to toast*
el ventilador *vent, fan*

El equipo audiovisual y de sonido

el contestador automático *answering machine*
el despertador *alarm clock*
el equipo de sonido *sound system*
    de video *video recorder*
    esterofónico *stereophonic*
la grabadora *tape recorder*

la radio/el "walkman" *radio*
el teléfono *telephone*
    hacer una llamada telefónica *to make a telephone call*
la videocasetera *VCR*

Los electrodomésticos

Observe el siguiente dibujo y con un(a) compañero(a) de clase identifiquen todos los electrodomésticos que hay en la casa y digan para qué se usan.

ACTIVIDAD 4   Los electrodomésticos

Observe nuevamente el dibujo de la página 119, lea el siguiente relato y complete las oraciones con el vocabulario correspondiente.

Hace veinte años, cuando los señores Benito se casaron, sólo tenían una cama para dormir y una estufa pequeña para cocinar. Todas las mañanas desayunaban una tacita de café, acompañada, ¡eso sí!, de mucho, mucho amor. Pero los tiempos han cambiado; ahora los señores Benito tienen una casa llena de electrodomésticos.

Todas las mañanas los señores Benito siguen tomando una tacita de café acompañada de jugo/zumo de naranja, porque tienen **un exprimidor** y comen tostadas de pan, porque tienen **una tostadora**.

1. Beben la leche muy, muy fría porque tienen...
2. Mientras desayunan, ven el telediario porque acaban de comprar un nuevo...
3. Después de desayunar meten las tazas, los platos y los cubiertos en...
4. Limpian la alfombra del suelo con...
5. Antes de ir al trabajo, planchan su ropa con...
6. Cuando vuelven del trabajo por la tarde, como hace mucho calor en casa, enchufan... y escuchan los mensajes telefónicos grabados en...
7. Cuando los señores Benito se van a la cama, ponen... para despertarse muy temprano.
8. Finalmente, como no quieren que nadie les interrumpa con una llamada telefónica, desconectan...

ACTIVIDAD 5   ¡Charlemos!

Uno de los grandes almacenes de la ciudad ha decidido ofrecerle, como promoción, tres electrodomésticos. Decídase por los objetos que más le gustaría tener en este momento en su casa y dígale a su compañero(a) por qué los ha seleccionado y el uso que piensa darles.

A. El pretérito del indicativo

¿Sabía Ud. que... ?

Aztlán era la legendaria región de donde emigraron los **mexicas,** un pueblo que finalmente se asentó en el Valle de México y fundó la ciudad de **Tenochtitlán.** Desde esta ciudad dirigieron el imperio azteca, pero no lograron dominar a los **tlaxcaltecas,** los habitantes de la ciudad de Tlaxcala. Como la lengua de los aztecas era el náhuatl, también se les llamó **nahuatlacas. Huitzilopochtli** era su dios de la guerra.

Hernán Cortés fue un militar español que comenzó la conquista del continente americano (en contra de las disposiciones del emperador Carlos V) cuando decidió pasar con sus **huestes** o tropas de las islas del Caribe a la península de Yucatán (en la actualidad, el estado mexicano **Quintana Roo**). Escribió las *Cartas de relación,* donde ofrece su propia versión de la destrucción de Tenochtitlán y de la muerte de **Moctezuma,** el rey de los aztecas.

Breve historia de la Ciudad de México

Juan Gómez y su familia, que viven en Los Ángeles, están planeando una visita a México. Primero consultan el *Catálogo de viajes de la Ciudad de México,* donde encuentran esta breve historia de la ciudad. Juan ya conocía la leyenda, pues su abuelo se la había contado muchas veces.

La Ciudad de México, capital de la República Mexicana, **fue** en sus orígenes una pequeña población fundada por una de las siete tribus nahuatlacas procedentes de Aztlán.

Cuenta la leyenda que el dios principal de los mexicas, Huitzilopochtli, **ordenó** a Tenoch, sacerdote y cacique de la tribu, que se establecieran en el sitio donde encontraran un águila sobre un nopal devorando una serpiente. Y así, en 1325, en un islote del Lago Texcoco, **surgió** Tenochtitlán, una de las urbes más importantes de Mesoamérica.

En 1519 Hernán Cortés **llegó** al país por las costas de Quintana Roo. Después de muchos problemas, se **alió** a los tlaxcaltecas para atacar a los mexicas, llegando el 7 de noviembre a las afueras de Tenochtitlán. Fueron bien recibidos por Moctezuma, en la creencia de que Cortés era Quetzalcóatl, el legendario dios rubio que había prometido regresar. Pero no todos los mexicas **admitieron** la divinidad de los invasores y un grupo de mexicas los **derrotaron** el 30 de junio de 1520, fecha conocida como "la noche triste".

Sin embargo, Cortés **reagrupó** sus fuerzas y el 19 de junio de 1521 **tuvo** lugar la primera ofensiva española. Finalmente, el 13 de agosto del mismo año, la capital mexica fue destruida por las huestes españolas. Sobre sus ruinas se **edificó** la capital de la Nueva España.

ACTIVIDAD 6   Comprensión de la lectura

Después de leer la *Breve historia de la Ciudad de México,* responda a las siguientes preguntas.

1. ¿Qué **fue** la Ciudad de México en sus orígenes?
2. ¿Cuándo **surgió** Tenochtitlán?
3. ¿Quién **llegó** en 1519?
4. ¿Para qué **se alió** Hernán Cortés a los tlaxcaltecas?
5. ¿A quién **derrotaron** los mexicas en "la noche triste"?
6. ¿Cuándo **reagrupó** Cortés sus fuerzas?
7. ¿Dónde **se edificó** la capital de la Nueva España?

 Las formas del pretérito

Los verbos regulares tienen las siguientes terminaciones en el pretérito.

lavar (–ar)	comprender (–er)	batir (–ir)
lav– { é / aste / ó / amos / asteis / aron }	comprend– { í / iste / ió / imos / isteis / ieron }	bat– { í / iste / ió / imos / isteis / ieron }

Los verbos completamente irregulares en el pretérito son tres.

ir/ser		dar	
fui	fuimos	di	dimos
fuiste	fuisteis	diste	disteis
fue	fueron	dio	dieron

Hay muchos verbos que en el pretérito tienen dos aspectos en común: (1) las terminaciones y (2) la acentuación de la primera y de la tercera persona, que recae en la penúltima sílaba en lugar de la última como en los verbos regulares. (Ejemplo: **estuve, estuvo** en vez de **hablé, habló.)**

Cambio	Infinitivo	Radical	Terminación
–u–	andar	and**uv**–	{ e
	caber	c**up**–	iste
	estar	est**uv**–	o
	haber	h**ub**–	imos
	poder	p**ud**–	isteis
	poner	p**us**–	ieron }
	saber	s**up**–	
	tener	t**uv**–	

Cambio	Infinitivo	Radical	Terminación
–i–	hacer querer venir	hic–[1] quis– vin–	{ e iste o imos isteis ieron
–j–	decir producir[2] traer	dij– produj– traj–	{ e iste o imos isteis eron

Los verbos regulares de la primera y de la segunda conjugación (**–ar** y **–er**) que cambian la vocal del radical en el presente no tienen ese cambio en el pretérito.

pensar		extender		volver	
pens–	{ é aste ó amos asteis aron	extend–	{ í iste ió imos isteis ieron	volv–	{ í iste ió imos isteis ieron

Los verbos regulares de la tercera conjugación (**–ir**), que cambian el radical en el presente, sufren en el pretérito un cambio en la vocal de la tercera persona del singular y del plural.

e → i		o → u	
divertirse[3]		*dormir*	*(morir)*
me divertí	nos divertimos	dormí	dormimos
te divertiste	os divertisteis	dormiste	dormisteis
se divirtió	se divirtieron	durmió	durmieron

---

[1] *Atención:* hice, hiciste, **hizo**, hicimos, hicisteis, hicieron.

[2] Todos los verbos que terminan en **–ducir** se conjugan como producir: **traducir, conducir, reducir, seducir**, etc.

[3] Otros verbos que sufren estos cambios: **conseguir, corregir, despedir, elegir, pedir, preferir, reír, repetir, seguir, sentir, servir, sugerir, vestirse.**

Los verbos que terminan en **–car, –gar** y **–zar** tienen un cambio ortográfico en la primera persona (yo) del pretérito.

c → qu		g → gu		z → c	
buscar	(yo) bus**qu**é	llegar	(yo) lle**gu**é	comenzar	(yo) comen**c**é
sacar	(yo) sa**qu**é	pagar	(yo) pa**gu**é	almorzar	(yo) almor**c**é
		jugar	(yo) ju**gu**é	gozar	(yo) go**c**é

Oír, caer y los verbos que terminan en **–eer** y **–uir** tienen el siguiente cambio ortográfico en la tercera persona del singular (**él, ella, Ud.**) y del plural (**ellos, ellas, Uds.**) del pretérito: **i → y.** Todas las otras personas llevan un acento ortográfico sobre la **í.**

oír	oí	oíste	oyó	oímos	oísteis	oyeron
caer	caí	caíste	cayó	caímos	caísteis	cayeron
leer	leí	leíste	leyó	leímos	leísteis	leyeron
creer	creí	creíste	creyó	creímos	creísteis	creyeron
construir	construí	construíste	construyó	construímos	construísteis	construyeron
distribuir	distribuí	distribuíste	distribuyó	distribuímos	distribuísteis	distribuyeron

ACTIVIDAD 7 **Ayer hicimos muchos quehaceres domésticos.**

Complete los minidiálogos con la forma correcta del pretérito.

1. —¿Qué _____ (hacer, tú) ayer?
   —_____ (Estar) todo el día en casa haciendo muchos quehaceres domésticos.

2. —¿Por dónde _____ (comenzar, tú)?
   —¡Por la cocina, por supuesto! _____ (lavar, yo) los platos y _____ (ordenar) los estantes. Con la ayuda de mamá _____ (poner, nosotros) todo en orden.

3. —¿_____ (Barrer, tú) el piso?
   —No sólo _____ (barrer, yo) el piso, sino que lo _____ (lavar, yo) con un nuevo producto que es una maravilla.

4. —¿_____ (Poner, tú) también en orden mi habitación?
   —¡Qué va! Si tú no la _____ (arreglar), ¿por qué tenía que hacerlo yo? Yo _____ (hacer) mi cama, _____ (cambiar) las sábanas y _____ (andar) de un lugar a otro ordenando mi dormitorio.

5. —Con tantos quehaceres, ¿_____ (poder, tú) salir de casa?
   —No, pero papá _____ (ir) a hacer las compras y _____ (llevar) a Pepito a la escuela.

ACTIVIDAD 8 ¡Por fin terminó la boda!

Elena Delgado recuerda con emoción, al día siguiente, la fiesta de boda de su hermana mayor. Ponga el siguiente relato en el pretérito.

1. La fiesta es estupenda.
2. Los invitados a la boda se divierten muchísimo.
3. Todos bailan y cantan sin parar.
4. Mamá no puede hablar de la emoción.
5. El abuelo invita a bailar a la abuela.
6. Papá recibe a los invitados en la sala.
7. Yo saco muchas fotos de los novios.
8. Tú traes un regalo magnífico.
9. Los novios tienen muchos regalos.
10. Como siempre, llega la hora de irse.

ACTIVIDAD 9 ¡Charlemos!

Cuéntele a su compañero(a): a) cómo, dónde y cuándo fue la última vez que Ud. estuvo en una boda, b) si fue una boda grande o pequeña, c) si asistieron muchas personas, d) si fue una ceremonia religiosa, e) si sacaron fotos, f) si tuvieron muchos regalos, g) si…

ACTIVIDAD 10   Una tarjeta postal

Ud. acaba de ingresar a la universidad. Compre una tarjeta postal y escríbale a un(a) amigo(a) contándole cuándo llegó y a qué se dedicó los primeros días. Después, lea la tarjeta a la clase.

Modelo:

The University of California, Santa Barbara has achieved an international stature and reputation as one of the great research institutes of the world. Shown is Stork Tower rising proudly over campus.

Santa Bárbara, a 27 de septiembre de 2001

Querida Julia:

Llegué a Santa Bárbara hace cinco días. Al principio me encantó el campus. Cuando vi las playas y la laguna creí estar en el cielo. Pero el lunes, cuando comenzaron las clases, volví a la cruda realidad. No pude matricularme en mis clases favoritas, me enojé con mi novio y casi tuve un accidente de bicicleta. ¡Qué día tan horrible!

Recibe un abrazo de tu amiga que te echa de menos,

Marta

Julia Morales
Avda. Simón Bolívar 15
28080 Caracas
Venezuela

B. El imperfecto del indicativo

¿Sabía Ud. que... ?

El belén es el arreglo de las figuras que representan el nacimiento de Cristo: San José, la Virgen María, el Niño Jesús y los tres Reyes Magos (Melchor, Gaspar y Baltasar).

La rosca de Reyes es un pastel que se prepara el día 6 de enero, fecha en la que se celebra la llegada de los Reyes Magos a Belén para adorar al Niño Jesús. En muchos países hispanos los niños escriben cartas a los Reyes y reciben los regalos el día de esta fiesta.

Una procesión de los
Reyes Magos.

La Navidad

impresos

Las tradiciones familiares, sobre todo durante las fiestas de fin de año, van a formar parte de nuestros recuerdos: desde la compra del árbol, el arreglo del belén, el envío de tarjetas, los regalos, hasta la rosca de Reyes, todas estas costumbres se quedarán *grabadas* en nuestra mente. Son muchos los recuerdos familiares que tenemos hoy.

LUCÍA: Oye mamá, ¿qué se **hacía** en casa de la abuela para la Navidad?

MAMÁ: Primero se **adornaba** la casa con el belén y el árbol. Después se **compraban** dulces y se **cocinaban** los platos típicos para esas fiestas. Por último, sc **invitaba** a todos los tíos y primos que vivían en la ciudad.

LUCÍA: ¿La abuela lo **preparaba** todo?

MAMÁ: No, no. Todos los hermanos **ayudábamos** un poco. Tus tíos, como siempre, **se escapaban** con cualquier excusa y no **hacían** mucho.

LUCÍA: Y… ¿qué **hacía** el abuelo?

MAMÁ: El abuelo **compraba** los juguetes y después **se quejaba** porque **hacíamos** mucho ruido cuando **jugábamos**.

LUCÍA: Es decir, igual que ahora.

ACTIVIDAD 11   Comprensión de la lectura

Conteste las siguientes preguntas.

1. ¿Qué se hacía en casa de la abuela para la Navidad?
2. ¿Quién preparaba todo?
3. ¿Quiénes iban a la casa de la abuela?
4. ¿Ayudaban mucho los tíos? ¿y el abuelo?

ACTIVIDAD 12   ¡Charlemos!

Pregúntele a su compañero(a).

1. Este año, ¿cómo celebraste las fiestas de fin de año? Y cuando eras niño(a), ¿cómo las celebrabas? ¿Qué hacía tu papá? ¿y tu mamá? ¿y tus hermanos?
2. ¿Cómo arreglaban la casa? ¿Qué ponían en la sala? ¿en el comedor? ¿en la puerta de entrada?
3. ¿Quién preparaba la cena? ¿Cuáles eran los platos tradicionales?
4. ¿Quiénes iban a tu casa? ¿Qué llevaban? ¿Cuánto tiempo se quedaban en casa?
5. ¿...?

Las formas del imperfecto

Los verbos regulares del imperfecto tienen las siguientes terminaciones.

saludar (–ar)		beber (–er)		asistir (–ir)	
salud–	aba	beb–	ía	asist–	ía
	abas		ías		ías
	aba		ía		ía
	ábamos		íamos		íamos
	abais		íais		íais
	aban		ían		ían

Los verbos irregulares en el imperfecto son solamente tres.

ser	ir	ver
era	iba	veía
eras	ibas	veías
era	iba	veía
éramos	íbamos	veíamos
erais	ibais	veíais
eran	iban	veían

ACTIVIDAD 13   Recuerdos de mamá

Complete con las formas correctas del imperfecto.

—Te digo, hija, que los tiempos han cambiado. La abuela _____ (ser) la perfecta ama de casa.

—¿Por qué dices eso?

—Bueno, pues porque la abuela casi nunca _____ (salir). Ella _____ (hacer) todos los quehaceres domésticos. Primero _____ (arreglar) los dormitorios: _____ (hacer) las camas, _____ (colgar) la ropa en los armarios y _____ (pasar) la aspiradora.

—Y…, ¿quién _____ (preparar) las comidas?

—Ella, ella lo _____ (hacer) todo. ¿Ves cómo cambian los tiempos?

—Sí, pero creo que es para bien.

ACTIVIDAD 14   Momentos felices de la infancia

Piense en los momentos felices cuando era niño(a) y dígale a un(a) compañero(a) de clase algunas actividades que hacía Ud. o alguien de su familia.

Modelo: Durante las vacaciones…

Durante las vacaciones nos gustaba viajar a las montañas. Mi papá conducía el coche. Yo me sentaba a su lado y miraba el camino.

1. En la escuela primaria…
2. En mi cumpleaños…
3. Cuando iba a la casa de mis abuelos (tíos, primos)…
4. Durante las vacaciones de invierno…

Unas palabras para desearte
todas las cosas lindas
que hacen de un cumpleaños de quince
una experiencia alegre y bella…
amigos para compartir tu alegría
durante el día y la noche…
seres queridos que llenen tu corazón
con cariño y felicidad…
y recuerdos para guardar
y atesorar toda tu vida.

La celebración de su quinceañera es muy importante para las niñas hispanas.

C. El pretérito vs. el imperfecto

Una carta de Carmen

Querida Graciela:

Seguramente estás preocupada por mi silencio. Pensé enviarte unas líneas cuando estuve en Perú pero sucedieron muchas cosas.

Después de licenciarme en la Universidad de Salamanca pude realizar uno de mis sueños: hacer un viaje largo por Sudamérica. Esta vez fui con mi amiga Charo. Decidimos ir a Brasil, Argentina, Chile, Perú y Bolivia. Todo iba muy bien hasta el día que llegamos a Lima. En lugar de enviar a mis padres la típica postal turística se me ocurrió llamar por teléfono a casa para saber cómo estaba la familia.

Mi sorpresa fue grande al oír que mi hermana Ana, la menor de todos los hermanos, se había comprometido y se casaba muy pronto. Charo tuvo que continuar el viaje sola y a mí no me quedó más remedio que volver a España.

Cuando llegué a casa todos estaban muy nerviosos y ocupados. Mi madre llevaba un mes haciendo el vestido de novia y los trajes de gala de mis sobrinos. Mi padre intentaba, sin mucho éxito, mantener la calma y vigilar los preparativos de la boda. Mis primos, mis hermanos y yo nos pasamos los días que precedieron a la boda ayudando a mis tías, que ayudaban a la abuela, que ayudaban a mi madre.

Felizmente todo salió bien. La boda fue muy bonita y los novios se veían muy contentos. Ya te enviaré algunas fotos.

Escríbeme pronto.

Cariños,
Carmen

ACTIVIDAD 15 Comprensión de la lectura

Lea la carta de la página 130 con atención y cuéntele a su compañero(a) lo siguiente.

1. qué hizo Carmen después de terminar sus estudios
2. por qué tuvo que interrumpir su viaje por Sudamérica
3. cómo estaba la familia días antes de la boda
4. cómo fue la boda de Ana

ACTIVIDAD 16 Cuestión de opinión

Pregúntele a su compañero(a).

1. ¿Piensas que Carmen hizo bien en volver a casa para el matrimonio de su hermana o tendría que haber terminado su viaje? ¿Por qué?
2. ¿Has estado en los preparativos de una boda en tu familia? ¿Quién era la persona más nerviosa? ¿Sabes por qué?
3. ¿Qué piensas de las bodas grandes? ¿Sueñas con una boda grande o pequeña? ¿Por qué?

1. Los usos del pretérito y del imperfecto

En general, el pretérito narra las acciones que ocurrieron en un momento o en momentos precisos en el pasado.

El imperfecto describe acciones que transcurrían durante un período de tiempo en el pasado. Estas acciones, que no se sabe exactamente cuándo empezaron ni cuándo terminaron, pueden expresarse de dos formas equivalentes.

Cuando **caminaba** por la calle…
Cuando **estaba caminando** por la calle…

El pretérito narra...	Ejemplos
1. una acción que se completa en un pasado preciso.	Mi primo **vino** a desayunar esta mañana. Anoche **me divertí** en la fiesta.
2. acciones sucesivas que se consideran terminadas en el pasado.	El abuelo **compró** muchos juguetes y después los **colocó** debajo del árbol de Navidad. Me **levanté** muy temprano y **salí** a caminar.

El imperfecto describe...	Ejemplos
1. acciones que se repiten en forma habitual en el pasado (inglés: *would, used to*).	Mi primo **venía** a desayunar todas las mañanas. Siempre **me divertía** en las fiestas.
2. acciones que ocurrían al mismo tiempo, sin precisar la duración.	La abuela **sonreía** mientras me **daba** su regalo. **Llovía** y **hacía** mucho frío.
3. escenas y condiciones que ocurrían en el pasado sin prestar atención a su duración o resultado (inglés: *was/were + –ing form of the verb*).	La novia **llevaba** un vestido blanco. Los invitados **miraban** a los novios. La madre **lloraba** de emoción.

El imperfecto describe...	Ejemplos
4. características de las personas o cosas y descripciones de condiciones físicas en el pasado.	**Era** una muchacha con muchas ilusiones. La iglesia **estaba** llena de flores.
5. la hora y la edad en el pasado.	**Eran** las once de la mañana. La novia **tenía** sólo dieciocho años.
6. en la misma oración, el imperfecto puede describir el escenario o ambiente en el que otra acción (en el pretérito) parece ser una interrupción.	Los jóvenes **se besaban** cuando **entró** su papá. **Hacía** buen tiempo pero de pronto **empezó** a llover.

2. El pretérito y el imperfecto de los verbos *conocer, saber, poder* y *querer*

Como resultado de la diferencia entre el pretérito y el imperfecto, algunos verbos se traducen al inglés usando palabras diferentes.

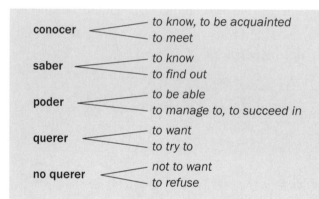

conocer — to know, to be acquainted — to meet	**Conocía** a María desde niño. Anoche **conocí** a María en la fiesta.
saber — to know — to find out	**Sabíamos** la verdad por muchos días. **Supimos** la verdad ayer.
poder — to be able — to manage to, to succeed in	**Podía** hablar con ella a menudo. Por fin **pudo** hablar con ella.
querer — to want — to try to	**Quería** escapar pero no lo intenté. **Quise** escapar pero no pude.
no querer — not to want — to refuse	**No quería** ir al cine pero fue. **No quiso** ir al cine.

 ACTIVIDAD 17   ¡A formar oraciones!

Forme oraciones completas con un elemento de cada columna.

Modelo: *Ayer me levanté tarde porque era día de fiesta.*

Anoche...	...levantarse tarde...	...porque...	no tener ganas de salir.
El otro día...	...tomar mucha agua...		ser día de fiesta.
Un día...	...quedarse en casa...		querer ver la tele.
Esta mañana...	...ir al mercado...		ser mi (su) cumpleaños.
La semana pasada...	...llamar a mi amigo(a)...		llover.
El domingo...	...ponerse el impermeable...		tener sed.
Ayer...	...cancelar el viaje...		(no) saber la materia.
El año pasado...	...reprobar el examen...		tener miedo de volar.
	...sacar buenas notas...		necesitar ir de compras.
	...salir de casa a las siete...		siempre tomar apuntes.
			estar muy triste.

ACTIVIDAD 18   ¡Charlemos!

Pregúntele a su compañero(a) qué hizo ayer. Siga el modelo.

Modelo: por la mañana / por la tarde
—¿Qué hiciste ayer por la mañana?
—Fui a la biblioteca y preparé un informe.
—Y por la tarde, ¿qué hiciste?
—Me fui al cine con Sara. Vimos una buena película.

1. por la mañana   dormir hasta tarde
    por la tarde   levantarse temprano
                                      trabajar
                                      ir a la universidad
                                      ¿...?

2. después del almuerzo   estudiar
    después de la cena   hablar con los amigos
                                      ir al cine
                                      ir de compras
                                      ¿...?

3. después de llegar a casa   ver televisión
    antes de acostarse   leer los periódicos
                                      hojear una revista
                                      hablar por teléfono con...
                                      ¿...?

ACTIVIDAD 19   ¡Comparemos nuestras vidas!

Compare algunos aspectos de las diferentes generaciones de su familia.

Modelo: *Mi familia vivía en Europa pero vino a Estados Unidos cuando yo era niño. Mis abuelos hablaban alemán. Ellos nunca estudiaron inglés, pero mi madre fue a la escuela y aprendió el idioma rápidamente. Ella es bilingüe. Yo hablaba un poco de alemán, pero ya se me olvidó.*

ACTIVIDAD 20   Chismes y cotilleos

En grupos de cinco estudiantes, participe en el siguiente juego.

1. Los estudiantes de la clase forman dos círculos.

2. Un(a) estudiante comienza el juego en cada círculo diciendo que ayer (la noche anterior, la semana pasada) vio a uno de sus ídolos de la televisión (o a uno(a) de sus compañeros) salir de un lugar.

3. El (La) segundo(a) compañero(a) repite lo que recuerda y añade algo más. Uno a uno, los estudiantes van ampliando la increíble historia hasta completarla.

Modelo: E.1 *Escuchen lo que les voy a contar. Anoche vi a... salir de un lugar muy extraño.*

E.2 *Anoche vi a... salir de un lugar muy extraño. Llevaba abrigo y pantalones negros.*

E.3 *Anoche vi a... salir de un lugar muy extraño. Llevaba abrigo y pantalones negros. Me pareció que iba con una muchacha morena.*

E.4 ...

ACTIVIDAD 21   ¡Charlemos!

En un grupo de tres o cuatro compañeros de clase, cuente algo interesante de su pasado. Por ejemplo: a) el día que conoció a su novio(a), b) un viaje a Europa, c) una fiesta importante, etc. Fíjese en algunas de estas expresiones que le pueden servir para narrar una anécdota de su vida.

Para la comunicación:

A mí me gustaba...	*I liked to . . .*
Cuando tenía... años...	*When I was . . . years old . . .*
Escuchen lo que les voy a contar...	*Listen to what I'm going to tell you . . .*
Fíjense que...	*Notice that . . .*
Fue algo espantoso...	*It was something frightening . . .*
Fue algo muy divertido...	*It was something very funny . . .*
Les cuento que...	*I'm telling you that . . .*
No me van a creer, pero...	*You are not going to believe me, but . . .*
¿Se pueden imaginar que... ?	*Can you imagine that . . . ?*

ACTIVIDAD 22   ¿Por qué no se casaron Diego y Eugenia?

Complete el diálogo entre Diego y Manolo con el pretérito o el imperfecto.

M: Y tú, Diego, ¿dónde _____ (conocer) a Eugenia?

D: La _____ (conocer) en una fiesta, el verano pasado.

M: Cuando la conociste, ¿tú _____ (saber) que ella era tan rica?

D: ¡Para nada, Manolo! Lo _____ (saber) un mes más tarde, el día que visité su casa.

M: Esa noche, ¿tú _____ (poder) pedirles la mano de Eugenia a sus padres?

D: ¡Claro que no! Yo _____ (querer) hacerlo, pero como todavía no los _____ (conocer) muy bien, preferí esperar un tiempo.

M: Finalmente, ¿_____ (poder) hablar con el padre?

D: ¡Qué va! Cada vez que _____ (querer) hablar con él, me decía que no _____ (poder). Al poco tiempo Eugenia se casó con otro.

M: ¿Nunca _____ (saber, tú) por qué el padre no _____ (querer) hablar contigo?

D: Me imagino que él _____ (saber) que yo era divorciado y que además no tenía una gran fortuna.

D. El verbo *hacer* en expresiones temporales

Para expresar el tiempo transcurrido, se emplea **hacer** en la tercera persona singular. Se usa para expresar lo siguiente.

1. el tiempo transcurrido de una acción que comenzó en el pasado y que todavía continúa

> **hace** + tiempo + **que** + presente
> + presente progresivo
>
> **Hace** dos años que **viven** allí.
> **Hace** dos años que **están viviendo** allí.
> *They have been living there for two years.*

2. el tiempo transcurrido de una acción que comenzó en el pasado y que continuó hasta otro momento en el pasado

> **hacía** + tiempo + **que** + imperfecto
> + pasado progresivo
>
> **Hacía** dos horas que Virginia **estudiaba** (cuando la llamé).
> **Hacía** dos horas que Virginia **estaba estudiando** (cuando la llamé).
> *Virginia had been studying for two hours (when I called her).*

3. el tiempo transcurrido desde que terminó una acción. (inglés: *ago*)

> **hace** + tiempo + **que** + pretérito
> + imperfecto
> + pasado progresivo
>
> **Hace** algunos días que Pablo **salió**. (**Salió hace** algunos días.)
> *Pablo left a few days ago.*
>
> **Hace** algunos días que se **preparaba** para salir.
> **Hace** algunos días que **estaba preparándose** para salir.
> *He was preparing to leave a few days ago.*

ACTIVIDAD 23   ¡Charlemos!

Pregúntele a su compañero(a) lo siguiente.

1. ¿Tienes algún (alguna) amigo(a) de la infancia? ¿Dónde vive? ¿Qué hace? ¿Cuánto tiempo hace que no lo (la) ves?
2. ¿Cuánto tiempo hace que estudias en la universidad? ¿Te parece que hace mucho tiempo que terminaste la escuela secundaria? ¿Por qué?

ACTIVIDAD 24   ¿Hace cuánto tiempo que... ?

Desde que Ud. ingresó a la universidad, los días han ido pasando rápidamente. Siguiendo el modelo, conteste las preguntas de su compañero(a) de clase.

Modelo: salir de casa
—*¿Cuánto tiempo hace que saliste de casa?*
—*Hace dos meses. ¿Y tú?*
—*Hace un año que dejé la casa de mis padres.*

1. aprender a conducir
2. llegar a la universidad
3. vivir en un apartamento (residencia)
4. conocer a tu mejor amigo(a)
5. comenzar las clases
6. estudiar español

ACTIVIDAD 25   ¡Charlemos!

Pregúntele a su compañero(a).

¿Cuánto tiempo hace que...

1. ...no ves a tu familia?
2. ...estás estudiando en la universidad?
3. ...conoces a tu mejor amigo(a)?
4. ...no ves una película de ciencia ficción?
5. ...no sales de vacaciones?
6. ...terminaste la secundaria?
7. ...comenzaste a estudiar español?
8. ...recibiste una gran sorpresa?

ACTIVIDAD 26   Situaciones cotidianas

En una fiesta Ud. cree reconocer a un(a) muchacho(a). Acérquese a él (ella) y háblele del día en que se conocieron. Entre los dos traten de recordar su encuentro previo.

1. el lugar
2. la época del año
3. la ropa que llevaban
4. el tiempo que hacía que no se veían

CON ESTAS PALABRAS!

to know < saber / conocer

saber *to know something, to know a fact*
Sé que estás cansada, pero tenemos que regar las plantas hoy.

to know well, to know by heart
Si quieres, recito el poema que **sé.**

to know a language
Los hijos de los Bousquet **saben** francés y español.

to know how to do something
Sabe tocar el piano y la guitarra.

conocer *to be acquainted with a person or place*
¿Cuántos años hace que **conoces** a María?
Conozco San Francisco mejor que Los Ángeles.

to be familiar with
Todos **conocen** la gran novela española *Don Quijote de la Mancha.*
¿**Conoce** Ud. el proyecto del nuevo ingeniero?

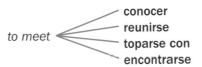

to meet < conocer / reunirse / toparse con / encontrarse

conocer *to meet (someone) for the first time*
Conocí a mi novio en un baile.

reunirse *to meet with a group or club*
Nos reuniremos mañana para discutir la propuesta del señor Núñez.

toparse (tropezar) con *to meet by accident, to run into*
Caminando por la Quinta Avenida de Nueva York, **nos topamos** con Julio Iglesias.

encontrarse *to meet by appointment or chance*
Nos encontraremos a las ocho en el parque.
¡Imagínate! Cuando estuve en Sevilla **me encontré** con tu hermana.

ACTIVIDAD 27   ¿Saber o conocer?

1. Hace mucho tiempo que yo (conocía/sabía) a Cecilia y (conocía/sabía) que era boliviana.
2. No (conocía/sabía) su casa pero (conocía/sabía) que era muy cómoda y bonita.
3. Cuando Cecilia (conoció/supo) que mi hermana y yo estábamos de vacaciones en La Paz, nos invitó a su casa. Allí (conocimos/supimos) a toda su familia.
4. Yo (conocía/sabía) que a Cecilia le gustaba cocinar y, como era de esperar, la cena que preparó fue deliciosa.
5. Pasamos unos días muy bonitos en La Paz y en compañía de Cecilia (conocimos/supimos) muchos lugares interesantes.
6. Hoy recibí carta de Cecilia. Dice que hace un mes (conoció/supo) a un muchacho boliviano y que no (conoce/sabe) si quiere casarse o no.
7. Yo (conocía/sabía) que tarde o temprano encontraría en su país al hombre de sus sueños.

ACTIVIDAD 28   ¿Cuándo ocurrió?

Forme oraciones con un elemento de cada columna.

Ayer...	...la abuela...	...reunirse...	...con un amigo en un almacén.
Hace un momento...	...mi hermana...	...encontrarse...	...con un hombre que se llevó mi (tu, su) cartera.
Anoche...	...yo...	...conocer...	...con nosotros para hablar de asuntos familiares.
La semana pasada...	...tú...	...toparse...	...a un muchacho que vive aquí hace dos meses.
Hace dos días que...	...los tíos...		
Al salir del banco...			

AMPLIACIÓN Y CONVERSACIÓN

ACTIVIDAD 29   ...Y los años van pasando

En grupos de dos o tres estudiantes observen esta foto y comenten sobre la relación de esta pareja de ancianos.

ACTIVIDAD 30 ¿Cuándo dieron la vuelta al mundo Elcira y Julián?

En grupos de tres estudiantes, aproximadamente, lean los datos sobre la vida de Elcira y Julián. Cuando terminen, respondan a las preguntas, calculando las fechas de los momentos más importantes de su vida. ¡A ver cuál es el grupo más rápido y audaz de la clase!

- Hace cincuenta y tres años que Elcira y Julián son marido y mujer.
- Hace cuarenta y tres años que están viviendo en la misma casita en Perú.
- Hace cincuenta y cinco años que se conocieron en la clase de historia cuando los dos eran estudiantes en la Universidad de San Marcos en Lima.
- Cuando se conocieron, hacía tres años que Julián estaba estudiando en Lima y hacía sólo un año que Elcira estudiaba en la universidad.
- Hace cincuenta y cinco años que Julián terminó su licenciatura y hace cincuenta y tres que Elcira terminó la suya. El mismo año en que Elcira terminó, se casaron.
- Hoy es el aniversario de bodas de Julián y de Elcira. Hace cincuenta y tres años que se casaron y hace tres años que celebraron sus bodas de oro.
- Durante sus dos primeros años de casados, ellos trabajaban juntos en la biblioteca de la universidad y paseaban por todas partes agarraditos de la mano.
- ¡Cómo pasa el tiempo! Hace cincuenta años que Elcira y Julián trabajaban juntos en la universidad.
- Dos años más tarde los dos cambiaron de trabajo porque estaban cansados de vivir entre libros.
- Por muchos años ahorraron para poder hacer un viaje muy largo y hace un año que hicieron su sueño realidad. Dieron la vuelta al mundo en ochenta días.

Ahora respondan a las siguientes preguntas:

1. ¿En qué año se conocieron Julián y Elcira?
2. ¿En qué año se casaron?
3. ¿En qué año celebraron sus bodas de oro?
4. ¿En qué año comenzó Julián sus estudios universitarios? ¿y Elcira?
5. ¿Cuándo sc mudaron a su casita? ¿En qué año?
6. ¿En qué año se conocieron?
7. ¿En qué año comenzaron a trabajar en la biblioteca de la universidad? ¿Y en qué año terminaron?
8. ¿Cuándo dieron la vuelta al mundo en ochenta días? ¿En qué año?

ACTIVIDAD 31   El plano de mi casa

Imagínese que Ud. ya es un(a) profesional que ha trabajado muchísimo para construir su propia casa como a Ud. le gusta.

Prepare el plano de la casa en la que a Ud. le gustaría vivir. Con un(a) compañero(a) compare e intercambie ideas sobre los planos de sus viviendas y diga qué muebles les gustaría tener en los dormitorios, la sala y el comedor y qué electrodomésticos compraría para la cocina.

ACTIVIDAD 32   Situaciones cotidianas

Ud. va a mudarse de casa, pero antes de hacerlo va a vender varias cosas y muebles que piensa que no va a necesitar en su nueva casa.

1. Ponga un anuncio en el periódico para indicar qué es lo que vende y a qué precio.

Modelo: *Vendo: televisor a color $60, lámpara de pie $20, sofá $80, alfombra pequeña $35. Teléfono 682-4263.*

2. Atienda a las personas (sus compañeros de clase) que llegan a su casa para comprar los objetos o muebles que tiene anunciados en el periódico. Trate de venderlo todo.

ACTIVIDAD 33   Quiero saber...

Pregúntele a su compañero(a): ¿Puedes decirme algo que...

Modelo: hacías todos los años con tu familia?
—¿Puedes decirme algo que hacías todos los años con tu familia?
—Íbamos de vacaciones a las montañas.

¿Puedes decirme algo que...

1. hacías durante los fines de semana?
2. te gustaba mucho hacer?
3. hacías cuando eras niño(a)?
4. hiciste hace mucho tiempo?
5. vas a hacer después de la clase?
6. tienes planeado hacer el próximo domingo?

ACTIVIDAD 34   Lo conocí la semana pasada

Cuéntele a un(a) compañero(a) de clase que la semana pasada Ud. pasó momentos muy difíciles. Su compañero(a) debe tratar de obtener más y más información de Ud.

1. Ud. conoció a un(a) muchacho(a) muy... en... y...
2. Describa al (a la) muchacho(a): Era..., tenía... le gustaba...
3. Cuéntele que fueron a un restaurante y...
4. Mencione que al final de la cena él (ella) le dijo que estaba casado(a) y que...
5. Explique con detalles cómo fue la despedida.

ACTIVIDAD 35   Hace una semana que estoy comprometido

Ud. acaba de comprometerse en matrimonio. Los padres de su novio(a) fueron la semana pasada a su casa para conocer a toda su familia. Reláteles este acontecimiento tan importante a algunos de sus compañeros de clase. Ellos deben hacerle preguntas.

ACTIVIDAD 36   Una boda moderna

Con un(a) compañero(a) de clase, observen atentamente el dibujo de Quino de la página 142 y traten de describir la boda, la iglesia, la ciudad, el tráfico, etc. Use el imperfecto para describir las características de las personas, cosas o situaciones, siguiendo como guía las siguientes preguntas.

1. ¿Dónde era la boda? ¿En qué situación se celebraba la boda? ¿Cómo era la iglesia? ¿Cómo contrastaba la iglesia con el resto de la ciudad?
2. ¿Qué llevaba la novia el día de la boda? ¿y el novio? ¿Cómo era el sombrero de la madrina *(godmother)*? ¿Cómo era el traje del padrino?
3. ¿Cómo era el tráfico esa mañana en el centro de la ciudad? Aparte de los coches, ¿qué otros vehículos estaban en el embotellamiento *(traffic jam)*?
4. Describa a los transeúntes *(passers-by)* del dibujo. ¿Estaban sonrientes? ¿enfadados? ¿estresados? ¿Por qué?

ACTIVIDAD 37 Mesa redonda

Escoja tres o cuatro compañeros para formar una mesa redonda e intercambiar ideas sobre los siguientes temas.

1. **La edad ideal para el matrimonio**

   Los muchachos de hoy en día no desean casarse muy jóvenes. ¿Cuál es la edad ideal para casarse? ¿Cuáles son algunas ventajas de casarse joven? ¿Es mejor vivir un tiempo con un(a) compañero(a) antes de casarse? ¿Qué ventajas hay en esta convivencia? ¿Qué desventajas?

2. **Cambios en la familia**

   ¿Creen Uds. que en una familia donde existen unión, afecto y diálogo los problemas se resuelven más rápido? ¿Saben Uds. cómo ha cambiado la familia en los últimos diez o veinte años? ¿Pueden Uds. ofrecer explicaciones para los cambios que hemos experimentado?

3. **El matrimonio como institución**

   ¿Piensan Uds. que el matrimonio ha pasado de moda? ¿Por qué hay tantos divorcios hoy en día? ¿Cómo han cambiado nuestras ideas sobre las obligaciones de los esposos? ¿Cómo ven Uds. el papel de la mujer y del hombre en la situación familiar?

ACTIVIDAD 38 Minidrama en dos actos

Lugar: una vivienda modesta
Personajes: Paco Juárez, esposo de Josefina
                Josefina Méndez de Juárez, esposa de Paco
                Doña Matilde, madre de Josefina

Antecedentes: Paco y Josefina Juárez se casaron hace cinco años. Los primeros años de matrimonio fueron muy felices; por supuesto que reñían de vez en cuando, como todas las parejas jóvenes, pero muy pronto hacían las paces. Cuando Josefina dio a luz a su primer bebé, doña Matilde vino para ayudar con la niñita y con los quehaceres de la casa. Al principio Paco estaba muy contento con su suegra porque ella se encargaba de todo y ni él ni Josefina tenían que preocuparse de nada. Pero después de seis meses de hacer las cosas como quería la mamá de Josefina, Paco comienza a sentirse extraño en su propia casa y desde hace dos semanas busca la oportunidad de hablar con su esposa sobre esta situación.

Guía para la escenificación

    Primer acto: ¿Qué dirá Paco? ¿Cómo reaccionará la esposa? ¿Estará enojada con Paco? ¿O estará de acuerdo con él y tendrá ganas de independizarse de su madre y cuidar personalmente a su niña?

    Segundo acto: Paco y Josefina han discutido el asunto y ahora están en presencia de doña Matilde. ¿Qué le dirán? ¿Le agradecerán por todo y la devolverán a su propio hogar donde su esposo la necesita más? ¿Cuál será la reacción de la suegra?

¿Qué saben Uds. de... Bolivia?

A. Recordar lo que sabemos.

En esta lección de *Horizontes: Gramática y conversación* y en su correspondiente de *Horizontes: Cultura y literatura* hay varias menciones sobre Bolivia. Repasando y recordando lo que leyeron, responda con un(a) compañero(a) a las siguientes preguntas.

1. ¿Cuántas capitales tiene Bolivia? ¿Cuáles son? ¿Saben Uds. si una de las dos es más importante que la otra?

2. ¿Qué otras ciudades bolivianas conocen? ¿Por qué es famosa Potosí?

3. Además del español ¿qué otras lenguas se hablan en Bolivia? ¿Qué porcentaje de la población boliviana habla lenguas amerindias?

4. Ahora Bolivia no tiene costa marina, pero ¿saben si la tuvo alguna vez? ¿Cuándo la perdió?

5. ¿Cuáles son las principales fuentes de ingresos de Bolivia?

6. Uds. saben que la cocaína es una droga muy destructiva, pero ¿qué saben de la hoja de coca y de sus efectos?

7. ¿Conocen a algún(una) escritor(a) boliviano(a)? ¿Cuál de sus obras leyeron?

8. ¿Qué más saben sobre Bolivia? ¿Qué más les gustaría saber?

B. Ampliar lo que sabemos.

¿Les gustaría aprender más sobre Bolivia? Reúnanse en grupos de tres o cuatro personas y preparen una presentación sobre uno de los siguientes temas. Elijan el que más les interese, u otro que no aparezca en la lista.

- La riqueza cultural y lingüística de los distintos grupos étnicos bolivianos.
- La turbulenta historia de Bolivia desde la Conquista hasta la Independencia y desde la Independencia hasta hoy. Dos grandes personalidades históricas relacionadas con Bolivia: Simón Bolívar y Ernesto "Ché" Guevara.
- La diversidad de la flora y la fauna bolivianas desde el Altiplano hasta la Amazonia. La vida en el lago Titicaca y en sus alrededores.
- Los yacimientos arqueológicos bolivianos, especialmente el de Tiwanaku (Tiahuanaco) y su relación con las culturas andinas precolombinas.
- El sincretismo de las culturas andinas y los elementos europeos. El carnaval de Oruro.
- Las músicas de las culturas andinas: instrumentos, grupos musicales, melodías. Las danzas de Bolivia.
- La producción textil en las culturas andinas de Bolivia. La revitalización de la artesanía textil en las comunidades nativas.
- La cultura religiosa en la época colonial: la arquitectura de las catedrales, las pinturas de ángeles y santos; la música de la misión de Chiquitos y de otras.
- La literatura boliviana: las obras más importantes y sus autores(as). Adela Zamudio y Ricardo Jaimes Freyre. Las generaciones jóvenes.
- La riqueza del subsuelo boliviano. La importancia de Potosí en la época colonial. Las explotaciones actuales de plata, estaño y otros metales.
- Los usos de la hoja de coca en la vida cotidiana y su importancia en la economía boliviana.
- La cocina boliviana. La enorme variedad de papas. La presencia del maíz (choclo). Las salteñas y las otras empanadas.

ANTES DE ESCRIBIR

 ### ¡REVISE SU ORTOGRAFÍA!

Las letras c (ce, ci), s y z

En algunas zonas de España[1] y en casi toda Hispanoamérica el sonido correspondiente a la letra **s** es el mismo que corresponde a las letras **c (ce, ci)** y **z**.

celoso	**ci**udad	**z**apato	sábana
a**ce**ite	divor**ci**o	triste**z**a	descansar

Para evitar la confusión en el momento de escribir, pueden seguirse estas reglas generales.

Dos guías prácticas

1. Las palabras que terminan en –tion en inglés se traducen en –ción al español.

nation	**nación**
circulation	**circulación**
celebration	**celebración**
emotion	**emoción**

2. Las palabras que terminan en –sion y –ssion en inglés se traducen en –sión al español.

illusion	**ilusión**
television	**televisión**
conclusion	**conclusión**
admission	**admisión**

---

1. Se escribe con **c...**

   - palabras que terminan en **–ancia: infancia, tolerancia, constancia, ignorancia, ganancia.**
   - palabras que terminan en **–encia, iencia: herencia, ausencia, experiencia, paciencia.**
   - verbos que en el infinitivo terminan en **–cer** y **–cir** y sus formas derivadas. (¡Ojo con **coser** y otros!)

---

[1]En el resto de España la **c (ce, ci)** y la **z** se pronuncian como el sonido *th* en inglés.

cocer	Para cocer las papas el agua tiene que hervir.
conocer	¿Conoces a aquel muchacho?
convencer	Estaba convencida que vendrías a verme.

2. Se escribe con **z...**

- palabras que terminan en **–anza: esperanza, alabanza, balanza.**
- muchos verbos que en el infinitivo terminan en **–zar** y sus formas derivadas. (¡Ojo con **pensar** y otros!)

| empezar | Empezaste bien el año. |

Atajo writing assistant software supports your efforts with the task outlined in this *Composición* section by providing useful information when the following references are accessed.

Phrases/Functions: Describing the past; expressing conditions; sequencing events; talking about past events; writing an essay

Vocabulary: Family members; leisure; people; personality; time: expressions; upbringing

Grammar: Adjective agreement; personal pronouns: *yo, nosotros, nosotras*; verbs: preterite; verbs: imperfect; verbs: preterite and imperfect

ENFOQUE: Narración autobiográfica

Después de practicar los tiempos verbales del pasado, Ud. está listo(a) para escribir sobre sus experiencias familiares. Pero antes de comenzar a escribir una narración autobiográfica, organice sus pensamientos. Seleccione la época de su vida que quiere contar y trate de contestar las siguientes preguntas.

1. ¿Qué acontecimientos importantes sucedieron en su vida? Escriba algunos de estos acontecimientos.

2. ¿Cuáles fueron sus grandes decisiones? ¡Escríbalas!

3. Ahora piense en cómo se sintió en esos momentos ¿aliviado(a)? ¿dudoso(a)? ¿triste? ¿feliz? ¿avergonzado(a)? ¿satisfecho(a)?

Modelo:

Acontecimientos y decisiones	*Sentimientos*
1. Era la niña menor.	Era muy mimada *(spoiled).*
	Me gustaba jugar con mis hermanos mayores.
	Lloraba y gritaba por todo.
2. Fui a una escuela privada.	Me di cuenta que no podía seguir con mis caprichos *(whims).*
	Era tímida.
	Leía mucho.
3. Recuerdo que cuando tenía quince años…	me sentía insegura.
	murió mi abuelo.
	no salía.
	tenía pocos amigos.

A escribir

Ahora, complete la composición modelo. Luego, busque un título apropiado para su propia composición y escriba el primer párrafo. Tenga cuidado con los tiempos del pasado.

Modelo: **Caprichos de una niña mimada**

Como yo _____ (ser) la hija menor de una familia con cinco hijos, _____ (ser) muy mimada. Siempre _____ (tener, yo) alguien con quien jugar o a quien molestar con mis caprichos. Mi madre _____ (decir) que yo le _____ (dar) más trabajo que todos mis hermanos juntos. Cuando yo quería conseguir algo —caramelos, ropa, un juguete, etc.— _____ (llorar) y _____ (gritar) porque _____ (saber) que mi madre, mi padre o alguno de mis hermanos me lo daría. Recuerdo una vez que mi madre le _____ (comprar) un vestido rojo a mi hermana Margarita. Yo _____ (hacer) tal escándalo que el día del cumpleaños de Margarita las dos llevábamos vestidos rojos.

Pero todo llega a su fin y al entrar en la escuela me di cuenta que yo no _____ (poder) continuar siendo el centro del mundo…

¡Ahora a escribir su propia composición!

LECCIÓN 5

En las oficinas de un banco

En una agencia de empleos

¿Cerramos el trato?

Trabaje con un(a) compañero(a) de clase. Observen con atención las escenas del banco y de la agencia de empleos. Digan qué les llama la atención. Consideren las siguientes preguntas.

1. Por el número de personas que hay en el banco, ¿qué hora será?

2. ¿Cuántos de los empleados son hombres? ¿Cuántas son mujeres? ¿De qué se queja la señora que está en la cola de la sección de Giros? ¿Qué desea hacer la niña que la acompaña? ¿Qué lleva la niña en las manos? ¿En qué secciones no hay cola?

3. En este banco, ¿cuánto interés paga una cuenta a plazo fijo? ¿Le parece poco o mucho? ¿Y cuánto interés paga una cuenta corriente?

4. ¿Cuáles son algunas ventajas de los depósitos rápidos?

5. ¿Por qué es importante una agencia de empleos?

6. ¿Qué razones podrían tener las dos mujeres jóvenes para buscar trabajo de media jornada?

7. ¿Le parece lógico que uno de los empleados esté leyendo el periódico en horas de oficina? ¿Por qué?

8. En la ventana que está a la mano izquierda, ¿qué hace el hombre del casco? ¿y la empleada que se ve en la habitación del centro?

9. En parejas, ¿podrían terminar uno de los diálogos?

ACTIVIDAD 1   ¡Charlemos!

Pregúntele a su compañero(a).

1. ¿Cuál fue tu primer trabajo? ¿Fueron tus primeras experiencias agradables o desagradables? ¿Por qué? ¿Te pagaban por mes o por hora de trabajo? ¿Qué otros trabajos has tenido? ¿Prefieres el trabajo de media jornada o de jornada completa? ¿Por qué?

2. ¿Cómo manejas tus cuentas personales? ¿Puedes vivir con el presupuesto mensual que tienes o gastas más dinero del que tienes? ¿Te gusta pagar al contado, con cheque o con tarjetas de crédito? ¿Por qué?

3. ¿Tienes dinero en una cuenta corriente o en una cuenta de ahorros? ¿Cuáles son las ventajas de poner dinero en una cuenta de ahorros? ¿Qué interés recibes en tu cuenta?

VOCABULARIO PARA LA COMUNICACIÓN

El mundo bancario

El personal

el (la) banquero(a) *banker*
el (la) cajero(a) *teller*
    cobrar *to cash*
    pagar con billetes *to pay in bills*
        con cheque *to pay with a check*
el (la) gerente *manager*
    irritarse por *to get irritated about*
    llevarse bien/mal con *to get along well/badly with*

el (la) jefe(a) *boss*
    atender (ie) a los clientes *to take care of the customers*
    dictar cartas *to dictate letters*
    ponerse furioso(a) *to become enraged*
    preocuparse por *to worry about*
    resolver (ue) los problemas *to solve problems*

El cliente

abrir/cerrar (ie) una cuenta corriente *to open/close a checking account*
    una cuenta conjunta *a joint account*
    una cuenta de ahorros *a savings account*
ahorrar *to save*
el cambio *currency exchange, change*
endosar un cheque *to endorse a check*
ingresar un cheque *to deposit a check*

girar/firmar un cheque *to draw/sign a check*
el giro *money order*
pagar en efectivo/al contado *to pay cash*
    en cuotas mensuales *monthly payments*
    con tarjeta de crédito *with a credit card*
sobregirarse *to overdraw*
usar el cajero automático *to use the ATM machine*

Los préstamos

deber al banco *to owe the bank*
la fecha de vencimiento *due date*
hacer el pago inicial/final *to make the first/last payment*

pagar un interés del... por ciento *to pay an interest of . . . percent*
pedir (i) un préstamo *to apply/ask for a loan*
la tasa de interés *rate of interest*

El mundo de los negocios

la empresa *company*
el almacén *warehouse*
la sucursal *branch*
la fábrica *factory*

las acciones *shares*
las ganancias *profits*
las pérdidas *losses*

Los hombres/Las mujeres de negocios

el (la) comprador(a) *buyer*
    comprar al contado *to buy with cash*
        a plazos *on installments*
    gastar *to spend (money, time)*
    regatear *to bargain*
el (la) empleado(a) *employee*
    abrir la correspondencia *to open the mail*
    contestar el teléfono *to answer the phone*
    escribir a máquina *to type*

    hacer preguntas *to ask questions*
    usar una computadora *to use a computer*
el socio *partner*
    invertir (ie) dinero *to invest money*
el (la) vendedor(a) *salesperson*
    dárselo a... dejárselo en... *to reduce it for you at . . .*
ofrecer un descuento *to offer a discount*
    rebajar el precio *to lower the price*
    vender la mercancía *to sell merchandise*

Buscando empleo/trabajo

el (la) empleado(a) *clerk*
    estar capacitado(a) para *to be skilled at*
    ganar un sueldo de... *to earn a salary of . . .*
    jubilarse *to retire*
    renunciar al empleo *to resign from a job*
el (la) encargado(a) *person in charge, superintendent*
    entrevistar a *to interview*
    contratar a un(a) empleado(a) *to hire an employee*
    ofrecer posibilidades de ascenso *to offer possibilities for promotion*

    tener un contratiempo *to have a mishap*
    despedir (i) a *to dismiss, fire*
el (la) postulante *job seeker*
    llenar la solicitud de empleo *to fill out the job application*
    solicitar un empleo/un puesto *to apply for a position*
    de media jornada *half time*
    de jornada completa *full time*
el (la) trabajador(a) *worker*

¿Sabía Ud. que... ?

Según la religión cristiana, los muertos que han sido buenos en vida van al cielo *(heaven)* y los que han sido malos, al infierno *(hell).* Una tradición cristiana dice que San Pedro tiene las llaves del cielo, mientras que el diablo es el jefe del infierno.

Los negocios del diablo

ACTIVIDAD 2   Los negocios del diablo

Con un(a) compañero(a) lea la tira cómica de la página 152 y responda a las siguientes preguntas.

1. ¿Cuál es la "empresa" en la que suena el teléfono? ¿Cómo actúa el diablo? ¿Qué servicios ofrece?
2. ¿Quién necesita ahora los servicios del diablo? ¿Por qué? ¿Cómo cree Ud. que puede pagar San Pedro por el servicio?
3. ¿A quién selecciona el diablo para hacer el trabajo? ¿Por qué?
4. ¿Quiénes son las personas que esperan ante las puertas del cielo? ¿Puede Ud. describir a algunas de ellas?
5. ¿Cree Ud. que las mujeres y los hombres de negocios van al cielo o al infierno? ¿Por qué?

GRAMÁTICA

A. El presente perfecto y el pluscuamperfecto del indicativo

ACTIVIDAD 3   Sus compras por catálogo

Antes de hacer unas compras por catálogo responda a las siguientes preguntas con un(a) compañero(a).

1. ¿Ha comprado algo por catálogo? ¿Cuál ha sido su compra?
2. ¿Qué tipo de catálogos le han interesado recientemente?
3. ¿Cuáles han sido sus productos favoritos? ¿Por qué?
4. ¿Cómo ha pagado las compras por catálogo?
5. ¿Ha devuelto alguna vez un producto comprado por catálogo? ¿Por qué?

Después de observar detenidamente la página de un catálogo en la página 153, comente con un(a) compañero(a) la posibilidad de comprar un aparato para hacer ejercicio. Después contesten las siguientes preguntas.

1. ¿Les han interesado los aparatos para hacer ejercicio? ¿Cuáles han sido los aparatos que han pensado comprar?
2. ¿Han decidido pedirlos por catálogo o ir a las tiendas de deportes para verlos primero?
3. ¿Han estudiado detenidamente las opciones de pago para el aparato que han pensado comprar?
4. ¿Han visto otros productos que les interesan?

ACTIVIDAD 4   ¿Lo (La) han maltratado en el trabajo?

Ud. es abogado(a) en una de estas empresas. Algunos trabajadores (los estudiantes de la clase) sufren de dolores de cabeza, de cuello, de espalda; otros han sido discriminados, humillados y maltratados en el trabajo. Como han visto su anuncio en el periódico, ahora buscan ayuda legal en su despacho.

 ¡Atiéndalos! Oiga sus quejas y dígales que recibirán ayuda médica y beneficios legales de compensación para trabajadores.

1. Las formas del presente perfecto y del pluscuamperfecto

Se forma el presente perfecto con el presente de **haber** y el participio pasado. Recuerde que se forma el participio pasado con las siguientes terminaciones.

Infinitivo	Terminación	Participio pasado
ahorr**ar**	**–ado**	ahorr**ado**
vend**er**	**–ido**	vend**ido**
recib**ir**	**–ido**	recib**ido**

Formación del presente perfecto

	ahorrar	*vender*	*recibir*
he has ha hemos habéis han	ahorrado	vendido	recibido

Algunos participios pasados son irregulares.[1]

Infinitivo	Terminación del participio pasado	Participio pasado
abrir	–to	abierto
cubrir		cubierto
describir		descrito
escribir		escrito
morir		muerto
poner		puesto
resolver		resuelto
romper		roto
ver		visto
volver		vuelto
decir	–cho	dicho
hacer		hecho
satisfacer		satisfecho
imprimir	–so	impreso

---

[1] Las formas compuestas de estos verbos llevan la misma irregularidad en el participio pasado: **suponer → supuesto, devolver → devuelto, descubrir → descubierto.**

Se forma el pluscuamperfecto con el imperfecto de **haber** y el participio pasado.

Formación del pluscuamperfecto			
	pagar	*deber*	*pedir*
había habías había habíamos habíais habían	pagado	debido	pedido

2. Los usos del presente perfecto y del pluscuamperfecto

El presente perfecto expresa...	El pluscuamperfecto expresa...
1. una acción que ha terminado en el pasado inmediato. **He abierto**[1] una cuenta y ahora puedo ahorrar en el banco. 2. una acción pasada que continúa o puede repetirse en el presente. Esta empresa siempre **ha contratado** a los mejores trabajadores.	una acción pasada, anterior a otra acción también pasada. Decidí cancelar mi cuenta corriente porque el banco **había tenido** problemas en los últimos meses.

 ACTIVIDAD 5 **En el trabajo**

Forme oraciones con un elemento de cada columna. Use el presente perfecto.

Modelo: *El gerente les ha ofrecido un descuento a los clientes.*

La jefa de ventas...	...ofrecer un descuento...	...de hoy.
Las empleadas...	...abrir la correspondencia...	...los clientes.
El encargado...	...despedir a...	...Carlos.
El gerente...	...atender a...	...del 15%.
Los clientes...	...ponerse furioso con...	...los empleados.
La compradora...	...preocuparse por...	...las pérdidas.
La vendedora...	...sobregirarse...	...varias personas.
Los socios...	...contratar a...	...su cuenta.
El secretario...		

---

[1] En ciertas regiones de España y en algunos países hispanoamericanos se usa el presente perfecto en lugar del pretérito para expresar una acción terminada en un pasado no muy reciente.
Este año **he visitado** a mi tía tres veces.
Jaime López **ha ganado** la carrera con un tiempo de diez segundos.

ACTIVIDAD 6   Minidiálogos

Con un(a) compañero(a) de clase completen los minidiálogos, usando el presente perfecto.

1. —¿Te _____ (fijarse, tú) en Felipe?
   —Sí, ¡cómo _____ (cambiar, él)! Parece más viejo. ¿Qué le _____ (pasar)?
   —Alguien me _____ (decir) que le va mal con su negocio.
   —¡Pobre hombre!

2. —¿Que _____ (casarse) Lucía y Jaime? ¡No me digas!
   —Pues sí, hombre, sí. Yo _____ (estar) en la boda.
   —¿Y qué tal les va?
   —¡Estupendamente! _____ (Poner, ellos) un negocio de comida italiana y están haciendo dinero.
   —¡Cuánto me alegro!

3. —¡Otra vez _____ (venir) Ud. tarde al trabajo!
   —¡Perdone! _____ (Tener, yo) varios contratiempos. ¿No _____ (ver) Ud. la nota que le dejé sobre su escritorio?

 ## ACTIVIDAD 7   ¿Y qué habían hecho todos ellos?

Con un elemento de cada columna, forme diez oraciones usando el pluscuamperfecto.

Modelo: *Antes de cumplir dieciocho años, yo ya había aprendido a conducir.*

Antes de...		tú...	...ya...	
	...ir al trabajo,	tú...	...ya...	...solicitar un empleo.
	...cumplir dieciocho años,	nosotros...		...entrevistar a la candidata.
	...pedir un préstamo,	yo...		...aprender a conducir.
	...viajar a Madrid,	el cliente...		...ofrecer un descuento.
	...salir de compras,	la gerente...		...pasar por él (ella).
	...volver a casa,	los empleados...		...preparar la comida.
	...renunciar al empleo,	la cajera...		...hablar con mi familia.
	...contratar un empleado,	las vendedoras...		...casarse.
	...salir del trabajo,	el postulante...		...comprar el coche.
	...invertir dinero,			...decidir divorciarse.
				...viajar por Europa.
				...arreglar la casa.
				...consultar varios bancos.
				...escribir a los amigos.
				...cerrar el contrato.
				...estudiar mucho.
				...hablar con el gerente.

ACTIVIDAD 8 Un regalo para mi madre

Complete con el presente perfecto o el pluscuamperfecto, según sea necesario.

Ese día, antes de salir de la oficina, yo _____ (cobrar) mi sueldo y quería hacerle un regalo a mi madre. Ella me _____ (decir) que le gustaría tener una blusa de seda. Sus amigas la _____ (invitar) a una fiesta y deseaba estar muy elegante.

Entré en un almacén pensando en una blusa que _____ (ver, yo) la semana anterior. Aún no la _____ (encontrar, yo) cuando oí a la vendedora que me decía:

—La compañía _____ (rebajar) el precio de estas blusas y son muy bonitas. _____ (Vender, nosotros) muchísimas. ¿Las _____ (ver, Ud.)?

ACTIVIDAD 9 Ficha de depósito

Rosario Santos ha hecho el siguiente depósito en el Banco Mexicano Somex. Observe y revise bien la suma de los depósitos; después conteste las preguntas.

1. ¿En qué cuenta ha depositado la suma total?
2. ¿Cuántos cheques ha ingresado y por qué cantidades?
3. ¿Cuál es el importe total de los cheques?

ACTIVIDAD 10 ¡Charlemos!

Pregúntele a su compañero(a).

1. ¿Llevas bien tus cuentas o haces muchos errores?
2. Cada vez que haces un ingreso en tu cuenta o giras un cheque, ¿sumas o restas la cantidad en tu libreta de cheques? ¿Revisas el estado de tu cuenta que te envía el banco?
3. ¿Te has sobregirado alguna vez en tu cuenta corriente? Si es así, ¿cómo has resuelto el problema?

B. Los pronombres en función de complemento

La tamalera

Una mujer, envuelta en su rebozo, recorre las plazas, calles y mercados ofreciendo su mercadería.

rojos
unos pocos

—¡Tamales! ¡Tamales verdes y *colorados*! ¡Cómpre**los** calientitos! Nomás *unos cuantitos*. ¿Cuántos **le** doy, marchantita?

—Para **mí**, dos de chile. Al niño dé**le** uno de dulce.

—Si **me** compra cuatro, **se los** dejo por menos. ¡Ay, marchantita! ¡Qué cara está la vida! Si **nos** han subido el precio de todos los productos: la carne, la masa, la

husk

hoja. Ya casi no ganamos nada.

se prepara

Otros clientes se van acercando, atraídos por el olor de los ricos tamales, y la tamalera va sacándo**los** de la olla y poniéndo**los** en los platos, mientras *se apresta* a repetir su historia.

ACTIVIDAD 11 Comprensión y ampliación de la lectura

1. ¿Qué prenda de vestir lleva la tamalera?
2. ¿La tamalera espera que los compradores se acerquen a ella o ella va ofreciendo su mercadería? ¿Cómo se dirige a los compradores?
3. ¿Ofrece rebajas la tamalera? ¿Cómo?
4. ¿Qué es un tamal y quién los vende?
5. ¿De qué productos se hacen los tamales?
6. ¿Ha comido Ud. alguna vez un tamal? ¿Dónde? ¿Por qué hay tamales rojos y tamales verdes?
7. ¿Qué come Ud. cuando va a un restaurante mexicano?

 1. Los pronombres en función de complemento directo e indirecto

Complemento directo

me	nos
te	os
lo,[1] la	los,[1] las

1. El pronombre del complemento directo indica la persona o cosa sobre la que recae la acción del verbo.

   ¿Leíste el informe del presidente ? Conocí a[2] los jefes de venta .
   ¿ Lo leíste? Los conocí.

2. Cuando el pronombre en función de complemento directo es ambiguo, o se desea aclarar a la persona además del pronombre, se menciona a la persona para evitar confusiones.

   Las vimos hoy ¿a ellas? **Los** vimos **a ellos** hoy.
   ¿a Uds.? ¿**Te** vi **a ti** o a Juan?

3. Se usa **lo** como pronombre del complemento invariable...
   a. para referirse a una idea o a conceptos ya expresados.
      —¿Enviará Ud. la carta?
      —**Lo** pensaré esta noche.

      Me dijo que pagaría la factura pero no **lo** hizo.

   b. cuando una frase consta únicamente del verbo **ser** o **estar**, generalmente en respuesta a una pregunta.
      —¿Es mexicano el gerente? —¿Están cerradas las puertas?
      —Sí, **lo** es. —No, no **lo** están.

   c. con los verbos **decir, pedir, preguntar** y **saber** cuando no se expresa el complemento.
      —¡Eres tan inteligente! —Pídase**lo**, por favor.
      —Sí, **lo** sé. —No se **lo** digas a Rita.

---

[1] En algunas regiones de España e Hispanoamérica se usa **le** y **les** en lugar de los complementos directos **lo** y **los** cuando se refieren a personas: —¿Viste a Juan? —Sí, **le** vi. —¿Y viste a los abuelos? —Sí, **les** vimos hoy.

[2] Recuerde que cuando la acción recae sobre una persona se usa la **a personal**. Ver la página 169 de esta lección.

Complemento indirecto

me, te, le   **nos, os, les**

1. El pronombre del complemento indirecto indica a quién o para quién se efectúa una acción.

   Le presté dinero a Juan .   ¿ **Nos** hiciste una pregunta a nosotros ?
   Le presté dinero.   ¿ **Nos** hiciste una pregunta?

2. Cuando el pronombre en función de complemento indirecto es ambiguo, se menciona a la persona para evitar confusiones.

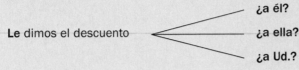

   Le dimos el descuento al cliente.
   ¿**Te** di el dinero **a ti** o a Juan?

3. El pronombre del complemento indirecto se usa con verbos de comunicación como **decir, pedir, preguntar** y **rogar** y con verbos como **agradecer, ayudar, impedir, pagar** y **prohibir** para indicar a quién se dirige la acción.

   Le pregunté a Marcos si era rico.   **Te** prohibo que salgas.
   Les agradecemos el regalo.

Posición de los pronombres complemento directo e indirecto

	Complemento directo	*Complemento indirecto*
Con verbo conjugado:	**Las** vi hace dos horas.	**Nos** entregó los documentos.
Con verbo compuesto:	Ya **lo** había hecho.	**Le** hemos escrito la carta.
Con infinitivo:	Traté de resolver**lo** anoche.	Debemos pagar**le** mañana.
	Lo traté de resolver anoche.	**Le** debemos pagar mañana.
Con gerundio:	Están calculándo**lo** ahora.	Está cambiándo**le** dinero.[1]
	Lo están calculando ahora.	**Le** está cambiando dinero.
Con mandato afirmativo:	Entréga**lo** hoy.	Cómpre**me** las acciones.
Con mandato negativo:	No **lo** entregues hoy.	No **me** compre las acciones.

Posición de dos pronombres en la misma oración

1. El pronombre del complemento indirecto precede al complemento directo.
   Me enviaron **los documentos** por correo aéreo. → **Me los** enviaron.

2. Se usa el pronombre **se** en lugar de **le** y **les** delante de los pronombres **lo, la, los** y **las**.
   Les mandaré **la mercadería** a Uds. → **Se la** mandaré a Uds.

3. El pronombre reflexivo siempre precede al pronombre del complemento directo o al complemento indirecto.
   Me lavé **las manos.** → **Me las** lavé.
   Se le rompió la pierna **a él.** → **Se le** rompió la pierna.

---
[1] Recuerde Ud. que el gerundio exige un acento escrito cuando se añaden los pronombres.
El infinitivo y el mandato afirmativo exigen acento escrito si se añaden dos pronombres.

ACTIVIDAD 12 De vuelta de un viaje

Ud. es el (la) gerente de la compañía SIDEC S.A. de México, D.F. Acaba de llegar de un viaje de negocios a Veracruz y quiere saber si durante su ausencia se cumplieron todas sus instrucciones. Hágale las siguientes preguntas a su secretario(a).

Modelo: —¿Recibió Ud. **mis instrucciones**?
—Sí, las recibí hace una semana.

1. ¿Pagó **todas las cuentas**?
2. ¿Llevó Ud. **los documentos** al banco?
3. ¿Envió **las cartas de promoción**?
4. ¿El banco aprobó **el préstamo**?
5. ¿Los compradores firmaron **los contratos de venta**?
6. ¿La jefa de ventas va a entregar **la mercadería** hoy?
7. ¿Contrató Ud. a **los empleados**?
8. ¿Hizo Ud. **todo lo que le pedí**?

ACTIVIDAD 13 Minidiálogos

1. Una verdadera amistad
Complete la siguiente conversación con el pronombre del complemento directo.

Cecilia habla con Mauricio. Mauricio le cuenta cómo conoció a Elena.

C: ¿Conoces a Elena García?

M: ¡Ya lo creo que _____ conozco! Es una buena amiga mía.

C: ¿Dónde _____ conociste?

M: En una fiesta. Ella _____ había visto (a mí) en un programa de televisión y quería conocer _____. Al día siguiente, ella _____ llamó por teléfono para hablar del programa y yo _____ invité a cenar.

C: Y... ¿_____ volviste a ver?

M: ¡Sí, después volví a encontrar _____ en Santa Bárbara y es allí donde comenzó nuestra verdadera amistad.

2. ¿Dónde se encuentran Uds.?
Complete la siguiente conversación con el pronombre del complemento directo.

Virginia y Herlinda hablan de los encuentros con sus amigos Manolo y Jaime.

V: Y tú, ¿haces las tareas con Jaime?

H: Sí, cuando podemos _____ hacemos juntos. O Jaime _____ espera (a mí) a la salida de clases o yo _____ espero (a él) en la biblioteca y nos ponemos a trabajar de inmediato. Y a ti, ¿Manolo va a esperar _____ a la universidad?

V: No siempre. Él prefiere buscar _____ (a mí) en casa. Mi hermano se divierte viendo _____ a los dos en el suelo con todos nuestros libros alrededor.

ACTIVIDAD 14 ¿Qué hacían?

Con un elemento de cada columna forme oraciones según el modelo para decir lo que hicieron las siguientes personas. Luego, vuelva a escribir cada oración con los pronombres de complemento directo e indirecto, según el modelo.

Modelo: Los artesanos vendieron *recuerdos a los turistas.*
Los artesanos se los vendieron.

Mi hermano(a)...	...presentar los trabajos...	...a los clientes.
El (La) jefe(a)...	...dictar una carta...	...al botones.
La compañía...	...querer vender sus productos...	...al (a la) gerente.
El (La) empleado(a)...	...enviar la mercadería...	...a las niñas.
Mi amigo(a)...	...desear escribir cartas...	...a los viajeros.
La abuela...	...pedir un descuento...	...a su novio(a).
La azafata...	...dar un consejo...	...a los turistas.
El turista...	...pasar revista...	...a mí.
Los estudiantes...	...hablar por teléfono...	...al (a la) secretario(a).
	...mandar una tarjeta...	...a mi padre.
	...dar una propina...	...a nosotros.
		...al (a la) profesor(a).

ACTIVIDAD 15 En un almacén de ropa

Trabaje con su compañero(a). Ud. está en un almacén de ropa y le pide al vendedor o a la vendedora lo que desea. Uds. deben inventar sus propios diálogos. Él (Ella) le pregunta sobre el color, la talla y el estilo de la mercadería.

Modelo: —Quisiera comprar una blusa.
—*¿De qué color la desea?*
—*La deseo blanca.*
—*Aquí la tiene.*

1. Deseo unos pantalones.
2. Busco un abrigo.
3. Necesito unas medias.

4. Quiero un buen paraguas.
5. Desearía ver camisas.
6. ...

2. Construcción especial del verbo gustar y otros verbos

El verbo **gustar** tiene una construcción especial.

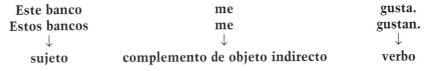

Generalmente el orden de la oración se invierte.

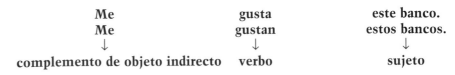

Forma singular	Forma plural
Si el sujeto (lo que gusta) está en singular o es un infinitivo, se usa el verbo **gustar** en la forma singular: **gusta.**	Si el sujeto (lo que gusta) está en plural, se usa el verbo **gustar** en la forma plural: **gustan.**
Me **gusta** la vendedora.	Me **gustan** los coches pequeños.
Te **gusta** tener de todo.	Te **gustan** las flores.
Le **gusta** ir de compras.	Le **gustan** las compras a plazos.

Como los pronombres de objeto indirecto **le** y **les** son ambiguos, se usa la construcción **a** + **nombre** o los pronombres personales con excepción de **yo** y **tú,** que cambian a **a mí** y **a ti.**

A mí...	me gusta este almacén pequeño.
A ti...	te gusta aquel almacén grande.
A Ud....	le gusta ahorrar.
A él...	le gustan los supermercados.
A ella...	no le gusta ir de compras.
A nosotros(as)...	no nos gusta pagar al contado.
A vosotros(as)...	os gusta protestar por todo.
A Uds....	no les gusta pedir préstamos.
A ellos...	les gusta el gerente.
A ellas...	les gustan los deportes.

Otros verbos que tienen esta construcción son:

convenir *to suit*
   —¿Te gusta pagar con tarjetas de crédito?
   —No sé si me gusta o no, pero **me conviene** pagar todo al fin de mes.

doler *to hurt*
   —¿Por qué no vino Raúl a trabajar?
   —Dice que **le duele** la cabeza.

encantar *to love, to be delightful*
   —**Me encanta** ir de compras.
   —A mí también, pero no me gusta gastar tanto dinero.

faltar *to lack, to be missing*
   —¿Cuánto tiempo **les falta** para terminar el trabajo?
   —Una media hora.

importar *to matter, to care*
   —Francamente, a mí no **me importa** lo que diga la gente.
   —Pues debería **importarte.**

interesar *to interest*
   —¿**Le interesa** este proyecto?
   —¡Ya lo creo que **me interesa**!

molestar *to bother*
   —**Me molestan** sus preguntas indiscretas.
   —A mí también.

quedar *to be left, to have (something) left*
—¿Les alcanzó el dinero que les di?
—Sí, aún **nos quedaron** cinco dólares.

ACTIVIDAD 16   A mí también

Forme diez oraciones con un elemento de cada columna.

Modelo: *A mí me duele la cabeza.*

A mí...	...convenir...	...los ojos.
A vosotras...	...gustar...	...los exámenes finales.
Al jefe...	...doler...	...la lluvia.
A las personas de negocios...	...encantar...	...los deportes.
A ti...	...faltar...	...las vacaciones largas.
A la profesora...	...importar...	...dos horas para salir.
A Ud....	...molestar...	...este trabajo.
A los estudiantes...	...quedar...	...tiempo para divertirse.
A mi hermana...		...el estómago.
Al cajero...		...abrir una cuenta corriente.
		...sobregirarse.
		...renunciar al empleo.
		...atender a los clientes.
		...invertir mucho dinero.
		...deber al banco.
		...pagar al contado.

ACTIVIDAD 17   ¡Charlemos!

Pregúntele a su compañero(a) lo siguiente.

1. ¿Te gusta estudiar en esta universidad? ¿Por qué?
2. ¿Cuáles de tus profesores te gustan?
3. ¿Cuánto tiempo te falta para acabar tus estudios?
4. ¿Te interesan los deportes? ¿Cuáles?
5. ¿Te gusta más el sistema de trimestres o de semestres? ¿Por qué?
6. ¿Qué crees que le molesta al profesor de español?
7. A los estudiantes, ¿les interesa vivir cerca o lejos de la universidad? ¿Por qué?
8. Si te falta dinero al fin de mes, ¿qué haces?

 3. Los pronombres complemento de preposición

Singular	Plural
mí	nosotros(as)
ti	vosotros(as)
él, ella, Ud. [sí (reflexivo)]	ellos, ellas, Uds. [sí (reflexivo)]

1. Los pronombres preposicionales, con excepción de **mí** y **ti**, tienen las mismas formas que los pronombres personales. Se usan después de una preposición.

   Compré una calculadora **para ti.**
   Te ruego que lo hagas **por mí.**
   A veces hablamos **de él.**
   —¿Piensas en nuestro trabajo? —No, no pienso **en él** si no es necesario.

2. Si el sujeto del verbo está en la tercera persona del singular o del plural o en la forma Ud., y la acción es reflexiva, se usa el pronombre **sí** después de la preposición.

   El muchacho tímido prefiere no hablar **de sí.**
   Ellos ahorraron mucho dinero y lo guardaron **para sí.**

3. La preposición **con** seguida de **mí, ti** o **sí** tiene formas especiales:

   con + mí = **conmigo**
   con + ti = **contigo**
   con + sí = **consigo**

   ¿Quieres ir **conmigo** al salón de exhibiciones?
   Me gustaría preparar el proyecto **contigo.**
   Cuando van de viaje siempre llevan los documentos **consigo.**

4. Cuando el sujeto del verbo y el pronombre se refieren a la misma persona, es frecuente el uso de **mismo (–a, –os, –as)** después de los pronombres.

   Marta, investígalo por **ti misma.**
   Pienso **en mí mismo** y no en los demás.

5. Las preposiciones **entre** y **según** usan pronombres personales en vez de preposicionales.

   Entre tú y **yo** no hay nada.
   Según tú, debería haberlo.

ACTIVIDAD 18   Minidiálogos

Complete los minidiálogos con un(a) compañero(a).

1. **Entre tú y yo**

   —Ya me has dicho muchas veces que no te gusta deber dinero y que para
   _____ es muy importante pagar en efectivo.
   —¡Ya lo creo! Los intereses de las tarjetas de crédito son muy altos.
   —Estoy de acuerdo con _____. Más vale no tener deudas.

2. **Entre Ud. y yo**

   —¿Podría hablar con Ud.?
   —Si Ud. quiere hablar con _____, le ruego que pase por mi despacho.
   Ud. sabe que las relaciones entre _____ y _____ han sido última-
   mente muy difíciles.
   —Ya lo sé. A _____ me parece que a Ud. le molestan mis ofertas. ¿No
   le interesa hacer negocios con _____?
   —Me interesan los negocios, pero no los malos negocios.

C. Usos especiales del pronombre *se*

1. Se indefinido... se + 3ª persona singular del verbo

expresa una actividad generalizada sin indicar quién ejecuta la acción. (Se traduce al inglés con *one, people, they.*)

Se aprende mucho viajando.
Se dice que mi empresa tiene problemas.
Hay quienes creen que **se nace** con suerte o no.

2. Se sujeto no responsable... se + complemento indirecto + 3ª persona singular o plural del verbo

expresa una acción que es el resultado de un acto casual, no deliberado, y fuera de nuestro control. (El verbo y el sustantivo concuerdan en número.)

Se me cayó el libro.
Se nos olvidaron las facturas.
Cada vez que viajo **se me acaban** los ahorros.

Sujeto responsable: (yo) **Perdí** las llaves.
Sujeto no responsable: **Se me perdieron** las llaves.

Algunos verbos que se usan en esta construcción son:

acabarse *to finish, run out of*
agotarse (terminarse) *to finish*
caerse *to fall*
destrozarse *to destroy*
mojarse *to wet, dampen*

olvidarse *to forget*
pararse *to stop*
perderse (ie) *to lose*
quedarse *to leave behind, remain*
romperse *to break*

ACTIVIDAD 19   Siempre con la tarjeta de crédito

Lea con atención el anuncio y conteste las preguntas.

1. Según el anuncio de Caja de Madrid, ¿cómo se puede comprar de todo y con toda comodidad?
2. Antes de salir de viaje, ¿qué se debe hacer?
3. ¿Por qué se aconseja tener a mano la tarjeta CAJAMADRID?
4. ¿Durante cuántas horas del día se puede obtener dinero de los cajeros automáticos?
5. En su opinión, ¿por qué se usa un cajero automático?

DE COMPRAS

La compra del mes o el disco del verano, el traje de papá o la dichosa raqueta de Carlos..., con la Tarjeta CAJAMADRID, en los establecimientos con Servicio Telecompra, ya se puede comprar de todo. Con toda comodidad.

DE VIAJE

Antes de salir, ponga su Tarjeta CAJAMADRID en la función «Tarjeta de Viaje»..., y carretera.

Casi 500 Cajeros Automáticos de la Caja de Madrid y más de 4.000 de las Cajas de Ahorros Confederadas le atenderán allí donde Usted vaya. Con toda facilidad.

DE FIESTA

Reunión de amigos, o aniversario de boda, comida de trabajo o cena familiar..., cuando tenga algo que celebrar, tenga a mano la Tarjeta CAJAMADRID. Quedará bien sin tener que llevar dinero encima. Con toda seguridad.

DE DIA Y DE NOCHE

Con la Tarjeta CAJAMADRID su dinero siempre estará a su disposición. Cualquier día, incluso sábados y festivos, a cualquier hora y en cualquier lugar. Los Cajeros de la Caja de Madrid están de guardia las 24 horas del día, para atenderle con toda rapidez.

SIEMPRE CON LA TARJETA CAJAMADRID.

CAJA DE MADRID

ACTIVIDAD 20   ¿Qué pasa si... ?

Siga el modelo y hágale preguntas a un(a) compañero(a).

Modelo: olvidarse pagar la cuenta de una tarjeta de crédito
—*¿Qué pasa si se te olvida pagar la cuenta de una tarjeta de crédito?*
—*Si se me olvida pagar una cuenta, me cobran intereses muy altos y me enfado.*

1. acabarse el dinero antes del fin de mes
2. pararse el coche en la carretera
3. perderse las llaves de la casa
4. mojarse los zapatos
5. caerse los libros al subir a un autobús

 D. Las preposiciones *a* y *con*

A se usa como a personal...	**Ejemplos**
1. cuando el complemento directo es una persona, una mascota *(pet)*, o una cosa o idea personificada.	El empleado no oyó **a** su jefe. Los ricos no temen **a** la muerte. Busco **a** mi perro Tico. Pero: Busco mi libro.
2. con los pronombres indefinidos **alguien, nadie, alguno**, y con **ninguno** y **cualquiera** cuando se refieren a un ser animado.	¿Conoces **a** alguien que haya tenido ese trabajo? No, no conozco **a** nadie.

Atención: Se omite la **a** personal...
   a. después del verbo **tener.**
   b. cuando las personas son indefinidas.
	—¿Tienes muchos parientes?
	 —No, sólo tengo un hermano.
	 Busco un hombre viejo que recuerde cómo era el pueblo hace cincuenta años.

A se usa...	**Ejemplos**
1. para introducir el complemento indirecto *(to, for).*	Nos debe dinero **a** nosotros. Le escribió una carta **a** Luis.
2. después de un verbo de movimiento (**ir, venir, bajar, subir, dirigirse, acercarse**), para indicar dirección hacia una persona, cosa o lugar *(to).*	Se va **a** Chile para hacer las investigaciones. Nos acercamos con gran respeto al[1] presidente.
3. para designar la hora a la que ocurre una acción *(at).*	Terminamos **a** las siete de la noche. **A** las ocho llegué a casa.
4. para señalar lo que ocurrió después de un período de tiempo *(at, on, within).*	**A** los dos meses de conocerse, se casaron. **Al** día siguiente volvieron al sitio.
5. seguida de un sustantivo para indicar manera o método *(by).*	Antes la gente prefería pagar **al** contado. Escribieron el informe **a** máquina.
6. para indicar dos acciones que ocurren al mismo tiempo: **al** + infinitivo *(upon).*	Se me ocurrió esa idea **al** entrar en el banco. **Al** volar siento que me muero de miedo.

---

[1] Recuerde que la preposición **a** y el artículo **el** forman la contracción **al.** Ver la Lección 1, pág. 18.

Con se usa...	Ejemplos
1. para expresar acompañamiento *(with)*.	Comieron chile **con** carne. ¿Vienes **conmigo** a las rebajas?
2. seguida de un sustantivo como sustituto del adverbio *(with)*.	Me gritaron **con** impaciencia (impacientemente). Usaban el teléfono **con** frecuencia (frecuentemente) para comunicarse.
3. para caracterizar a una persona por algo que le acompaña *(with)*.	La mujer **con** la guitarra es la que me contó la leyenda.

 ACTIVIDAD 21   Diálogos de oficina

Complete con **a, al** o **con** solamente si es necesario.

1. —¿Qué busca Ud.?
   —Busco _____ los documentos que me dieron _____ entrar _____ la empresa esta mañana.
   —¿No los encuentra?
   —No. Se me perdieron _____ los dos minutos de entrar en mi despacho.
   —Y la jefa, ¿qué dice?
   —¡Qué va a decir! Me los está pidiendo _____ impaciencia.

2. —Esta noche viajo _____ el gerente de ventas _____ Nueva York. Esperamos encontrar _____ un jefe de empresa que desee invertir dinero en México.
   —¿Conocen _____ alguien?
   —¡Qué va! No conocemos _____ nadie.
   —¿Tienen algunas referencias?
   —No tenemos _____ ninguna.
   —Hermano, _____ todo mi respeto te digo que así no se hacen los negocios.

 **CON ESTAS PALABRAS!**

to think — pensar
— pensar en
— pensar de

pensar *to think, to think that*
   Piensa mucho cuando está solo.
   Pienso que tu idea es estupenda.

pensar en *to think about something or someone*

> ¡Qué coincidencia! Estaba **pensando en** mi hermana cuando me llamó.
> **¿En qué piensa(s)?** *What are you thinking about?*

pensar de *to think of, to have an opinion of*

> ¿Qué **piensas de** la sucursal de ese banco?

pensar + infinitivo *to intend/to plan + infinitive*

> **¿Piensas ir** a Cuernavaca el año que viene?

to come ⟨ venir / ir / llegar

venir *to come*

> Los trabajadores **vienen** aquí para charlar.

ir *to come (when you move toward the person being spoken to)*

> —Hija mía, ven acá.
> —Ya **voy,** mamá.

ir *to go*

> Mañana **iré** a tu oficina y te llevaré los documentos que me pediste.

llegar (a) *to come to, to arrive*

> En ese momento **llegamos** a la fábrica.

ACTIVIDAD 22   Curiosidad

Pregúntele a un(a) compañero(a) de clase.

1. ¿En qué estás pensando en este momento?
2. ¿Qué piensas hacer este fin de semana?
3. Cuando estás triste, ¿en qué piensas para animarte?
4. ¿Qué piensas de la situación económica actual? ¿Te preocupa? ¿Piensas que hay una solución? ¿Cuál?

ACTIVIDAD 23   Por favor

Complete con los verbos **ir, venir** o **llegar**.

—Aquí estoy, desde hace dos horas, trabajando en mi despacho. ¿Por qué no _____ (tú) por la empresa y _____ (nosotros) al cine? O, si prefieres, yo _____ por ti a casa.
—No te preocupes, yo _____ a tu despacho a eso de las cinco. Si _____ unos minutos tarde, te ruego que me esperes.

ACTIVIDAD 24   Solicitud de empleo

Imagínese que Ud. ya es un(a) profesional de experiencia. Como quiere mejorar de empleo, ha decidido llenar el siguiente formulario.

SOLICITUD DE EMPLEO

Sírvase llenar el siguiente impreso.

1. Primer apellido	Segundo apellido	2. Nombre
3. Fecha de nacimiento	4. Lugar de nacimiento	
5. Domicilio	6. No. de teléfono	
7. Sexo ____ masc. ____ fem.	8. Profesión	
9. Años de estudios primarios ____ secundarios ____ universitarios ____		
10. Lugar donde trabaja	11. Fecha de ingreso	
12. Razones por las cuales quiere cambiar de empleo		

ACTIVIDAD 25   La entrevista

Ud. es el (la) jefe(a) de personal y desea contratar a la persona que ha llenado el formulario de la Actividad 24. El (La) solicitante está ahora en su oficina. Hágale preguntas adicionales sobre su experiencia de trabajo, el sueldo que desea ganar, etc.

Esta mujer se entrevista para un nuevo trabajo.

ACTIVIDAD 26 Tome Ud. el siguiente mensaje.

1. Complete el diálogo con las preposiciones correctas.

Ud. es el (la) recepcionista de la firma CAFAM. El señor Francisco Ochoa llama por teléfono. Desea hablar con el señor Gilberto Rojas.

RECEPCIONISTA: CAFAM. Buenos días.

SR. OCHOA: ¡Aló! ¿CAFAM? Me gustaría hablar _____ el señor Rojas. ¿Está _____ su despacho?

RECEPCIONISTA: El señor Rojas acaba _____ salir. Volverá _____ las cuatro.

SR. OCHOA: ¡Qué lástima! Dígale que me llame urgentemente _____ número 28–27–42.

RECEPCIONISTA: No se preocupe, señor Ochoa. Le dejaré una nota _____ su escritorio para que la reciba mañana _____ primera hora.

2. Ahora escriba el mensaje en el formulario.

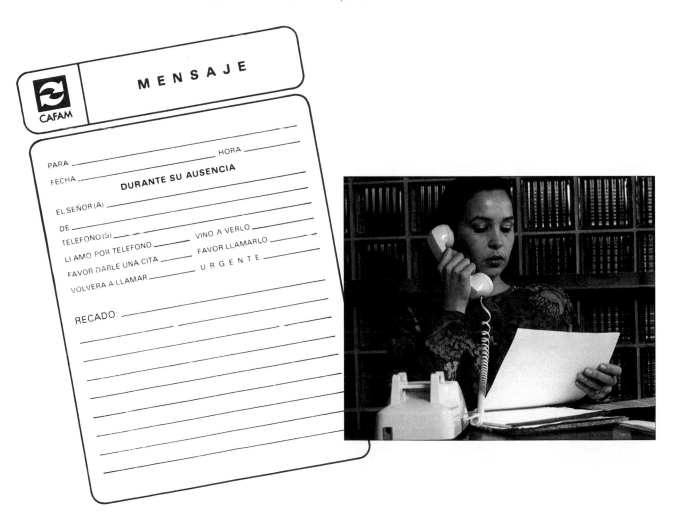

CAFAM

M E N S A J E

PARA _____ HORA _____
FECHA _____

DURANTE SU AUSENCIA

EL SEÑOR (A) _____
DE _____
TELEFONO (S) _____
LLAMO POR TELEFONO _____ VINO A VERLO _____
FAVOR DARLE UNA CITA _____ FAVOR LLAMARLO _____
VOLVERA A LLAMAR _____ U R G E N T E _____

RECADO: _____

ACTIVIDAD 27   Situaciones cotidianas

Trabaje con un(a) compañero(a). Seleccionen y preparen una de las siguientes situaciones.

1. **Un puesto para Ud.**
   - El (La) jefe(a) de personal de la empresa en la que Ud. trabaja le ofrece un buen cargo, pero tiene que mudarse a otra ciudad.
   - Ud. no lo acepta porque tiene varias buenas razones. Explíquelas.

2. **¿Podría hacerme un descuento?**
   - Ud. desea comprar un coche y le pide al (a la) vendedor(a) un descuento.
   - El (La) vendedor(a) se niega a hacerle el descuento y le da sus razones.

3. **Un error involuntario**
   - Ud. pagó una factura con un cheque, pero se lo devolvieron porque no tenía su firma.
   - Ahora Ud. está tratando de explicarle al almacén lo que pasó.

GRANDES ALMACENES—DEPARTMENT STORES

EL CORTE INGLÉS

PLANO DE MADRID

Un Número Uno en Moda.
Conozca El Corte Inglés. La Primera Cadena de Grandes Almacenes del país, con la mayor selección, calidad y vanguardia en moda. Alta confección en piel y ante, tejidos, complementos y nuestras Boutiques Internacionales: Pedro del Hierro, Francisco Delgado, Balenciaga, Georges Rech, Pierre Balmain y Guy Laroche.

Toda Clase de Regalos.
Más de 500.000 artículos para regalar distribuidos en más de 200 Departamentos. Y si desea elegir un regalo típico, escoja Artesanía Española, ampliamente representada en El Corte Inglés: Guitarras, espadas toledanas, mantelerías, mantones, cerámica, etc.

Fuego Mediterráneo

La comodidad de nuestros Servicios.
Pensados para hacer más fáciles sus compras:
- Servicio de intérpretes.
- Cambio de moneda extranjera.
- Restaurantes, Buffets, Cafeterías.
- Envío rápido al hotel, Peluquerías, Aparcamiento, Revelado rápido de fotos, Centro de Comunicaciones.
- La Carta de Compras, un servicio que le evitará cargar con paquetes.
- Agencia de Viajes, para realizar cualquier reserva o elegir entre los más variados destinos, programas, hoteles... Siempre con un servicio profesional y esmerado.

Devolución del IVA.
Si usted reside fuera de España, en las Islas Canarias, Ceuta o Melilla, recuerde que puede beneficiarse de la correspondiente devolución del IVA.
Solicite información a cualquiera de nuestros vendedores.

ACTIVIDAD 28

El Corte Inglés

Ud. trabaja en la Sección de información de El Corte Inglés. Explíquele a un(a) turista…

1. por qué el gran almacén El Corte Inglés es el número uno de la moda.
2. qué regalos de artesanía se pueden comprar en sus grandes almacenes.
3. algunos de los servicios que se ofrecen a los clientes.

ACTIVIDAD 29 El juego de la lotería

En la mayoría de los países hispanoamericanos el juego de la lotería es legal. Ya en muchos estados norteamericanos también se ha establecido el juego de la lotería. Con un(a) compañero(a) de clase, examine las ventajas y desventajas de la lotería. Discutan los siguientes aspectos.

1. los beneficios que le puede traer al estado
2. los riesgos que corren los jugadores
3. el placer que les proporciona el juego
4. el peligro de la adicción al juego
5. la alegría de que le toque el premio "gordo" de la lotería

---

Para la comunicación, se pueden usar algunas de las siguientes expresiones.

Me gusta muchísimo...	Me encanta...	A ti, ¿qué te parece... ?
No me gusta nada...	¿Te molesta que... ?	A mí me parece ridículo que...
Me interesa poco...		

ACTIVIDAD 30 Un nuevo puesto

Ud. acaba de conseguir un puesto en el centro de la ciudad. Visite a sus padres (dos compañeros de clase) y exprese su alegría. Dígales...

1. el nombre de la empresa.
2. la clase de negocio.
3. la dirección de la empresa.
4. el tipo de trabajo.
5. el sueldo que va a ganar.
6. las posibilidades que tiene de ascenso.
7. ¿...?

Para la comunicación, se pueden usar algunas de las siguientes expresiones.

¡Qué alegría!	¡Imagínate!/¡Imagínense!	¡Magnífico!	¡Parece increíble!
¡Estupendo!	¡Fantástico!	¡Qué bien!	¡Qué maravilla!
¡Qué suerte!	¡Qué sorpresa!		

ACTIVIDAD 31   Un puesto de economista/abogado(a)

Ud. es un(a) economista que, después de haber trabajado varios años en Monterrey, desea continuar su carrera en la gran ciudad de México. En el periódico ha encontrado la siguiente oferta de empleo a la que Ud. ha respondido.

Su solicitud de empleo ha sido considerada por la empresa y ahora Ud. está delante del (de la) jefe(a) de personal.

Ud. debe tratar de convencer al (a la) jefe(a) de que es la persona mejor calificada para el puesto de economista/abogado(a). Hable de su experiencia profesional, convénzale de que domina el inglés, averigüe el sueldo y los beneficios sociales, y sobre todo, ¡demuestre que Ud. es una persona de empresa!

IMPORTANTE EMPRESA INDUSTRIAL
necesita cubrir un puesto de
ECONOMISTA/ABOGADO

Colaborará en la realización y estudios económicos, discusión de proyectos y de contratos. Se busca un candidato con las siguientes características:

• Preferible con ambos títulos: Economista y Abogado, aunque no es imprescindible.
• Experiencia profesional mínima de tres años.
• Dispuesto a realizar viajes tanto por México como por el extranjero.
• Dominio del idioma inglés.

La retribución económica será negociada con el candidato en base a su experiencia.

Los interesados deberán escribir, adjuntando su currículum vitae detallado y sus aspiraciones económicas, al apartado de correos 3425, México, D.F.

ACTIVIDAD 32   En el banco

Ud. va al banco para cobrar un cheque. El (La) cajero(a) le pide su carnet de identidad. Él (Ella) se niega a pagar el cheque porque dice que Ud. no tiene los fondos suficientes en su cuenta corriente. ¿Qué hace Ud.?

ACTIVIDAD 33   Imagen ejecutiva: ¡Cómo lograrla!

Después de terminar su carrera, muchos ejecutivos jóvenes que entran en el competitivo mundo de los negocios, se olvidan a veces del papel tan importante que juega su apariencia, su manera de vestir y arreglarse y su manera de comportarse para obtener éxito en sus relaciones de negocios. La imagen que proyectan es el aspecto más importante para obtener y mantener un buen trabajo dentro de su profesión. Esa imagen, por supuesto, debe ser total. Trabaje con un(a) compañero(a) de clase. Escriban diez aspectos importantes para lograr la imagen ejecutiva perfecta.

Después informen a la clase sobre la imagen total que debe tener un(a) ejecutivo(a).

ACTIVIDAD 34   Mesa redonda

Escoja tres o cuatro compañeros para formar una mesa redonda e intercambiar ideas sobre uno de los siguientes temas.

1. **La adicción al trabajo**

   El ritmo de la vida actual hace que los que trabajan en grandes empresas comerciales, bancarias, etc., sientan la necesidad de estar ocupados todo el día. ¿Creen Uds. que esta adicción al trabajo es una clase de enfermedad? ¿Conocen Uds. a personas que se sienten culpables si no están trabajando? ¿Son Uds. algunas de ellas? ¿Trabajan en su tiempo libre? ¿Necesitan informar a los demás del motivo por el cual no están trabajando en un determinado momento? ¿A qué se debe este problema?

2. **Sugerencias para una entrevista de empleo**

¿Han tenido alguna vez una entrevista para trabajar? Intercambien algunas ideas para salir bien en una entrevista de trabajo. ¡De una buena entrevista puede depender su futuro! Aquí van algunas preguntas importantes: ¿Qué ropa se debe llevar el día de la entrevista? ¿Qué debe uno decir? ¿Qué debe preguntar? Si uno ha sido despedido, ¿se debe mencionar el empleo anterior? ¿Es importante averiguar el sueldo? Si a uno le ofrecen el puesto, ¿hay que aceptarlo de inmediato?

ACTIVIDAD 35   Minidrama: Finalmente lo logré, pero...

Personajes: el (la) jefe(a) de personal
Carlos o Carla, empleado(a) de la empresa y amigo(a) del (de la) jefe(a) de personal
Cinco empleados que fueron despedidos por el (la) jefe(a) de personal
Mario o María, secretario(a) de la empresa

Después de muchos años de trabajo, finalmente Ud. llegó a ser jefe(a) de personal. Ahora está tratando de resolver los primeros problemas de esta semana. Dramaticen las tres entrevistas.

Situaciones: 1. Carlos (Carla), su mejor amigo(a), ha comenzado a llegar tarde a la oficina. Primero fueron cinco minutos, después diez, quince y hoy llegó con media hora de retraso.
2. Mario (María), su secretario(a), ha renunciado porque en otra empresa le han ofrecido un sueldo mucho más alto.
3. Los negocios no han marchado muy bien y Ud. ha tenido que despedir a cinco empleados. Los empleados despedidos desean hablar con Ud.

¿Qué saben Uds. de... México?

A. Recordar lo que sabemos.

En la lección 5 de *Horizontes: Cultura y literatura* hay varias menciones a México. Repasando y recordando lo que leyeron, responda con un(a) compañero(a) a las siguientes preguntas.

1. ¿Cuáles son las culturas precolombinas de Mesoamérica? ¿Dónde estaba situada Tenochtitlán? ¿Cuál es el nombre moderno de Tenochtitlán?
2. ¿Quiénes fueron Moctezuma y Hernán Cortés? ¿y Maximiliano de Habsburgo y Benito Juárez? ¿Cuándo vivieron?
3. ¿Cuál era la moneda de los antiguos indios mexicanos? ¿Cuál es la moneda de México? ¿Saben Uds. a cuántos dólares equivale?
4. ¿Qué estados de los Estados Unidos pertenecieron a México hasta 1848? ¿Saben Uds. por qué pasaron de México a los Estados Unidos?
5. ¿Quién pintó el cuadro *Diego y yo*? ¿Quién es el Diego que se menciona en el título del cuadro? ¿Conocen Uds. a otros(as) artistas mexicanos(as)?

B. Ampliar lo que sabemos.

¿Les gustaría aprender más sobre México? Reúnanse en grupos de tres o cuatro personas y preparen una presentación sobre uno de los siguientes temas. Elijan el que más les interese, u otro que no aparezca en la lista.

- La diversidad de la población mexicana. Las distintas etnias indígenas y sus problemas de supervivencia. El elemento africano-americano. Los criollos. La mayoría mestiza.
- La geología de México: terremotos y volcanes.
- La economía mexicana: sus logros y sus retos. La inmigración mexicana a los Estados Unidos. La importancia de la comunidad mexicano-americana y chicana en la economía de los Estados Unidos.
- Algunos momentos de la historia de México. La cultura maya hasta la llegada de los españoles. El imperio azteca y su relación con otras culturas mesoamericanas. La conquista de Hernán Cortés y la época colonial. De la Independencia a la guerra con los Estados Unidos. La revolución mexicana: sus metas y sus límites. El sistema político del México contemporáneo.
- La religiosidad del pueblo mexicano. La presencia de la religión católica y su sincretismo con tradiciones precolombinas: la Virgen de Guadalupe, el día de los muertos, etc. Las distintas corrientes en el interior de la Iglesia católica: las actitudes tradicionalistas frente a la Teología de la liberación. Las tensiones entre los obispos católicos de Chiapas y el gobierno mexicano.
- La literatura mexicana, síntesis de la civilización nativa americana y de la europea: de Sor Juana Inés de la Cruz a Octavio Paz. La excelente producción literaria del siglo XX.
- Las músicas de México. La música étnica. La música folklórica: los mariachi y los grupos de baile. La música de los jóvenes: pop, rock y música alternativa. La música clásica en la época colonial y en la contemporánea.
- El cine mexicano. Su importancia tradicional en el mercado latinoamericano y las grandes estrellas. La huella de Luis Buñuel. El éxito internacional de *Como agua para chocolate*. Las nuevas tendencias.
- Las grandes obras arquitectónicas aztecas y mayas: sus templos, palacios, observatorios astronómicos, etc. Los museos de México: el Museo de Antropología y los otros museos.
- La ciudad de México: sus orígenes en Tenochtitlán, su evolución durante la colonia, su aspecto actual, arquitectura y urbanismo, monumentos más significativos, población y sociología. Otras ciudades interesantes: Puebla, Oaxaca, Mérida, Tijuana, etc.
- Las artes en México. Los (Las) grandes artistas y fotógrafos(as) del siglo XX: Frida Kahlo, Diego Rivera, Tina Modoti y los (las) demás.
- La cocina mexicana: variedad gastronómica desde Baja California hasta Yucatán.

C. Compartir lo que sabemos. ¿Cómo preparar la presentación?

1. Utilicen todo tipo de fuentes de información para investigar sobre el tema elegido: libros, prensa, Internet, etc.
2. Incluyan en su presentación todos los medios audiovisuales que crean convenientes: fotografías, mapas, dibujos, videos, cintas o discos de música, etc.
3. Ofrezcan a sus compañeros(as) de clase un esquema de todos los puntos que van a desarrollar en su presentación.

¡REVISE SU ORTOGRAFÍA!

Las combinaciones *ca, que, qui, co, cu*

1. Se escriben con **c** las combinaciones **ca, co** y **cu.**

   Acusan a Juan de robar **co**sas en una **ca**sa.
   Me gusta el **ca**fé de **Co**lombia y de **Cu**ba.

   Recuerde que **ce** y **ci** suenan /se/ y /si/. Por ejemplo: Ha**ce ci**tas con chicas de la ciudad.

2. Se escriben con **qu** sólo las combinaciones **que** y **qui.** La **u** que sigue a la **q** no tiene sonido.

   ¿Quién **qui**ere a**que**l **que**so?

   Recuerde que en los verbos que terminan en **–car** la **c** cambia a **qu** cuando va seguida de **e:**

colocar	colo**co**	colo**qué**
sacar	sa**ca**mos	sa**qué**
tocar	to**ca**n	to**que**s

3. Se escriben las combinaciones **cue** y **cui** sólo cuando queremos indicar que la **u** sí suena. También es el caso de las combinaciones **cua** y **cuo.**

   Cuánto contaminan los humanos es una **cue**stión que me preocupa mucho.
   Cuando pagues la **cuo**ta del gimnasio, podrás ir a **cui**dar el **cue**rpo.

   ¡Ojo con las palabras que en inglés se escriben con **qu**! Por ejemplo:

*qua*ntity	**ca**ntidad
*qua*lity	**ca**lidad, **cu**alidad
*que*stion	**cue**stión

Atajo writing assistant software supports your efforts with the task outlined in this *Composición* section by providing useful information when the following references are accessed.

Phrases/Functions:
Asking for advice; asking for directions; asking information; expressing intention; greeting; planning a vacation; saying good-bye; writing a letter (informal)

ENFOQUE: La carta

¿Ha escrito Ud. alguna vez una carta en español? Si no lo ha hecho hasta ahora, ¡manos a la obra! Ésta es su gran oportunidad para dirigirse a un(a) amigo(a) hispano(a), indicándole que piensa ir pronto a su país. Siga el modelo y use las frases indicadas.

Prepárese a escribir

Para la comunicación

Encabezamiento

Querido(a) amigo(a):
Recordado(a) (nombre):

Vocabulary: Banking; countries; time: calendar, months; traveling

Grammar: Accents on interrogatives; interrogatives; verbs: future; verbs: future with *ir*

Introducción

Te escribo para informarte que...
Me alegra comunicarte que...
Quiero decirte que...
Te comunico que...

Agradecimiento por el servicio

Te voy a quedar muy agradecido(a) si...
Gracias por...
Mi agradecimiento más sincero.

Despedida

Atentamente,
Un abrazo,
Hasta pronto,
Tu amigo(a),

¡Organice sus ideas!

Modelo:

Santa Bárbara, 3 de febrero de 200...

Querido(a)...:

Primer párrafo:

Informar que piensa hacer un viaje a España o a México. Indicar la fecha y la razón.

Segundo párrafo:

Pedir información sobre el clima en esa época del año, la ropa que debe llevar, si es preferible llevar dinero en efectivo o en cheques de viajero, etc.

Tercer párrafo:

Agradecer el servicio y despedirse amigablemente.

(Firma)

LECCIÓN 6

En la sala de espera

¡Cuide su salud!

Tarde o temprano todos tenemos que pasar por una sala de espera para consultar al médico sobre nuestra salud. A veces las esperas son largas y, sin darnos cuenta, nos encontramos en plena charla con otro paciente.

1. Observe el dibujo con atención y describa las diferentes escenas, teniendo en cuenta: a) el lugar, b) el número de pacientes que esperan, c) el aspecto físico de los pacientes y d) las conversaciones…

2. ¿Es posible que esta escena tenga lugar en una sala de espera en los Estados Unidos? ¿Por qué sí? ¿Por qué no?

3. ¿Dónde está la recepcionista? ¿Con quién habla? ¿Qué le pregunta a la paciente? ¿Qué le contesta la señora?

4. ¿Quién supone Ud. que es el señor que abre la puerta del fondo? ¿Qué lleva en la mano? ¿Piensa Ud. que es un maletín médico o una carpeta de documentos? ¿Por qué?

5. ¿Cuántos niños tiene la señora que está sentada en un rincón? ¿Qué le pide a su hijo menor? ¿Le parece a Ud. que el hijo mayor se porta bien? ¿Por qué? ¿Alguno de los señores podría ser el esposo de la joven y padre de los niños? ¿Cuál? ¿Por qué?

6. ¿Con quién habla el señor que lleva chaqueta y bastón? ¿Qué dice que lamenta? ¿Qué le suplica su amigo? ¿Qué hacen los otros pacientes mientras esperan su turno?

ACTIVIDAD 1

Imagínese que Ud. está en la sala de espera de un hospital o de un consultorio médico. Con un(a) compañero(a) de clase, inicie una conversación parecida a uno de los diálogos anteriores. Si lo desea, Ud. puede seleccionar y continuar uno de esos diálogos.

ACTIVIDAD 2 ¡Charlemos!

Pregúntele a un(a) compañero(a).

1. ¿Qué haces para mantenerte en forma? ¿Haces ejercicios? ¿Corres? ¿Tomas vitaminas todos los días? ¿Te preocupas por tener una buena alimentación?

2. ¿Cuándo fue la última vez que estuviste enfermo(a)? ¿Te tuviste que quedar en cama? ¿Cuáles fueron los síntomas? ¿Te dolía la cabeza? ¿Tenías fiebre? ¿Consultaste al (a la) médico(a)? ¿Qué te recetó?

3. ¿Has tenido alguna vez un accidente? ¿Cómo y cuándo ocurrió el accidente? ¿Te desmayaste? ¿Tuvieron que llamar la ambulancia? ¿Tenías seguro médico?

4. ¿Has estado alguna vez internado(a) en un hospital? ¿Cuánto tiempo estuviste hospitalizado(a)? ¿Tuviste que faltar a muchas clases? ¿Te atrasaste en las materias?

Después, informe a la clase...
   a. qué hace su compañero(a) para mantenerse en forma.
   b. que pasó la última vez que su compañero(a) estuvo enfermo(a) o tuvo un accidente.

El cuerpo y la salud

Las partes del cuerpo

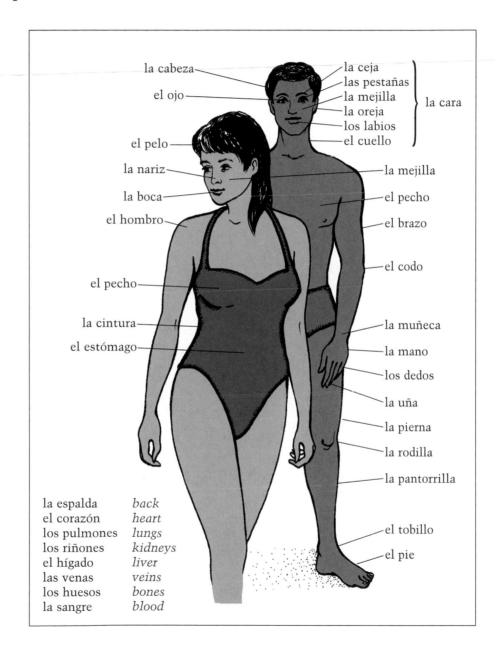

la cabeza
el ojo
el pelo
la nariz
la boca
el hombro
el pecho
la cintura
el estómago

la ceja
las pestañas
la mejilla
la oreja
los labios
el cuello
} la cara

la mejilla
el pecho
el brazo
el codo
la muñeca
la mano
los dedos
la uña
la pierna
la rodilla
la pantorrilla
el tobillo
el pie

la espalda	back
el corazón	heart
los pulmones	lungs
los riñones	kidneys
el hígado	liver
las venas	veins
los huesos	bones
la sangre	blood

La salud

estar en forma *to be in good shape*
estar fuerte/débil *to be strong/weak*

gozar de buena salud *to be healthy*
sentirse (ie) bien/mal *to feel well/ill*

Doctores y pacientes

el diagnóstico *diagnosis*
el (la) enfermero(a) *nurse*
    tomar la temperatura *to take the temperature*
      la presión arterial *blood pressure*
    poner una inyección *to give a shot*
    aliviar el dolor *to relieve the pain*
    recomendar (ie) una buena dieta *to recommend a good diet*
    recetar píldoras *to prescribe pills*
      pastillas para dormir *sleeping pills*
    pasar la cuenta médica *to submit the medical bill*
el (la) enfermo(a)/el (la) paciente *the patient*
    estar enfermo/enfermarse *to be sick, get sick*

tener hora/cita *to have an appointment*
sacar la lengua *to stick one's tongue out*
respirar profundamente *to breathe deeply*
ponerse boca abajo *to be face down*
    boca arriba *face up*
estar embarazada *to be pregnant*
dar a luz *to bear a child*
ser alérgico(a) a los antibióticos *to be allergic to antibiotics*
tomar la medicina cada hora *to take medicine every hour*
el examen médico *medical exam*
el (la) médico(a)/el (la) doctor(a) *physician, doctor*
pagar la consulta *to pay the visit*

Los síntomas de las enfermedades

bostezar *to yawn*
dar(le) vueltas la cabeza *to feel dizzy*
desmayarse *to faint*
la dificultad en respirar *difficulty breathing*
doler(le) (ue) los pies/las manos *to have one's legs/hands hurt*
el dolor de garganta *sore throat*
    de estómago *stomachache*
    de muelas *toothache*

estornudar *to sneeze*
llevar días/semanas sin dormir *to go days/weeks without sleeping*
sufrir de insomnio *to suffer from insomnia*
tener (ie) fiebre (alta) *to run a (high) fever*
    vómitos *to vomit, throw up*
    náuseas *to feel nauseated*
    tos/toser *to have a cough, cough*
    catarro/gripe *to have a cold*

Los accidentes

atropellar *to run over*
la camilla *stretcher*
estar enyesado(a) *to be in a cast*
estrellarse contra *to crash into*
fracturarse/romperse una pierna *to fracture/ break a leg*
el (la) herido(a) *injured person*

el (la) muerto(a) *dead person*
las muletas *crutches*
pedir (i) auxilio/socorro *to ask for help*
el servicio de emergencia *emergency service*
    de ambulancia *ambulance*
la silla de ruedas *wheelchair*

En el hospital

el análisis de sangre *blood test*
    de orina *urine test*
el mostrador de información *information desk*

la sala de espera *waiting room*
    de consulta *doctor's office*
    de rayos equis *X-ray room*
    de maternidad *maternity room*
    de operaciones *operating room*
    de urgencias *emergency room*

En la farmacia

el (la) farmacéutico(a) *pharmacist*
el jarabe para la tos *cough syrup*

los medicamentos/las medicinas *medicines*

¿Sabía Ud. que... ?

El boldo[1] es remedio para el hígado. Combate la indigestión y fortalece el estómago.

La menta combate los cólicos y gases del estómago. Además, elimina el mal aliento *(bad breath)* de la boca.

La salvia sirve para los desórdenes estomacales, los gases y la falta de apetito.

La Madre Naturaleza es la más sabia de todos los médicos.

La medicina casera

En las grandes ciudades de los países hispanos, los enfermos van a los hospitales, las clínicas y los consultorios médicos. Sin embargo, en las poblaciones pequeñas, para *males* menores tales como resfríos, catarros y gripes, la medicina *casera* ha sobrevivido y *es de desear* que no muera. Día a día crece el número de personas que dudan que los antibióticos y las píldoras de todo tipo sean buenos para la salud. Pregúntele a cualquier *hijo de vecino* qué se puede tomar cuando uno está resfriado y probablemente le dirá:

—Ante todo es necesario que se quede en cama y le recomiendo que esta noche se tome un vaso lleno de *zumo* de naranja con *miel*. Si para mañana no se le pasa el resfrío, le aconsejo que haga hervir unas cuantas hojas de flor de *tila*. Es un excelente remedio que mi abuela recetaba para los catarros y la tos.

En los mercados al aire libre de los pueblitos situados en las montañas de los Andes, uno puede encontrar diferentes plantas medicinales acompañadas de *letreros* que mencionan la utilidad de cada *hierba*.

Glosas marginales:
enfermedades
de casa / se espera
persona
jugo / *honey*
linden tree
signs / planta

También en los mercados al aire libre se exhiben plantas medicinales.

---

[1]El boldo es una planta medicinal originaria de Chile.

ACTIVIDAD 3   Comprensión y ampliación de la lectura

1. ¿Qué hacen las personas de las grandes ciudades cuando sufren de catarros, resfríos o gripes? ¿Y la gente de las pequeñas poblaciones?

2. ¿Qué aconsejan para el resfrío las personas que se oponen a los antibióticos y las píldoras?

3. ¿Qué tipo de plantas medicinales se puede encontrar en los pueblos andinos? ¿Y en los supermercados?

4. ¿Cómo interpreta Ud. la expresión "La Madre Naturaleza es la más sabia de todos los médicos"?

5. ¿Qué toma Ud. cuando está resfriado(a)? Y cuando sufre de insomnio, ¿prefiere tomar una píldora o un té de hierbas medicinales para dormir?

6. ¿Toma Ud. té o café? ¿Cuántas tazas de té o café toma al día? ¿Se desvela cuando toma mucho café?

GRAMÁTICA

A. El subjuntivo en cláusulas nominales

¡Qué mal me siento!

Laura había pasado la noche bailando. Se había acostado a las tres de la madrugada y no quería que nadie la molestara. Sin embargo, su hermana Lili entró a su habitación y le habló.

—Laura, soy Lili.

—¿Qué quieres tan temprano?

—Son las diez y pico y si no quieres que se **sepa** que llegaste a las tres de la madrugada, más vale que **te levantes, te des** una ducha, **te vistas** y **vayas** a desayunar. Te lo digo por tu bien.

murmurando   Laura se quedó en la cama bostezando y rezongando. Había pensado dormir hasta el mediodía.

—No sé si puedo levantarme, no me siento bien, me da vueltas la cabeza, me duele el estómago...

—¿Me permites que te **diga** una cosa, Laura?

—Di lo que **quieras.**

—Será mejor que **bajes** con la cara fresca y sin esos ojos de falta de sueño porque yo soy la única que sabe a qué hora volviste a casa.

molestia   —¡Está bien! ¡Ya voy, ya voy! ¡Mira que todo esto es un *fastidio*!

ACTIVIDAD 4   Comprensión de la lectura

Seleccione la terminación correcta para cada oración.

1. Laura no quiere que nadie la moleste porque...
   a. es muy temprano
   b. quiere dormir hasta el mediodía
   c. tiene que trabajar

2. Laura se acostó…
   a. a las diez y pico.
   b. al amanecer.
   c. a mediodía.

3. Lili, que sabe cuándo llegó su hermana Laura, cree que es mejor que Laura…
   a. no se levante.
   b. se vaya sin desayunar.
   c. se levante, se arregle y baje a desayunar.

4. Laura finalmente dice que…
   a. se siente bien.
   b. ya no tiene sueño.
   c. va a hacer lo que su hermana le aconseja.

ACTIVIDAD 5   Si paso la noche bailando…

Complete las oraciones y diga qué hace Ud. después de una noche de diversión.

1. Cuando llego a casa al amanecer…
2. Si me acuesto a las dos de la mañana no quiero que…
3. Si me da vueltas la cabeza…
4. Cuando me levanto tarde…
5. No me gusta que…

ACTIVIDAD 6   ¡Charlemos!

1. Cuéntele a su compañero(a) cómo se siente después de una noche de fiesta. ¿Se siente cansado(a)? ¿fastidiado(a)? ¿preocupado(a)? ¿Le duele la cabeza? ¿Tiene ganas de estudiar?

2. Después, su compañero(a) relatará a la clase sobre su estado de ánimo después de la diversión.

1. El indicativo y el subjuntivo

En las lecciones anteriores hemos visto el presente, el pasado (pretérito, imperfecto, presente perfecto y pluscuamperfecto) y el futuro del **indicativo** de varios verbos. Según el tiempo indicado, estos verbos en el indicativo se refieren a…

a) acciones que están ocurriendo:	—¿Qué comes?
	—Como una manzana.
b) acciones que ya ocurrieron:	—¿A quién viste en el cine?
	—Vi a Luis. Hacía mucho tiempo que no lo veía.
c) acciones que van a ocurrir:	—¿Tendrás tiempo para ayudarme?
	—Desde luego, pasaré más tarde por tu casa.

En esta lección vamos a ver que para expresar órdenes, deseos y consejos se usa el **modo subjuntivo** del verbo, aunque el verbo de la cláusula principal esté en el pasado, en el presente o en el futuro. En el modo subjuntivo la acción del verbo generalmente depende de una acción principal que está en el modo indicativo.

	ind.	**subj.**		**ind.**	**subj.**
	↓	↓		↓	↓

—¿Qué **quieres** que te **diga**?   —Sólo **quiero** que me **digas** la verdad.

La palabra **que** introduce la cláusula del subjuntivo.
...que me **digas** la verdad.

2. Las formas del presente del subjuntivo

Para formar el presente del subjuntivo se cambia la vocal **–o** de la primera persona singular del presente del indicativo por la vocal **–e** en los verbos **–ar** y por la vocal **–a** en los verbos **–er** e **–ir.**

tomar	comer	sufrir
(tom**o** → tom**e**)	(com**o** → com**a**)	(sufr**o** → sufr**a**)
tom { –e –es –e –emos –éis –en	com { –a –as –a –amos –áis –an	sufr { –a –as –a –amos –áis –an

Los verbos que son irregulares en la primera persona singular del indicativo son irregulares en todas las personas del subjuntivo. (Véase la Lección 2 para los verbos irregulares en el presente del indicativo.)

hacer	conocer	huir
(hag**o** → hag**a**)	(conozc**o** → conozc**a**)	(huy**o** → huy**a**)
hag { –a –as –a –amos –áis –an	conozc { –a –as –a –amos –áis –an	huy { –a –as –a –amos –áis –an

Los verbos que terminan en **–ar** y **–er** y que cambian el radical en el presente del indicativo sufren los mismos cambios en el subjuntivo. Los verbos que terminan en **–ir** sufren un cambio adicional en la primera y segunda persona del plural.[1]

---

[1]Consulte en el Apéndice 3, págs. 358–359, una lista de verbos que cambian el radical en el presente del indicativo.

pensar	volver	dormir	sentir	pedir
e → ie	*o → ue*	*o → ue, u*	*e → ie, i*	*e → i, i*
piense	vuelva	duerma	sienta	pida
pienses	vuelvas	duermas	sientas	pidas
piense	vuelva	duerma	sienta	pida
pensemos	volvamos	durmamos	sintamos	pidamos
penséis	volváis	durmáis	sintáis	pidáis
piensen	vuelvan	duerman	sientan	pidan

Hay seis verbos irregulares en el presente del subjuntivo.

haber	ir	saber	ser	dar	estar
haya	vaya	sepa	sea	dé	esté
hayas	vayas	sepas	seas	des	estés
haya	vaya	sepa	sea	dé	esté
hayamos	vayamos	sepamos	seamos	demos	estemos
hayáis	vayáis	sepáis	seáis	deis	estéis
hayan	vayan	sepan	sean	den	estén

ACTIVIDAD 7 Un examen importante

Germán es un buen estudiante de la Facultad de Medicina. Está muy preo-cupado porque mañana tiene un examen muy importante. Su compañero de cuarto le da algunos consejos, usando la forma familiar (tú). Repita cada con-sejo, siguiendo el modelo.

Modelo: Conviene repasar la materia.
Conviene que repases la materia.

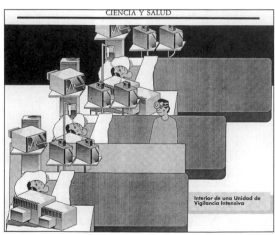

CIENCIA Y SALUD

Interior de una Unidad de Vigilancia Intensiva

1. Es importante aprobar el curso.
2. Es preciso estudiar las enfermedades cardíacas.
3. Es necesario aprender a tomar la presión.
4. Es natural estar nervioso.
5. Más vale no equivocarse.
6. Es importante seguir las instrucciones de los médicos.
7. Es mejor repasar el sistema respiratorio.
8. Es preciso conocer todos los síntomas de las enfer-medades.

ACTIVIDAD 8 Lo que importa

Complete los diálogos con la forma correcta del verbo indicado.

1. **Es mejor que me dejes en paz.**

   bajar   dejar   ducharse
   hacer   levantarse   saber

   —Tengo sueño. ¿Qué quieres que yo _____?
   —Si tú no quieres que mamá _____ que llegaste tarde, es mejor que
   _____ y _____.
   —Prefiero que me _____ en paz.
   —Será mejor que tú _____ al comedor a desayunar.
   —¡Qué fastidio!

2. **El descanso es importante.**

   descansar   estar   hacer
   llamar   quedarse   ser

   —Espero que (tú) no _____ muy enfermo. ¿Deseas que (yo) _____ al
   médico?
   —No creo que _____ necesario, pero es importante que yo _____.
   —¿Quieres que yo _____ en casa y te _____ compañía?
   —¡Vale! Ya sabes cuánto me gusta estar contigo.

 3. Los usos del subjuntivo vs. el indicativo

		indicativo
Verbo principal + **que** +	{	o
		subjuntivo

El uso del indicativo o del subjuntivo en una cláusula subordinada depende del verbo de la cláusula principal en contexto.

- Si la cláusula principal se refiere a hechos objetivos que han tenido, tienen o tendrán lugar, se usa el indicativo en la cláusula subordinada.
- Si la cláusula principal se refiere a estados o hechos hipotéticos, o a dudas, emociones o deseos, se usa el subjuntivo.

El indicativo

Se usa el indicativo cuando el verbo de la cláusula principal denota...

1. percepción física o mental (**escuchar, notar, observar, oír, ver**).

   Veo que **hay** nuevas doctoras en esta clínica.
   ¿**Notaste** que el paciente **estaba** amarillo?

2. comunicación verbal (**comentar, decir, explicar, opinar**).

   Las enfermeras **dicen** que **irán** a la huelga.
   El médico **explicó** que no **podía** hacer nada para aliviar los dolores del enfermo.

3. procesos mentales (**creer, imaginar, pensar, recordar, suponer**).

Creen que **está** embarazada.
Recordó que **debía** tomar las pastillas.

El subjuntivo

Se usa el subjuntivo cuando el verbo de la cláusula principal expresa...

1. mandato (**decir, exigir, mandar, pedir, ordenar**).

La doctora **dice** (**manda**) que el enfermero **vaya** inmediatamente.
El enfermo **exige** que lo **atiendan** correctamente.

2. deseo (**desear, esperar, preferir, proponer, querer**).

¿**Quieres** que **vaya** a comprar las medicinas?
Espero que no te **hayas fracturado** el brazo.

3. consejo o ruego (**aconsejar, recomendar, rogar, sugerir, suplicar**).

Los doctores **aconsejan** que no **consumamos** mucha grasa.
¡Te **ruego** que **llames** una ambulancia!

4. permiso o prohibición (**aprobar, impedir, oponerse a, permitir, prohibir**).

No **me opongo a** que **andes** con muletas, si las necesitas.
Los médicos **prohiben** que el paciente **tenga** visitas.

5. emociones (**alegrarse de, dar[le] miedo, gustar[le], esperar, importar[le], lamentar, molestar[le], sentir, sorprenderse de, temer**).

Me alegro de que **estés** mejor.
A Julián **le importa** que su madre **tenga** buena atención médica.

Con algunos verbos y expresiones la cláusula subordinada puede ir en el indicativo o el subjuntivo. El uso del indicativo o del subjuntivo en la cláusula subordinada depende de lo siguiente.

El indicativo	El subjuntivo
Se usa el indicativo...	Se usa el subjuntivo...
1. cuando la cláusula principal expresa seguridad (**estar seguro de, no ignorar, no dudar, no negar**).	1. cuando la cláusula principal expresa duda o negación (**no estar seguro de, ignorar, dudar, negar**).
Estoy seguro de que **tienes** fiebre. Los médicos **no dudan** que **habrá** una solución.	**No estoy seguro** de que **tengas** fiebre. Los médicos **dudan** que **haya** una solución.
2. con el verbo **creer**...	2. con el verbo **creer**...
2.1 cuando la cláusula principal es afirmativa. La doctora **cree** que te **curarás** pronto.	2.1 cuando la cláusula principal es negativa. La doctora **no cree** que te **cures** pronto.
2.2 en oraciones interrogativas cuando el que habla expresa seguridad. ¿No **crees** que **debes** ponerte a dieta? (Yo opino que sí.) ¿**Cree** Ud. que **lloverá** mañana? (Yo creo que sí.)	2.2 en oraciones interrogativas cuando el que habla expresa duda o falta de seguridad. ¿**No crees** que **debas** ponerte a dieta? (Yo no estoy seguro.) ¿**Cree** Ud. que **llueva** mañana? (Yo lo dudo.)

3. en oraciones impersonales que expresan certidumbre (**es evidente / verdad / obvio / indudable / cierto / seguro; está claro**).

Es cierto que la enfermera **sabe** poner inyecciones.
Es evidente que **tomas** demasiado café.
Está claro que **practican** deportes para mantener una buena salud.

3. en oraciones impersonales que expresan una opinión subjetiva o personal (**es bueno / mejor / malo / necesario / conveniente / preciso / importante / urgente / (im)probable / (im)posible; está bien / mal** o que niegan la certidumbre (**no es verdad / cierto / evidente / etc.**).

No es cierto que yo **sepa** poner inyecciones.
Es malo que **tomes** demasiado café.
Está bien que **practiquen** deportes para mantener una buena salud.

ACTIVIDAD 9   En el consultorio del doctor Miranda

Dolores Rivera no se siente bien; tiene náuseas y vómitos y lleva días sin dormir. Durante el examen médico, el doctor Miranda hace algunos comentarios, le da algunos consejos y le dice que está embarazada.

Empareje las frases de las columnas **A** y **B** y ponga el verbo en el modo indicativo o subjuntivo, según la situación.

A
1. Señora Rivera, es evidente que Ud....
2. Lamento que Ud....
3. Es indudable que...
4. Opino que...
5. Le prohibo que...
6. Le recomiendo que...
7. Es mejor que...
8. Supongo que...
9. Es conveniente que...
10. Le sugiero que...

B
a. hacer ejercicios.
b. seguir una buena dieta.
c. tomar vitaminas.
d. tener náuseas.
e. no tener fiebre.
f. sentirse mal.
g. fumar.
h. no acostarse muy tarde.
i. necesitar un análisis de orina.
j. estar embarazada.
k. caminar mucho.
l. volver la próxima semana.

ACTIVIDAD 10   ¿Necesitas consejos?

Su amigo(a) sufre de insomnio porque tiene muchos exámenes y se siente muy nervioso(a). A Ud. no le gusta ver sufrir a su compañero(a). Déle su propia opinión y aconséjele.

Use éstas y otras expresiones, poniendo atención al uso del indicativo o del subjuntivo.

Te aconsejo que...   Te recomiendo que...
Es importante que...   Pienso que...
Es bueno que...   Es evidente que...
Veo que...   Estoy seguro(a) de que...

ACTIVIDAD 11   En el consultorio del médico

Trabaje con un(a) compañero(a). Hagan los papeles de médico y paciente. Como paciente, Ud. dirá cuál es el motivo de su visita, qué siente y qué le

duele. Pídale consejos al (a la) doctor(a). Después, cambien de papeles.
Al hablar de sus males, use éstas y otras expresiones.

doler la cabeza	estar muy débil
sentir mareos (tener náuseas)	tener fiebre
sufrir de insomnio	desmayarse
tener dolor de estómago	cansarse mucho
no tener apetito	estar varios días sin dormir

ACTIVIDAD 12   Los problemas de la dieta

Muchas veces la dieta puede causar problemas de salud. El exceso de sal, de grasas, de bebidas alcohólicas, etc., puede ser la causa de varias enfermedades. Con un(a) compañero(a), lean lo que dicen en el siguiente dibujo y descríbanlo: ¿Cómo es el consultorio del doctor? ¿Cómo es el doctor? ¿y el paciente? ¿Cuál puede ser el problema del paciente?

Ahora imagínense que uno(a) de Uds. es el (la) doctor(a) y el otro(a) es el (la) paciente. El (La) doctor(a) trata de recomendarle una dieta al (a la) paciente, pero el (la) paciente insiste en mantener sus hábitos. Pueden usar estas y otras expresiones de mandato, ruego, permiso y prohibición.

Doctor: Le prohibo que…
No apruebo que…
No permito que…

Paciente: Le ruego que…
Le suplico que…
Le pido que…

Lección 6   ¡Cuide su salud!   •   195

ACTIVIDAD 13   Y Ud., ¿qué opina?

Pregúntele a un(a) compañero(a).

1. ¿Crees que es importante que todos vayamos al médico por lo menos una vez al año? ¿Cuántas veces al año vas al médico? ¿Cuándo fue la última vez que estuviste en su consultorio?

2. ¿Sigues todas las instrucciones del médico, o no le prestas mucha atención a lo que te recomienda?

3. ¿Tomas muchas vitaminas? ¿Piensas que hay que hacerlo todos los días?

4. ¿Has seguido alguna vez una dieta para mantenerte en forma y no engordar ni adelgazar demasiado? ¿Qué consejos le darías a un(a) amigo(a) que, sin darse cuenta, ha comenzado a subir o bajar de peso?

B. El imperativo formal

Cómo eliminar la TENSION ¡en 60 segundos!

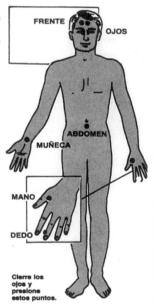

¿De qué forma? Pues usted puede lograr ese efecto tan inmediato siguiendo un método milenario: la *acupresión*, que es similar a la acupuntura, pero sin las agujas. Es decir, mucho más cómodo y fácil. Según los expertos, basta presionar durante un minuto algunas zonas específicas del cuerpo humano para que todos los efectos negativos del estrés desaparezcan como por encanto. ¡Haga la prueba! Cierre los ojos y presione durante un minuto cada uno de los siguientes puntos de su cuerpo. Una vez que usted descubra en cuál reacciona mejor, la próxima vez que sienta las molestias del estrés no tendrá más que presionar ese punto determinado. Al principio, sin embargo, le conviene probar con todos los que indicamos a continuación y que puede apreciar claramente marcados en el dibujo que ve a la derecha.

Frente. Coloque los dedos índices en la parte superior de la frente, casi donde empieza el cuero cabelludo. Manténgalos separados 2½ cm (1''). Mientras presiona por 60 segundos, suavemente, mueva los dedos en forma circular. Es un método muy bueno sobre todo para combatir los dolores de cabeza ocasionados por el estrés.

Abdomen. Presione por un minuto la zona situada a unos 4 cm (1½'') debajo del ombligo.

Ojos. Presione suavemente los ángulos internos de los ojos, exactamente en la zona donde empieza la nariz. Puede usar los nudillos de los índices.

Mano. Usando los dedos pulgar e índice de la mano derecha, presione en el punto donde la piel separa el pulgar y el índice de la mano izquierda. Luego repita la misma operación con la otra mano y, entonces, altérnelas...

Muñeca. La parte interior de la muñeca, exactamente donde termina el brazo y empieza la mano, es otro punto de presión que alivia en gran medida el estrés. Presione con los dedos ese punto durante un minuto y después repita en la otra.

Dedos. Con los dedos pulgar y medio de la mano derecha, presione el punto donde nace la uña del dedo medio de la mano izquierda. Repita la presión en el dedo de la mano derecha. Recuerde: cada uno de estos ejercicios debe durar un minuto.

ACTIVIDAD 14

Comprensión de la lectura

1. ¿Qué se entiende por "acupresión"?

2. ¿Cuáles son algunos de los puntos del cuerpo que se deben presionar para que desaparezca el estrés?

3. ¿Cómo se pueden combatir los dolores de cabeza que provienen del estrés?

4. ¿Por qué cree Ud. que se deben cerrar los ojos mientras se presionan zonas específicas del cuerpo humano?

ACTIVIDAD 15   ¡Charlemos!

Debido a la vida agitada que vivimos, muchos de nosotros sufrimos de ese mal llamado "estrés". Pregúntele a su compañero(a)…

1. qué hace para combatir el estrés del estudio.

2. si cree que la acupresión (o la acupuntura) sería un método eficaz para combatirlo.

3. si piensa que los ejercicios físicos, que están a la orden del día, sirven para relajar las tensiones diarias.

4. …

1. El uso del imperativo

El imperativo se usa para dar órdenes directas. Los pronombres **Ud.** y **Uds.** se añaden generalmente después del verbo como forma de cortesía. Los pronombres **tú** y **nosotros** se omiten excepto cuando se quiere dar énfasis al mandato.

> **Recuerde Ud.** practicar actividades aeróbicas.
> **No se olviden Uds.** de servir comidas sanas.
> Antes de trotar, **haz** cinco minutos de estiramiento lento.
> **No salgas** sin abrigo porque te puedes resfriar.
> **Practiquemos** natación más a menudo.

Los pronombres reflexivos y de complemento directo e indirecto se colocan después del verbo en la forma afirmativa y antes del verbo en la forma negativa.

> **Levántese** de inmediato. | **No se levante** todavía.
> **Tráigamelo** aquí. | **No me lo traiga** aquí.
> **Envíalo** mañana. | **No lo envíes** hasta mañana.
> **Hagámosle** preguntas. | **No le hagamos** preguntas.

 ## 2. Las formas del imperativo formal (Ud., Uds.)

Para el imperativo formal se usan las mismas formas que las de la tercera persona del singular y del plural del presente del subjuntivo.

	Afirmativo	Negativo
preguntar	**pregunte** Ud.	**no pregunte** Ud.
	pregunten Uds.	**no pregunten** Uds.
vender	**venda** Ud.	**no venda** Ud.
	vendan Uds.	**no vendan** Uds.
dormir	**duerma** Ud.	**no duerma** Ud.
	duerman Uds.	**no duerman** Uds.
lavarse	**lávese** Ud.	**no se lave** Ud.
	lávense Uds.	**no se laven** Uds.

ACTIVIDAD 16   En la Clínica Mayo

El doctor Soto examina a su paciente, dándole las siguientes instrucciones.

Modelo: Sacar la lengua.
Saque la lengua.

1. Por favor, desvestirse en esa sala.
2. No ponerse boca abajo, ponerse boca arriba.
3. Respirar profundamente.
4. Levantar los brazos.
5. Al llegar a casa, tomar la medicina cada tres horas.
6. Descansar mucho y no salir por las noches.
7. No tomar bebidas alcohólicas.
8. Sustituir la carne por el pescado.
9. Venir a la clínica dos veces por mes.
10. Traer los análisis de sangre y de orina.

ACTIVIDAD 17   ¿A qué sala del hospital debo llamar?

Es su primer día de trabajo. Ud. está a cargo del mostrador de recepción del hospital. Es un día muy agitado y Ud. tiene que estar preguntándole a la médica de turno qué debe hacer para atender a los enfermos que van llegando.

Modelo: Llega la ambulancia y sacan a un hombre en camilla.
Parece que tiene una pierna fracturada.
—*¿A qué sala del hospital llamo?*
—*Llame a la sala de rayos equis. Pida que le saquen una radiografía al herido.*

1. Una mujer está a punto de dar a luz. Se siente muy mal y quiere ver a un médico de inmediato.
2. Entra una señora con un niño de doce años que llora porque le duele la cabeza, tose mucho y parece que tiene fiebre.
3. A la señora Martínez la están operando del corazón. Su esposo desea saber si la operación ya ha terminado.

ACTIVIDAD 18   En la estación de policía

Ud. es el (la) jefe(a) de policía. De pronto entran en su oficina dos de sus agentes y le informan que hubo un accidente de coches y que hay dos heridos. Déles tres o cuatro instrucciones a sus agentes. Algunas posibilidades:

1. Llevar a los heridos al hospital
2. Ponerlos boca arriba en el suelo
3. Averiguar quiénes son los heridos
4. Llamar a las familias
5. Traer camillas
6. …

Modelo: *Lleven a los heridos al hospital.*

ACTIVIDAD 19   De todos los días

Hay situaciones que se repiten día a día en las que los médicos, dentistas, familiares y maestros se ven en la obligación de dar instrucciones. Con un(a) compañero(a), seleccione una situación y hagan juntos una lista de las instrucciones más comunes.

Modelo: de un médico a su paciente
Saque la lengua.
Relaje los músculos.
No se olvide de tomar la medicina.

1. de una dentista a un niño que tiene miedo
2. de la representante de un centro de nutrición a un señor que quiere bajar cincuenta libras
3. de una sicóloga a un paciente que sufre de depresión
4. de un padre a su hija que ha sacado malas notas y se acuesta tarde
5. de un(a) profesor(a) de español a sus estudiantes

C. El imperativo familiar

¡No te comportes como un niño!

cama / descansando

Desde su *lecho,* cubierto de mantas y *tendido* sobre seis suaves almohadas, Arturo mira con aversión a Susana, que acaba de entrar.

S: Buenos días. ¿Cómo te encuentras esta mañana?

A: Todavía vivo... pero mal, muy mal. Tengo náuseas, dificultades para respirar, me duelen la cabeza, los brazos, la espalda...

S: ¿Has dormido bien?

A: ¡Qué va! Sufro de insomnio.

abre / entrega

S: Ya son casi las nueve. **Tómate** la medicina, por favor.

Susana *destapa* un frasco que está en la mesita de noche y le *alcanza* un jarabe rojo con una cuchara.

S: **Abre** la boca.

It tastes awful!

A: **Déjala** sobre la mesita. Todavía tengo fuerzas para sostener una cuchara con jarabe. ¡Ay! *¡Sabe a demonios!* **¡Quítamela** de delante!

S: Terminemos de una vez por todas. No **te comportes** como un niño caprichoso.

A: De acuerdo, pero ahora **vete,** por favor. Si decido morirme en los próximos cinco minutos, te prometo que te llamaré.

whistling / abre / de la mañana

El enfermo ve salir a Susana, espera a que las puertas se cierren y se levanta *silbando, corre* las cortinas dejando entrar la luz *matinal* a la habitación, abre las ventanas, sonríe y exclama:

A: ¡Qué día tan espléndido hace afuera... y qué bien me siento hoy!

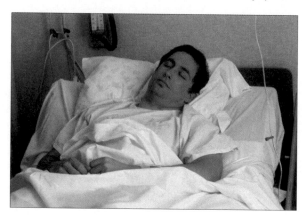

ACTIVIDAD 20   Comprensión y ampliación de la lectura

1. Describa con sus propias palabras la escena entre Arturo y Susana.

2. Comente sobre la conducta de Arturo cuando Susana sale de la habitación.

3. Explique qué razones puede tener Arturo para quedarse en cama en un "día tan espléndido".

ACTIVIDAD 21   ¡Charlemos!

Pregúntele a un(a) compañero(a).

1. En la escuela secundaria, ¿eras buen(a) o mal(a) estudiante?

2. ¿Qué hacías cuando no tenías ganas de ir a la escuela? ¿Te has hecho alguna vez el (la) enfermo(a)? ¿Cuándo? ¿Por qué?

3. ¿Tienes un(a) amigo(a) en la universidad que de vez en cuando se comporta como un(a) niño(a)? ¿Qué hace? ¿Qué dice?

4. ¿Has dejado de asistir alguna vez a tus clases de la universidad porque te sentías muy cansado(a)?

Las formas del imperativo de *tú* y de *vosotros*

El imperativo afirmativo de la forma familiar **tú** tiene las mismas formas que la tercera persona singular del presente del indicativo. Pero, para el imperativo negativo se usa la forma de la segunda persona singular del presente del subjuntivo.

	Afirmativo	Negativo
mirar	**mira** (tú)	**no mires**
volver	**vuelve** (tú)	**no vuelvas**
pedir	**pide** (tú)	**no pidas**

Algunos verbos son irregulares en el imperativo afirmativo, pero las formas negativas siguen la regla anterior.

	Afirmativo	Negativo
decir	**di**	no digas
hacer	**haz**	no hagas
ir	**ve**	no vayas
poner	**pon**	no pongas
salir	**sal**	no salgas
ser	**sé**	no seas
tener	**ten**	no tengas
venir	**ven**	no vengas

El imperativo afirmativo de **vosotros** se forma cambiando la **–r** del infinitivo por **–d.** Para el imperativo negativo se usa la forma de la segunda persona plural del presente del subjuntivo.

	Afirmativo	Negativo
descansar	**descansad**	**no descanséis**
comer	**comed**	**no comáis**
vivir	**vivid**	**no viváis**

Si se usa la forma afirmativa del imperativo de **vosotros** con el pronombre reflexivo **os,** se suprime la **–d** final. (*Excepción:* **irse: id + os = idos**)

	Afirmativo	Negativo
sentarse	(sentad̸ + os) = **sentaos**	**no os sentéis**
ponerse	(poned̸ + os) = **poneos**	**no os pongáis**
vestirse	(vestid̸ + os) = **vestíos**	**no os vistáis**

ACTIVIDAD 22   ¡Haz lo que te digo!

En una nota que le escribe María López a su hija Laura, que está de vacaciones en Viña del Mar, le aconseja lo siguiente.

Complete la nota con el imperativo familiar.

Laurita:

1. Me alegro que las playas de Viña del Mar te gusten tanto, pero _____ (seguir) estos consejos.
2. _____ (Ir) a la playa y _____ (gozar) del clima, pero no _____ (estar) mucho tiempo tendida al sol.
3. _____ (Entrar) y _____ (salir) del agua con frecuencia.
4. _____ (Tener) siempre contigo una bolsa grande y _____ (llevar) en ella una toalla y algunas cremas para no quemarte.
5. Por favor, _____ (cuidarse) mucho y _____ (escribir) pronto.

ACTIVIDAD 23   Estoy resfriado(a). ¿Qué hago?

Ud. se ha pasado todo el día estornudando y no sabe qué hacer ni qué tomar. Felizmente llega su compañero(a) y le va a ayudar a decidir lo que se debe hacer. Añada el síntoma indicado a cada pregunta y luego contéstela, según el modelo.

Modelo: ¿Consultar a un médico o a un farmacéutico?
—*Estoy resfriado(a), ¿consulto al médico o al farmacéutico?*
—*No consultes al médico, consulta al farmacéutico.*

1. ¿Hacer una cita para hoy o para mañana?
2. Mientras tanto, ¿tomar un jarabe o una aspirina?
3. ¿Quedarse en casa o ir a la biblioteca?
4. ¿Llamar por teléfono a la profesora o esperar hasta mañana?

ACTIVIDAD 24   Las plantas medicinales

Hay muchas plantas que tienen propiedades beneficiosas para la salud. Unas las tomamos como té, otras las usamos como extractos y otras como cremas. Con un(a) compañero(a) responda a estos problemas médicos, usando el imperativo familiar. Puede referirse al anuncio para buscar ideas.

Modelo: ¿Qué puedo hacer para sentirme mejor cuando estoy resfriado(a)?
Para sentirte mejor cuando estás resfriado(a), **bebe** *leche caliente con miel,* **duerme** *mucho y* **no tomes** *bebidas frías.*

¿Qué puedo hacer para... ?

sentirme mejor cuando estoy resfriado(a)
aliviar el dolor de cabeza
curar una indigestión

el dolor de músculos
las dificultades respiratorias
los problemas de hígado

Enebro
(Juniperus Comunis)

Zarzaparrilla
(Smilax Campestris)

Cuasia
(Cuasia Amara)

Cedrón
(Simaba Cedron)

Cardo Santo
(Cnicus Benedictus)

Manzanilla
(Matricaria Chamomilla)

Para vivir mejor, tómalas bien frías.

Las "plantas elaboradoras" de Terma son buenas desde siempre. Y en todo sentido.

Buenas para vivir mejor. Y para sentir frescura y bienestar en todo momento. Con estas hierbas,

sabiamente combinadas, hacemos Terma. Una bebida refrescante, de rico sabor y toda natural.

Que ofrece algo que ninguna **Terma** otra bebida puede dar:

la cualidad de apagar la sed de una manera

tan sana y natural como contundente.

TU CONTACTO CON LA NATURALEZA

ACTIVIDAD 25   Situaciones cotidianas

Con un(a) compañero(a) seleccione una de las siguientes situaciones y preséntela en clase.

1. **Recomendaciones antes del viaje**

   Ud. es un padre (una madre) de familia que se va de vacaciones por una semana, pero está muy preocupado(a) porque su hijo(a) se queda solo(a) en casa. Dígale lo que debe y no debe hacer mientras Ud. está de viaje. Su hijo(a) reaccionará con impaciencia.

2. **Cómo dejar de "picar"**

   Ud. es un padre (una madre) de familia que sabe que su hijo(a) está a dieta, pero no deja de abrir el refrigerador y comer lo que encuentra. Dígale que así no va a adelgazar y explíquele lo que debe hacer para no estar picando todo el día. Sea autoritario(a) aunque su hijo(a) reaccione airadamente.

D. El imperativo de *nosotros*

Para formar el imperativo de **nosotros** (*inglés: let's* + verbo[1]), usamos la primera persona del plural del presente del subjuntivo para el imperativo afirmativo y negativo.

	Afirmativo	Negativo
entregar	entreguemos	no entreguemos
correr	corramos	no corramos
salir	salgamos	no salgamos

Los verbos reflexivos pierden la **–s** final en el imperativo afirmativo antes de que se agregue el pronombre reflexivo. En el negativo siguen la forma del subjuntivo.

	Afirmativo	Negativo
quedarse	(quedemos + nos) = **quedémonos**[2]	no nos quedemos
levantarse	(levantemos + nos) = **levantémonos**	no nos levantemos
ponerse	(pongamos + nos) = **pongámonos**	no nos pongamos

El verbo **ir** es irregular en el imperativo afirmativo. En el negativo sigue la forma del subjuntivo.

	Afirmativo	Negativo
ir	vamos	no vayamos
irse	vámonos	no nos vayamos

ACTIVIDAD 26 Vivamos una vida sana.

Constantemente vemos en revistas y periódicos anuncios que nos recuerdan la necesidad de evitar las tensiones y vivir una vida sana. Modifique cada oración, según el modelo.

Modelo: Hay que vivir una vida sana.
¡Vivamos una vida sana!

1. Hay que transformar la tensión en actividad.
2. Hay que correr y montar en bicicleta porque ambos ejercicios nos ponen en contacto con la naturaleza.
3. Hay que practicar ejercicios respiratorios.
4. Hay que relajar los músculos de los brazos, la cara, los hombros, el estómago y las piernas.
5. Hay que levantarse y acostarse temprano para gozar las mejores horas del día.
6. Hay que tratar de mantener siempre un cuerpo sano.

---

[1]*Let's* se puede expresar también usando el modo indicativo **vamos a** + infinitivo en el afirmativo: Vamos a estudiar ahora. En el negativo sólo se usa la forma del subjuntivo.
[2]*Atención:* Cuando se agrega el pronombre hay que escribir un acento sobre la antepenúltima sílaba.

E. Los posesivos

1. Los adjetivos posesivos enfáticos

Singular		Plural	
mío(a)	nuestro(a)	míos(as)	nuestros(as)
tuyo(a)	vuestro(a)	tuyos(as)	vuestros(as)
suyo(a)	suyo(a)	suyos(as)	suyos(as)

Los adjetivos posesivos enfáticos se colocan después del sustantivo. Su uso es menos común que el de los posesivos que preceden al sustantivo. Se usan principalmente en exclamaciones o con el verbo **ser** y concuerdan en género y número con la cosa poseída.

> ¡Dios **mío**! Esos papeles que acabas de romper no son **míos**. ¡Son de mi jefe!
> Un amigo **nuestro** nos aconseja hacerlo.
> Hija **mía,** ¡cuánto te quiero!

2. Los pronombres posesivos

Los pronombres posesivos tienen las mismas formas que los adjetivos posesivos enfáticos, pero se usan con el artículo definido. Concuerdan en género y número con la cosa poseída. Se usan para reemplazar al sustantivo.

> Éste es mi vaso; **el tuyo** está en la cocina.
> Tu libro no es igual que **el mío;** tiene más páginas.
> Sus resultados son mejores que **los nuestros.**
> **La suya** es una historia muy larga, pero muy interesante.

Si se necesita aclarar el significado del pronombre posesivo **el suyo, la suya, los suyos** o **las suyas,** se puede reemplazar el pronombre por una frase preposicional.

> Las suyas [**Las de Ud.**] son las mejores estudiantes.
> Los suyos [**Los libros de María**] le costaron mucho dinero.
> Aquella tierra es la suya [**la de ellos**]; no es la nuestra.

3. *Lo* + adjetivo posesivo

Se usa **lo** + adjetivo posesivo enfático para referirse a una idea general de cosas poseídas.

> No te preocupes por **lo mío** (mis cosas, mis problemas).
> **Lo nuestro** (nuestro amor, nuestra asociación) ha terminado.
> Nos adorábamos tanto, que todo **lo mío** era suyo y **lo suyo** mío.

ACTIVIDAD 27   ¿Lo tuyo fue grave?

Divídanse en grupos de dos o tres estudiantes. Cada estudiante les cuenta a los demás un accidente o un problema de salud que tuvo en algún momento, mientras los otros preguntan los detalles. Cuando terminen, comparen sus casos, y decidan cuál fue el más grave, el más doloroso, el más serio, el más estúpido, etc.

Modelo: —*Lo mío fue malo, pero lo tuyo fue realmente grave.*
            —*Yo creo que lo peor fue lo suyo. Lo tuyo no fue importante.*

 **CON ESTAS PALABRAS!**

Los cognados falsos

Se pueden reconocer fácilmente muchas palabras porque en español y en inglés se parecen. Por ejemplo: **computadora** = *computer*; **universidad** = *university*; **composición** = *composition*. Estas palabras se llaman **cognados.** Sin embargo, otras palabras que tienen ortografía parecida no siempre tienen el mismo significado; cuando no lo tienen se llaman **cognados falsos.** ¿Qué significados diferentes tienen estos pares de palabras?

1. **asistir (a)** = *to attend*
   ¿Piensa Ud. **asistir** a la conferencia de esta tarde?
   to assist = **ayudar**
   La enfermera le **ayudó** a la doctora durante la operación.

2. **aplicación** = *application (of a cream, ointment)*
   Será suficiente con una **aplicación** diaria de este medicamento.
   application = **solicitud**
   Presenté mi **solicitud** para trabajar en ese hospital.

3. **mover** = *to change the position of an object*
   La mesa era tan pesada que no pude **moverla.**
   to move = **mudarse** (cambiar de residencia)
   Pienso **mudarme** de casa.

4. **realizar** = *to fulfill, to achieve*
   Nos prometió que algún día **realizaría** sus sueños.
   to realize = **darse cuenta de**
   Acaba de **darse cuenta de** que no tiene ni un centavo.

5. **registrar** = *to examine, to inspect*
   La policía **registró** toda la casa en busca de armas.
   to register = **matricularse, inscribirse**
   Mi hermano **se matriculó** en la Facultad de Ciencias Políticas.

6. **retirar** = *to take away*
   Retiramos la alfombra para poder bailar.
   retirarse = *to withdraw, to retreat*
   No quería que los vecinos la vieran, por eso **se retiró** del balcón.
   to retire = **jubilarse**
   El profesor Sánchez **se jubiló** hace seis meses.

7. **soportar** = *to put up with, to bear*
   No **soporto** este silencio.
   to support = **mantener, sostener**
   Felizmente tengo suficiente dinero para **mantener** a mi familia.

8. **embarazada** = *pregnant*
   Luisa está **embarazada,** pero su esposo no lo sabe todavía.
   embarrassed = **apenado(a), avergonzado(a)**
   Estaba muy **apenado** porque rompió la copa.

ACTIVIDAD 28   ¿Qué piensa hacer?

Seleccione la palabra correcta.

1. —¿Piensas (asistir/atender) a la reunión de mañana?
   —No sé si puedo. Tengo que (moverme/mudarme) de casa.

2. —Esta mañana fui a (registrarme/matricularme).
   —¡Qué lata! Yo no (mantengo/soporto) el día de la matrícula.

3. —¿A qué universidad (atiendes/asistes)?
   —A la Universidad de Santiago.
   —¿Y quién paga todos tus gastos?
   —Mi padre todavía me (mantiene/soporta).

4. —No sé cuándo voy a (realizar/registrar) mis deseos.
   —Espero que no sea cuando (te retires/te jubiles).

5. —Esos muebles, ¿quieres (moverlos/mudarlos) a la sala?
   —Si tú me (ayudas/asistes), claro que sí.

6. —Con tantas preocupaciones no he podido (atender/ayudar) mi negocio.
   —¡Cómo no (me di cuenta/realicé) que estabas tan preocupada!

AMPLIACIÓN Y CONVERSACIÓN

ACTIVIDAD 29   ¿Vives pensando en tu salud?

Llene el siguiente formulario. Después compare sus respuestas con las de un(a) compañero(a). Comenten los aspectos que les preocupan.

ENCUESTA

	Sí	No
1. ¿Te preocupas cuando estás enfermo(a)?	____	____
2. ¿Te importa que la gente fume a tu alrededor?	____	____
3. Cuando tienes un resfrío, ¿te metes inmediatamente en cama?	____	____
4. ¿Temes que las personas que sufren de alguna enfermedad te la contagien?	____	____
5. ¿Te preocupa la idea de morir de cáncer?	____	____
6. ¿Estás constantemente poniéndote a dieta para adelgazar?	____	____
7. ¿Tienes confianza en los médicos?	____	____
en las medicinas?	____	____
en los remedios caseros?	____	____
8. ¿Tienes un seguro de vida?	____	____

ACTIVIDAD 30　Belleza y salud

Con un(a) compañero(a), estudien estos productos de belleza y salud. ¿Reconocen alguno de ellos? ¿Conocen otros productos similares? ¿Uds. consumen este tipo de productos? ¿Creen que puedan ser útiles para Uds.?

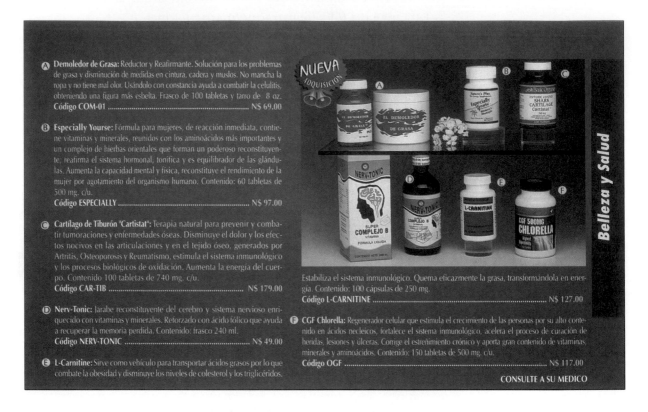

A **Demoledor de Grasa:** Reductor y Reafirmante. Solución para los problemas de grasa y disminución de medidas en cintura, cadera y muslos. No mancha la ropa y no tiene mal olor. Usándolo con constancia ayuda a combatir la celulitis, obteniendo una figura más esbelta. Frasco de 100 tabletas y tarro de 8 oz.
Código COM-01 .... N$ 69.00

B **Especially Yourse:** Fórmula para mujeres, de reacción inmediata, contiene vitaminas y minerales, reunidos con los aminoácidos más importantes y un complejo de hierbas orientales que forman un poderoso reconstituyente; reafirma el sistema hormonal, tonifica y es equilibrador de las glándulas. Aumenta la capacidad mental y física, reconstituye el rendimiento de la mujer por agotamiento del organismo humano. Contenido: 60 tabletas de 500 mg. c/u.
Código ESPECIALLY .... N$ 97.00

C **Cartílago de Tiburón "Cartistat":** Terapia natural para prevenir y combatir tumoraciones y enfermedades óseas. Disminuye el dolor y los efectos nocivos en las articulaciones y en el tejido óseo, generados por Artritis, Osteoporosis y Reumatismo, estimula el sistema inmunológico y los procesos biológicos de oxidación. Aumenta la energía del cuerpo. Contenido 100 tabletas de 740 mg. c/u.
Código CAR-TIB .... N$ 179.00

D **Nerv-Tonic:** Jarabe reconstituyente del cerebro y sistema nervioso enriquecido con vitaminas y minerales. Reforzado con ácido fólico que ayuda a recuperar la memoria perdida. Contenido: frasco 240 ml.
Código NERV-TONIC .... N$ 49.00

E **L-Carnitine:** Sirve como vehículo para transportar ácidos grasos por lo que combate la obesidad y disminuye los niveles de colesterol y los triglicéridos. Estabiliza el sistema inmunológico. Quema eficazmente la grasa, transformándola en energía. Contenido: 100 cápsulas de 250 mg.
Código L-CARNITINE .... N$ 127.00

F **CGF Chlorella:** Regenerador celular que estimula el crecimiento de las personas por su alto contenido en ácidos necleicos, fortalece el sistema inmunológico, acelera el proceso de curación de heridas, lesiones y úlceras. Corrige el estreñimiento crónico y aporta gran contenido de vitaminas, minerales y aminoácidos. Contenido: 150 tabletas de 500 mg. c/u.
Código OGF .... N$ 117.00

CONSULTE A SU MEDICO

Belleza y Salud

Ahora, formulen para su compañero(a) consejos, ruegos, prohibiciones, mandatos, etc. sobre estos productos.

Modelo:　—*Si tienes un examen, te recomiendo que uses Nerv-Tonic porque es bueno para la memoria.*
　　　　　　—*Pues yo te ruego que no tomes L-Carnitine porque no sirve para nada.*

ACTIVIDAD 31　Ud. es lo que come.

Ud. está dando una conferencia en un centro de nutrición, tratando de explicarles a varias personas que comer adecuadamente no quiere decir renunciar a las comidas favoritas. La fórmula perfecta es: 80/20. Esto quiere decir que tengan cuidado con lo que comen un ochenta por ciento del tiempo, y el resto coman lo que deseen. Explíqueles lo que Ud. sepa de los grupos básicos de alimentos y déles instrucciones sobre lo que deben comer y lo que deben evitar comer.

Modelo:　*Para el desayuno... les recomiendo que Uds. sustituyan los huevos fritos por un tazón de cereal. Es mejor que tomen leche sin grasa y, si aún tienen hambre, que coman una manzana o una pera mediana.*

1. Para el almuerzo...
2. Para la cena...
3. Para una meriendita...
4. Para un viaje por tren...
5. Para un pícnic en la playa...

ACTIVIDAD 32 Creo que tengo gripe.

Su compañero(a) cree que tiene gripe y quiere tomar algunas precauciones para no enfermarse. Hágale algunas preguntas y después déle algunos consejos prácticos.

Para la comunicación:

¿Cómo te sientes (hoy)?
¿Te duele algo?
¡Que te mejores!
¡Cálmate!
¡Quédate en cama!
¡Tómate la temperatura!

¿Qué te pasa?
Te veo muy pálido(a).
¡Que no sea nada grave!
¡No es para tanto!
¡Toma vitaminas!

ACTIVIDAD 33 Mi amigo(a) sufrió un desmayo.

Trabaje con un(a) compañero(a) de clase. Ud. está al teléfono; su compañero(a) es el (la) recepcionista que recibe su llamada al hospital.

Su mejor amigo(a) acaba de sufrir un desmayo en su casa mientras Ud. estaba allí.

1. Llame a la Sección de Urgencias del hospital y pida que manden una ambulancia.
2. Dé la dirección de la casa y el número de teléfono de su amigo(a).
3. Describa cómo y cuándo ocurrió el desmayo.
4. Pregunte qué debe hacer hasta que llegue la ambulancia.
5. ...

ACTIVIDAD 34 Ejercicios que se deben hacer

Con un(a) compañero(a) de clase, prepare instrucciones para los ejercicios indicados en la próxima página.

Para la comunicación:

levantar el brazo derecho / izquierdo y sin
    doblar las rodillas
extender las piernas / los brazos
doblarse y tocar el suelo
sostener la respiración

estirar los músculos del pecho / la espalda
evitar la mala posición
llevar las manos al pecho / a las caderas / a los
    hombros
tenderse (to lie) en el suelo

ACTIVIDAD 35 ¿Cuál es la mejor actividad aeróbica?

1. Con un(a) compañero(a), intercambie ideas sobre cuál de las siguientes actividades aeróbicas es la mejor para sentirse en forma.
   a. la natación
   b. la caminata
   c. el trote
   d. el ciclismo
   e. ¿…?

2. Después escriban un párrafo sobre los beneficios de una de las actividades y las instrucciones para mantenerse una rutina diaria.

Modelo: *La caminata es probablemente el deporte más agradable porque… Si decides caminar, comienza por…*

ACTIVIDAD 36 Mesa redonda

Escoja tres o cuatro compañeros para formar una mesa redonda e intercambiar ideas sobre los siguientes temas de discusión.

1. **¿Debe prolongarse la vida de los enfermos incurables?**

   En los últimos años ha habido varios casos en los que los familiares de un(a) enfermo(a) han tratado de no prolongar su vida para que no sufra más. ¿Recuerda Ud. haber leído algo sobre este tema tan controvertido? ¿Piensa Ud. que es justo que los familiares de un(a) enfermo(a) incurable decidan si debe o no debe vivir? ¿O cree que es justo que la medicina prolongue la vida artificialmente? Exprese sin miedo su opinión sobre este problema de interés general.

2. **El derecho a la salud**

   La Organización Mundial de la Salud establece que la salud es un derecho del ser humano sin distinción de razas, religiones, partidos políticos o condiciones sociales y económicas. ¿Cree Ud. que los gobiernos deben cuidar de la salud pública o debe ser ésta una obligación individual? ¿Cuáles son las ventajas y desventajas de que el gobierno sea el responsable del mantenimiento de la salud pública? La desnutrición es una de las enfermedades características de la pobreza. ¿Piensa Ud. que con la socialización de la medicina se daría fin a esta enfermedad cada vez mayor en el mundo?

¡Defienda sus puntos de vista!

ACTIVIDAD 37 Minidrama en dos actos

Personajes: el (la) enfermero(a) de turno
los pacientes de emergencia (los estudiantes de la clase)
el (la) médico(a) en su consultorio

1. **Primer acto** *Lugar: El servicio de urgencias de un hospital*

   Hoy es un día muy ocupado. Cada dos minutos se presenta un nuevo caso de emergencia y, como Ud. está de enfermero(a) de turno, no sabe por dónde comenzar. Los pacientes inventarán síntomas y accidentes.

   1. Primero haga que los pacientes llenen el formulario de entrada al servicio de urgencias.
   2. Después de las preguntas de rutina, hágalos pasar al consultorio del (de la) médico(a) por orden de llegada. ¡No cometa errores!

Ficha de entrada al servicio de urgencias

Nombre y apellido:

_____

Nacionalidad:

_____

Fecha de nacimiento:

_____

Lugar de nacimiento:

_____

Sexo: _____ Estado civil: _____ Número de hijos: _____
Domicilio:

_____

Teléfono: _____ Profesión: _____
Tipo de accidente:

_____

Síntomas de la enfermedad:

_____

_____

_____

---

2. **Segundo acto**   *Lugar: El consultorio del (de la) médico(a)*

El (La) médico(a) examina uno por uno a los pacientes y les da algunas recomendaciones y algunas órdenes estrictas. Los pacientes dan las gracias y se despiden.

¿Qué saben Uds. de... Chile?

A. Recordar lo que sabemos.

En la lección 6 de *Horizontes: Cultura y literatura* y en otras lecciones de *Horizontes: Gramática y conversación* hay varias menciones a Chile. Repasando y recordando lo que leyeron, responda con un(a) compañero(a) a las siguientes preguntas.

1. ¿Dónde está Chile? ¿Cuál es su capital? ¿Sabrían situarla en el mapa? ¿Y la ciudad de Valparaíso?
2. ¿Qué cadena montañosa cruza el país como si fuera su espina dorsal? ¿Por qué es famosa la isla de Rapa Nui, también conocida como Isla de Pascua?
3. ¿Qué materias primas importantes produce Chile? ¿Cómo influye esto en el desarrollo del país?
4. ¿Quién es Augusto Pinochet? ¿Por qué es un chileno famoso? ¿Cuál es el sistema político de Chile en este momento?
5. ¿Recuerdan a Pablo Neruda? ¿Qué escribió? ¿Dónde creen Uds. que se situó políticamente, a favor o en contra de Pinochet? ¿Podrían Uds. explicar su posición?

B. Ampliar lo que sabemos.

¿Les gustaría aprender más sobre Chile? Reúnanse en grupos de tres o cuatro personas y preparen una presentación sobre uno de los siguientes temas. Elijan el que más les interese, u otro que no aparezca en la lista.

- La peculiar composición de la población chilena: la mayoría europea y las minorías indígenas. Causas históricas y estado presente.
- Las otras lenguas de Chile: mapuche, quechua, aymará y pascuense o rapanuí.
- La diversidad geográfica de Chile desde los desiertos del norte hasta la Antártica. La riqueza del subsuelo y la importancia de la minería. Una pequeña muestra de la belleza del paisaje chileno: Osorno, Llanquihue y Chiloé.
- Las misteriosas esculturas de Rapa Nui, la Isla de Pascua.
- Las músicas de Chile. Dos artistas integrales que alcanzaron fama internacional como cantantes de la libertad y de la vida: Violeta Parra y Víctor Jara. Intérpretes de música clásica de reconocimiento internacional: Claudio Arrau y Verónica Villarroel.
- La literatura en Chile y Chile en la literatura. La literatura en Chile: la importancia de los (las) escritores(as) chilenos(as) del siglo XX. Chile en la literatura: la representación de los conflictos en *La Araucana* de Alonso de Ercilla y *La casa de los espíritus* de Isabel Allende.
- Hollywood y el cine de denuncia de las dictaduras latinoamericanas: *Missing, La muerte y la doncella (Death and the Maiden)* y *La casa de los espíritus (The House of the Spirits)*. Otras películas de éxito basadas en personajes chilenos: *El cartero de Neruda.* El cine chileno.

- Chile, país de poetas. Los premios Nobel de la literatura chilenos: Gabriela Mistral y Pablo Neruda. La belleza del *Cancionero general* de Pablo Neruda según la versión musical de Mikis Theodorakis.
- Algunos momentos de la historia de Chile, desde la llegada de Valdivia hasta los tiempos presentes: la lucha entre los pobladores nativos y los conquistadores españoles; la independencia de Chile; la tradición democrática chilena; el derrocamiento de Allende y la dictadura de Pinochet.
- El papel del capital internacional en la economía y la política chilena. Los intereses de las grandes corporaciones en Chile y su intervención en el derrocamiento del gobierno socialista de Salvador Allende.
- Las consecuencias que la detención de Pinochet en Londres pueden tener en el derecho internacional. El futuro de la impunidad de los dictadores en el mundo.
- El folklore chileno: las fiestas de la Virgen del Carmen en la Tirana; la fiesta de la Candelaria en Copiapó; la fiesta de la Rosa de Pelequén.
- Las delicias de la cocina chilena: el pastel de choclo (maíz), los porotos (frijoles) granados, el asado chileno a la parrilla, las empanadas, el congrio, la albacora y los mariscos. La calidad de los vinos chilenos y la importancia de su producción.

C. Compartir lo que sabemos. ¿Cómo preparar la presentación?

1. Utilicen todo tipo de fuentes de información para investigar sobre el tema elegido: libros, prensa, Internet, etc.
2. Incluyan en su presentación todos los medios audiovisuales que crean convenientes: fotografías, mapas, dibujos, videos, cintas o discos de música, etc.
3. Ofrezcan a sus compañeros de clase un esquema de todos los puntos que van a desarrollar en su presentación.

ANTES DE ESCRIBIR

¡REVISE SU ORTOGRAFÍA!

El verbo *haber*

1. Se traduce **hay** al inglés como *there is, there are* o *one has to*.[1]

there is	En su ciudad **hay** mucha contaminación ambiental.
there are	**Hay** también grandes problemas de vivienda.
one has to	**Hay que** tener cuidado con la salud.

Hay vs. **ay** vs. **ahí**

Ay es una palabra exclamativa.

¡**Ay**! ¡Qué pena me da no poder ir a tu fiesta!

Ahí es un adverbio de lugar, como **aquí, acá, allí** y **allá**.

Ahí están las pastillas que buscabas.

---

[1]Ver Lección 3, pág. 95 para el uso del pretérito **hubo** (*it took place*) y el imperfecto **había** (*there was/were*).

2. En el presente perfecto,[1] **haber** *(to have + past participle [eaten, been, gone, etc.]* en inglés) lleva la letra **h–** en ambas lenguas.

He ido a la casa de tu amigo.

Has recibido un mensaje.

Camila **ha** hablado mucho de ti.

A Manuel le duele el estómago porque **ha** comido demasiado.

I **have** gone to your friend´s house.

You **have** received a message.

Camila **has** talked a lot about you.

Manuel has a stomachache because he **has** eaten too much.

Ha vs. **ah** vs. **a**

Ah es una palabra exclamativa.

¡Ah! Ya recuerdo qué vine a hacer.

A es una preposición.[2]

No conozco **a** ningún pediatra en esta ciudad.

Señora, ¿le ha dado Ud. la receta **al** farmacéutico?

En las vacaciones del año pasado fuimos **a** la playa.

Mañana va **a** hacer calor (mañana hará calor).

COMPOSICIÓN

Atajo writing assistant software supports your efforts with the task outlined in this *Composición* section by providing useful information when the following references are accessed.

Phrases/Functions: Comparing and contrasting; describing health; expressing an opinion; linking ideas; persuading; weighing the evidence; writing an essay; writing an introduction; writing a conclusion

Vocabulary: Body: parts, senses; health: diseases and illness; house; medicine; people; plants: gardens and gardening; upbringing

Grammar: Comparisons: equality and inequality; negation; verbs: preterite and imperfect; verbs: subjunctive with conjunction

ENFOQUE: Los viejos remedios familiares

¡Prepárese a escribir!

Antes de comenzar a escribir su composición, intercambie ideas con sus compañeros sobre las ventajas y desventajas de los métodos medicinales caseros. Por ejemplo:

1. Hoy en día, muchas mujeres embarazadas prefieren ser atendidas por matronas y dar a luz en su casa.

2. Para curar el resfrío, muchos piensan que lo mejor es tomar mucho zumo de naranja o limón con miel y evitar, en lo posible, los antibióticos.

3. Para la tos y el dolor de garganta se prefieren las infusiones de hierbas medicinales. Los jarabes recetados por los médicos contienen alcohol y azúcares que no son buenos para la salud.

4. Muchas personas tienen gran confianza en los poderes curativos de los masajes, de los tratamientos de acupuntura y de acupresión y de las aguas medicinales.

¡Organice sus ideas!

A continuación, escoja el tema que más le interese de la sección de *¡Prepárese a escribir!* y hágase las siguientes preguntas.

1. ¿La información que tengo es interesante?

2. ¿Tengo suficientes datos para escribir uno o dos párrafos?

---

[1]Ver Lección 5, sección A, pág. 155–156 para la explicación del presente perfecto.

[2]Ver Lección 5, sección D, pág. 169 para los distintos usos de la preposición **a**.

3. ¿Cómo podría organizar la información que tengo? ¿Podría mencionar primero las ventajas y después las desventajas de los métodos tradicionales? ¿Podría dar mi opinión al final?

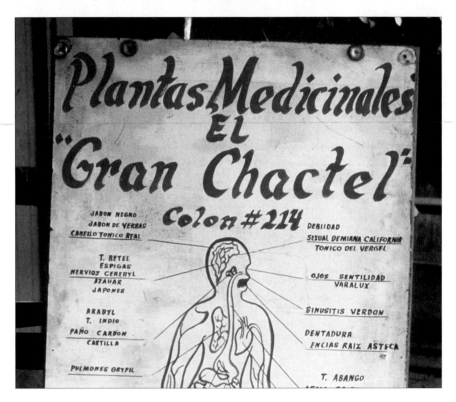

Sólo después de hacerse todas estas preguntas, comience a escribir el borrador de su composición.

LECCIÓN 7

El centro de la ciudad

¿Conoces mi ciudad?

1. Observe con atención el dibujo y describa las diferentes escenas, teniendo en cucnta...
   a. el lugar.
   b. la hora del día.
   c. los edificios.
   d. los vehículos y el tránsito.
   e. los peatones.
   f. ¿...?

2. Conteste las siguientes preguntas.
   a. ¿Se podría decir que la escena tiene lugar en el centro de la ciudad? ¿Por qué? ¿Qué tipo de edificios se ven al fondo de la calle principal?
   b. Si Ud. estuviera en esta ciudad, ¿a qué restaurante podría ir? ¿Qué vehículo de transporte está parado delante del restaurante?
   c. ¿Podría describir la escena que tiene lugar delante del almacén La Elegancia? ¿Qué infracción de tránsito cometería el conductor del coche? ¿Se estacionaría en una zona prohibida?
   d. ¿Quién parece necesitar un taxi? ¿Qué puede estar señalando con la mano el muchacho que desea subir al taxi? ¿Cree Ud. que el taxista comprenderá las señales del muchacho? ¿Por qué?
   e. ¿Qué opina Ud. de la familia que está tratando de cruzar la calle? ¿Cómo es el padre? ¿la madre? ¿los niños? ¿Se parece esta familia a su familia? ¿Por qué sí? ¿Por qué no?
   f. ¿Cómo viste la muchacha que está cerca del monumento a la cruz? ¿Cuántos años tendrá?
   g. ¿Qué servicio de transporte está delante de la oficina de correos? ¿Piensa Ud. que toda ciudad grande debe contar con una red de metros? ¿Le gusta viajar en metro?

ENFOQUE

ACTIVIDAD 1   ¡Dé su opinión!

1. ¿Cuáles son las ventajas de vivir en una ciudad grande? ¿En una pequeña? ¿Dónde piensa Ud. vivir en el futuro? ¿Por qué?

2. ¿Cuáles son los problemas que confronta la ciudad en la que Ud. vive? ¿la contaminación ambiental? ¿el transporte urbano? ¿la violencia y el crimen?

3. ¿Cómo es el tránsito de vehículos en su ciudad? ¿Hay muchos embotellamientos? ¿Cuáles son los medios de transporte más usados? ¿Cree Ud. que las tarifas de transporte son razonables?

4. ¿Hay problemas de vivienda en el lugar donde Ud. vive? ¿Son muy altos los alquileres? ¿Dónde y cómo viven las familias de bajos ingresos? ¿En qué zona de la ciudad viven los que tienen mucho dinero?

ACTIVIDAD 2   ¡Charlemos!

1. Hágale a un(a) compañero(a) de clase algunas de las preguntas de la Actividad 1 y otras que a Ud. le interesen. Al hablar con su compañero(a), no se olvide de usar la forma familiar (tú).

2. Después, informe a la clase sobre la charla con su compañero(a).

VOCABULARIO PARA LA COMUNICACIÓN

En el centro

La ciudad y sus problemas

el alcalde (la alcaldesa) *mayor*
la alcaldía municipal/el ayuntamiento *city hall*
el (la) ciudadano(a) *citizen*
la comunidad *community*
la delincuencia *delinquency*
el (la) delincuente *criminal, delinquent*
los desamparados *homeless*

la huelga/el paro *strike*
la injusticia social *social injustice*
la policía *police*
el policía (la mujer policía) *policeman (police woman)*
sufrir un atraco *to be mugged*
la vivienda *housing*

En la calle

atropellar *to run over*
el autobús *bus*
    la parada de autobuses *bus stop*
la bicicleta *bicycle*
el coche *car*
    el conductor/el chofer *driver*
    el (la) pasajero(a) *passenger*
    la tarifa de transporte *transportation fare*
la congestión/el embotellamiento de tránsito *traffic jam*

doblar la esquina *to turn the corner*
    a la derecha *to turn right*
    a la izquierda *to turn left*
el (la) mendigo(a) *beggar*
el metro *subway*
la moto(cicleta) *motorcycle*
    montar en *to ride*
la muchedumbre *crowd*
el peatón *pedestrian*
    cruzar la calle *to cross the street*

el puesto de periódicos *newspaper stand*
las señales de tránsito *traffic signs*
el semáforo *traffic light*

el transporte urbano *urban transportation*

En el almacén de ropa

el abrigo (de piel) *(fur) coat*
la blusa de manga corta (larga) *short- (long-) sleeved blouse*
la bolsa *purse*
las bragas *underwear*
la falda lisa *plain skirt*
    a cuadros *plaid*
    a rayas *striped*
las sandalias *sandals*
el sujetador *bra*

el vestido de algodón *cotton dress*
    de lana *wool dress*
    de seda *silk dress*
los zapatos de tacón *high-heeled shoes*
    planos *flat shoes*
estar de moda *to be in style*
    pasado de moda *out of fashion*
    en rebaja *on sale*
las gangas *bargains*
llevar, usar *to wear*

El departamento de caballeros

las botas *boots*
los calcetines *socks*
los calzoncillos *underwear*
la camisa *shirt*
la cartera *wallet*
la chamarra/la chaqueta *jacket*
el cinturón *belt*
la corbata *tie*

los guantes *gloves*
el impermeable *raincoat*
los pantalones *pants*
el pañuelo *handkerchief*
el suéter *sweater*
el traje *suit*
los vaqueros *blue jeans*

En el (super)mercado

la carne de res *beef*
    cordero *lamb*
    pavo *turkey*
    pollo *chicken*
    ternera *veal*
la carnicería *butcher shop*
    el (la) carnicero(a) *butcher*
    el chorizo *sausage*
    el jamón *ham*
    los mariscos *seafood*
    el pescado *fish*
la fruta (madura/verde) *(ripe/green) fruit*
    la fresa *strawberry*
    la manzana *apple*
    la naranja *orange*

    la pera *pear*
    el plátano *banana*
    la sandía *watermelon*
    las uvas *grapes*
el pan *bread*
las verduras/los vegetales *vegetables*
    la cebolla *onion*
    la col *cabbage*
    los frijoles *beans*
    las habichuelas *(green) beans*
    los hongos/los champiñones *mushrooms*
    la lechuga *lettuce*
    las papas, las patatas *potatoes*
    el pepino *cucumber*

¿Ciudad sucia o ciudad limpia?

Ciudad SUCIA	*Ciudad* LIMPIA	*Ciudad* SUCIA	*Ciudad* LIMPIA

NATURALEZA

Para estar a la última hay que tener en casa una porción de naturaleza. Hay que darse prisa antes de que las especies exóticas desaparezcan. Y no sólo podemos disfrutar de animales, también las maderas tropicales son estupendas para los muebles del jardín.

Los animales y las plantas tienen que estar en su medio natural. Hay especies adecuadas para la vida urbana –perros o pájaros–. Si se quiere tener en casa nuestra propia selva, todos los animales y plantas importados tienen que tener su documentación en regla.

BASURAS

Los envases nos fascinan. Cada vez compramos más guiados por el tamaño y colorido de las cajas. Aunque nos hemos convertido en una máquina de fabricar residuos y en EE. UU. la industria de la basura ocupa el cuarto puesto en la economía, no debemos preocuparnos.

Tenemos que detener el crecimiento de la montaña de basura consumiendo sólo lo necesario y recuperando los residuos que ya hemos generado y reciclando las basuras. Las claves del éxito en la guerra contra las basuras son la educación y la participación estable de la población.

TRANSPORTE

El coche es el invento del siglo. Imprescindible para moverse con comodidad, y cada vez más barato y seguro. Ademas, las gasolinas sin plomo contaminan menos. Y podemos movernos escuchando la radio y con el aire acondicionado a tope. Un lujo al alcance de todos.

Los transportes públicos son cada vez más rápidos, cómodos y baratos (en relación al coche). Y contaminan menos. Si se vive en las afueras, se puede llegar a un acuerdo con vecinos para usar un vehículo. La bicicleta es el medio más utilizado del mundo. Es barato y saludable.

AGUA

Abrir el grifo y dejar que el agua corra es baratísimo. De momento. Por lo tanto, merece la pena aprovecharse: largos baños, grifos abiertos mientras nos lavamos la cara y los dientes, el césped como si viviésemos en Irlanda, practicar golf, lavar el coche cada cuatro días...

El agua no es un bien eterno. Ducha en lugar de baño. Grifos bien cerrados. El wáter no es el cubo de la basura. Meter en la cisterna dos botellas llenas de agua. Regar adecuadamente.

Más información en Internet: http://www.recycle.net/recycle

ACTIVIDAD 3 Comprensión de la lectura

Diga si cada una de estas oraciones corresponde a la ciudad limpia o a la sucia.

1. Las personas tienen en sus casas todo tipo de especies animales exóticas y en sus jardines muebles de maderas tropicales.
2. Los habitantes utilizan sistemas de transporte público, comparten un coche para ir a trabajar o van en bicicleta.
3. La gente compra por el tamaño y el color de los envases, sin preocuparse de los efectos en el incremento de la basura.
4. A nadie le importa ahorrar agua porque es barata.
5. La gente prefiere ducharse en lugar de bañarse en la tina.
6. Es mejor consumir sólo lo que necesitamos y reciclar los desperdicios.

7. Las personas prefieren ir en su propio coche a todas partes porque saben que la gasolina sin plomo contamina menos.

8. Los habitantes sólo quieren animales adecuados para la vida urbana, como perros o pájaros.

ACTIVIDAD 4   ¿Y Ud., qué opina?

1. ¿En qué grupo de habitantes se incluía Ud. antes de la lectura, en el grupo de la ciudad limpia o en el grupo de la sucia? ¿Por qué? ¿Y después de la lectura?

2. ¿Cree Ud. que la mayoría de los habitantes de su ciudad viven como corresponde a una ciudad limpia o a una sucia? ¿Qué se puede hacer para mejorar la situación en su ciudad?

3. ¿Qué es más fácil, vivir según las reglas de una ciudad limpia o según las reglas de una ciudad sucia? ¿Cuál de los dos modos de vida prefiere Ud.?

4. ¿A Ud. le parece importante vivir en una ciudad limpia? ¿Por qué? ¿Qué hace Ud. para que su ciudad sea más limpia?

GRAMÁTICA

 ### A. El subjuntivo en cláusulas adjetivales y adverbiales

Vivienda para las mayorías

lower income / Según

por mes

En la provincia de Mendoza, Argentina ha sido creado el Programa de Vivienda con el propósito de ayudar a las familias de *bajos ingresos. Bajo* este programa, todas las personas que **trabajen** podrán obtener un crédito para comprar una casa cómoda, siempre que **sean** jefes de familia, **ocupen** permanentemente la vivienda y **puedan** hacer los pagos *mensuales.*

A fin de que los beneficios **lleguen** a las mayorías, el Programa de Vivienda cuenta con varios tipos de casas económicas. Los precios exactos de estas viviendas aún no se han dado a conocer, pero en cuanto la Alcaldía Municipal **tenga** esta información, se notificará a los interesados.

Las personas que **deseen** más información pueden dirigirse a las oficinas del Programa de Vivienda de su ciudad para que les **envíen** más detalles.

ACTIVIDAD 5   Comprensión de la lectura

Dígale a su compañero(a).

1. Tres condiciones que se necesitan en Mendoza para obtener un crédito de vivienda.

2. Cómo se puede obtener más detalles sobre las viviendas para familias.

ACTIVIDAD 6 ¿Cuáles son sus planes?

1. ¿Cuándo cree Ud. que podrá comprar una casa? ¿Cuántas habitaciones desea Ud. que tenga su futura casa? ¿Quiere que su vivienda sea de uno o de dos pisos? ¿Piensa pagarla al contado o solicitar un crédito para pagarla mensualmente en treinta años?

2. Hasta que compre una casa, ¿dónde y cómo piensa vivir? ¿Preferiría vivir en el centro de una ciudad o en un barrio residencial? ¿en una casa moderna o antigua? ¿Qué estilo de casas le gusta? ¿Por qué?

1. Los usos del subjuntivo en cláusulas adjetivales

Una cláusula que describe un sustantivo y funciona como un adjetivo es una cláusula adjetival.

> Quiero una casa **grande**.
> Quiero una casa **que sea grande**.
> Quiero esa casa **que es tan grande**.

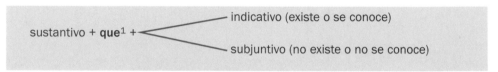

sustantivo + **que**[1] +
— indicativo (existe o se conoce)
— subjuntivo (no existe o no se conoce)

Se usa el indicativo...	Se usa el subjuntivo...
cuando la claúsula adjetival se refiere a una persona o cosa que existe y se conoce.	cuando la oración subordinada se refiere a una persona o cosa que no existe o no se conoce.
Conocemos un restaurante que **sirve** comida argentina.	No conocemos ningún restaurante que **sirva** comida argentina.
Busco al chico que me **ayuda** siempre.	Busco un chico que me **ayude** mañana.
Hay muchas personas que **conocen** la ciudad mejor que yo.	No hay nadie que **conozca** la ciudad mejor que yo.
Los ministros que **vienen** serán recibidos por el pueblo. (Me refiero a ministros específicos.)	Los ministros que **vengan** serán recibidos por el pueblo. (No sé cuáles vienen.)
El mundo en que **vivimos** es muy complicado. (¡Ya lo sabemos!)	El mundo en que **vivamos** será muy complicado. (No sé cómo será.)

 ### ACTIVIDAD 7 La ciudad necesita un nuevo alcalde.

Los ciudadanos van a votar por un nuevo alcalde y piensan que ha llegado el momento de decir lo que ellos esperan de él o ella. El sindicato de trabajadores está hoy reunido para expresar sus deseos.

Complete las siguientes oraciones con un tiempo verbal del indicativo o del subjuntivo.

---

[1] Véase la Lección 10, págs. 329–330, para el uso de los pronombres relativos.

1. Necesitamos un alcalde que _____ (tener) experiencia en los asuntos de la ciudad.

2. El alcalde anterior no _____ (preocuparse) por los grupos étnicos.

3. Hay muchos ciudadanos que _____ (querer) ser alcalde, pero no tienen suficiente experiencia.

4. Queremos a alguien que _____ (trabajar) contra las injusticias sociales.

5. Tiene que ser una persona que _____ (comprender) el grave problema de la delincuencia juvenil.

6. La ciudad en que _____ (vivir, nosotros) es algo peligrosa.

7. Buscamos un político que _____ (poder) decir **no** a la delincuencia.

8. Debemos elegir a un ciudadano que _____ (ser) miembro de nuestra comunidad.

 ACTIVIDAD 8   En busca de...

Cada día se ven en los periódicos los anuncios más diversos, escritos por personas que están deseosas de encontrar lo que necesitan. Para cada una de las siguientes categorías, escriba un anuncio de periódico con la ayuda de un(a) compañero(a).

Modelo: Busco un(a) vendedor(a) que tenga experiencia de trabajo, hable inglés y esté dispuesto(a) a viajar por el interior del país. Llame al 22-31-54. Pregunte por Laura.

1. un(a) secretario(a)
2. un(a) compañero(a) de vivienda
3. un coche usado
4. un(a) tutor(a) de español
5. un(a) amigo(a) para salir

ACTIVIDAD 9   ¡Charlemos!

Lea el anuncio del seguro médico Sanitas en la página 224 y luego conteste las siguientes preguntas.

1. En cuanto a un(a) médico...
   Si tiene que verte un(a) médico(a), ¿cuál será? ¿El (La) médico(a) que haya en tu universidad? ¿el (la) que te indique tu seguro? ¿el (la) de tus padres? ¿el (la) que tú elijas?

2. En cuanto a una casa...
   ¿Dónde quieres que esté la casa que compres o alquiles, en el centro o en las afueras de la ciudad? ¿cerca de un hospital o de un parque? ¿cerca del mar o de las montañas? ¿Quieres una casa que tenga muchas o pocas habitaciones?

3. En cuanto a las compras...
   a. ¿Adónde prefieres ir de compras, al centro de la ciudad o a cualquier tienda que esté cerca de tu casa? Si vas a comprar verduras, ¿cuáles prefieres, las que estén frescas en ese momento o las que te gustan a ti, aunque sean enlatadas?
   b. Cuando vas a comprar ropa, ¿compras sólo las prendas que necesitas o compras también cualquier ropa que esté en rebaja, aunque no la necesites?

2. Los usos del subjuntivo en cláusulas adverbiales

Las cláusulas adverbiales funcionan como adverbios.

—¿Cuándo vendrá el autobús? —Vendrá **pronto.**
—Vendrá **cuando pueda.**

Cláusula principal + expresión de	tiempo o concesión	+	indicativo (real/habitual) o subjuntivo (hipotético)

Tiempo	Concesión
cuando *(when)*	a pesar (de) que *(although)*
mientras (que) + indicativo *(while)*	aunque + indicativo *(although)*
+ subjuntivo *(we don't know how long)*	+ subjuntivo *(even if)*
	aun cuando *(even though)*
tan pronto (como) *(as soon as)*	
en cuanto *(as soon as)*	
hasta que *(until)*	
después (de) que *(after)*	

Se usa el indicativo...	Se usa el subjuntivo...
cuando una expresión de tiempo o concesión introduce una cláusula subordinada que expresa una experiencia real o verdadera.	cuando una expresión de tiempo o concesión introduce una cláusula subordinada que expresa una acción que aún no ha tenido lugar.
No le dieron dinero **cuando** lo **pidió**.	No le darán dinero **cuando** lo **pida**.
Siempre vuelve a casa **en cuanto hace** las compras.	Volverá a casa **en cuanto haga** las compras.

Cláusula principal + expresión de { propósito, condición + subjuntivo o anticipación }

Propósito	Condición	Anticipación
a fin de que	sin que	antes (de) que
a que	a menos que	
para que	con tal (de) que	
	salvo que	
	a no ser que	
	en caso (de) que	
	mientras que[1]	

Se usa el subjuntivo...

Porque las expresiones de propósito, condición y anticipación sólo pueden introducir acciones que aún no se han realizado.

Te lo regalo **para que te acuerdes** de mí.
Los invito al cine, **a menos que tengan** un programa mejor.
Salgamos **antes de que llueva**.

 ACTIVIDAD 10   ¡Vamos a hacer una fiesta!

Patricia y Lorena preparan una fiesta para sus amigos. Patricia piensa que será la fiesta del año y desde esta mañana no hace otra cosa que organizarla. Veamos lo que dice. Complete sus comentarios con el subjuntivo o el indicativo.

1. Los muchachos se van a poner muy alegres en cuanto tú les _____ (decir) que vamos a tener una fiesta.

2. Ellos van a alegrarse cuando _____ (saber) que se está organizando la fiesta.

---

[1] Cuando **mientras (que)** tiene el significado de *as long as* (condición), se usa sólo el subjuntivo. Cuando tiene el significado de *while* (tiempo), se usan indicativo o subjuntivo, según el caso.

3. Yo iré a la pescadería, siempre que mis hermanos _____ (ir) a la carnicería.

4. Rubén preparará el postre mientras que nosotros _____ (estar) de compras.

5. Compraré los mariscos hoy, para que mañana ni tú ni yo _____ (tener) que salir.

6. Tendremos que preparar un plato de verduras porque algunos de los invitados _____ (ser) vegetarianos.

7. Gabriel puede traer los refrescos, a menos que Juan _____ (querer) hacerlo.

8. Nos divertiremos hasta que _____ (salir) el sol.

ACTIVIDAD 11   En el almacén de ropa Las Gangas

Forme una oración con un elemento de cada columna.

Modelo: *Voy a llevar dinero en caso de que tú quieras comprar unos pantalones.*

Yo le haré una rebaja...	...en caso de que...	...tú (comprar) la falda que te gusta.
No compraré esa falda a rayas...	...hasta que...	...Ud. (poder) comprar la blusa.
Voy a llevar dinero...	...tan pronto como...	...(tener) que trabajar día y noche.
Te regalaré este abrigo de lana...	...a no ser que...	...Ud. (llevarse) la blusa.
Iremos al departamento de caballeros...	...con tal que...	...(estar) en rebaja.
Compraré el impermeable y las botas...	...a pesar de que...	...tú (querer) comprar unos pantalones.
	...para que...	...(llegar) la época de lluvias.
	...sin que...	
	...cuando...	
	...aunque...	

ACTIVIDAD 12   No conozco la ciudad

Imagínese que un(a) amigo(a) acaba de llegar, no conoce la ciudad y le hace varias preguntas. Complete el diálogo con la ayuda de un(a) compañero(a).

1. L: ¿Cómo se llega al centro?
   B: Mira, camina dos cuadras y después dobla a la derecha cuando (tú)...

2. A: ¿Hay congestión de tránsito?
   B: Sí. No cruces la calle hasta que el semáforo...

3. A: Quisiera ir al concierto. ¿Crees que encontraré boletos... ?
   B: No lo dudo, pero tan pronto como el concierto...

4. A: ¿Puedo regresar del centro en autobús después que... ?
   B: Sí, a menos que...

5. A: En caso de que me pierda en la ciudad, ¿qué hago?
   B: Llámame por teléfono para que...

¡No se pierda! Pídale indicaciones a alguien que conozca la ciudad.

ACTIVIDAD 13   Situaciones cotidianas

Imagínese que Ud. es vendedor(a) en el almacén Primavera y su compañero(a) es un(a) cliente que quiere comprar una prenda de ropa como regalo para su novio(a). ¡No deje que el (la) cliente se vaya sin comprar!

Como Ud. es un(a) vendedor(a) de primera clase, ofrézcale todo lo que pueda:

a. corbatas para que...
b. pañuelos que no...
c. guantes que...

d. cinturones...
e. carteras...

Para la comunicación, pueden usar algunas de estas expresiones:

mientras que estén en venta	*while they are on sale*
antes de que se vendan	*before they are sold*
aunque sean más caros	*even if they are more expensive*
mientras haya...	*as long as there is (are) . . .*
a no ser que no le guste	*unless you don't like*

ACTIVIDAD 14   ¡Charlemos!

Pregúntele a su compañero(a).

1. Cuando te gradúes, ¿piensas trabajar o seguir especializándote en tu carrera?

2. ¿Piensas casarte en cuanto tengas una profesión? ¿Cuál crees que es la mejor edad para casarse?

3. ¿Cuánto tiempo hace que estudias español? ¿Hasta cuándo piensas estudiar español?

B. El imperfecto del subjuntivo

No te dejes llevar por la "depre"

chicas de quince años de edad
cita

Magda y Rosario son dos *quinceañeras* que están más interesadas en divertirse que en sacar buenas notas en el instituto. Magda estaba hoy con la "depre" porque no tenía *planes*. Había esperado a que Manolo la **llamara** por teléfono y la **invitara** a salir, pero las horas fueron pasando y el teléfono no sonó. Para que **se animara** un poco, Rosario le pidió que la **acompañara** a la calle Florida para que le **ayudara** a comprar unos zapatos azules que había visto la semana pasada.

Mientras Rosario se probaba los zapatos, Magda vio que había ofertas gigantes y pensó que debía aprovechar las gangas.

MAGDA: Sería mejor que me llevara estos tres pares de zapatos, este vestido de lana y un par de blusas de manga larga para esta falda lisa. Además... media docena de estos pañuelos de seda. ¡No tengo qué ponerme estos días! Imagínate, Rosario, si Manolo me viera con estos vaqueros que parecen viejos, perdería la cabeza por mí.

ROSARIO: La que creo que ha perdido la cabeza eres tú. Salgamos de aquí antes de que la vendedora se dé cuenta de que no llevas suficiente dinero en tu bolsa.

MAGDA: ¡Qué tontería! No sé por qué me pediste que te **acompañara** si no querías que **comprara** nada. ¡Y... por favor! Deja de mirarme como si **estuviera** loca.

ACTIVIDAD 15   Comprensión de la lectura

1. ¿Cuántos años tienen Magda y Rosario?
2. ¿Por qué no estaba contenta Magda?
3. ¿Qué le propuso Rosario para que se animara un poco?
4. Cuando Magda vio que había grandes ofertas, ¿qué decidió hacer? ¿Para qué?
5. ¿Cuál cree Ud. que es la verdadera razón por la que Magda desee comprar todo lo que ve?

ACTIVIDAD 16   ¡Charlemos!

Pregúntele a su compañero(a).

1. ¿Eres como Magda que, cuando estás con la "depre", te conviertes en un(a) comprador(a) compulsivo(a)?
2. Cuando estabas en la escuela secundaria, ¿te interesaba más salir con tus amigos o estudiar para sacar buenas notas? ¿Hacías planes para los sábados o esperabas que un(a) amigo(a) te llamara para salir?
3. Si un(a) amigo(a) te pedía que lo (la) llevaras al cine, ¿pagabas tú por los dos o por ti solamente? ¿O esperabas que él (ella) pagara por ti?

 1. Las formas del imperfecto del subjuntivo

Para formar el imperfecto del subjuntivo tomamos la tercera persona del plural del pretérito del indicativo y cambiamos la terminación **–on** por **–a**.[1]

Pretérito	Radical	Terminación	Imperfecto del subjuntivo
dijeron	dijer–	**–a**	dijera
durmieron	durmier–	**–as**	durmieras
supieron	supier–	**–a**	supiera
hablaron	hablar–	**–amos**	habláramos[2]
oyeron[3]	oyer–	**–ais**	oyerais
escribieron	escribier–	**–an**	escribieran

---

[1] Ésta es la forma del imperfecto del subjuntivo que se usa en Hispanoamérica. En muchos lugares de España las terminaciones del imperfecto del subjuntivo son **–se, –ses, –se, –semos, –seis, –sen.** Por ejemplo: **decir: dijese, dijeses, dijese, dijésemos, dijeseis, dijesen.**

[2] La primera persona del plural se convierte en una palabra esdrújula, por lo tanto lleva acento ortográfico en la tercera sílaba contando de la derecha: ha-**blá**-ra-mos. Recuerde que todas las palabras esdrújulas llevan acento ortográfico.

[3] Si el radical del verbo tuvo el cambio ortográfico **i → y (oír → oyeron)** en la tercera persona del plural del pretérito, tendrá el mismo cambio ortográfico en todas las personas del imperfecto del subjuntivo.

ACTIVIDAD 17 En época de Navidad

Complete el diálogo con la ayuda de un(a) compañero(a) de clase.

María Elena y Elvira se sorprendieron de que ya dieran las cinco de la tarde. Aún tenían varias compras que hacer y salieron de casa corriendo. Al día siguiente, su amiga Alicia le preguntaba a María Elena sobre sus compras.

ALICIA: Y ayer, ¿llegaron finalmente a salir de compras?

MARÍA ELENA: Sí. Al salir de casa temíamos que los almacenes ya no _____ (estar) abiertos.

ALICIA: ¿Tuvieron que darse mucha prisa?

MARÍA ELENA: ¡Sin duda! Era necesario que _____ (llegar, nosotras) cuanto antes.

ALICIA: ¿A qué departamento fueron?

MARÍA ELENA: Yo fui directamente a accesorios. Pensé que era mejor que Elvira _____ (subir) al departamento de caballeros.

ALICIA: ¿Compró algo Elvira?

MARÍA ELENA: Sí, su hermana le había pedido que le _____ (comprar) una blusa de seda.

ALICIA: ¿Encontró la blusa que quería?

MARÍA ELENA: Sí, pero temía que la blusa no le _____ (quedar) bien a su hermana.

ALICIA: ¿Regresaron a casa para la comida?

MARÍA ELENA: ¡Ya lo creo! Miguel nos había dicho que _____ (regresar, nosotras) temprano para poder ir al cine después.

2. Los usos del imperfecto del subjuntivo

Ya hemos visto los verbos que exigen el uso del subjuntivo y también los usos del subjuntivo en cláusulas nominales, adjetivales y adverbiales en el tiempo presente. En el tiempo pasado, en general, se aplica el mismo criterio para usar el imperfecto del subjuntivo.

Quiero que **vayas** a comprar los regalos de Navidad.
Quería que **fueras** a comprar los regalos de Navidad.

Es preciso que **conozcas** la ciudad.
Era preciso que **conocieras** la ciudad.

No **hay** nadie que **hable** ruso en esta oficina de correos.
No **había** nadie que **hablara** ruso en aquella oficina de correos.

Se usa el imperfecto del subjuntivo...	Ejemplos
1. cuando una cláusula principal que requiere el subjuntivo está en el tiempo pasado. Entonces, el verbo de la oración subordinada debe estar en el imperfecto del subjuntivo.	**Tenía** miedo que Lolita **cruzara** la calle. **Buscaba** una persona que **conociera** la ciudad.
2. si el comentario es en el presente pero la acción ocurrió en el pasado. En este caso, el verbo de la cláusula principal está en el presente y el verbo de la oración subordinada está en el imperfecto del subjuntivo.	**Me alegro** (hoy) que todo **saliera** (ayer) bien. No **creo** que Luisa **viajara** sola.

Se usa el imperfecto del subjuntivo...	Ejemplos
3. después de **como si...** *(as if . . .)* cuando la cláusula principal está en el presente o en el pasado del indicativo.	El taxista **maneja** como si **estuviera** perdido. El taxista **manejaba** como si **estuviera** perdido.

 ACTIVIDAD 18   Un robo en el centro de la ciudad

Raquel acaba de llegar del centro y le cuenta a David cómo ella y su amiga Paquita fueron atacadas por un hombre que parecía un mendigo.

1. Cuando bajábamos del autobús, le aconsejé a Paquita que _____ (tener) cuidado con su bolsa.

2. Era necesario que nosotras _____ (caminar) en medio de la muchedumbre que hacía las compras.

3. Al cruzar la calle, un mendigo nos pidió que le _____ (dar) una limosna porque tenía hambre.

4. Antes de que Paquita _____ (abrir) la bolsa, el mendigo se la arrebató y se fue corriendo.

5. Afortunadamente, en ese momento pasaba un policía y nos aconsejó que _____ (irse) a casa hasta que él _____ (poder) dar con el ladrón.

6. Yo quería que el policía nos _____ (acompañar) a casa porque estaba muy asustada.

7. El policía pidió al Departamento de Policía que _____ (enviar) un taxi para que nos _____ (llevar) a casa.

 ACTIVIDAD 19   Recordando nuestro primer encuentro

Hace cinco años que Silvia y Francisco se conocieron. Hoy ya están casados y tienen hijos, pero Silvia recuerda siempre ese momento inolvidable. En una carta que Silvia le escribe a Francisco, le habla de este primer encuentro.

1. Seleccione los elementos que más le gusten de ambos grupos y escriba ocho oraciones completas para escribir la carta de Silvia.

Cuando te conocí aquel día en el Parque del Retiro, deseaba que...	...besar...
	...ser bonita...
Pensaba que tú preferías una persona que...	...vernos todos los días...
Ese día insististe en que yo...	...casarnos...
Creo que buscabas una compañera que...	...ser rica...
A veces me hablabas como si...	...salir contigo...
¿Esperabas que yo...?	...estar enamorado de mí...
A mí me gustó tanto que tú...	...ser tu novia...
Era necesario que nosotros...	...quererte...
	...ayudarte en el trabajo...
	...tener las mismas ideas...

2. Compare su carta con la de un(a) compañero(a) de clase y, si así lo desea, léasela a los demás compañeros.

ACTIVIDAD 20   Cuando voy a un restaurante caro...

Complete las oraciones.

1. Cuando invito a un(a) muchacho(a) a un restaurante caro y elegante, me comporto como si...
2. Cuando veo que los platos están en francés, hago como si...
3. Cuando veo lo que cobran por cada plato, me siento como si...
4. Cuando el camarero me trae la cuenta, la pago como si...
5. Cuando salgo del restaurante me despido de mi pareja como si...

ACTIVIDAD 21   Informe del Comité de Reformas

Imagínese que Ud. y tres de sus compañeros están en una reunión del Comité de Reformas que estudia los problemas de la ciudad que, como Ud. sabe, son muchos.

1. Intercambien ideas sobre los problemas. Cada uno(a) de los miembros proponga reformas para la vivienda, el transporte urbano, la contaminación, el problema del agua, la delincuencia juvenil, el tráfico de drogas y los desamparados.

Para la comunicación, pueden usar algunas de estas expresiones:

Propongo que...   Recomiendo que...
Sugiero que...   Es necesario que...
Es importante que...   Es preferible que...
Hay que pedir a las autoridades que...   Es una lástima que...

2. Después, uno(a) de los estudiantes del grupo debe dar un informe sobre lo que cada uno(a) de sus compañeros propuso.

Modelo: *Fernando propuso que...*
Elena sugirió que...
Tomás dijo que era importante que...

C. El subjuntivo en oraciones independientes

¿Sabía Ud. que... ?

El (La) chatarrero(a) es el negociante que compra y vende hierro viejo.

El (La) trapero(a) va de casa en casa comprando ropa vieja.

El (La) afilador(a) generalmente va por las calles pidiendo que las amas de casa le den trabajo afilándoles los cuchillos y las tijeras.

Chatarreros, traperos y afiladores

recycling / disposable
jars

a pie

gritando para todos lados
tocar
trompeta / melodía

stand / wheel
punta
magician

Que nadie **diga** que el *reciclaje* de algunos productos *desechables* como el papel usado, *frascos* y botellas vacías es un negocio que empezó con las primeras manifestaciones ecologistas. Mucho antes de que nacieran nuestros abuelos ya existían, tanto en España como en Latinoamérica, una serie de negociantes *ambulantes*, más preocupados por el pan de cada día que por la contaminación de los ríos.

Los chatarreros y los traperos solían ir por las calles de la ciudad *pregonando a los cuatro vientos* cuál era su negocio. Todavía hoy quizá nos **llame** la atención que un hombre se detenga en medio de la calle y, después de *entonar* un par de notas con su *corneta,* anuncie su llegada con una *cantinela:*

"¡Chatarreeeero!, ¡cooompro hieeerro viejo, metal y coobre!"

Otras veces, acaso **sea** el trapero, personaje que también va acompañado de una corneta y canta:

"Coooompro roooopa vieja, cartón y muebles."

Tal vez **resulte** algo más melódico el repertorio musical del afilador de cuchillos. Éste no necesita anunciar su llegada gritando, tan sólo detiene su enorme *caballete* medieval, levanta su enorme *rueda* y repite varias veces toda la escala musical para que todo el mundo lo **sepa.** Con la *yema* de los dedos prueba el filo de los cuchillos mientras los chiquillos lo observan como si fuera un *mago* y uno de ellos exclama entusiasmado "¡Quién **fuera** afilador!"

ACTIVIDAD 22   Comprensión y ampliación de la lectura

1. Según el artículo, ¿desde hace cuánto tiempo existen los negociantes de productos desechables?

2. ¿Qué tipo de trabajo hacen estos negociantes?

3. ¿Podría Ud. decir cómo se imagina al afilador de cuchillos que recorre las calles?

4. ¿Existen negociantes ambulantes en los Estados Unidos? ¿Qué venden? ¿Qué compran? ¿Qué hacen con esos productos?

5. ¿Qué entiende Ud. por reciclaje de productos desechables?

6. ¿Cuáles son algunas de las disposiciones que existen en la ciudad donde Ud. vive para el reciclaje de papel? ¿de botellas? ¿de latas?

ACTIVIDAD 23 Cómo proteger el medio ambiente

Los problemas de la ciudad, causados por la basura, por la contaminación del agua y del aire y por los derrames de petróleo, preocupan a los ciudadanos.

Trate de encontrar posibles soluciones para la protección del medio ambiente con la ayuda de un(a) compañero(a) de clase.

1. Analicen los problemas.
2. Sugieran y propongan medidas para mejorar el medio ambiente.
3. Informen a la clase sobre el análisis de los problemas y las posibles soluciones.

Los usos del subjuntivo en oraciones independientes

Expresiones de duda...	Ejemplos
Acaso, quizá(s), tal vez[1] *(maybe, perhaps)* Se usan con el indicativo o el subjuntivo. El indicativo expresa más certidumbre; el subjuntivo hace énfasis en la duda.	Tal vez **consultará** la guía turística. (Creo que lo hará.) Tal vez **consulte** la guía turística. (Es posible que lo haga, pero lo dudo.)

Expresiones de deseo...	Ejemplos
1. **Que** Se usa en oraciones en las que se ha eliminado la cláusula principal.	(Deseo...) ¡Que **te diviertas**! ¡Que te **vaya** bien! ¡Que **regrese** pronto!
2. **Quién** *(How I wish . . . , If only I could . . .)* En frases exclamativas implica deseo y se usa con el imperfecto del subjuntivo.	¡Quién **fuera** pájaro para volar! ¡Quién **tuviera** quince años!
3. **Querer, poder** y **deber** Se usan en el imperfecto del subjuntivo como formas de cortesía. Equivalen al condicional *(would, could, should).*	**Quisiera** (Querría) hablar con Ud. ¿**Pudiera** (Podría) Ud. decirme la hora? **Debieras** (Deberías) comer más verduras.
4. **¡Ojalá (que)... !** Se usa siempre con el subjuntivo.	
■ Con el presente expresa un deseo para el momento presente o para el futuro.	¡Ojalá que Jorge **encuentre** la ropa que busca! *(I hope)*
■ Con el imperfecto expresa un deseo que no se realizará o que tiene pocas posibilidades de realizarse.	¡Ojalá que Jorge **encontrara** la ropa que busca, pero no creo que pueda encontrarla en los almacenes de esta ciudad! *(I wish)*

La calle Florida en Buenos Aires, Argentina.

---

[1] **A lo mejor** tiene el mismo sentido que **acaso, quizá(s)** o **tal vez**, pero se usa siempre con el modo indicativo: **A lo mejor está** en la lista de pasajeros.

ACTIVIDAD 24 De viaje

Toda la familia se ha reunido para ver partir a Rodrigo en un crucero que sale de la Argentina con rumbo a los Estados Unidos. Todos están llenos de buenos deseos y grandes exclamaciones.

Complete cada oración con **¡Qué... !,**[1] **¡Quién... !** u **¡Ojalá... !**

1. ¡_____ tengas un buen viaje!
2. ¡_____ te vaya bien!
3. _____ te diviertas en tierras del Tío Sam.
4. Es una pena que el barco no haga escala en Río de Janeiro. ¡_____ lo hiciera!
5. ¡_____ tuviera la suerte de Rodrigo!
6. ¡_____ de nosotros pudiera hacer ese viaje!
7. ¡_____ regreses pronto!
8. No sabes lo que me duele verte partir. _____ te vaya muy bien.

D. Los adverbios

Un adverbio es una palabra que modifica...

un verbo:	Camina **despacio,** por favor.
un adjetivo:	Son **bastante** inteligentes para comprenderlo.
otro adverbio:	Te aseguro que mi coche funciona **muy** bien.

1. Muchos adverbios terminan en **–mente.** Se usa la forma femenina del adjetivo + **–mente:**

Forma masculina	Forma femenina	Adverbio
verdadero	verdadera	verdaderamente
tranquilo	tranquila	tranquilamente
principal	principal	principalmente

Cuando hay dos o más adverbios que terminan en **–mente** en la misma oración, la terminación se añade sólo al último.

Lo examinó **lenta** y **cuidadosamente.**

2. Muchas veces, la forma terminada en **–mente** puede sustituirse por una preposición + un sustantivo.

generalmente = por lo general, en general
frecuentemente = con frecuencia, a menudo
repentinamente = de repente, de golpe
finalmente = por fin, al fin
irónicamente = con ironía, de modo irónico

---

[1]No hay que confundir **qué** exclamación y **que** conjunción que une la cláusula principal y la cláusula subordinada. ¡**Qué** lindo! / exclamación   Espero { **que** te vaya bien. / conjunción   { **Que** te vaya bien. / conjunción

3. Muchas veces un adjetivo puede funcionar como adverbio. En este caso toma la forma masculina, salvo cuando también modifica el sujeto de la oración.

Los obreros trabajan **rápido.**

Pero:

Mis tías llegan **contentas.** Los niños viven **felices.**

ACTIVIDAD 25 Mi manera de vivir

Forme adverbios que terminen en **–mente** con los adjetivos de las columnas de la derecha y descríbale a su compañero(a) la manera que tiene Ud. de hacer tres actividades.

Modelo: *Generalmente me levanto a las siete y media.*
Duermo profundamente.
Conduzco el coche cuidadosa y lentamente.

1. levantarse	amable	frecuente
2. desayunar	claro	general
3. ponerse ropa	cómodo	inteligente
4. conducir el coche	correcto	lento
5. ir a clases	cuidadoso	nervioso
6. estudiar	diligente	profundo
7. estar nervioso(a)	económico	rápido
8. contestar al (a la) profesor(a)	elegante	tranquilo
9. bailar	excesivo	triste
10. divertirse	fácil	verdadero
11. descansar		
12. dormir		
13. gustar (vivir, salir)		

ACTIVIDAD 26 En el metro

Reemplace la preposición y el sustantivo por un adverbio que termina en **–mente.**

Modelo: En general, se ven todos los días.
Generalmente se ven todos los días.

1. Una pareja se abrazaba *con cariño.*
2. *En verdad*, el metro no está tan lleno a esa hora.
3. Una señora, al pasar *con rapidez*, pisó a mi niño con un zapato de tacón.
4. *Con seguridad*, el niño no se dio cuenta del peligro que corría.
5. Yo miré a la señora *con cortesía*, pero estaba asustada.
6. Una madre había perdido a su niño y lo buscaba *con desesperación* por todo el metro.
7. *Al fin* lo encontró.
8. Para decirte *con franqueza*, yo también estaba muy asustada.

 **CON ESTAS PALABRAS!**

to leave
- salir (de)
- irse (de)
- marcharse (de)
- dejar

salir (de) *to leave (a place), to go out (from a place), to depart*

   Salgo a las ocho.
   Para ir a Buenos Aires **saldremos del** puerto de Miami.

   to go out (with someone)

   Hace tres meses que **salgo** con ella.

irse (de) / marcharse (de) *to leave, to go away*

   Me voy (Me marcho) de aquí para siempre.

dejar *to leave (someone or something)*

   Cuando partí para Buenos Aires, tuve que **dejar** a mi familia en Tucumán.
   Dejé cerrada la puerta porque hacía frío.

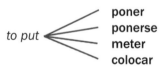

to put
- poner
- ponerse
- meter
- colocar

poner *to put*

   Puse el lápiz en el escritorio.

   to set

   María, **ponga** la mesa para la cena, por favor.

ponerse *to put on (clothing)*

   Marcos, **ponte** los guantes.

   to become

   Julia **se pone** muy nerviosa antes de tomar un examen.

meter *to put (in)*

   Metió el dinero en la bolsa para no perderlo.
   El niño dejó de llorar cuando su mamá le **metió** el biberón en la boca.

colocar *to put (in place)*

   Coloqué los platos en el estante.
   Colocaron el anuncio en el centro de la página para que todos lo vieran.

ACTIVIDAD 27   Dejé el dinero en casa.

Seleccione el verbo y complete el párrafo con el pretérito o el pluscuamperfecto, según el caso.

colocar	ir	meter	ponerse
dejar	marcharse	poner	salir

Ayer yo _____ temprano del trabajo y _____ de compras sin darme cuenta que _____ mi talonario de cheques en la oficina. Cuando quise pagar el regalo que había comprado, _____ la mano en la bolsa. De pronto recordé que antes de salir de la oficina, _____ el talonario de cheques sobre el escritorio. Con mucho cuidado _____ el regalo sobre el mostrador, _____ los guantes y _____ del almacén.

ACTIVIDAD 28   Testigo de un robo

Seleccione la palabra indicada y complete el diálogo.

LOLA: ¿De dónde (vienes/vas) tan agitada?

EUGENIA: (Me marcho/Vengo) del centro. Acabo de ver un robo que me ha dejado (terrible/terriblemente) nerviosa.

LOLA: ¿Qué fue lo que pasó?

EUGENIA: En la oficina de correos, un hombre asaltó a una señora mientras ella trataba de (poner/ponerse) el abrigo.

LOLA: ¿Cuándo sucedió todo eso?

EUGENIA: Hace más o menos una hora. Al (colocar/ponerse) el abrigo, la señora (dejó/metió) la bolsa sobre el mostrador del almacén. El ladrón la tomó y (salió/metió) corriendo del almacén.

LOLA: ¿Avisaron a la policía?

EUGENIA: ¡Por supuesto! Yo llamé (de inmediato/inmediato) a la policía.

LOLA: ¿Y qué pasó con la señora?

EUGENIA: La pobre señora (puso/se puso) muy pálida y se desmayó.

AMPLIACIÓN Y CONVERSACIÓN

ACTIVIDAD 29   ¿Un reloj caro o barato?

Complete el diálogo con un(a) compañero(a) de clase.

VENDEDOR: ¿En qué puedo... ?

UD.:   Quiero comprar un reloj que...

VENDEDOR: Aquí tiene Ud. este reloj de oro que...

UD.:   Es muy, muy caro...

VENDEDOR: ¿Qué le parece uno que... ?

UD.:   Es muy bonito y no tan caro. ¿Podría Ud. ponerlo en una caja de regalos que... ?

VENDEDOR:	Sí, cómo no. Escoja el papel de regalo que...
UD.:	Envuélvalo en este papel que...
VENDEDOR:	Aquí lo tiene.
UD.:	Gracias.

ACTIVIDAD 30 ¡Charlemos!

Pregúntele a su compañero(a) lo siguiente.

1. ¿Prefieres comprar ropa en una pequeña tienda exclusiva o en un almacén grande? ¿Qué ventajas encuentras en los almacenes grandes? ¿Y en las pequeñas tiendas exclusivas?

2. ¿Te gusta vestir a la última moda o prefieres tu propio estilo? ¿Crees que es necesario estar a la moda para ser elegante? Si te gusta estar a la moda, ¿qué haces con la ropa que se pasa de moda? ¿La regalas? ¿La vendes? ¿Está en tu armario y no sabes qué hacer con ella?

3. ¿Qué ropa te gusta llevar a la universidad? ¿a un concierto? ¿a una fiesta? ¿Qué es para ti la elegancia?

4. ¿Eres un(a) comprador(a) compulsivo(a) que va a las tiendas a comprar algo, pero no sabe precisamente qué y termina comprando lo que menos necesita? ¿Cuánta ropa hay en tu armario que te has puesto sólo una o dos veces?

¿Le gusta vivir en una ciudad grande como ésta o prefiere un pueblo más tranquilo?

ACTIVIDAD 31   **En la casa de Federico García Lorca**

Hace algunos años Ud. había visitado la casa natal del poeta andaluz Federico García Lorca. En esa ocasión le habían permitido llevar su mochila, sacar fotos y fumar en algunos de los lugares. Sin embargo, en su segunda visita Ud. se dio cuenta que las normas habían cambiado.

Lea con atención las normas actuales para visitar la Casa Museo Federico García Lorca y, de acuerdo con la lectura, complete las oraciones según las siete nuevas normas del museo.

NORMAS DE ENTRADA A LA CASA MUSEO

En beneficio de la mejor conservación de esta Casa-Museo se ruega al público respetar las indicaciones de los guías-vigilantes, así como las siguientes normas de funcionamiento:

1. No se permite la visita pública portando maletas, mochilas, u otros objetos de gran tamaño que puedan resultar molestos para los demás visitantes dado el espacio reducido de algunas habitaciones de la casa

2. No está permitido comer en el interior de la casa (aunque sí beber agua fresca en el patio).

3. Se prohíbe fumar en las habitaciones de la casa, sala de exposiciones, etc. En cambio sí se permite en el patio, siempre que se utilicen los ceniceros.

4. Pueden hacerse fotografías en el patio, pero no en el interior de las habitaciones. Excepción serán los medios informativos (prensa, televisión, etc.) que deberán mostrar los documentos acreditativos.

5. Los profesores o encargados de grupos deben responsabilizarse del cumplimiento de las normas generales y consultar con los guías-vigilantes las modificaciones a que obliguen circunstancias concretas.

6. La casa podrá visitarse por grupos de quince personas como máximo (cantidad modificable mínimamente en caso de excursiones de colegios, tercera edad, etc.), disponiéndose de una hora para efectuar el recorrido.

7. Los grupos deberán concertar la visita telefónicamente y con suficiente antelación con el fin de evitar esperas excesivas.

CASA ~ MUSEO
FEDERICO GARCIA LORCA
Calle Poeta Garcia Lorca, 4. Tel. (958)446453
FUENTEVAQUEROS

1. En cuanto a maletas y mochilas, el museo no permite que el público... Sin embargo, la primera vez que estuve en la Casa de García Lorca dejaron que los visitantes...

2. No se permite comer en el interior de la casa, aunque antes sí dejaban que los turistas...

3. Permitieron fumar en el patio siempre que...

4. Felizmente, pude tomar algunas fotografías. Como yo trabajo para la prensa y la televisión, me autorizaron para que...

5. Los encargados de nuestro grupo consultaron varias veces con los guías-vigilantes, porque ellos eran los responsables de que...

6. Generalmente dan una hora de tiempo para efectuar la visita, a menos que...

7. Para hacer la cita, el encargado de nuestro grupo tuvo que llamar por teléfono con antelación para que nosotros...

A continuación, charle con un(a) compañero(a) de clase sobre los museos que Uds. han visitado y digan si las normas de ingreso a los museos norteamericanos son similares.

ACTIVIDAD 32   Y Ud., ¿qué opina?

Ud. es un(a) ciudadano(a) que está muy interesado(a) en los problemas de las ciudades. Trabaje con un(a) compañero(a) de clase. Hágale las siguientes preguntas y pídale algunas explicaciones de sus respuestas.

1. ¿A qué crees que se deba la delincuencia juvenil? ¿A las injusticias sociales? ¿a la libertad que gozan los niños? ¿a los programas de televisión? ¿a la poca atención de los padres?

2. ¿Piensas que el gobierno debe subirnos los impuestos para construir más cárceles y entrenar un mayor número de policías? ¿Por qué?

3. ¿Hay algunas zonas de la ciudad que tú evitas porque piensas que son peligrosas? ¿Cuáles? Si has estado de día o de noche en alguna de esas zonas, ¿podrías describirla?

4. ¿Cuál es para ti la ciudad ideal? ¿Una que tenga un millón de habitantes? ¿Una que esté a orillas del mar? Descríbela, por favor.

ACTIVIDAD 33   Situación: De compras

Al llegar al almacén La Elegancia, Ud. le pide consejo al (a la) dependiente (uno[a] de sus compañeros de clase). Desea comprar ropa y regalos para las fiestas de Navidad que se acercan. Haga una lista de tres prendas de ropa y de dos regalos que Ud. quiere comprar. Luego, consúltele al (a la) dependiente, usando las siguientes expresiones.

Para la comunicación, pueden usar algunas de estas expresiones:

¿En qué puedo servirle?	¿Cuál es su talla?
Deseo comprar un regalo para...	...le queda muy bien...
¿De qué color prefiere... ?	¿Qué le parece(n)?
¿Desea probarse... ?	¿Qué precio tiene(n)?
Sí, cómo no.	Es muy caro(a).
	¿No tiene algo más barato?

ACTIVIDAD 34   Situación: Un robo en casa

Ud. fue a una cena y, al regresar a casa, se da cuenta de que unos ladrones han estado en su casa. Llame de inmediato a la estación de policía e informe:

1. cómo y a qué hora salió Ud. de casa.

2. cómo cree que entró el ladrón en su casa.

3. en qué estado estaba la casa cuando Ud. llegó.

4. qué faltaba (la computadora, la videocasetera, el televisor...).

El **bocadillo** es el equivalente del **sándwich** en los países hispanos. Consiste básicamente en un pan de tipo baguette abierto en el que se puede poner queso, jamón, chorizo, tomate, pescado, verduras, ...cualquier cosa que le guste a Ud.

Los bocadillos son muy comunes en los bares y cafeterías, sobre todo en las zonas comerciales de las grandes ciudades.

Una caña es un vaso de cerveza y **un refresco** es una bebida refrescante sin alcohol.

Vegetal
Bocadillo *verde* de Todo Sandwich. Con ensalada y refresco: 1.250 pesetas.

Bocadillos en alza.
La ofensiva de los bocadillos ha sido definitiva. En el último año, los españolísimos bocatas han ganado por KO a las hamburguesas americanas en el combate de la comida rápida. Y su imperio no ha hecho más que empezar. El *bocata* ha dejado de ser la opción más socorrida para la merienda infantil, la comida de la fábrica y las cenas de verbena; y se ha convertido en una moda sabrosa y económica. Sólo entre Madrid y Barcelona ya existen más de 60 restaurantes que sólo sirven bocatas. Las cadenas más destacadas han preparado especialmente para *El País Semanal* seis propuestas. También existen varios libros, como *Libro del bocadillo* (1.100 pesetas) y *Los bocadillos* (900 pesetas), con cientos de recetas para hacer en casa. / GERVASIO PÉREZ

Serrano
Mini de jamón con tomate, con refresco y café, cuesta 500 pesetas. De La Garriga.

Clásico
Calamares con pan recién hecho. Con ensalada y bebida, 595 pesetas. Mister Bocata.

Campero
Lomo y pimientos verdes. El menú lo completan patatas, refresco y postre. Por 625 pesetas. Bocata World.

Malagueño
Cangrejo, jamon de york, lechuga y salsa rosa. Con ensalada y caña, 890 pesetas. De Bocata y Olé.

Mexicano
Lleva carne con salsa picante, de Taruffi. Acompañado de ensalada, refresco y helado: 1.250.

ACTIVIDAD 35   Situación: ¡Qué lío de bocadillo!

Personajes: *un(a) estudiante norteamericano(a)*
un(a) camarero(a) bonaerense

Imagínense que uno(a) de Uds. es un(a) estudiante norteamericano(a) en Buenos Aires y el (la) otro(a) es un(a) camarero(a) bonaerense. Un día el (la) estudiante entra en una cafetería del centro y piensa pedir un bocadillo malagueño, pero no sabe si le va a gustar o no. Le hace preguntas al (a la) camarero(a) sobre los ingredientes, los sabores, el precio, etc., y finalmente pide el bocadillo malagueño o quizá otro más simple y más barato. (Puede escoger entre los bocadillos que se ven en el anuncio.)

Después, el (la) estudiante debe contar a toda la clase una versión de lo que pasó ese día y el (la) camarero(a) contará su propia versión.

Modelo: *Un día fui a una cafetería de Buenos Aires porque tenía hambre. Le pedí al (a la) camarero(a) que me trajera un bocadillo malagueño, pero primero quería hacerle unas preguntas...*

ACTIVIDAD 36   Mesa redonda

Escoja tres o cuatro compañeros para formar una mesa redonda e intercambiar ideas sobre la moda de hoy y la de ayer.

1. **La moda de hoy**

Como Ud. ha visto en las películas, antes una señora no salía nunca a la calle sin sombrero y un caballero sin sombrero y sin bastón no era un verdadero caballero. La manera de vestir determinaba el estado social de las personas, pero todo esto ha ido cambiando. Hoy en día la moda es muy variada —todo se lleva y casi a nadie parece importarle cómo va vestido el vecino. ¿Cree Ud. que la mujer y el hombre sean iguales en cuestiones de moda? ¿La sociedad les impone más reglas a los hombres que a las mujeres, o viceversa? ¿Está Ud. de acuerdo, por ejemplo, con que una persona se vista durante el día con vaqueros y horas más tarde, en un concierto, lleve un elegante vestido de noche o un traje oscuro muy tradicional?

¿Qué significa para Ud. este cambio? ¿Será esta persona esclava de la moda? ¿de la tradición? ¿Se resiste Ud. a la moda? ¿Cree Ud. que por la ropa se conoce a la persona? ¿Cómo cree Ud. que debe ser el guardarropa básico de un hombre? ¿de una mujer? ¿Qué quiere decir el refrán "Aunque la mona se vista de seda, mona se queda"? ¿Está Ud. de acuerdo? Muestre su personalidad al hablar de la ropa y la moda de hoy.

2. **La moda de ayer**

Con la ayuda de un(a) compañero(a), compare Ud. las décadas de los años cincuenta, sesenta, setenta y ochenta. ¿Sabe Ud. algo de la moda de los años cincuenta, cuando los hombres imitaban a Elvis Presley? ¿Cómo eran las chaquetas? ¿las camisetas? ¿los pantalones? ¿las botas? ¿las gafas? ¿Por qué cree Ud. que llevaban patillas *(sideburns)* largas y cabello muy corto?

¿Cómo cambió la moda en los años sesenta con la popularidad de los Beatles? ¿Cómo era el peinado de los hombres? ¿Y la manera de vestir de los jóvenes? ¿Fue muy popular la moda hippy en los años setenta? ¿Sabe Ud. algo de esa época de cabellos larguísimos y camisetas desteñidas? ¿Cómo vestían las mujeres de esa época? ¿Fue, tal vez ésta, la época de sus padres? ¿Y qué piensan de la moda de los años ochenta? ¿del estilo "punk"? ¿de los trajes muy formales, con los hombros anchos, que llevaban los hombres y las mujeres? Comparen las cuatro épocas y expresen sus preferencias.

¿Qué saben Uds. de... Argentina?

A. Recordar lo que sabemos.

En esta lección de *Horizontes: Gramática y conversación* y en su correspondiente de *Horizontes: Cultura y literatura* hay varias menciones a Argentina. Repasando y recordando lo que leyeron, responda con un(a) compañero(a) a las siguientes preguntas.

1. ¿Qué ciudad argentina es una de las más modernas de Latinoamérica? ¿Conocen otras ciudades argentinas? ¿Podrían situar en el mapa Las Pampas, La Patagonia y la Tierra de Fuego?

2. ¿En qué año consiguió Argentina la independencia? ¿Cuál era su situación hasta entonces?

3. ¿Cuáles son las peculiaridades del español de Argentina? ¿Saben, por ejemplo, cómo se dice "tú" en Argentina? ¿Qué significa la palabra *pibe*? ¿y la palabra *ché*? ¿Recuerdan quién fue Ché Guevara?

4. ¿Por qué es famosa la Plaza de Mayo? ¿Quiénes fueron *los desaparecidos*?

5. ¿Cuántos nombres de escritores(as) argentinos(as) pueden recordar? ¿Quiénes son?

6. ¿En qué consiste la dolarización? ¿Qué países latinoamericanos han recurrido a ella?

B. Ampliar lo que sabemos.

¿Les gustaría aprender más sobre Argentina? Reúnanse en grupos de tres o cuatro personas y preparen una presentación sobre uno de los siguientes temas. Elijan el que más les interese, u otro que no aparezca en la lista.

- Los diversos componentes de la población argentina: la mayoría europea, especialmente española e italiana; las minorías indígenas; los gauchos de las Pampas, etc.
- La historia de Argentina: la época precolombina; la época colonial y la doble fundación de Buenos Aires; la Independencia y los grandes movimientos migratorios; el peronismo, las dictaduras militares y la guerra de las Malvinas; la recuperación de la democracia y la inflación.
- La diversidad geográfica y climática de Argentina, desde la zona semitropical del Norte hasta las Pampas y las gélidas tierras del Sur (Patagonia y Tierra de Fuego). La riqueza natural y minera de Argentina.
- Los contrastes de la economía argentina: de la bonanza económica y la recepción de inmigrantes a la dolarización y la salida de emigrantes; la riqueza natural del país y el creciente empobrecimiento de la población. El poder de las grandes corporaciones multinacionales.
- Buenos Aires, la urbe cosmopolita de Latinoamérica. Su riqueza urbanística y sociológica. Las ventajas y desventajas de una gran urbe. Otras ciudades argentinas de interés cultural, económico y/o artístico.
- Las madres de la Plaza de Mayo. El drama de los desaparecidos durante la última dictadura militar. La reunión de las familias a través del reencuentro entre los padres y los hijos de los desaparecidos.
- Argentinos(as) de proyección universal: el Ché Guevara; Jorge Luis Borges; Evita Perón; Julio Bocca, etc.
- La literatura argentina: los/las grandes escritores(as) argentinos(as) de prosa y de verso. El lugar prominente de la literatura argentina en la cultura en lengua española.
- El alto nivel cultural de la población argentina. Causas de la popularidad del sicoanálisis entre los (las) argentinos(as).
- La música popular argentina: los grandes intérpretes de tangos y milongas. Las nuevas bandas de música pop y rock. El Teatro Colón de Buenos Aires como espacio de las grandes representaciones de música clásica. El cine argentino.
- La cocina argentina. La salsa *chimichurri*. Los excelentes platos de carne, especialmente las parrilladas. Los alfajores. La hierba mate: sus propiedades; el ritual que la acompaña.

C. Compartir lo que sabemos. ¿Cómo preparar la presentación?

1. Utilicen todo tipo de fuentes de información para investigar sobre el tema elegido: libros, prensa, Internet, etc.
2. Incluyan en su presentación todos los medios audiovisuales que crean convenientes: fotografías, mapas, dibujos, videos, cintas o discos de música, etc.
3. Ofrezcan a sus compañeros de clase un esquema de todos los puntos que van a desarrollar en su presentación.

¡REVISE SU ORTOGRAFÍA!

Las letras g (ge, gi) y j

La letra **g** (sólo en las combinaciones **ge** y **gi**) suena igual que la letra **j** con cualquier vocal. El sonido es similar a la [h] del inglés, aunque más fuerte.

ja**m**ón	mu**j**er	**j**irafa	conse**j**o	in**j**usticia	relo**j**
rela**j**arse	**g**eneral	diri**g**ir	**j**ornada	**j**uguete	
	e**j**ercicio	**g**irar			
	e**j**emplo	**j**itomate			

Dos guías prácticas

Si queremos representar los sonidos [ha], [ho] y [hu] tenemos que usar necesariamente la letra **j**...

1. en palabras como: **jabón, joven, junio** (y las que están en la lista de arriba).

2. en los verbos terminados en **–jar** y todos sus derivados.

    trabajar   Ayer trabajé cuatro horas.
    viajar   Cuando viajes al extranjero lleva tu pasaporte.
    dejar   No dejes de enviarme una postal.

Se escriben *generalmente* con **g**...

1. casi todos los verbos que terminan con **–ger** o **–gir: coger, escoger, dirigir, exigir,** etc.

    coger   Para ir a la universidad cogíamos el autobús todas las mañanas.
    dirigir   Me gustaría dirigir películas como las que dirigió Orson Welles.

    (¡Cuidado con algunas formas de estos verbos!: Yo co**j**o el autobús todos los días; Cuando diri**j**a películas, seré muy famoso.)

2. casi todas las combinaciones **gen: g**ente, a**g**ente, ori**g**en, sar**g**ento.

Se escriben con **j**...

1. casi todas las terminaciones en **–jero(a):** pasa**j**ero(a), extran**j**ero(a).

2. casi todas las terminaciones en **–aje:** equipa**j**e, gara**j**e, mensa**j**e.

3. algunos tiempos de los verbos que terminan en **–ducir** y del verbo **decir.**
    decir   No nos di**j**iste que llegarías hoy.
    producir   Produ**j**eron esa película en Hollywood.
    traducir   La profesora nos pidió que tradu**j**éramos diez páginas.

Atajo writing assistant software supports your efforts with the task outlined in this *Composición* section by providing useful information when the following references are accessed.

Phrases/Functions:
Comparing and distinguishing; describing people; disapproving; expressing an opinion; stating a preference; warning; weighing the evidence; writing an essay; writing an introduction; writing a conclusion

Vocabulary: City; clothing; fabrics; body: hair; media: newsprint, photography and video, television and radio; people; stores and products

Grammar: Adjective agreement; adverbs; demonstrative adjectives; demonstrative pronouns; negation; verbs: *ser* and *estar*

ENFOQUE: La moda

Prepárese a escribir

Como Ud. ve, el título general de su composición es la moda. A Ud. le toca ahora limitar el tema, por ejemplo:

I. La moda.
   A. La moda de la gente joven.
      1. Los placeres que ocasiona la moda en la gente joven.
      2. Los problemas que ocasiona la moda en la gente joven.

A continuación es necesario que Ud. y sus compañeros de clase preparen preguntas de enfoque que puedan usarse para desarrollar el tema.

¡Organice sus ideas!

I. La moda
   ¿Qué es?
   ¿Cómo es?
   ¿Cuál es su origen?
   ¿A quién está dirigida?
   ¿Por qué cambia?

A. La gente joven
   ¿Sigue la moda la gente joven?
   ¿Qué piensan de los grandes diseñadores?
   ¿Y Ud.?
   ¿Qué ejemplos se pueden dar?

1. Los placeres
   ¿Por qué se sigue la moda?
   ¿Te sientes bien cuando vistes a la moda?
   ¿Quiénes comparten esta idea?
   ¿Sabes cuáles son las mujeres y los hombres que mejor visten en los Estados Unidos? ¿Y los que visten peor?

2. Los problemas
   ¿Cuánto tiempo dura una moda?
   ¿Se necesita mucho dinero para estar a la moda?
   ¿Es la moda para todos o diseñada para un tipo especial de personas?
   ¿Qué efectos produce en la moda cualquier tipo de discriminación?

Escoja con cuidado las preguntas de enfoque que puedan servirle para desarrollar el tema de su composición y elimine aquellas que no se relacionen con el tema central.

Recuerde lo siguiente

Haga un borrador. Después, revise el contenido y en seguida ponga atención a los aspectos gramaticales estudiados en la primera parte del libro.

Por último, escriba la versión final.

LECCIÓN 8

AMÉRICA DEL NORTE

Los Ángeles
Río Colorado
Nueva York
San Diego
Río Ohio
ESTADOS UNIDOS
Washington
El Paso
Río Mississippi
Atlanta
OCÉANO ATLÁNTICO
Houston
Río Grande
Nueva Orléans
MÉXICO
GOLFO DE MEXICO
Monterrey
Miami
Bahamas
ANTILLAS OCCIDENTALES
TRÓPICO DE CÁNCER
Guadalajara
Veracruz
La Habana
Yucatán
CUBA
REPÚBLICA DOMINICANA
México
AMÉRICA CENTRAL
BELIZE
JAMAICA
San Juan
PUERTO RICO
Guatemala
HONDURAS
HAITÍ
Santo Domingo
ANTILLAS ORIENTALES
GUATEMALA
Tegucigalpa
San Salvador
NICARAGUA
MAR CARIBE
EL SALVADOR
Managua
Barranquilla
Barquisimeto
GUYANA
Panamá
SURINAME
San José
Caracas
VENEZUELA
GUAYANA FRANCESA
COSTA RICA
Río Orinoco
Canal de Panama
Bogotá
PANAMA
COLOMBIA
LÍNEA ECUATORIAL
Islas Galápagos (ECUADOR)
ECUADOR
Quito
Belem
PERÚ
Río Amazonas
Recife
OCÉANO PACÍFICO
AMÉRICA DEL SUR
Cordillera de los Andes
BRASIL
Lima
La Paz
Brasilia
BOLIVIA
Río de Janeiro
Río Paraná
São Paulo
TRÓPICO DE CAPRICORNIO
PARAGUAY
Isla de Pascua (CHILE)
Pampas
Asupción
Córdoba
CHILE
Rosario
Santiago
ARGENTINA
Buenos Aires
Montevideo
Río de la Plata
URUGUAY
Pampas
Islas Malvinas
Estrecho de Magallanes
Cabo de Hornos

Los países americanos

Hispanoamérica: ¡Qué diversidad!

Observe con atención el mapa de las Américas y conteste las siguientes preguntas.

1. ¿Cuál es el país más grande de Sudamérica? ¿Sabe Ud. qué idioma se habla en ese país y por qué? ¿Cuál es la capital de ese país?

2. ¿Cuál es el país más largo y con más costa en Sudamérica? ¿Está en la costa del océano Atlántico o en la del Pacífico? ¿Cuál es su capital?

3. ¿Qué países atraviesa la cordillera de los Andes? ¿Sabe Ud. qué gran civilización se desarrolló en esa región?

4. ¿Cuál es el país sudamericano que está más al sur? ¿Qué sabe Ud. de la Argentina? ¿del Uruguay? ¿Ha oído Ud. hablar de los gauchos? ¿Quiénes son?

5. Caracas, Bogotá, Quito y Montevideo son capitales importantes de Sudamérica. ¿A qué países pertenecen?

6. ¿Sabe Ud. algo sobre Ecuador? ¿Por qué lleva ese nombre? ¿Cuál es el puerto más importante de Ecuador? ¿Qué islas famosas por su flora y su fauna pertenecen a Ecuador?

7. ¿Con qué países limita Colombia? ¿Quién fue el gran libertador de Colombia? ¿Ha probado Ud. el café colombiano? ¿Qué piensa de él?

8. ¿Cuál es el único país sudamericano con costas sobre el mar Caribe y el océano Pacífico? ¿Qué sabe Ud. de este país? ¿Cuál es su capital?

9. ¿Qué países están en las Islas del Caribe? ¿Qué sabe Ud. de la historia de Cuba? ¿Cuál es la relación entre Puerto Rico y los Estados Unidos?

10. ¿Cuáles son los países centroamericanos? ¿Qué problemas políticos se plantearon esos países en la década de los años 80? ¿Y qué sucedió en México en los 90? ¿y en el año 2000?

ACTIVIDAD 1 Y Ud., ¿qué opina?

Exprese sus puntos de vista y escuche los puntos de vista de los demás.

1. ¿Se interesa Ud. por la política nacional? ¿estatal? ¿internacional? En su opinión, ¿cuáles han sido los tres mayores problemas internacionales de los últimos años? ¿Cómo ve Ud. la situación política internacional en la actualidad? ¿Cree Ud. que la paz mundial se justifica por medios bélicos? ¿Por qué?

2. ¿Cree Ud. que el sistema democrático funciona bien? ¿Qué pasó con el sistema comunista en la década de los 90? ¿Sabe Ud. si todavía queda alguna dictadura en los países hispanoamericanos?

3. Hoy se habla mucho de la discriminación contra los negros, los hispanos, los indígenas, las mujeres, los judíos, los asiáticos, los viejos, etc. ¿Cómo explica Ud. que, en un país de tantos inmigrantes como es Estados Unidos, exista la discriminación racial? ¿Encuentra Ud. que hay muchos prejuicios en el mundo?

4. El complejo problema del narcotráfico preocupa a ciudadanos y a gobernantes. ¿Sabe Ud. si se han tomado algunas medidas importantes para luchar contra este mal? ¿Cómo cree Ud. que se podría solucionar este grave problema internacional? ¿Por qué piensan algunas personas que se debería legalizar el uso de las drogas como se legalizó el uso de las bebidas alcohólicas? ¿Qué ventajas o desventajas traería esta legalización?

El viejo San Juan.

ACTIVIDAD 2   ¿Recuerda cuál es la capital de... ?

1. Argentina
2. Costa Rica
3. Ecuador
4. Nicaragua
5. El Salvador
6. Brasil
7. Cuba
8. Guatemala
9. Paraguay
10. Uruguay
11. Bolivia
12. Chile
13. Honduras
14. Perú
15. Venezuela
16. Colombia
17. República Dominicana
18. México
19. Panamá
20. Puerto Rico

VOCABULARIO PARA LA COMUNICACIÓN

Nuestro mundo

Geografía física

la cordillera de los Andes *the Andes range*
    la nieve *snow*
el desierto *desert*
al este *to the east*
    norte *to the north*
    oeste *to the west*
    sur *to the south*
las islas del Caribe *the Caribbean islands*
el lago Titicaca *Lake Titicaca*
el llano *prairie*
el mar Caribe *Caribbean Sea*
las montañas *mountains*

el océano Pacífico/Atlántico *Pacific/Atlantic Ocean*
    la arena *sand*
    la costa *coast*
    la ola *wave*
    la playa *beach*
la pampa *plain, grasslands (Argentina)*
el río Amazonas *the Amazon River*
la selva *jungle*
    el árbol *tree*
el valle *valley*

Los fenómenos naturales

la atmósfera *atmosphere*
la contaminación ambiental *environmental pollution*
el huracán *hurricane*
la inundación *flood*
la lluvia *rain*
    el rayo *thunderbolt (electrical discharge)*

el relámpago *lightning (visual)*
    el trueno *thunder*
el terremoto *earthquake*
    los escombros *rubble*
la tormenta *storm*
el volcán *volcano*

La población

el (la) blanco(a) *white person*
el (la) campesino(a) *farmer*
el (la) hispano(a) *Latin, Hispanic*
el (la) indígena *native inhabitant*

el (la) mestizo(a) *person of mixed blood*
el (la) minero(a) *miner*
el (la) negro(a) *black person*
el (la) obrero(a) *blue-collar worker*

La economía

la agricultura/el (la) agricultor(a) *agriculture/farmer*
disminuir/aumentar la pobreza *to decrease/increase the poverty level*
la ganadería/el (la) ganadero(a) *cattle raising/cattle rancher*

el ganado *livestock*
la industria/el industrial *industry/industrialist*
la minería/el minero *mining/miner*
resolver la crisis económica *to solve the economic crisis*

La política

el **acuerdo de paz** *peace treaty*
apoyar a un(a) candidato(a) *to support a candidate*
>**ganar/perder (ie) las elecciones** *to win/lose elections*

la **cámara de diputados** *house of representatives*
aprobar (ue) una ley *to pass a law*
la **censura** *censorship*
el **(la) ciudadano(a)** *citizen*
el **comunismo** *communism*
declarar la huelga/el paro general *to declare a general strike*
la **democracia** *democracy*
los **derechos humanos** *human rights*
derrocar (ue) al gobierno *to overthrow the government*
la **derrota/la victoria** *defeat/victory*
la **dictadura** *dictatorship*
el **ejército** *army*
>el **poder militar** *military power*

elegir (i) a los representantes *to elect representatives*
el **encarcelamiento** *imprisonment*
el **gabinete presidencial** *president's cabinet*
el **(la) gobernante** *ruler*
el **golpe de estado** *coup d'état, government takeover*

la **guerra** *war*
la **igualdad de clases sociales** *equality of social classes*
la **injusticia** *injustice*
imponer una doctrina *to impose a doctrine*
la **libertad de expresión** *freedom of speech*
el **(la) líder sindical** *union leader*
la **mujer política** *woman politician*
el **partido político** *political party*
>**conservador/liberal** *conservative/liberal*
>**socialista/comunista** *socialist/ communist*

pedir (i) reformas *to demand reforms*
el **político** *politician*
los **prejuicios raciales** *racial prejudices*
el **(la) presidente(a)** *president*
el **proceso electoral** *electoral process*
el **régimen militar** *military regime*
el **senado** *senate*
el **sindicato** *union*
el **socialismo** *socialism*
el **voto popular/votar por** *universal vote/ to vote for*

La política en Hispanoamérica

parar

L a política es parte fundamental de la vida dc los hispanoamericanos. En las casas, en las plazas, en los cafés, se habla sin *cesar* sobre la situación política del país, las posibilidades de los candidatos de ganar las elecciones, la formación de nuevos partidos y los posibles golpes de estado. ¿Qué sería de la vida política nacional sin estas constantes charlas entre familiares y amigos?

Tal vez como resultado de esta manera de entender la política, no existen dos o tres corrientes ideológicas, sino que cada país tiene muchos partidos políticos pero es difícil encontrar diferencias ideológicas fundamentales entre unos partidos y otros.

En sus años formativos, la vida constitucional de muchos de los países hispanoamericanos fue interrumpida por golpes militares que dieron lugar a largas y dolorosas dictaduras. Sin embargo, en los últimos años muchos países han podido elegir a sus presidentes por voto popular.

Entre los sistemas de gobierno hispanomericanos se distingue el del pequeño país de Costa Rica, considerado como un modelo de democracia. Situado al sur de Nicaragua, el país vive en completa armonía, sin la necesidad de mantener fuerzas armadas. Las tensiones políticas, que por muchos años han dividido a los otros países centroamericanos, no han tenido mayor efecto en Costa Rica. En 1987, el presidente de este país, Óscar Arias, ganó el premio Nóbel de la Paz por su lucha constante por los derechos humanos y sus esfuerzos por llegar a un acuerdo de paz en Centroamérica.

Hoy en día las mujeres que siempre participaron de manera activa en la política ocupan lugares cada vez más prominentes. Violeta Chamorro ha ganado las elecciones de Nicaragua y a Rigoberta Menchú le concedieron el premio Nóbel de la Paz por su defensa de la población indígena de Guatemala. Desde los años 90 también los indígenas de México luchan por sus derechos.

Las lenguas nativas, que en algunos países son mayoritarias, están logrando imponerse en los ámbitos públicos. En Paraguay el guaraní es una lengua oficial, junto con el español, desde hace muchos años.

Óscar Arias

Violeta Chamorro

ACTIVIDAD 3 Comprensión de la lectura

¿Verdadero o falso? Si es falso diga por qué.

1. V_____ F_____ Las familias hispanoamericanas no hablan de política.

2. V_____ F_____ En cada país hispanoamericano hay únicamente dos o tres corrientes ideológicas.

3. V_____ F_____ Muchos países hispanoamericanos han sufrido golpes militares y largas dictaduras.

4. V_____ F_____ Actualmente, casi todos los países eligen a sus presidentes por voto popular.

5. V_____ F_____ Óscar Arias ganó el premio Nóbel de la Paz en el año 1987.

6. V_____ F_____ Rigoberta Menchú ganó las elecciones de Guatemala en 1992.

ACTIVIDAD 4 ¡Charlemos!

Pregúntele a su compañero(a).

1. En tu casa, ¿se habla mucho de política? Y cuando estás con amigos, ¿se interesan Uds. por los comentarios sobre la política interna y externa del gobierno? ¿Cuál es el acontecimiento político que más te ha impresionado últimamente?

2. ¿Qué piensas de la ayuda económica y militar de los Estados Unidos a los países extranjeros? ¿La apruebas o desapruebas? ¿Por qué?

3. ¿Estás de acuerdo con la intervención de los Estados Unidos en otros países? ¿Por qué?

4. En tu opinión, ¿las elecciones presidenciales en los Estados Unidos deberían realizarse cada cuatro años como ahora, o cada seis años, como algunos han propuesto? ¿Cuáles serían las ventajas o desventajas de cambiar el sistema?

ACTIVIDAD 5 Asociaciones

¿Podría Ud. asociar a las siguientes personas con un país norte, centro o sudamericano y decir cuál es la relación de esa persona con el país?

1. Hernán Cortés
2. Simón Bolívar
3. Isabel Perón
4. César Chávez
5. Violeta Chamorro
6. Fernando Valenzuela

A. El condicional

Usted Tiene La Oportunidad De Lograr Una Pequeña Victoria Moral.

Gabriel Cortez
Colombia
4 Años

¿Qué haría usted al ver a un niño perdido y desamparado?

Probablemente usted se pararía, lo cogería en los brazos, le secaría las lágrimas y le ayudaría a encontrar su camino sin pensarlo dos veces. Y hay una razón para esto.

Porque usted sabe lo que es ser justo.

Ahora mismo usted puede hacer el bien. Usted puede responder a su instinto natural...tendiéndole la mano a un niño desesperadamente pobre que vive a miles de millas de aquí.

Por medio del PLAN International USA usted puede ayudar a un niño que casi nunca tiene lo suficiente para comer, no tiene un lugar decente para dormir, no tiene cuidado médico, no tiene la oportunidad de asistir a la escuela, o no tiene esperanza para el futuro.

Escoja usted.

Usted puede escoger al niño o niña que desee patrocinar y en el país que le agrade. Usted ayudará a ese niño que vive con su propia familia. Y más, usted ayudará a esa familia para que funcione mejor con otras familias que también tratan de mejorar la vida de sus hijos.

En reconocimiento, usted recibirá fotografías del niño y reportes personales de nuestros encargados locales. Además,

cartas escritas por el niño o por su familia. Usted verá lo mucho que cambiará y mejorará la vida de ese niño. Todo por el deseo que tiene de ayudar.

En realidad, por sólo $22 al mes usted dará a un niño la oportunidad de tener mejor nutrición, programas de salud, ir a la escuela y tener esperanza en el futuro. Eso significa solamente 72 centavos al día ¡Los centavitos que lleva en el bolsillo pueden cambiar la vida de un niño!

¡Por favor, no espere!

Si usted viera a un niño desamparado por la calle, usted no esperaría, lo ayudaría enseguida. ¡Por favor, no espere ahora tampoco!

¡Logre usted una pequeña victoria moral!

Patrocine a un niño con el PLAN International USA.
Llame al

1-800-874-8722

PLAN INTERNATIONAL USA

Antes Foster Parents Plan

ACTIVIDAD 6   Comprensión de la lectura

De acuerdo con el anuncio del Plan Internacional USA, diga...

1. dos o tres acciones que Ud. probablemente haría si viera a un(a) niño(a) desamparado(a).
2. dos o tres necesidades que tiene un(a) niño(a) al que Ud. podría ayudar.
3. dos o tres oportunidades que tendría un(a) niño(a) si Ud. fuera su patrocinador(a).

ACTIVIDAD 7   ¡Charlemos!

Hable con un(a) compañero(a) de clase.

1. Si tú tuvieras que ayudar a un niño, ¿te gustaría que fuera niño o niña? ¿De qué nacionalidad?

2. ¿Qué cambios te gustaría ver en la vida de un(a) niño(a) desamparado(a)? ¿Te gustaría recibir fotografías y cartas para que pudieras ver esos cambios?

3. En este país, ¿qué piensas que se podría hacer por los niños cuando los padres no tienen suficiente dinero para pagar la comida, las guarderías infantiles, los seguros médicos, etc.?

 1. Las formas del condicional

Se forma el condicional de los verbos regulares con el infinitivo y las siguientes terminaciones.

Infinitivo	+	Terminación	=	Condicional
hablar		**–ía**		hablaría
contemplar		**–ías**		contemplarías
comer		**–ía**		comería
ver		**–íamos**		veríamos
vivir		**–íais**		viviríais
morir		**–ían**		morirían

Los verbos que son irregulares en la formación del futuro son también irregulares en el condicional. Las terminaciones, sin embargo, son las mismas que en los verbos regulares.

Infinitivo	Radical condicional	Condicional
haber	**habr–**	habría
poder	**podr–**	podría
saber	**sabr–**	sabría
querer	**querr–**	querría
poner	**pondr–**	pondría
venir	**vendr–**	vendría
salir	**saldr–**	saldría
valer	**valdr–**	valdría
decir	**dir–**	diría
hacer	**har–**	haría

ACTIVIDAD 8   El candidato independista

Como Ud. ya sabe, en los países hispanos se habla sin cesar de la política. Hoy, una familia puertorriqueña habla del nuevo candidato independista para gobernador de la isla.

Complete los diálogos usando el condicional.

1. —Yo no _____ (apoyar) a un candidato independista, ¿y tú?
   —Yo _____ (tener) que estudiar más su programa.

2. —Pero… ¿es que crees que la gente _____ (votar) por él?
   —No sé. Creo que el candidato _____ (tener) que trabajar mucho para ganar las elecciones.

3. —Me imagino que con un gobernador independista _____ (haber) varios cambios.
   —El candidato aseguró que a los pobres no les _____ (faltar) ni el pan ni la vivienda.

4. —Pero, ¿es que tú crees lo que dicen los candidatos? ¿Crees que un candidato independista _____ (poder) disminuir la pobreza?
   —No sé. Me imagino que _____ (llevar) algún tiempo.

2. Los usos del condicional

El condicional corresponde básicamente a *would* y a *should* en inglés.

Usamos el condicional para expresar...	Ejemplos
1. una acción que se anticipa desde el punto de vista de un momento pasado. Se podría decir que el condicional representa un futuro en relación con un tiempo pasado.	La televisión anunció que **habría** un huracán al día siguiente. Sabíamos que lo **haría** tarde o temprano.
2. acciones posibles o deseables que dependen de alguna condición que se expresa con **si** + el imperfecto del subjuntivo. (Muchas veces la cláusula de **si** + subjuntivo está implícita.)	**Viajaría** si tuviera dinero. ¿Cómo **reaccionaría** Ud. al sentir un terremoto? Yo no **trabajaría** en minería. (Aun si me dieran el puesto.)
3. la probabilidad en el pasado. Así como el futuro puede expresar probabilidad en el presente,[1] el condicional puede expresar la probabilidad de una acción en el pasado.	—¿Qué hora **sería** cuando oímos aquel ruido tremendo? —**Serían** las nueve y media. (Probablemente eran las nueve y media.) —¿Por qué no dormirían los niños? —**Estarían** pensando en los truenos. (Probablemente estaban pensando...)
4. cortesía al pedir o preguntar algo.	¿**Podría** decirme qué hora es? ¿**Tendría** Ud. tiempo para discutir el asunto? Me **gustaría** que me lo tuvieras listo para mañana.

---

[1] Revisar el uso del futuro para expresar probabilidad en el presente. Véase la Lección 2, pág. 57.

Atención:

1. Cuando, en inglés, *would* quiere decir *used to,* se traduce al español con el imperfecto. En aquel entonces, **dábamos** un paseo después de la cena.
2. Cuando, en inglés, *would* expresa voluntad, se traduce al español con **querer.** Le pregunté varias veces, pero no **quería** decírmelo.

ACTIVIDAD 9   Más vale la cortesía

Imagínese un diálogo entre el perro y el hombre del grabado *(engraving)* creado por el artista Antonio Frasconi. Con un compañero(a) escriban un diálogo en que el perro y el hombre, que quieren dormir en la cama, hablan con mucha cortesía.

Para la comunicación:

¿Estaría Ud. dispuesto a... ?	¿Podría decirme... ?
¿Tendría la amabilidad de... ?	¿Querría... ?
¿Sería posible... ?	¿Sería Ud. tan amable de... ?

© Antonio Frasconi/Licensed by VAGA, New York, NY

ACTIVIDAD 10   ¿Qué se debería hacer?

Se han encontrado en nuestros países los mayores contrabandos de drogas de todos los tiempos. ¿Qué medidas y precauciones deberían tomar las siguientes personas e instituciones?

1. el (la) presidente(a)
2. el (la) gobernador(a) del estado en el que se confiscan las drogas
3. la policía de la ciudad
4. los ciudadanos
5. el senado

ACTIVIDAD 11   Discurso de un político

Ud. acaba de oír el siguiente discurso político.

> Ciudadanos:
> Jamás permitiremos el despotismo ni la tiranía en nuestra nación. La justicia reinará en todas partes. Llamaré a elecciones y el pueblo elegirá a su presidente. Daré fin a las huelgas. Habrá trabajo para todos y los pobres no sufrirán más.

1. Dígale a su compañero(a) qué dijo el político que haría después de las elecciones.
2. Intercambien ideas sobre los discursos políticos. ¿Qué tienen todos ellos en común? ¿Cuánto cumplen los políticos de lo que prometen?
3. Preparen un discurso político para presentarlo en clase.

ACTIVIDAD 12   ¿Dónde estarían las chicas toda la tarde?

Con un(a) compañero(a) presente el siguiente diálogo, haciendo conjeturas en el pasado según el modelo.

Modelo: ¿Por qué no vendrían a cenar las chicas?
(Probablemente hubo congestión de tránsito en el centro.)
—*Habría congestión de tránsito en el centro.*

1. —¿Sabes adónde fueron?
   —(Posiblemente fueron de compras.)
2. —Que yo sepa, no tenían dinero.
   —(Tal vez usaron su tarjeta de crédito.)
3. —¿En qué fueron, si yo me llevé el coche?
   —(Posiblemente tomaron el autobús.)
4. —¿A qué hora las viste salir?
   —(Probablemente eran las dos y media.)
5. —¿Por qué no se despidieron de nosotros?
   —(Quizás tenían prisa.)

3. Las cláusulas que dependen de "si..."

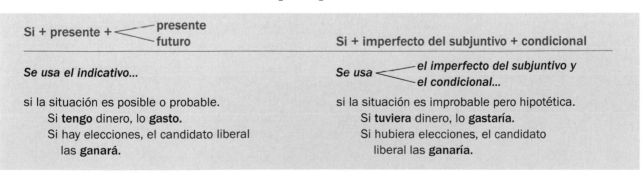

Si + presente + ⟨ presente / futuro

Si + imperfecto del subjuntivo + condicional

Se usa el indicativo...

si la situación es posible o probable.
   Si **tengo** dinero, lo **gasto**.
   Si hay elecciones, el candidato liberal las **ganará**.

Se usa ⟨ *el imperfecto del subjuntivo y el condicional...*

si la situación es improbable pero hipotética.
   Si **tuviera** dinero, lo **gastaría**.
   Si hubiera elecciones, el candidato liberal las **ganaría**.

ACTIVIDAD 13 **¡Si las cosas cambiaran!**

Diga qué pasaría si se modificaran las siguientes disposiciones tomadas por la ciudad, el ayuntamiento, el gobierno federal y otras instituciones.

Modelo: Las autoridades no aprueban la ley del aborto.
Si la aprobaran, muchas mujeres estarían descontentas.

1. Los científicos todavía no encuentran un remedio para el SIDA.
2. Aún no se ha dado fin al narcotráfico internacional.
3. A pesar de muchos esfuerzos, no logramos la paz mundial.
4. La ciudad les prohibe a los ciudadanos fumar en lugares públicos.
5. A veces algunos países intervienen en asuntos políticos de otras naciones.

ACTIVIDAD 14 **¡Charlemos!**

Todos sabemos que debemos estar preparados para algún tipo de desastre. Con un(a) compañero(a) de clase, intercambie ideas y digan qué harían Uds. en caso de…

1. un terremoto.
2. un huracán que amenazara destruir su casa.
3. la llegada a la tierra de individuos de otros planetas.

ACTIVIDAD 15 **¡Si mis deseos se cumplieran!**

En la literatura infantil hay muchos cuentos y relatos en los que a una persona se le otorgan tres deseos. Si en este momento Ud. tuviera que formular tres grandes deseos, ¿qué le pediría al destino? ¿Por qué?

ACTIVIDAD 16 **Un contrabandista**

Formen grupos de cuatro estudiantes para resolver este caso de contrabando.

Para evitar el contrabando, los agentes de aduana vigilan el tránsito de pasajeros en los aeropuertos. Un muchacho llega todos los meses llevando una maleta. Un mes la maleta va llena de libros, al siguiente va con juguetes *(toys)*, otro mes es ropa usada y otras cosas. Los agentes de aduana piensan que el muchacho contrabandea algo, pero no saben qué.

Analice con un(a) compañero(a) de clase el caso del muchacho, preguntándose lo siguiente.

1. ¿Qué harían si Uds. fueran los agentes que vieran pasar al muchacho? ¿Lo dejarían pasar cada mes sin tratar de averiguar qué hace? ¿Qué le preguntarían? ¿Pensarían que es un contrabandista? Si el muchacho fuera un contrabandista, ¿qué estaría contrabandeando?
2. Después, informen a la clase a qué conclusión han llegado y qué es lo que contrabandea el muchacho. (¿ropa? ¿juguetes? ¿libros?)

 ## B. El presente perfecto del subjuntivo

Hablando de política

Rubén y Manuel son estudiantes de ciencias políticas en la Universidad de Puerto Rico en Río Piedras. Conversan un día después de las clases.

	RUBÉN:	¿Qué opinas de los cambios políticos en Hispanoamérica?
conseguido	MANUEL:	Me alegro mucho de que nuestras naciones **hayan *logrado*** formar democracias.
	RUBÉN:	¡Ya lo creo! Es interesante que países como Chile o Nicaragua **hayan efectuado** elecciones libres.
	MANUEL:	Desde luego, sus gobernantes han prometido respetar los derechos humanos. Sólo cuando **haya pasado** algún tiempo sabremos si sus promesas fueron sinceras. Parece, además, que quieren mantener buenas relaciones con los Estados Unidos.
	RUBÉN:	Ojalá. Me alegro de que te **hayas interesado** en estos temas.

ACTIVIDAD 17   Comprensión y ampliación de la lectura

1. ¿De qué hablan Rubén y Manuel?
2. ¿Qué dice Manuel de las naciones hispanoamericanas? ¿de los gobernantes de Chile y Nicaragua?
3. ¿Por qué cree Ud. que Manuel se preocupa de que los países hispanoamericanos quieran mantener relaciones cordiales con los Estados Unidos?
4. ¿Sabe Ud. a qué hechos políticos se refieren Rubén y Manuel al hablar de Chile y Nicaragua? Si no sabe mucho sobre estos hechos históricos ¿podría Ud. buscar la información en la biblioteca o en el Internet y traerla para mañana?

1. Las formas del presente perfecto del subjuntivo

Se forma el presente perfecto del subjuntivo con el presente del subjuntivo del verbo **haber** y el **participio pasado.**

Formación del presente perfecto del subjuntivo			
	ganar	**perder**	**conseguir**
haya hayas haya hayamos hayáis hayan	ganado	perdido	conseguido

2. El uso del presente perfecto del subjuntivo

El uso del presente perfecto del subjuntivo es similar al uso del presente perfecto del indicativo[1] pero, como hemos visto en la Lección 6, la cláusula del subjuntivo está subordinada a una cláusula principal.[2]

> No **ha podido** ganar las elecciones. (indicativo)
> Lamento que no **haya podido** ganar las elecciones. (subjuntivo)
> ¿Ud. **ha hecho** esa tontería?
> ¿Es posible que Ud. **haya hecho** esa tontería?

 ACTIVIDAD 18 **Minidiálogos**

Reaccione ante los siguientes comentarios, usando el presente perfecto del subjuntivo.

Modelo: —*Espero que...*
—Lamento no haber podido ir al cine contigo.
—*Espero que no hayas tenido problemas.*

1. —Manuelita no viene a clase por haber reprobado el curso.
   —¡Es terrible que… !
2. —Los chicos tienen problemas. Los padres les han dado mucha libertad.
   —Es malo que…
3. —Me acaban de decir que Raúl se casó la semana pasada.
   —Me alegro de que…
4. —Ayer Mauricio y Elena fueron a la playa en Luquillo. ¿Se divertirían?
   —Ojalá…
5. —¿Habrá recibido Pepe mi última carta?
   —Dudo que…
6. —He pasado tres noches fuera de casa.
   —Me parece extraño que…
7. —He terminado la relación con mi amigo(a). ¿Habré hecho bien?
   —Quizás…

---

[1]Revise la explicación del presente perfecto del indicativo en la Lección 5, pág. 156.
[2]Revise el uso del subjuntivo en cláusulas nominales (Lección 6, pág. 193) y en cláusulas adjetivales y adverbiales (Lección 7, pág. 222).

ACTIVIDAD 19   ¿Qué pasó o qué pasará?

Forme una sola oración, usando el presente perfecto del subjuntivo.

Modelo: Saldrá el sol. Pasará la tormenta. (cuando)
Saldrá el sol cuando haya pasado la tormenta.

1. Navegaremos en el océano. Bajarán las olas. (tan pronto como)
2. Llegarás al valle. Cruzarás la montaña. (después de que)
3. ¿Es posible? ¿Los obreros se declaran en huelga? (que)
4. Es interesante. El candidato logra tantos triunfos. (que)
5. El alcalde resolverá la crisis económica. Termina su período. (antes de que)
6. ¡Es increíble! ¡Ninguno de nosotros lo apoya! (que)
7. Lucharemos. Firmaremos un acuerdo de paz. (hasta que)
8. Estaré satisfecha. Se irán a los Estados Unidos. (cuando)

 ACTIVIDAD 20   Fui testigo de un huracán.

Primero lea con mucha atención el diálogo. Después, con un(a) compañero(a) de clase, complételo con el presente perfecto del indicativo o del subjuntivo, según el caso.

Arturo ha sido testigo de un hurcán y ha estado tratando de llamar por teléfono a Susana, pero no ha podido hablar con ella porque todas las líneas telefónicas estaban ocupadas. Finalmente, después de dos días, ha logrado comunicarse con ella y ahora están hablando de esta terrible experiencia.

1. S: Arturo, ¿ya _____ (reponerse, tú) del susto?
   A: Desde luego. Espero que _____ (recibir, tú) el mensaje que te mandé por fax.

2. S: Sí, sí, lo _____ (recibir). Ahora quiero saber si tu casa _____ (sufrir) muchos daños.
   A: Mi casa está bien. Pero todavía no puedo creer que la de mi tío _____ (desaparecer) en medio de los escombros.

3. S: Y la gobernadora, ¿_____ (decir) algo?
   A: Habló por la tele hace unos instantes. Dijo que lo que más sentía era que tanta gente _____ (perder) su casa.

4. S: Bueno, cuando toda esta situación _____ (pasar), espero que me escribas contándome con más detalle.
   A: Claro que sí.

Ciudad de México.

C. Los indefinidos y los negativos

La contaminación ambiental

ALICIA: ¿Has leído **algo** sobre la contaminación ambiental en la Ciudad de México? Cada día miles de coches y fábricas producen contaminantes que se acumulan en la atmósfera. Parece que los ríos y los lagos **también** están terriblemente contaminados.

NORA: Mira, creo que **algunos** exageran al hablar de este asunto. El problema de la contaminación no es **nada** sencillo. El mundo se ha ido industrializando y hacen falta nuevas fuentes de energía. **Ningún** país puede seguir dependiendo sólo del petróleo.

ALICIA: **También** está la energía solar.

NORA: Eso **tampoco** resuelve los problemas del momento. Quizás en el futuro **alguien** descubra **algo** nuevo. Pero por el momento...

ALICIA: ¡Tú **siempre** defendiendo la tecnología y el progreso! A mí me gustaría que asumiéramos la responsabilidad de conservar los recursos naturales.

ACTIVIDAD 21   Comprensión y ampliación de la lectura

1. Con sus propias palabras resuma la conversación entre Alicia y Nora, teniendo en cuenta...
   a. de qué hablan.
   b. qué le preocupa a Alicia y qué le gustaría ver.
   c. qué opina Nora sobre el asunto.
2. Nora afirma que ningún país puede seguir dependiendo del petróleo. ¿Está Ud. de acuerdo con esta afirmación? ¿Por qué?
3. ¿Cree Ud. que en los últimos años los países se han preocupado por encontrar nuevas fuentes de energía? ¿Cuáles? ¿Han dado algún resultado positivo? ¿negativo?

4. ¿Podría la tecnología moderna contribuir al progreso del mundo entero? ¿a la paz mundial? ¿Qué grandes acontecimientos mundiales hacen que dudemos de los alcances de la tecnología moderna?

5. Investigue la situación del medio ambiente en Puerto Rico. ¿Qué medidas se toman allí en contra de la contaminación?

 ## Los indefinidos y los negativos

algo *(something, anything)*	**nada** *(nothing)*
alguien *(someone, anyone)*	**nadie** *(no one, nobody)*
cualquiera *(whoever, whatever, whichever)*	
alguno *(some, someone)*	**ninguno** *(none, no one, not any)*
unos *(a few)*	
siempre *(always)*	
alguna vez *(ever)*	**nunca, jamás** *(never)*
algunas veces *(sometimes)*	
algún día *(someday)*	
o... o *(either . . . or)*	**ni... ni** *(neither . . . nor)*
también *(also, too)*	**tampoco** *(neither)*

Usos	Ejemplos
1. **algo** ≠ **nada** *(pronombres)* Son invariables y se refieren a cosas.	—Tengo **algo** importante que comunicarte. —Dímelo en seguida. En este momento no tengo **nada** que hacer.
2. **alguien** ≠ **nadie** *(pronombres)* Son invariables y se refieren a personas.	—¿Conoces a **alguien** que sepa hablar guaraní? —No, no conozco a **nadie**.
3. **alguno** (–a, –os, –as) ≠ **ninguno** (–a) *(pronombres y adjetivos)* **Alguno** concuerda en género y en número. **Ninguno** concuerda únicamente en género. Delante de un sustantivo masculino singular los dos pierden la **o** final (**algún, ningún**). (*Atención:* No hay forma plural de **ninguno.**)	—¿Tienen Uds. **algunas** ideas sobre cómo solucionar nuestros problemas ecológicos? —No, no tenemos **ninguna**. **Algún** día triunfarán los derechos del hombre. No hay **ningún** problema que no pueda resolverse.
4. **siempre** ≠ **nunca, jamás** *(adverbios)* Son invariables. **Jamás** se usa en forma más enfática.	**Siempre** pensé que las cosas acabarían mal. —¿Y por qué no me lo dijiste **nunca**? —Pues, no se me ocurrió **jamás**.
5. **también** ≠ **tampoco** *(adverbios)* Son invariables.	—¿A ti **también** te pidió dinero prestado? —Sí, pero **tampoco** se lo di.
6. **o... o** ≠ **ni... ni** *(conjunciones)* **O... o** se usa para ofrecer dos alternativas. **Ni... ni** niega dos alternativas. Al contrario del inglés, el verbo con dos sujetos unidos por **ni... ni** adopta la forma plural.	**O** ayudan a los países del Tercer Mundo **o** habrá una revolución. **Ni** los demócratas **ni** los republicanos pueden solucionar el conflicto.

Usos	Ejemplos

7. **cualquiera** (*pronombre*)
   Se refiere a personas o cosas.
   La forma adjetival pierde la **–a** final delante de un sustantivo.
	Pregúntale a **cualquiera** que encuentres.
	Cualquier persona puede dar su opinión.

8. **in–, im–** y **des–** (*prefijos*) Son prefijos de negación que se usan con varios adjetivos, sustantivos y verbos.	Son **in**variables muchos de los **in**definidos. Nos parece **im**posible resolver el asunto. No hay que **des**hacer todo lo que has hecho.

Atención:

1. Si la negación va delante del verbo, se omite la doble negación.

   No como **nunca** solo. → **Nunca** como solo.
   No se lo dije a **nadie**. → A **nadie** se lo dije.

2. Cuando los indefinidos y negativos se refieren a personas y funcionan como complementos directos del verbo, la **a personal** es necesaria.

   —¿Conoces **a** alguien de Mayagüez?
   —No, no conozco **a** nadie.

ACTIVIDAD 22   Cómo lograr el orden y la paz del continente

En los últimos años, en nombre de la paz mundial, los países se han visto en la necesidad de hablar de guerra. Conteste en forma enérgica las siguientes preguntas, usando las palabras que están a la derecha.

Modelo: ¿Cuándo hay que pensar en la paz y la seguridad de los pueblos americanos?/Siempre
¡Por supuesto que siempre hay que pensar en la paz!

1. ¿Alguna nación debe hacer discriminaciones de raza, nacionalidad, clase, edad, religión o sexo?
2. ¿Puede alguien atacar a un país sin motivo alguno?
3. ¿Las Naciones Unidas permitirían invasiones extranjeras?
4. Si algo trágico sucediera a una de las naciones de las Naciones Unidas, ¿irían algunos países en su auxilio?
5. ¿Los Estados Unidos y China deben tratar de imponer sus doctrinas políticas? ¿y Gran Bretaña? ¿y otros?

algún(o/a)
ningún(o/a)
nadie/alguien
algo
nada
ni… ni…
tampoco

ACTIVIDAD 23   Nuestro discurso político

1. Escriba, con la ayuda de un(a) compañero(a), un discurso sobre algún tema polémico como…
   a. la conservación de los recursos naturales.
   b. la intervención de los gobiernos extranjeros en los asuntos internos de otro país.
   c. el aborto.
   d. el narcotráfico.
   e. ¿…?

Sean específicos y seleccionen sus palabras con cuidado.

2. Después lean el discurso ante la clase.

D. La voz pasiva

En la voz activa el orden normal de la oración es el siguiente.

sujeto-agente + verbo + complemento

El hombre **ha contaminado** los ríos y los mares.
Los técnicos **presentarán** algunos proyectos.

1. La voz pasiva con *ser*

El uso de la voz pasiva en español es mucho menos frecuente que en inglés. En la voz pasiva se invierte el orden y el agente que ejecuta la acción va al final de la oración, después de la preposición **por.** La oración se escribe con el participio pasado,[1] que concuerda en género y en número con el sujeto pasivo.

> **ser + participio pasado + por + agente**
>
> Los ríos y los lagos **han sido contaminados** por el hombre.
> Algunos proyectos **serán presentados** por los técnicos.

2. La voz pasiva con *se*

Si no se menciona al agente de la acción, la construcción es la siguiente:

> **se + tercera persona singular o plural del verbo**
>
> **Se defenderá** la democracia.
> Ha llovido mucho. **Se esperan** grandes inundaciones.

Cuando el complemento de objeto directo va precedido por la **a personal,** el verbo está siempre en la forma singular.

Se espera a la nueva presidenta.
Se busca a los directores del programa.

---

[1] En la voz pasiva el participio pasado funciona como adjetivo; por lo tanto, concuerda en género y en número con el sujeto pasivo.

ACTIVIDAD 24 **Problemas ambientales**

En los últimos años el Brasil ha sufrido muchos problemas ambientales debido al corte de árboles en la selva del Amazonas. Ponga las siguientes oraciones en la forma pasiva.

Modelo: La civilización destruye la selva del Brasil.
Las selvas del Brasil son destruidas por la civilización. O:
Las selvas del Brasil han sido destruidas por la civilización.

1. Los ecologistas hacen varios estudios.
2. Muchos ciudadanos apoyan estos proyectos ecológicos.
3. Los brasileños desean una pronta solución al problema.
4. El gobierno brasileño revisa las leyes ecológicas.
5. La falta de árboles pone en peligro la selva del Amazonas.

Con fines agrícolas, todavía se quema la vegetación en las selvas del Brasil.

 ACTIVIDAD 25 **Todavía quedan muchos problemas por resolver**

Elimine el agente (en letras negritas) y forme las oraciones con la construcción pasiva con **se**, según el ejemplo.

Modelo: La huelga fue declarada por **los mineros.**
Se declaró la huelga.

1. Pronto la crisis económica será resuelta por **el gobierno.**
2. En las últimas elecciones, varias reformas fueron aprobadas por **el pueblo.**
3. Los ciudadanos fueron recibidos por **los representantes.**
4. Las manifestaciones fascistas serán prohibidas por **la ley.**
5. Los manifestantes fueron escuchados por **los políticos.**
6. Un aumento de sueldo fue solicitado por **los obreros.**

ACTIVIDAD 26   Grandes hechos históricos

Asocie un elemento de la columna A con uno de la columna B y construya una oración pasiva. Puede usar éstos y otros verbos: **descubrir, redescubrir, encontrar, inventar, invadir, escribir, pintar, recibir, ganar, derrotar,** etc.

Modelo: *Hamlet* — William Shakespeare
La gran obra de teatro Hamlet *fue escrita por William Shakespeare.*

A	B
Hamlet	la batalla de Waterloo en 1815
la electricidad	William Shakespeare
el continente americano	Thomas Edison
Guernica	Hernán Cortés
Napoleón Bonaparte	Cristóbal Colón
México	Rigoberta Menchú y Óscar Arias
el premio Nóbel	Pablo Picasso

 CON ESTAS PALABRAS!

> quedar
> quedar en
> quedar bien/mal con
> quedarle (a uno)
> quedarle bien/mal
> quedarse
> quedársele
> quedarse con

quedar *to be (located)*

—¿Dónde **queda** el Palacio de Gobierno?
—**Queda a** cinco cuadras de aquí. **Queda** en la plaza principal.

quedar en *to agree on*

Quedaste en llamar por teléfono a las cinco.
¿No **quedamos en** que tú me ayudarías?

quedar bien/mal con *to cause a good/bad impression, to do the right thing*

> Fui a verla para **quedar bien con** la familia.
> No le escribí nunca y **quedé muy mal.**

quedarle a uno *to have left*

> **Me quedan** sólo cuatro pesos.

quedarle bien/mal *to suit*

> No **te quedan bien** esos pantalones.

quedarse *to remain, to be left, to stay*

> ¿Por qué **te quedaste** tan triste?
> **Nos quedamos** un solo día en Asunción.

quedársele a uno *to leave behind, to forget*

> **Se me quedó** el libro en casa.

quedarse con *to keep*

> Juan **se quedó con** el cambio.

ACTIVIDAD 27   A completar

Complete con alguna de las expresiones con **quedar.**

1. Panamá _____ entre Costa Rica y Colombia.
2. ¿Por qué entraste sin saludar? Tú _____ con todos.
3. Anoche Manuel _____ venir a verme.
4. A ti _____ esos colores fuertes.
5. Todos nosotros _____ pensando en su tragedia.
6. Yo creo que _____ bien con tu familia si llevo unas flores.
7. A mí no _____ otro remedio que divorciarme.
8. Ella piensa _____ tres días en Puerto Rico.
9. ¡Sales día y noche! De vez en cuando, deberías _____ en casa.
10. La peluquería que me gusta _____ por esta zona.
11. En caso de que a ti _____ bien el vestido, te lo regalaré.
12. No _____ (tú) con el peine. Lo necesito. Sólo _____ uno.

AMPLIACIÓN Y CONVERSACIÓN

ACTIVIDAD 28   La lotería

Diviértase con un(a) compañero(a), pensando en lo que haría Ud. si se sacara "el gordo" de la lotería. Completen y amplíen el diálogo, usando la imaginación. Después presenten el diálogo a la clase.

A: ¿Qué harías si... ?

B: Lo primero que haría sería...

A: ¿Te acordarías de... ?

B: ¡Claro que sí! (¡Por supuesto que no!)...

A: ...

ACTIVIDAD 29   ¿Qué haces si... ?

Pregúntele a su compañero(a).

Modelo: ¿sacas malas notas?
            —*¿Qué haces si sacas malas notas?*
            —*Hablo con el profesor y trato de estudiar más.*

1. ¿no tienes dinero?
2. ¿no recuerdas un número de teléfono muy importante?
3. ¿alguien llama a la puerta pero tú aún no estás vestido(a)?
4. ¿un(a) amigo(a) te invita a cenar y tienes que levantarte muy temprano al día siguiente?

ACTIVIDAD 30   ¡Qué problema!

Ahora, que sea su compañero(a) el (la) que pregunte.

¿Qué harías si tu novio(a)...

1. ...te hablara todo el tiempo de política?
2. ...te pidiera prestados mil dólares?
3. ...te dijera que en este momento quiere casarse contigo?
4. ...te contara que sale con otro(a), pero que sólo tú cuentas en su vida?
5. ...te confesara que le gustan tanto los niños que desearía tener diez hijos?

ACTIVIDAD 31   Los fenómenos y los desastres naturales

1. Si Ud. ha sido testigo(a) de un desastre natural causado por un terremoto, una tormenta, un huracán, una inundación o algo parecido, cuéntele sus experiencias a dos o tres compañeros de clase.
2. Después de su relato, sus compañeros deberán hacerle por lo menos cuatro preguntas.

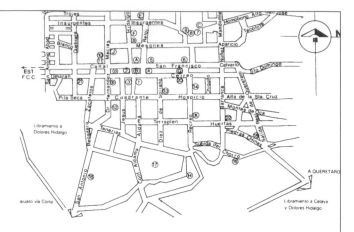

ATRACTIVOS TURISTICOS DE LA CIUDAD DE SAN MIGUEL DE ALLENDE.

1) **Parroquia de San Miguel.** Construida sobre la antigua en 1683, la fachada actual se inició en 1880. Su estilo es gótico.
2) **Casa del Mayorazgo de la Canal.** Construida en el siglo XVIII, y recientemente remozada.
3) **Casa de don Ignacio Allende.** Lugar donde nació uno de los iniciadores de la Independencia Nacional.
4) **Casa del Mariscal Don Francisco Lanzagorta.** Joya Arquitectónica.
5) **Casa de los Hermanos Aldama.** Casa donde nacieron estos dos héroes de nuestra Independencia.
6) **Iglesia de San Francisco.** Comenzada a construir en 1779, de estilo churrigueresco.
7) **Iglesia de la Salud.** Del siglo XVIII, su portada es barroca.
8) **Oratorio de San Felipe Neri.** Terminado en 1712, pertenece al barroco, con marcada influencia indígena en el labrado de su fachado.
9) **Santa Casa de Loreto.** Construida en 1735, portada de cantera dorada de estilo barroco.
10) **Centro Cultural Ignacio Ramírez.** Antiguamente convento de monjas concepcionistas. se imparten clases de arte, como: pintura, dibujo, modelado, música, danza, etc.
11) **Iglesia de la Concepción.** Inaugurada incompleta en 1765, la torre fue culminada en 1842.
12) **Casa del Inquisidor.** Terminada de construir en 1880, su frontis de cantera es de influencia francesa.
13) **Casa de los Condes de Loja.** Joya arquitectónica.
14) **Antiguo Cuartel de "Dragones de la Reyna".** Al que pertenecían muchos sanmiguelenses que iniciaron la guerra de independencia.
15) **El Mirador.** Desde donde se puede apreciar una bella vista de la ciudad.
16) **El Chorro.** Hermoso lugar en donde se inició la fundación de San Miguel.
17) **Parque Benito Juárez.** Tranquilo paraje que invita al descanso.
18) **Escuela de Arte "Instituto Allende"** Casa solariega, su construcción se inició en 1735, posteriormente fue reconstruida para operar como escuela de artes e idiomas, impartiéndose: pintura, grabado, escultura, cerámica, platería, tejido, etc.
19) **Presa Ignacio Allende.** Lugar para practicar deportes acuáticos.
20) **Casa del Marqués de Jaral de Berrio.** Del siglo XVIII.
21) **Casa de don Ignacio Ramírez "El Nigromante".** Donde habitó este otro ilustre personaje, gran liberal que luchó contra la intervención francesa.
22) **Casa de Juan José de los Reyes Martínez "El Pípila".** Quien encendió la puerta de entrada a la Alhóndiga para vencer a los insurgentes.
23) **Mercado de Artesanías.**

ACTIVIDAD 32 Atractivos turísticos

Lea sobre los atractivos turísticos de la histórica ciudad de San Miguel de Allende en México. Preste atención a todas las oraciones que tienen construcciones pasivas. Después conteste las siguientes preguntas.

1. ¿En qué año fue construida la Parroquia de San Miguel? ¿Cuándo se inició la construcción de su fachada?
2. ¿En qué año se terminó el Oratorio de San Felipe Neri? ¿Qué influencia se nota en el labrado de la fachada?

3. ¿Qué clases se dan en el Centro Cultural Ignacio Ramírez?

4. ¿Cuándo se inauguró la Iglesia de la Concepción?

5. ¿Qué atractivo tiene El Mirador?

6. ¿Qué deportes se practican en la Presa Ignacio Allende?

ACTIVIDAD 33 Nuestro folleto de turismo

Con un(a) compañero(a) de clase, seleccione un lugar interesante en Puerto Rico y preparen juntos un folleto de turismo, detallando sus atractivos turísticos. Busquen información en la biblioteca o en el Internet. El folleto debe ser breve, conciso y atractivo. ¡Manos a la obra! Incluya algunos de los siguientes datos.

1. **Lugar de vacaciones**
   atractivo del lugar: la ciudad, las montañas, los volcanes, los valles, la selva
   maneras de llegar: por avión, en barco

2. **Excursiones organizadas**
   lugares importantes que se deben visitar
   compras que se pueden hacer

3. **Hoteles**
   categoría del hotel
   zona en la que se encuentra
   ambiente del hotel
   servicios e instalaciones

4. **Restaurantes**
   comida internacional
   comida típica

5. **Recomendaciones prácticas para los turistas**
   ¿...?

ACTIVIDAD 34 Mesa redonda

Escoja tres o cuatro compañeros para formar una mesa redonda e intercambiar ideas sobre el tema de la separación del estado y la religión.

Estado y religión
Desde el principio de la época colonial, la Iglesia ha tenido una influencia decisiva en la política de Hispanoamérica. De California a la Argentina los misioneros se declararon en favor de los derechos humanos, defendiendo a los indígenas. En los últimos años han surgido grupos de sacerdotes y monjas militantes que piensan que la Iglesia debe luchar en favor de la gente que vive en condiciones miserables. Esta actitud ha dado lugar a que varios religiosos hayan sido asesinados.

¿Qué piensa Ud. al respecto? ¿Debe haber una separación absoluta de los problemas religiosos y los políticos? ¿Cree Ud. que la Iglesia debe participar en la lucha por los derechos humanos? Si la Iglesia no debe intervenir en los asuntos políticos, ¿cree Ud. que el Papa debe opinar sobre la política internacional?

ACTIVIDAD 35 Debate

En la última década el tema de la ayuda financiera de los Estados Unidos a diversos países ha sido muy debatido. ¿Qué piensa Ud.? ¿y sus compañeros? Pregúnteles si están a favor o en contra de la ayuda norteamericana a los países necesitados y formen dos grupos para debatir este tema importante.

Pro ayuda norteamericana

- Los Estados Unidos son una nación rica que debe ayudar a los países que deseen mantener la democracia.

- Si es necesario, los EE.UU. deben proveer de armas a los que luchan por la democracia.

- Es importante que los EE.UU. envíen tropas y ayuden a los gobernantes de Colombia, Bolivia y Perú en la lucha contra el narcotráfico internacional.

- ¿...?

Contra la ayuda norteamericana

- Los ciudadanos norteamericanos no pueden seguir ayudando con sus impuestos a otros países, porque en los últimos años se ha visto la pobreza en este mismo país.

- Los EE.UU. no pueden, ni deben, interferir en los problemas políticos de otros países. Son ellos los que deben decidir su propio destino.

- El narcotráfico se debe combatir en las propias calles de los EE.UU. y no en los países productores. Hay que educar a la juventud acerca del peligro de las drogas.

- ¿...?

ACTIVIDAD 36 Minidrama: Ante la Organización de las Naciones Unidas (ONU)

Imagínese que Ud. y todos sus compañeros de clase son representantes de los estados miembros de la ONU y están en reunión plenaria, analizando si los principios de la organización han sido cumplidos por todas las naciones.

   Cada estudiante, representando a un país, debe exponer sus preocupaciones y quejas sobre algunos de éstos y otros puntos.

1. Si en los últimos años el país al que Ud. representa ha tenido quejas de otros países. Dar algunos ejemplos.
2. Si las controversias de carácter internacional que surgieron entre dos o más naciones han sido resueltas por medio de procedimientos pacíficos. Dar algunos ejemplos.
3. Si la ONU ha promovido el desarrollo económico, social y cultural del país que Ud. representa.
4. Si se ha procurado la unidad mundial, proclamando los derechos fundamentales del ser humano sin hacer distinción de raza, nacionalidad, religión o sexo.

¡Busque en la biblioteca o en el Internet la información que necesita y defienda los derechos de la nación que Ud. representa!

¿Qué saben Uds. de... Puerto Rico?

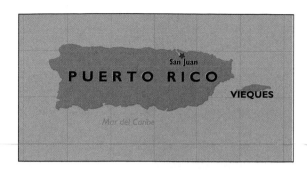

A. Recordar lo que sabemos

En la lección 8 de *Horizontes: Cultura y literatura* hay varias menciones a Puerto Rico. Repasando y recordando lo que leyeron, responda con un(a) compañero(a) a las siguientes preguntas:

1. ¿Conocen Uds. Puerto Rico? ¿Cuál es la capital? ¿Por qué creen Uds. que la isla se llama así? ¿Cómo se llama a las personas nacidas en Puerto Rico?

2. ¿Quiénes fueron los primeros habitantes conocidos de Puerto Rico? ¿A qué se debe la presencia de población de origen africano en la Isla?

3. ¿Cuántos millones de puertorriqueños hay? ¿Cuántos de ellos viven en Nueva York?

4. ¿Cuál fue la situación política de Puerto Rico hasta 1898? ¿Cuál es desde entonces? ¿De qué país son ciudadanos los habitantes de Puerto Rico?

5. ¿Qué opinan los puertorriqueños sobre la situación política de su país? ¿Qué opinan Uds.?

6. ¿Recuerdan el nombre de alguna escritora o algún escritor de Puerto Rico? ¿Qué fue lo que más les llamó la atención en sus textos?

B. Ampliar lo que sabemos

¿Les gustaría aprender más sobre Puerto Rico? Reúnanse en grupos de tres o cuatro personas y preparen una presentación sobre uno de los siguientes temas. Elijan el que más les interese, u otro que no aparezca en la lista:

- Los diversos orígenes étnicos de la población puertorriqueña: los taínos, los africanos y los españoles. Las migraciones más recientes de Europa y de Asia. El mestizaje de personas y culturas. La supervivencia de la cultura de los taínos a través de sus leyendas. La práctica de la santería traída de África.
- La historia de Puerto Rico. Desde la prehistoria hasta la llegada de Cristóbal Colón. El período colonial español entre 1492 y 1898. Los piratas del Mar Caribe. Puerto Rico en el siglo XX. La doctrina Monroe y las relaciones con los Estados Unidos.

- La geografía de Puerto Rico. La isla principal y las islas pequeñas. Las ciudades más grandes: San Juan y Ponce. El contraste entre las playas de la costa y las montañas. La posición estratégica de Puerto Rico en el paso hacia el canal de Panamá. La naturaleza: flora y fauna.
- La economía de Puerto Rico. La importancia del turismo. El estancamiento de los sectores tradicionales, como la producción de caña de azúcar, y el desarrollo de nuevos sectores: ganadería, industria y construcción. La alta tasa de desempleo y su relación con los movimientos migratorios.
- La situación política actual: Puerto Rico como Estado Libre Asociado de los Estados Unidos. Los poderes legislativo, ejecutivo y judicial. Los partidos políticos. Las corrientes favorables y las contrarias a la situación actual.
- Las artes en Puerto Rico. La arquitectura colonial de San Juan y Ponce: las fortalezas, los palacios, los conventos y las iglesias. Los museos, en especial el Museo de Arte de Ponce. Algunos artistas: José Campeche, Francisco Oller, Ramón Fadré, Miguel Pou, Antonio Martorell, José Rosa, etc.
- La vitalidad de la artesanía popular. Los santeros y sus santos, los mundillos y las caretas.
- Las significativas contribuciones de Puerto Rico a la literatura. El período colonial. Escritoras y escritores del siglo XIX. La literatura posterior a 1898 y del siglo XX. Las creaciones literarias de los puertorriqueños de Nueva York.
- La música en Puerto Rico. Los grandes nombres de la música popular puertorriqueña: Narciso Figueroa, Rafael Hernández, Tito Puente y los orígenes de la salsa, José Feliciano, Ricky Martin, etc. Los compositores de música clásica. Los instrumentos tradicionales: el güícharo o güiro, el requinto, el bordonua, el cuatro y el triple. Formas musicales caribeñas: salsa; bomba y plena.
- La peculiar situación lingüística de Puerto Rico: la fuerza del español y la influencia del inglés. El *spanglish* de los puertorriqueños de Nueva York. Las aportaciones taínas y africanas al español de Puerto Rico.
- Los estereotipos de los habitantes de Puerto Rico. Las representaciones de los puertorriqueños en la cultura norteamericana: *West Side Story* de Leonard Bernstein.
- La cocina puertorriqueña.

C. Compartir lo que sabemos ¿Cómo preparar la presentación?

1. Utilicen todo tipo de fuentes de información para investigar sobre el tema elegido: libros, prensa, Internet, etc.
2. Incluyan en su presentación todos los medios audiovisuales que crean convenientes: fotografías, mapas, dibujos, videos, cintas o discos de música, etc.
3. Ofrezcan a sus compañeros de clase un esquema de todos los puntos que van a desarrollar en su presentación.

¡REVISE SU ORTOGRAFÍA!

Las combinaciones *ga, gue, gui, go, gu*

Se escriben con **g** las combinaciones **ga, go** y **gu.**

> A Andrea le **gu**stan los **ga**tos.
> Durante la tormenta cayeron unas pocas **go**tas de a**gu**a.

Recuerde que **ge, gi** suenan [he], [hi]. Por ejemplo:

> La **ge**nte debe diri**gi**r el gobierno.

Se escriben con **gu** sólo las combinaciones **gue** y **gui.** La **u** que sigue a la **g** no tiene sonido.

> Los soldados perdieron la **gue**rra porque no tenían un **guí**a.

Recuerde que en los verbos que terminan en **–gar** la **g** cambia a **gu** cuando va seguida de **e.**

apa**g**ar	apa**g**o	apa**gu**é
encar**g**ar	encar**g**as	encar**gu**es

Cuando queremos indicar que la **u** de **gue** y **gui** sí suena, se usa la diéresis (**ü**).

> En mi primer día de clase averi**gü**é que había muchos estudiantes bilin**gü**es.
> Siempre les ofrece **gü**isqui a sus invitados.

Atajo writing assistant software supports your efforts with the task outlined in this *Composición* section by providing useful information when the following references are accessed.

Phrases/Functions: Agreeing and disagreeing; comparing and distinguishing; describing people; describing the past; hypothesizing; linking ideas; sequencing events; talking about past events; weighing the evidence; writing an essay; writing an introduction; writing a conclusion

Vocabulary: Arts; time: calendar, expressions; geography; languages; people; religions; upbringing

Grammar: Adjective agreement; demonstrative adjectives; demonstrative pronouns; possessive adjective: *su*; relatives *que*; verbs: *saber* and *conocer*; verbs: *ser* and *estar*; verbs: preterite; verbs: imperfect

ENFOQUE: El resumen

El resumen sirve para hacer una exposición en forma breve de algo que se ha leído, una película que se ha visto o una conferencia a la que se ha asistido.

Prepárese a escribir

Escoja una de las siguientes civilizaciones antiguas para tratar en un resumen escrito:

- La civilización taína
- La civilización maya
- El imperio azteca
- El imperio inca

1. Haga una pequeña investigación sobre una de estas civilizaciones precolombinas y organice su trabajo teniendo en cuenta los siguientes aspectos.

    - lugar y época en que se desarrolló esa cultura
    - época de florecimiento
    - señales divinas para el establecimiento/la caída de la cultura
    - tipo de gobierno
    - creencias y sacrificios
    - motivos que dieron lugar a la desaparición de la civilización
    - la herencia que queda de esa cultura

2. Divídanse en pequeños grupos para hablar de la cultura que les interesa e intercambien ideas sobre el material leído.

¡Organice sus ideas!

1. Antes de comenzar a escribir el resumen, seleccione y organice la información que tiene.

2. Prepare un esquema con el material seleccionado, pensando en todo lo que Ud. puede escribir sobre cada aspecto.

3. Ponga especial atención a la exactitud de las fechas y los datos históricos que presenta.

4. Escriba el resumen.

Recuerde lo siguiente

1. Revise con atención su trabajo.
2. Pase el trabajo a limpio.

Para la comunicación:

en la época de...   al iniciarse...
por los años de...   al terminar...
durante el siglo...   mucho más tarde (en el año)...
hacia fines del siglo...   hacía (número) años que...
a la mitad del siglo...

LECCIÓN 9

La fiesta de Año Nuevo

¡Hoy nos vamos de pachanga!

Trabaje con un(a) compañero(a) de clase. Observen con atención la escena de la fiesta de Año Nuevo y descríbanla, teniendo en cuenta: a) el lugar, b) las personas que están en la fiesta, c) lo que hacen, d) cómo se divierten, e) ¿...?

Después conteste las siguientes preguntas.

1. ¿Dónde podría tener lugar esta fiesta? ¿en un hotel? ¿en una casa particular? ¿en una residencia de estudiantes? ¿Por qué?

2. Según el muchacho que señala el reloj, ¿qué hora es exactamente? ¿Qué desea hacer la muchacha que está con él?

3. ¿Qué edad tendrá el muchacho que está disfrutando de la comida?

4. ¿Podría Ud. describir a los tres muchachos que están sentados a la mesa? ¿Qué hacen? ¿Qué dice uno de ellos?

5. ¿Cuántas parejas están bailando? ¿Le gusta bailar a Sarita?

6. En muchos países hispanos se comen doce uvas en la noche de Año Nuevo. ¿Qué sc hace en los Estados Unidos cuando el reloj marca la llegada del Año Nuevo? ¿Qué hace su familia?

7. Si hoy fuera el 31 de diciembre, ¿qué le gustaría hacer esta noche para despedir al Año Viejo? ¿Con quién le gustaría estar? ¿Qué le gustaría comer?

8. ¿Podrían Ud. y su compañero(a) de clase cambiar ideas sobre la mejor manera de pasar el primer día del año?

ACTIVIDAD 1 Festejando el cumpleaños

1. ¿Cómo celebró Ud. su último cumpleaños? ¿Vinieron sus amigos a felici-tarlo(la)? ¿Le cantaron "Las mañanitas" o *Happy Birthday*? ¿Tuvo Ud. una torta con velas? ¿Cuántas? Al soplar las velas, ¿pensó en un deseo?

2. ¿Qué hizo Ud. cuando cumplió dieciocho años? ¿Les dijo a sus padres que Ud. ya era mayor de edad? ¿Podría Ud. relatar cuál ha sido el cumpleaños más feliz de su vida?

ACTIVIDAD 2 ¡Charlemos!

Pregúntele a un(a) compañero(a).

1. ¿Cómo celebras generalmente la llegada del Año Nuevo? ¿Dónde lo celebras? ¿Comes doce uvas a la medianoche?

2. Al llegar el Año Nuevo, ¿haces una lista de nuevos propósitos? ¿Qué te propusiste hacer este año? ¿Estás cumpliendo tus propósitos?

ACTIVIDAD 3 Los festejos del Día de la Independencia

Si Ud. estuviera en un país hispanoamericano y alguien le preguntara cómo se celebra en los Estados Unidos el 4 de julio, ¿le hablaría Ud. de lo siguiente?

1. los héroes nacionales
2. los desfiles cívicos
3. los fuegos artificiales

Brevemente, relate los aspectos históricos y la celebración tradicional de esta gran fiesta.

VOCABULARIO PARA LA COMUNICACIÓN

Las fiestas

Las fiestas familiares

El Año Nuevo *New Year*
   abrazar y besar *to hug and kiss*
   hacer un brindis *to make a toast*
   ir a un baile *to go to a dance*
   el ruido, la bulla *noise*
   ¡Salud, dinero y amor! *To your health!*

El cumpleaños *birthday*
   ¡Feliz cumpleaños! *Happy Birthday!*
   ¡Que lo pases bien! ¡Que lo pases muy feliz! *Have a great day!*
   ¡Felicitaciones! *Congratulations!*

cantar "Las mañanitas" (México) *to sing "Happy Birthday"*
celebrar (festejar) *to celebrate*
cumplir... años *to turn . . . years old*
pensar en un deseo *to make a wish*
reventar (ie) los globos *to pop the balloons*
la serenata *serenade*
soplar (apagar) las velas *to blow out the candles*
la torta (el pastel) de cumpleaños *birthday cake*
La ceremonia de graduación *commencement*

Las fiestas patrias

El Día de la Independencia *Independence Day*
  la atmósfera de fiesta *party atmosphere*
  la banda *band*
  la barbacoa *barbecue*
  conmemorar a los héroes *to commemorate heroes*

el desfile cívico *civic parade*
    de carrozas *floats*
los fuegos artificiales *fireworks*
saludar la bandera *to salute the flag*
tocar el himno nacional *to play the national anthem*

Otras fiestas

El Carnaval *Carnival*
El Día de los Muertos *All Saints Day*
  adornar las tumbas con flores *to decorate the graves with flowers*
  el alma *soul*
  la calavera *skull*
  los espíritus *spirits*
  el esqueleto *skeleton*
  los santos *saints*
  visitar los cementerios *to visit the cemeteries*
El Día de Acción de Gracias *Thanksgiving*
  el pavo *turkey*
  el relleno *stuffing*
La Navidad *Christmas*
  el árbol de Navidad *Christmas tree*
  la cinta *ribbon*
  dar regalos *to give gifts*
    juguetes *toys*

las decoraciones/los adornos *ornaments*
las luces *lights*
la misa de gallo *midnight Mass*
el Nacimiento/el Belén *nativity scene*
Papá Noel *Santa Claus*
el papel de envolver *wrapping paper*
los Reyes Magos *the Three Wise Men*
los villancicos, las canciones navideñas *Christmas carols*
La Semana Santa *Holy Week*
  el conejo de Pascua *Easter bunny*
  el Domingo de Pascua *Easter Sunday*
  repicar las campanas *to ring the bells*
  teñir (i) los huevos *to dye eggs*
  el Viernes Santo *Good Friday*

Las tradiciones y las leyendas

contar (ue) una fábula *to tell a fable*
    un chiste *a joke*
    un cuento *a story*
    una leyenda *a legend*
    un mito *a myth*

las ferias *fairs*
heredar de nuestros abuelos *to inherit from our grandparents*
la moraleja *moral*
el proverbio/el refrán *proverb*

Las artesanías

gorros y tocados *caps and headdresses*
lucir trajes regionales *to wear the traditional dress*
los objetos de cerámica *ceramic products*
    de acero *made of steel*
    de cuero *made of leather*
    de hierro *made of iron*

de hojalata *made of tin*
de lana *made of wool*
de madera tallada *made of carved wood*
de plumas *made of feathers*
de vidrio soplado *made of blown glass*

La tradición del sombrero boliviano

village
helmets

tassels

pocos

survivor / knit
earflaps

British bowler

metérselo
provocando
glued

worn-out
brushed
llevarlos

its head held high

Aunque hace casi 500 años que Francisco Pizarro y sus hombres desembarcaron en la América del Sur, por las calles de una *aldea* remota de Bolivia aún se ven indígenas que llevan *cascos* similares a los usados por los conquistadores. Los cascos, en vez de ser de acero, son de cuero y llevan adornos de *borlas* de lana.

En Bolivia hay más de 300 estilos regionales de sombreros, gorros y tocados. A veces, es más fácil saber dónde se encuentra uno por la ropa que llevan los indígenas que por los *escasos* letreros.

En los días festivos y de mercado en las pequeñas poblaciones bolivianas se pueden ver los más extraordinarios sombreros y gorros. La variedad de colores y de formas son infinitas y tan impresionantes como los desfiles de modas de París.

Otro *sobreviviente* de los tiempos precolombinos es el gorro *tejido* llamado "chullo", muy usado por los hombres en toda Bolivia. El chullo tiene *orejeras* largas. Se lleva solo o debajo de otro sombrero.

En La Paz, capital de Bolivia, el compañero inseparable de las mujeres es el *bombín londinense*. Quizás haya más bombines en La Paz que los que ha habido en la ciudad de Londres en cualquier época.

Según algunos, antiguamente los hombres se los daban a las mujeres indígenas a cambio de favores, lo cual explicaría la razón de que sean sólo las mujeres quienes lo usen. Ningún hombre se atrevería a llevar el bombín, ni ninguna mujer saldría a la calle sin él. Las mujeres empiezan a usarlo en la niñez y no es extraño ver a niñas de cuatro o cinco años jugando en la calle con un bombín puesto. Las mujeres indígenas llevan el sombrero con elegancia, sin *encajárselo* en la cabeza, *desafiando* la ley de gravedad. La habilidad con la cual se mantienen en su sitio es asombrosa; uno llega a pensar que están *fijos con cola*.

El sombrero boliviano no es sólo una cuestión de tradición sino que también es signo de la posición económica de la persona. Hasta en las casas más modestas se puede ver una increíble variedad de sombreros colgados en las paredes a la vista de todo el mundo. Algunos, viejos y *gastados,* han sido heredados de generación en generación; otros son nuevos y se mantienen *cepillados* y limpios para *lucirlos* los días de fiesta o en ocasiones especiales.

Aunque Bolivia es uno de los países en los que más se ha guardado la tradición en el vestir, las influencias occidentales invaden poco a poco el terreno de los valores y las costumbres tradicionales. Es de desear que la tradición mantenga siempre *la cabeza en alto*.

ACTIVIDAD 4   Comprensión y ampliación de la lectura

1. ¿Cómo son tres de los sombreros típicos que llevan algunos indígenas en Bolivia? ¿De qué material son? ¿Quiénes introdujeron su uso?

2. ¿Qué dice el escritor al comparar los sombreros que llevan los indígenas bolivianos con los que se ven en los desfiles de modas de París?

3. ¿Qué origen tienen los sombreros que usan las mujeres en la ciudad de La Paz? ¿A qué edad comienzan a usarlos las mujeres?

4. ¿Cómo explica el autor del artículo que el sombrero en Bolivia sea "signo de la posición económica de la persona"?

5. ¿Existe en los Estados Unidos alguna tradición de sombreros, gorros o tocados entre los nativos americanos? ¿Cuál?

6. ¿Por qué cree Ud. que la ropa de los vaqueros norteamericanos sigue siendo tan popular en este país?

7. Si Ud. ve películas antiguas, sabe que una de las prendas de vestir del hombre era el sombrero. ¿Cuándo dejaron los hombres de usar sombreros en los Estados Unidos? ¿Sabe Ud. quién fue el primer presidente norteamericano que decidió no llevar sombrero?

8. ¿Piensa Ud. que el sombrero es un signo de elegancia y distinción? ¿de poder? Si tuviera Ud. que usar sombrero o gorra, ¿cómo le gustaría que fuera?

GRAMÁTICA

A. El infinitivo

Las fallas

Al **ver** el calendario, Ana Sánchez, que es profesora de español para extranjeros, se ha dado cuenta de que pronto serán las fallas en Valencia. Así, pues, Ana ha pensado **proponerles** a sus alumnos **ir** de excursión a Valencia pero, antes de **hacer** el viaje, le gustaría que ellos tuvieran una idea general de esta gran celebración. Para **despertar** el interés de todos ellos, les ha propuesto **buscar** información sobre el tema.

A los alumnos les entusiasmó la idea y hoy, en clase, Ana quiere **saber** si ellos se han preocupado por **obtener** información sobre las fallas.

ANA: ¿En qué ciudad se celebran las fallas?

PAUL: En Levante.

ANA: Pero, Paul, Levante no es una ciudad, es una región ¿No recuerdas el nombre de la ciudad donde se prepara la paella?

PAUL: ¡Ah sí, hombre!... ¡Valencia!

ANA: ¡Claro, hombre, claro! ¿Y quién sabe cuál es el día más importante de la semana de fallas?

MARK: He oído **decir** que es el 19 de marzo, día de San José. Como San José era carpintero, para **honrarle** en su día, limpiaban las carpinterías de arriba a

wood shavings
large dummies

abajo y sacaban las *virutas* a la calle para **quemarlas**. Con el tiempo empezaron a **usar** las virutas para **hacer** *muñecos* que se quemaban el día de la fiesta.

ANA: ¿Qué tipo de escenas se representan con estos muñecos, George?

GEORGE: Según me han dicho, varían bastante. Pero, por lo general, parece que predominan las fallas satíricas que se refieren a los acontecimientos más destacados del año, ya sean políticos, culturales o deportivos.

to give an award

ANA: Es verdad. Las fallas están expuestas al público y además hay un concurso para *premiar* al grupo más original. Durante la semana de fiestas también hay desfiles por las calles y muchos de los participantes van vestidos con el traje típico valenciano. ¿Estáis vosotros listos para una excursión a Valencia?

GEORGE: Desde luego. Eso sí, tengo que **leer** un poco más sobre esta fiesta antes de **ir** a Valencia.

En Valencia (España), la semana del 19 de marzo todo el mundo sale a las calles para admirar y ver quemar las fallas.

ACTIVIDAD 5 Comprensión de la lectura

Verdadero o falso. Si es falso diga por qué.

1. V_____ F_____ A Ana Sánchez le gustaría que sus estudiantes tuvieran una idea general de las fallas antes de ir a Valencia.

2. V_____ F_____ Levante es una ciudad de España.

3. V_____ F_____ El día más importante de las fallas es el día de San José.

4. V_____ F_____ El día de San José se queman muñecos que se refieren a los acontecimientos más destacados del año.

5. V_____ F_____ Todos los participantes van a los desfiles vestidos con trajes regionales.

ACTIVIDAD 6   En busca de información

Ahora les toca a Uds. Con un(a) compañero(a) de clase, seleccionen una de las siguientes tradiciones y busquen información en la biblioteca o en el Internet. Después presenten un pequeño informe a la clase.

1. **San Nicolás y Santa Claus**
   La historia y la leyenda de la imagen de San Nicolás se atribuyen a los colonizadores holandeses quienes las llevaron a través del océano Atlántico en su viaje al Nuevo Mundo.

2. **Las posadas**
   La celebración mexicana conmemora la peregrinación que José y María hicieron de Nazareth a Belén.

3. **El juego de la piñata**
   Esta tradición se originó en Italia antes del cristianismo, pero ahora el juego de la piñata ha adquirido varias características mexicanas.

Si lo desean, seleccionen otra tradición que les interese.

Los habitantes de muchos pueblos presentan réplicas del Nacimiento en Belén.

 Los usos del infinitivo

Infinitivo como sujeto de la oración

El infinitivo puede emplearse como sujeto de la oración.

En Navidad, **hacer** regalos toma mucho tiempo, pero **cocinar** toma aún mucho más.

Infinitivo como complemento de la oración

El infinitivo puede emplearse como complemento de la oración o, después del verbo **ser,** como predicado de la oración.

Te ruego **tener** todo preparado para la barbacoa.
Lo que me importa es **pasarlo** bien el día de mi cumpleaños.

Verbo + infinitivo

El infinitivo puede emplearse como complemento de un verbo conjugado cuando no hay cambio de sujeto.[1]

> **Deseo conocer** las fallas de Valencia.
> ¿Me dijiste que **pensabas visitar** Valencia en marzo?

Preposición + infinitivo

Después de una preposición se usa el infinitivo (no el gerundio como en inglés) en oraciones en que no hay cambio de sujeto.

> **Después de cantar** y **bailar** toda la noche se retiraron a sus casas.
> No descansarán **hasta**[2] **encontrar** papel de envolver para todos los regalos.
> Se marchó **sin desearme**[3] felicitaciones.

Pronombre del complemento directo + verbo de percepción + infinitivo

Se usa el infinitivo después de los verbos de percepción como **escuchar, mirar, oír, sentir** y **ver**. Generalmente hay otro agente para la acción indicada por el infinitivo y se requiere el pronombre del complemento directo.

> **Los he visto** a todos ellos **cantar** villancicos cada año.
> Toda la noche **la oyeron reír** por los chistes que sus amigos contaban.

$$\text{Pronombre del complemento indirecto} + \begin{cases} \textbf{expresión impersonal} \\ \text{o} \\ \textbf{verbo de voluntad} \end{cases} + \textbf{infinitivo}$$

Después de las expresiones impersonales (**es difícil, es necesario** y otras) y de los verbos de voluntad, se puede usar el infinitivo como alternativa del subjuntivo. Esta construcción generalmente requiere el pronombre del complemento indirecto.

> **Nos es difícil encontrar** amigos para el Día de Acción de Gracias.
> ¿Tus padres te permitieron **ir** a la fiesta de graduación?

$$\begin{rcases} \textbf{Tener que} \\ \textbf{Haber de} \\ \textbf{Haber que} \end{rcases} + \textbf{infinitivo}$$

Para expresar...

1. obligación personal se usa **tener que** + infinitivo *(to have to)* o **haber de** + infinitivo *(should, to be supposed to).*

Tendremos que suspender el viaje.
Tenían que pasar por Miami.
Han de pensarlo bien.
He de terminarlo antes de las nueve.

2. obligación impersonal se usa **haber que** + infinitivo *(one must . . . it is necessary).*

Hay que preparar buena comida para cualquier fiesta.
Me dijeron que **había que tener** cuidado con el champán.

---

[1] Consulte el Apéndice 3, págs. 352–361.
[2] Si hay cambio de sujeto se usa el subjuntivo. EJEMPLO: No descansarán hasta que alguien **encuentre** papel de envolver para todos los regalos. (Véase la Lección 7.)
[3] Los pronombres van detrás del infinitivo formando una sola palabra. (Véase la Lección 5.)

Al + infinitivo

Se usa en expresiones temporales como equivalente de **en el momento de** (upon + –ing).

Al concluir el desfile volvimos al hotel.
Se puso triste **al recordar** a su familia el Día de los Muertos.

De + infinitivo

Se usa como equivalente de las oraciones **si** + indicativo o **si** + subjuntivo.

De tener tiempo, iré a verte en Pascua. (Si tengo tiempo...)
De poder hacerlo, me iría a una isla caribeña a pasar la Navidad. (Si pudiera hacerlo...)

El infinitivo en instrucciones

Se usa como equivalente del imperativo en anuncios impersonales.

No **pisar** el césped. (No pise...)
Doblar a la izquierda. (Doble a...)
Tomar la medicina antes de acostarse. (Tome...)

ACTIVIDAD 7   Quiero hablar de mis estudios.

Complete las oraciones.

1. A veces voy a la clase de español sin...
2. Un día recibí una F por no...
3. A mí no me gusta...
4. La profesora dice que hay que...
5. Siempre consulto con la profesora antes de...
6. Tengo que... para...
7. No descansaré hasta...
8. La profesora nos entregó las pruebas al...

ACTIVIDAD 8   Impresiones estudiantiles

Entre los momentos más emocionantes en la vida del (de la) estudiante están el bachillerato y el ingreso a la universidad. Pregúntele a su compañero(a).

1. ¿Qué hiciste al terminar la escuela secundaria?
2. ¿Cómo te sentiste al recibir el anuncio de admisión a la universidad?
3. Y tus familiares, ¿cómo se sintieron al presenciar tu graduación? ¿Lloraron de emoción al verte pasar con tu diploma? ¿Lloraste tú también?
4. Al ver por primera vez esta universidad, ¿te gustó? ¿Te pareció que era el lugar indicado para seguir tu carrera? ¿Cuál fue tu impresión al entrar a tu primera clase?
5. Al conocer a tu compañero(a) de cuarto, ¿se hicieron buenos amigos? ¿Cuánto tiempo lo (la) tuviste por compañero(a)?

ACTIVIDAD 9   La noche de Navidad

Ya los niños tenían que estar en la cama, pero como era la víspera de Navidad estaban muy entusiasmados con la fiesta. Ellos iban y venían por toda la casa, hablando de los regalos que recibirían.
    Modifique la oración según el ejemplo.

Modelo: Ya era casi media noche y veía *que los niños jugaban* sin descanso.
              *Ya era casi media noche y **los veía jugar** sin descanso.*

1. Vimos *que los chicos iban y venían* de un lado a otro.
2. Escuchamos *que hablaban* en voz baja.
3. Sentimos *que ellos volvían* a su cuarto.
4. Yo les había rogado *que no tocaran* los regalos.
5. De pronto, oímos *que bajaban* y *que entraban* a la sala.
6. Papá no les permitió *a los chicos que abrieran* los regalos esa noche.
7. Mamá les ordenó *a los niños que se acostaran* de inmediato si querían recibir los regalos al día siguiente.

ACTIVIDAD 10   Un regalo para una "quinceañera"

Ud. está en un almacén tratando de seleccionar un regalo para una muchacha que mañana cumple quince años y Ud. no sabe exactamente qué le pueda gustar.

1. Pídale consejo al (a la) dependiente(a).
2. Dígale cuánto puede Ud. gastar.
3. Seleccione entre los posibles regalos, pero no se olvide de preguntar sobre la calidad, los diferentes usos y el costo.
4. Pague con tarjeta de crédito si se lo permiten.

¿Sabía Ud. que... ?

La corrida de toros es uno de los espectáculos más importantes en las ferias y fiestas de muchas ciudades españolas y también se celebra en el sur de Francia y en varios países latinoamericanos sobre todo en México, Colombia y Ecuador. Su origen, como rito religioso, es muy antiguo.

Hasta hace poco tiempo todos los toreros eran hombres, pero ahora hay una mujer torera que se llama **Cristina Sánchez**. Ella dice "Soy muy valiente" porque sabe que torear es una actividad extremadamente peligrosa.

Cristina
Sánchez

ACTIVIDAD 11   ¿Qué hay que hacer para torear?

Responda a las siguientes preguntas.

1. ¿Ha visto alguna corrida de toros? Si no la ha visto, ¿le gustaría verla? ¿Por qué sí o por qué no?

2. ¿Cuál es su opinión sobre el lento sacrificio del toro? ¿Y sobre el peligro que corre el (la) torero(a)?

3. ¿Ha oído hablar alguna vez de Cristina Sánchez? ¿Le parece a Ud. bien que las mujeres toreen? ¿Por qué?

Ahora, con un(a) compañero(a), haga una lista de qué hay que hacer para torear. Pueden usar estas preguntas y formular otras: Para ser torero, ¿hay que ser hombre? ¿Hay que ser valiente? ¿Hay que estar loco(a)? ¿Hay que tener mucho amor a las tradiciones? ¿Hay que... ?

B. Las preposiciones *por* y *para*

Recuerdos de Guadalajara

Sarita vive desde hace algunos años en los Estados Unidos pero, **por** momentos, sueña con volver a su ciudad natal.

Cuando vuelva a Guadalajara, iré al mercado San Juan de Dios **para** comprarme unas *palomas* de cerámica. Iré **por** la avenida Juárez mirando tanta cosa de *charrería* que venden **por** allí. Tan pronto llegue al mercado subiré **por** las escaleras que dan directo a las artesanías. Pero antes de comprar mis palomitas, o los gallos de vidrio *soplados a mano* que tanto me gustan, miraré hacia abajo **para** contemplar el verde y el rojo de las sandías, los *racimos* amarillos de los plátanos, el color inconfundible de las naranjas, el verde de las peras. Sentiré llegar hasta mí el olor de las guayabas, de las piñas y de los mangos. A mis espaldas, oiré la cálida voz de una vendedora:

> —Señorita, cómpreme estos platitos de madera *tallada*. Llévese dos **por** el precio de uno.

> —¿Tiene Ud. un par de palomitas de cerámica?

doves
cowboys

hand-blown
bunches

carved

prisa

—Hoy no, pero si no tiene *apuro* las tendré **para** mañana. ¿No quiere llevarse estos adornos de hojalata? Son **para** el arbolito de Navidad.

—No, no, sólo quiero las palomitas de cerámica. Mañana volveré **por** ellas.

—Se las tendré **para** las diez, señorita.

¡**Por** hoy, basta de recuerdos! Ya veré qué es lo primero que hago cuando vuelva a Guadalajara...

ACTIVIDAD 12 Comprensión de la lectura

1. ¿Qué le gustaría a Sarita hacer al volver a Guadalajara?
2. ¿Qué se puede contemplar desde el segundo piso del mercado San Juan de Dios?
3. ¿Qué tipo de artesanías se encuentran en ese mercado?
4. ¿Ha visto Ud. algunas de las artesanías mexicanas? ¿Dónde? ¿Cómo son? ¿Le gustaría tener algunas de estas artesanías? ¿Dónde las pondría?
5. ¿Sueña Ud. con volver a un lugar especial? ¿Cuál? ¿Por qué?
6. La última vez que fue Ud. de viaje, ¿qué se compró para Ud.? ¿y para sus amigos?

ACTIVIDAD 13 ¡Charlemos!

Hable de sus sueños sobre viajes con un(a) compañero(a) de clase. Después cambien los papeles.

1. ¿Qué lugar les gustaría visitar?
2. ¿Por qué les atrae ese lugar? ¿Qué les gustaría comprar allí? ¿A qué lugar que ya han visitado les gustaría volver?
3. ¿Cómo y cuándo conocieron ese lugar? ¿Está cerca o lejos?

1. Los usos principales de la preposición *por*

Por se usa...	Ejemplos
1. para expresar motivo o razón (*out of, because of*).	Todavía confeccionan los sombreros a mano **por** amor al arte. Todas las oficinas cerraron **por** el Día de Acción de Gracias.
2. para expresar lugar o tiempo impreciso (*around*).	¿Hay una tienda de regalos **por** aquí? Regresarán **por** la primavera.
3. para expresar **a través** o **a lo largo de** (*through, along, by*).	Los fieles entran al templo **por** la puerta principal. Pasaron **por** mi casa.
4. con el significado de **durante** para indicar períodos de tiempo (*in, during, for*).	**Por** la mañana visitaban a la familia.

Por se usa...	Ejemplos
5. para introducir el agente de la voz pasiva *(by)*.[1]	El Día de la Independencia es celebrado **por** todos los ciudadanos.
	La leyenda fue contada **por** el abuelo.
6. para indicar el medio o el modo cómo se realiza algo *(by)*.	Enviaron el paquete **por** avión.
	Hablamos tres horas **por** teléfono.
7. con el significado de **a cambio de** *(for)*.	Cuando cumplí veinte años mis padres me ofrecieron un coche nuevo **por** mi vieja moto.
	Vendimos el dibujo **por** seis pesos.
8. con el significado de **en busca de** con los verbos **ir, venir, volver, regresar, enviar, mandar** *(for)*.	Dos horas antes de la fiesta, fueron **por** bebidas.
	Vinieron **por** los niños.
9. con el significado de **por amor a, en consideración de** *(on behalf of, for the sake of)*.	Lo sacrificó todo **por** pasar las vacaciones de Navidad con su hijo.
	¡**Por** Dios! No sabes lo que haría **por** ti.
10. en expresiones de cantidad *(per, by)*.	Viajan a 80 km. **por** hora.
	Las artesanías se venden **por** docenas.
11. con el infinitivo, para expresar una acción pendiente, no terminada.	Como todos están de vacaciones en Semana Santa, todo el trabajo del campo queda **por** terminar.
	Pronto llegarán mis invitados a cenar y la mesa todavía está **por** poner.

Modismos con *por*	Ejemplos
por fin *(finally)*	Después de tantos años de trabajo, **por fin** terminaron la construcción de la iglesia.
por lo general/común *(in general)*	**Por lo general**, se celebra la Navidad con villancicos y otras canciones.
por esto/eso; por lo tanto *(therefore)*	La gente de la ciudad no conoce las danzas del pueblo; **por eso** queremos presentarlas en el teatro.
por supuesto *(of course)*	—¿Conoces la fábula del zorro y las uvas?
	—**Por supuesto**, me la contaban de niño.
por más/mucho que *(however much)*	Sigue con sus viejas creencias, **por más que** tratamos de enseñarle los métodos modernos.
por poco *(almost)*	¡**Por poco** llegamos tarde a nuestra ceremonia de graduación!
por otra parte *(on the other hand)*	En los países hispanos hay muchas tradiciones; **por otra parte**, las ideas modernas también son importantes.
tomar por *(to take for)*	Habla español tan bien que siempre la **toman por** hispana.
por lo menos *(at least)*	Hay **por lo menos** veinte cuentos que me gustan.

---

[1] Para el estudio de la voz pasiva, revisar la Lección 8, pág. 265.

2. Los usos principales de la preposición *para*

Para se usa...	Ejemplos
1. con el infinitivo para expresar propósito (*in order to*).	Celebramos el 24 de junio **para** conmemorar la vida de San Juan Bautista. Le conté el chiste **para** hacerle reír.
2. para indicar el destino de cosas o acciones (*for*).	Salen **para** Colombia **para** estudiar el folklore precolombino. Este jarro es **para** la feria de artesanías.
3. para indicar el uso o la conveniencia de algo (*for*).	Me regalaron ocho tazas **para** café. Este juego es **para** niños.
4. para marcar un limite de tiempo (*by, for*).	**Para** mañana, busquen Uds. el origen de esta palabra. Estarán de vuelta **para** el próximo mes.
5. para expresar una comparación o falta de correspondencia con algo o alguien (*for, considering*).	Papá Noel es muy activo **para** su edad. Los incas eran muy desarrollados **para** aquella época.
6. en sustitución de **según, en la opinión de** (*for*).	**Para** muchas personas la Semana Santa es muy importante. **Para** mí, la cultura hispánica es muy interesante.

Modismos con *para*	Ejemplos
para siempre (*forever*)	Se despidió **para siempre.**
no ser para tanto (*not to be so important*)	Su discurso **no fue para tanto.**
no estar para bromas (*not to be in the mood for joking*)	Al verlo supe que **no estaba para bromas.**

☀ ACTIVIDAD 14   Preparativos para la fiesta de cumpleaños

En la casa de los Miranda, todos están muy contentos, preparando una gran fiesta para Paco, que el próximo domingo cumple diez años.

Complete las siguientes oraciones con **por** o **para**.

1. Mis abuelos llegarán _____ el cumpleaños de mi hermanito Paco, que cumple diez años.

2. Paco es un muchacho muy alto _____ su edad.

3. Los abuelos vendrán _____ avión _____ no cansarse demasiado.

4. Mi mamá habló con la abuela _____ teléfono.

5. Le dijo que iría _____ ellos al aeropuerto.

6. _____ la fiesta de cumpleaños papá contrató a una banda _____ que tocaran "Que los cumplas feliz".

7. Hemos comprado muchos globos _____ que los chicos los revienten.

8. Queda _____ ver qué dirán los abuelos cuando sepan que papá les pagará a los mariachis mil pesos _____ hora.

9. Mis hermanos dicen que papá, _____ su hijo Paco, es capaz de tirar la casa _____ la ventana.
10. Como todos los años, yo contaré chistes _____ divertir a los chicos.
11. _____ Paco su cumpleaños es la fiesta más importante del año.
12. ¡_____ Dios, Paquito! ¡No traigas a todos los chicos de la escuela _____ celebrar tu cumpleaños!
13. _____ mí, Paco nunca dejará de ser un niño.

ACTIVIDAD 15   Preparativos navideños

Forme oraciones lógicas con un elemento de cada columna.

Modelo: *En diciembre volví a casa para pasar con mi familia las fiestas de Navidad.*

1. En diciembre volví a casa...
2. Compré el árbol navideño al pasar...
3. El arreglo del árbol de Navidad lo dejamos...
4. Mi tío Óscar se vistió de Papá Noel...
5. Toda la cena fue preparada...
6. Pusimos los regalos debajo del árbol...
7. Los regalos de los abuelos llegaron...
8. Raúl vino en coche a 100 millas...
9. Después de las fiestas los abuelos se fueron...
10. Yo me quedé en casa dos semanas más...

... por...
... para...

a. ...avión al Brasil.
b. ...darles los regalos a los niños.
c. ...los ranchos de árboles de pino.
d. ...pasar con mi familia las fiestas de Navidad.
e. ...la mamá y los abuelos.
f. ...hora.
g. ...la empleada, con la ayuda de mis hermanas.
h. ...correo certificado.
i. ...visitar a los amigos.
j. ...descansar de los estudios.

ACTIVIDAD 16   Los gitanos

Lea con atención el siguiente párrafo. Después, cambie las palabras indicadas por **por** o **para**.

Se cree que los gitanos partieron de la India y se dispersaron *a lo largo de* toda Europa. *Hacia* fines del siglo XVI, muchos de ellos recorrían los pueblos españoles inquietando a los reyes. La gente tenía miedo de ellos *a causa de* su manera exótica de vivir. Los gitanos eran astutos y salían a las calles *con el propósito de* obtener objetos de oro sin tener que pagar *a cambio de* ellos. *Durante* las tardes decían la fortuna y *durante* las noches tocaban música y bailaban. Nadie puede negar que, *debido a* su imaginación, los gitanos han contribuido a la formación de misteriosas leyendas.

ACTIVIDAD 17   ¡Charlemos!

Pregúntele a un(a) compañero(a)...

1. si hay un café por aquí.
2. si para ir al café hay que pasar por la biblioteca.
3. si el café es sólo para los estudiantes o pueden ir personas que no son de la universidad.
4. si Ud. puede ir en este momento al café por un bocadillo.
5. si el café está abierto por las noches.

C. Otras preposiciones

Bajo se usa...

1. para indicar una posición inferior con respecto a algo *(under, below)*.
2. en sentido figurado, para indicar dependencia o subordinación *(under)*.

Ejemplos

Los niños jugaban **bajo** el viejo árbol.
Hace cinco grados **bajo** cero.

Firmaron el contrato **bajo** las siguientes condiciones.
El pueblo floreció **bajo** el nuevo gobierno.

Desde se usa...

1. para indicar un punto de partida en el espacio *(from)*.
2. para indicar un punto de partida en el tiempo *(since)*...

Atención: Se usa **hasta** para marcar el fin.

Ejemplos

Este cuento vino aquí **desde** España.
Me llamaron **desde** Lima.

Se practican estos ritos **desde** la Edad Media.

Estuvimos hablando **desde** las siete **hasta** la una de la madrugada.

Hasta se usa...

1. para marcar el término de lugar y tiempo *(until, up to, as far as)*.

2. para expresar un hecho inesperado, con el significado de **aun, incluso** *(even)*.

Ejemplos

Hasta hace muy poco, los niños todavía creían en la llegada de los Reyes Magos.
Caminaron **hasta** la cumbre de la montaña.
Todo el mundo conoce esa canción, **hasta** los niños.

Entre se usa...

para indicar una posición intermedia espacial, temporal o figurada *(between, among)*.

Ejemplo

Dijeron que llegarían **entre** las seis y las siete, pero **entre** tú y yo, dudo que lleguen antes de las nueve.

Sobre se usa...

1. con el significado de **encima de**, para indicar que algo está sobre una superficie o en una posición más alta *(on, upon)*.
2. con el significado de **acerca de**, para indicar el tema de algo *(on, about)*.

Ejemplos

El libro de García Márquez está **sobre** el escritorio.
Las aves volaron **sobre** el lago.

Anoche leí un artículo **sobre** el día de San Juan.

Sin se usa...

1. para indicar algo que falta *(without)*.
2. con el infinitivo para indicar algo que no sucedió (inglés: *without + –ing*).
3. con el infinitivo para expresar acciones no terminadas (inglés: *un– + past participle*).

Ejemplos

Es una familia muy rara, **sin** tantas tradiciones.
Se fueron **sin** pedir disculpas.

El crimen todavía está **sin resolver.**
Los paquetes quedaron **sin abrir.**
Nuestro dormitorio sigue **sin pintar.**

Atención: Use los pronombres personales después de las preposiciones **hasta** y **entre.**

Todos lo saben, **hasta** yo.   Haremos la carta **entre** ella y yo.

Pero: Use **mí** y **ti** después de **sobre** y de **sin.**

La responsabilidad cayó **sobre** mí.   **Sin** ti no puedo vivir.

ACTIVIDAD 18   Su majestad la piñata

¿Recuerda Ud. el uso de todas las preposiciones que hemos visto en ésta y anteriores lecciones? ¡Por supuesto que sí! Lea con atención la tradición de la piñata, seleccionando la preposición apropiada.

1. La piñata es un juego tradicional (por/para) toda la familia.
2. (Sobre/En) los mercados, especialmente durante las fiestas (con/de) Navidad, las piñatas lucen sus colores y formas caprichosas.
3. Las piñatas están hechas (con/de) papel.
4. Las piñatas están decoradas (por/con) papeles de colores.
5. Se rellenan (con/sin) dulces, cacahuates, frutas, etc.
6. Se selecciona (a/de) un niño o una niña (entre/sobre) los invitados a la fiesta.
7. Se comienza (sobre/con) los más pequeños (para/por) darles la oportunidad (en/de) romper la piñata.
8. Al candidato (para/por) romper la piñata le ponen un pañuelo (sin/de) seda (con/sobre) los ojos.
9. Lo toman (de/en) una mano y lo empiezan a pasear (por/para) desorientarlo.
10. El niño trata (a/de) golpear la piñata (hasta/desde) que termina su turno.
11. Por fin, (entre/sobre) gritos y cantos de alegría, hacen bajar la piñata (hasta/desde) el árbol y (por/para) fin un(a) niño(a) la rompe.
12. (Sin/Hasta) decir una palabra más, todos los niños recogen los dulces y las frutas.

No quiero oro ni quiero plata, yo lo que quiero es romper la piñata.

ACTIVIDAD 22   ¿Cómo se imagina Ud.?

Pregúntele a un(a) compañero(a) qué imagen se forma en la mente cuando alguien le dice lo siguiente.

1. Manuel vive en un *cuartucho* de tercera clase.
2. Me asusté cuando vi un *pajarraco* enorme sobre una rama.
3. Mi abuelo estaba en el *sillón* de cuero.
4. Era todo un *hombrón*. Entre sus *manotas* me sentí muy *pequeñita*.
5. El *pobrecito* era *feúcho* y *debilucho*.

ACTIVIDAD 23   Cancionero musical

Muchas de las canciones hispanoamericanas llevan diminutivos. ¿Conoce Ud. alguna de las siguientes canciones? Anote los diminutivos y diga de qué palabras vienen. Recuerde que en Hispanoamérica muchos adjetivos y adverbios toman la forma diminutiva como **chico(a)** → **chiquito(a)**, **ahora** → **ahorita**.

Cielito lindo	Muñequita linda	La casita
¡Ay, ay, ay, ay! Canta y no llores, porque cantando se alegran, *cielito* lindo, los corazones.	*Muñequita* linda de cabellos de oro, de dientes de perla, labios de rubí. Dime si me quieres como yo te quiero, si de mí te acuerdas como yo de ti.	¿Que de dónde, amigo, vengo? De una *casita* que tengo más abajo del trigal. De una *casita chiquita* para la mujer bonita que me quiera acompañar.

Atotonilco	Caminito
No te andes por las ramas Uy, uy, uy, uy, uy, uy. Camina, *trenecito*, que a Atotonilco voy. Ya parece que en la estación, da *brinquitos* mi corazón.	*Caminito* que el tiempo ha borrado, que juntos un día nos viste pasar. He venido por última vez. He venido a contarte mi mal.

ACTIVIDAD 24   Un chiste diminuto

Lea con atención el siguiente relato.

Una joven pareja está en un restaurante, disfrutando de una buena cena. De pronto, la esposa se acuerda de que tiene que hacerle una llamada urgente a su hermana y le dice al esposo:

—Queridito, ¿puedes darme una monedita para hacer una llamadita a mi hermanita?

El esposo exasperado exclama:

—¿Por qué tantos diminutivos en una sola oración?

La mujer, enojada, no insiste en la moneda y el esposo comienza a disfrutar de la cena. De pronto él se da cuenta que su esposa no ha probado el plato. Tratando de hacer las paces con ella, le dice amistosamente:

—Mi vida, ¿por qué no comes?

Con una mirada fulminante, la esposa le contesta:

—Porque no tengo APETO.

1. Si Ud. no ha comprendido la respuesta final de la esposa, pregúntele a su compañero(a) en qué consiste el chiste de este relato.

2. Después subraye el número de diminutivos que empleó la esposa. ¿Piensa Ud. que es muy común usar tantos diminutivos?

 **¡OJO CON ESTAS PALABRAS!**

arriba/abajo

arriba *above, up*

Arriba se veían sólo las estrellas luminosas en el cielo oscuro.

abajo *below, down*

Cuando por fin llegaron a la cumbre de la montaña, tenían miedo de mirar hacia **abajo.**

encima (de)/debajo (de)

encima (de) *above, on top of*

Tu carta está **encima de** esos libros en la mesa.

Tiene **encima** otro jefe.

debajo (de) *below, underneath*

—El gato se escondió **debajo de** la silla.
—¿Dónde? ¿Al lado dc la silla?
—No, **debajo.**

adelante/atrás

adelante *in front, forward*   **atrás** *in back, behind*

Los que no podían subir a la cumbre se quedaron **atrás** y los más valientes siguieron **adelante.**

delante de/detrás de

delante de *in front of*

¿No te acuerdas de la muchacha rubia que ocupaba el pupitre que estaba **delante de** ti?

detrás de *in back of, behind*

Tuve miedo al oír pasos apresurados **detrás de** mí.

> **enfrente de (frente a)/al lado de**
>
> > **enfrente de (frente a)** *facing, opposite, in front of*
> >
> > Hay que cruzar la plaza; el banco está **enfrente de (frente a)** la iglesia.
> >
> > **al lado de** *beside, next to*
> >
> > Mi vecino vive en la casa que está **al lado de** la mía.
>
> **antes de/después de**
>
> > **antes de** *before*
> >
> > Tomó dos aspirinas **antes de** acostarse.
> >
> > **después de** *after*
> >
> > **Después de** las clases los niños se fueron al parque.

ACTIVIDAD 25   El desfile

Seleccione la preposición correcta.

1. Toda la familia estaba reunida en el cuarto de (arriba/encima) viendo pasar el desfile cívico.
2. (Delante del/Frente al) ejército venía el presidente de la República.
3. El vicepresidente marchaba (encima del/al lado del) presidente.
4. (Detrás de/Antes de) entrar al palacio, el presidente saludó la bandera.
5. Los estudiantes venían (abajo del/detrás del) ejército.
6. (Encima de/Debajo de) una carroza llena de flores estaba una muchacha vestida como si fuera la Estatua de la Libertad.
7. (Detrás de/Debajo de) los estudiantes pasó la banda tocando el himno nacional.
8. Los fuegos artificiales comenzaron (detrás de/después de) las ocho.
9. Todos los festejos terminaron (frente a/antes de) medianoche.

AMPLIACIÓN Y CONVERSACIÓN

ACTIVIDAD 26   El arte de hacer regalos

Para muchas personas, los regalos son una invención comercial que quita tiempo y aligera el bolsillo, además de representar la inversión de horas de indecisión en la búsqueda de un regalo que con frecuencia no encontramos.

Complete el cuestionario de la página 301. Después, con un(a) compañero(a) de clase, compare y comente sus respuestas.

CUESTIONARIO

	Sí	No	Depende
1. Los regalos tienen un lenguaje mudo y afectivo para expresar sentimientos de…			
a. amor.	_____	_____	_____
b. amistad.	_____	_____	_____
c. aprecio.	_____	_____	_____
d. gratitud.	_____	_____	_____
e. respeto.			
2. Los regalos son una invención comercial para que gastemos dinero.	_____	_____	_____
3. Es más práctico enviar a nuestras amistades y parientes un certificado de compra de algún almacén.	_____	_____	_____
4. El mejor regalo consiste en dar lo que a uno le gustaría recibir.	_____	_____	_____
5. La marca es importante en los regalos.	_____	_____	_____
6. A una persona rica hay que darle un regalo costoso.	_____	_____	_____
7. Es práctico, pero no acertado, regalar ropa.	_____	_____	_____
8. Los ejecutivos pueden mandar a su secretario(a) a comprar los regalos para su mujer y sus hijos.	_____	_____	_____
9. Tiene más significado un regalo hecho personalmente (por ejemplo, un suéter) que uno comprado en un almacén.	_____	_____	_____
10. Es una adulación hacer un regalo al jefe o a la jefa.	_____	_____	_____

ACTIVIDAD 27 **La cesta de Navidad**

¿Sabía Ud. que... ?

La cesta (basket) **de Navidad** es uno de los regalos más tradicionales. Normalmente es un regalo más profesional que personal. Se trata de una cesta llena de productos de buena calidad para comer (jamón, chorizo, paté, queso, atún en lata, frutas en conserva, turrón, dulces, etc.) y beber (vino, licores, café, etc.) en las fiestas de Navidad y del Año Nuevo.

Después de leer el anuncio a continuación responda a las siguientes preguntas.

1. ¿Para quién puede ser una cesta de Navidad?
2. ¿Para quién ha preparado El Corte Inglés una exposición de cestas y lotes de Navidad?
3. ¿Para qué tipo de gustos y presupuestos son las cestas?

UNA NAVIDAD
PARA TODOS LOS GUSTOS
Y PRESUPUESTOS.

Para la familia, para el médico, para un amigo, para el profesor, para un compromiso...
Para acertar con el detalle que todos esperan, El Corte Inglés le ha preparado una gran exposición de Cestas y Lotes de Navidad. Una selección de primera calidad para todos los gustos
y presupuestos. Acérquese a conocerlas. El regalo que busca ya está en El Corte Inglés.

y Tiendas El Corte Inglés

ACTIVIDAD 28   ¿Para quién es el jamón?

¿Le gustaría que alguien le regalara a Ud. una cesta de Navidad? Imagine que
una persona le regaló la cesta que aparece en la fotografía. Ahora Ud. tiene
que compartir los productos de la cesta con sus familiares y amigos. Con
un(a) compañero(a), decida para quién es cada cosa. ¡No se olvide de su
compañero(a) y de Ud. mismo(a)!

Modelo: *El jamón es para el tío Enrique, que es un glotón.*

SIEMPRE QUE QUIERAS

Cuando las palabras no bastan,
las flores lo dicen todo. No importa
la distancia. Todo es tan sencillo como
entrar en una floristería donde
veas el distintivo de Interflora, elegir
las flores o plantas que desees y...
¡Ya está!
En pocas horas llegarán
allí donde quieras tú.

interflora
Digaselo con flores

ACTIVIDAD 29   Dígaselo con flores.

Con un(a) compañero(a) de clase, observe y lea con atención el anuncio.
Después, hablen del lenguaje de las flores, considerando éstas y otras
preguntas.

1. ¿Están Uds. de acuerdo con lo que se dice en el anuncio: "Cuando las
   palabras no bastan, las flores lo dicen todo"? ¿Qué mensaje pueden llevar
   las flores?

2. ¿En qué fiestas o celebraciones se envían flores? Si tuvieran que enviar
   flores a su madre, ¿que flores escogerían? ¿y para un(a) amigo(a) muy
   querido(a)?

ACTIVIDAD 30   Las mañanitas

¿Ha oído Ud. la canción mexicana "Las mañanitas" para celebrar los
cumpleaños?

1. Lea con atención la canción en la página 304 y trate de memorizarla.

2. Averigüe quiénes de sus compañeros cumplen años este mes.

3. Con la ayuda de su profesor(a) festejen a los que cumplen años, cantando
   esta canción tan tradicional.

LAS MAÑANITAS

Éstas son las mañanitas
que cantaba el rey David
a las muchachas bonitas
se las cantamos así.

Despierta, mi bien, despierta,
mira que ya amaneció,
ya los pajaritos cantan,
la luna ya se metió.

Si el sereno de la esquina
me quisiera hacer favor
de apagar su linternita
mientras que pasa mi amor.

Despierta, mi bien, despierta...

Ahora sí, señor sereno,
le agradezco su favor,
encienda su linternita
que ya va lejos mi amor.

Despierta...,[1] despierta...

ACTIVIDAD 31 Canciones tradicionales

Comente con un(a) compañero(a) de clase algunas de las canciones tradicionales norteamericanas. Pregúntele cuáles son sus canciones favoritas y
por qué. También hable Ud. de algunos de los cantantes que han populari-
zado la canción tradicional.

ACTIVIDAD 32 Refranes

Los refranes encierran la sabiduría popular. Detrás de cada proverbio hay una
filosofía más o menos profunda. Sancho Panza, el compañero de Don Quijote
de la Mancha, es famoso por sus proverbios, que reflejan su actitud práctica
hacia la vida. Los refranes forman una parte esencial de nuestro idioma.

Con un(a) compañero(a) de clase trate de explicar el significado de algunos
de los siguientes refranes. Digan si hay uno similar en inglés y cuál es.

1. Cada loco con su tema.
2. A la mesa y a la cama, una sola vez se llama.
3. Dime con quién andas y te diré quién eres.
4. Aunque la mona se vista de seda, mona se queda.
5. Más vale pájaro en mano que cien(to) volando.
6. El diablo sabe más por viejo que por diablo.
7. No hay joven sin amor, ni viejo sin dolor.

---

[1] Nombre de la persona que cumple años.

8. Unos nacen con estrella y otros nacen estrellados.

9. No por mucho madrugar amanece más temprano.

10. En boca cerrada no entran moscas.

11. Para conocer a Andrés, vive con él un mes.

12. Nadie sabe para quién trabaja.

Te amaré siempre aunque estés lejos de mí.

ACTIVIDAD 33   La fiesta de San Valentín

La gran fiesta de los enamorados se acerca y cada uno de nosotros quiere enviar la tarjeta más original a la persona amada. Si su corazón es muy grande y quiere enviar dos o tres tarjetas de amor, no se desanime —¡ponga manos a la obra!

Para la comunicación:

Te amaré siempre, aunque...   Hace mucho tiempo que no te veo, ojalá...
Si supieras cuánto te quiero...   Sigo queriéndote como siempre, aunque...
Te seguiría hasta el fin del mundo...   Quisiera estar a tu lado para...
Me gustaría que me quisieras tanto...   Siempre que pienso en ti...

ACTIVIDAD 34   ¡A gozar de la fiesta!

Ya estamos a punto de terminar con esta clase de español y como todos hemos estudiado y aprendido muchísimo, ha llegado el momento de organizar una fiesta. Pónganse de acuerdo en el día, lugar y hora de la fiesta. En grupos de cuatro o cinco estudiantes preparen un plato especial para celebrar esta gran ocasión. No se olviden de llevar bebidas, música y, sobre todo, buen humor.

ACTIVIDAD 35   La Pascua en los Estados Unidos

Un estudiante extranjero desea saber cómo se celebra la fiesta de Pascua en los Estados Unidos. Dígale lo que sabe de…

1. la Pascua.
2. la tradición infantil del Conejito de Pascua.
3. la manera de teñir huevos.
4. el comercio de chocolates y caramelos.
5. los platos que se preparan para esta fiesta.
6. ¿…?

 ## ACTIVIDAD 36   Mesa redonda

Escoja tres o cuatro compañeros para formar una mesa redonda e intercambiar ideas sobre la celebración del Día de los Muertos en México y la fiesta equivalente en los Estados Unidos, *Halloween*.

En México y, en general, en toda Hispanoamérica, se tiende a aceptar la muerte con resignación. Se puede observar claramente esta actitud ante la muerte el día 2 de noviembre, Día de los Muertos. La celebración dura de

El Día de los Muertos se visitan los cementerios y se adornan las tumbas con flores.

mañana a noche e incluye a chicos, grandes, vivos y muertos. Por la mañana las familias van a la iglesia; por la tarde se visitan los cementerios y se adornan con flores las tumbas de los familiares. En las calles y en los mercados se vende "pan de muerto" y calaveras de azúcar que llevan diferentes nombres de personas. Estas calaveras, que se regalan desde la infancia entre familiares y amigos, sirven para recordar que la muerte puede llegar en cualquier momento y que hay que estar siempre preparados.

¿Qué aspectos similares hay en la celebración del Día de los Muertos y *Halloween*? ¿Qué diferencias ven Uds.? ¿Por qué esta festividad se convertiría en los Estados Unidos en una fiesta para niños? ¿Alguno de Uds. cree que mientras uno vive es mejor ignorar la muerte o es preferible tenerla siempre presente? Dé abiertamente su opinión.

ACTIVIDAD 37   Minidrama: Un complicado Día de Acción de Gracias

Formen un grupo de cinco o seis personas. Imagínense que son unos amigos que piensan reunirse para celebrar juntos el Día de Acción de Gracias porque este año no pueden ir a la casa de sus padres. El problema es que algunos de Uds. son vegetarianos y no pueden comer ni pavo ni carne, mientras que para otros es imposible celebrar este día si no hay un gran pavo relleno.

Primer acto
Los preparativos de la fiesta: Decidan cuál va a ser el menú. Los que comen carne quieren pavo, pero esto excluiría a los vegetarianos. Tienen que buscar opciones que sean válidas para todos. Además, todos están muy ocupados con sus estudios y nadie tiene tiempo para pasar todo el día cocinando. Al final llegan a un acuerdo: forman un menú muy imaginativo.

Segundo acto
El Día de Acción de Gracias: Todos se reúnen en la mesa. Alguien protesta porque no puede imaginarse este día sin pavo, pero los otros le recuerdan que decidieron hacerlo así. Al final, las alternativas al pavo son tan suculentas que todos quedan muy satisfechos y deciden organizar otra fiesta al final del trimestre o semestre.

Una procesión de Semana Santa.

¿Qué saben Uds. de... Colombia?

A. Recordar lo que sabemos

En la lección 9 de *Horizontes: Cultura y literatura* hay varias menciones a Colombia. Repasando y recordando lo que leyeron, responda con un(a) compañero(a) a las siguientes preguntas:

1. ¿Cuál es la capital de Colombia? ¿Conocen Uds. los nombres de otras ciudades colombianas?

2. ¿En cuántos océanos tiene costa Colombia? ¿Hay algún otro país sudamericano que tenga costas en dos océanos?

3. ¿Cuánta gente vive en Colombia? ¿En qué estado de los Estados Unidos vive aproximadamente el mismo número de personas?

4. ¿Cuál es la moneda de Colombia? ¿Saben a cómo está el cambio entre el dólar y la moneda colombiana?

5. ¿Qué países formaron la Gran Colombia hasta 1821?

6. ¿Cuál creen Uds. que es el mayor problema de Colombia en este momento? ¿Están de acuerdo con los métodos para solucionarlo?

B. Ampliar lo que sabemos

¿Les gustaría aprender más sobre Colombia? Reúnanse en grupos de tres o cuatro personas y preparen una presentación sobre uno de los siguientes temas. Elijan el que más les interese, u otro que no aparezca en la lista:

- La diversidad de la población colombiana. La mayoría mestiza. Las minorías y su desigual participación en el poder.
- La historia turbulenta de Colombia. La época precolombina y sus diversas culturas: la cultura de San Agustín, las culturas chibcha y muisca, y la cultura quimbayá. La época colonial y el virreinato de Nueva Granada. El papel de Simón Bolívar en la Independencia y el fracaso de la Gran Colombia. La pérdida de Panamá en 1903 ante la construcción del canal y la creciente influencia de los Estados Unidos desde comienzos del siglo XX. El origen de la guerrilla a mediados del siglo XX, su evolución y su situación actual.
- La variada geografía de Colombia. La llanura del Caribe y sus ciudades (Cartagena, Barranquilla, etc.). El Chocó (llanura del Pacífico). Las cordilleras andinas y sus ciudades (Bogotá, Medellín y Cali). Las llanuras amazónicas. La importancia de cada zona en la economía colombiana.
- El narcotráfico colombiano. Las causas de su arraigo y extensión. Las graves consecuencias para la sociedad colombiana. Las soluciones planteadas hasta ahora. La intervención de los Estados Unidos en la lucha contra los narcotraficantes.
- La literatura colombiana. La literatura indígena y su pervivencia en la literatura contemporánea. Las crónicas del período colonial. Los grandes nombres de la narrativa colombiana: Jorge Isaacs, José Eustasio Rivera y el ganador del Premio Nóbel, Gabriel García Márquez. La poesía de José Asunción Silva. La literatura reciente.
- Las músicas de Colombia. La importancia de la música en el período colonial. Las músicas populares: el origen afroamericano del currulao, el aguabaja y la cumbia; las músicas mestizas, tales como la guabina, el bambuco, el galerón y el pasillo; la adaptación de músicas foráneas como la habanera cubana. El ballenato, nueva exportación musical de Colombia.

- El arte en Colombia. La época precolombina: la orfebrería y cerámica de los chibchas, los muiscas y los quimbayá. Las esculturas monumentales de la cultura de San Agustín y de Tierradentro. La época virreinal: la adopción del mudéjar; las ciudades coloniales, especialmente Tunja. La época actual: la calidad de la arquitectura; la pintura de Alejandro Obregón. El peculiar arte de Fernando Botero, pintor y escultor mundialmente reconocido.
- La gastronomía colombiana. Las sopas: cucucho, ajiaco y sancocho. Los pescados: sancocho de pescado, pescado con yuca y pescado con ñame. Otros platos característicos: el arroz con coco, los fríjoles, los tamales de maíz y de arroz, el peto de maíz. Los postres: el arequipe, los dulces de almíbar, la jalea de guayaba y el melado con cuajada. Las bebidas: el guarapo, el masato, el guarrúz, etc.

C. Compartir lo que sabemos ¿Cómo preparar la presentación?

1. Utilicen todo tipo de fuentes de información para investigar sobre el tema elegido: libros, prensa, Internet, etc.

2. Incluyan en su presentación todos los medios audiovisuales que crean convenientes: fotografías, mapas, dibujos, videos, cintas o discos de música, etc.

3. Ofrezcan a sus compañeros de clase un esquema de todos los puntos que van a desarrollar en su presentación.

ANTES DE ESCRIBIR

 ¡REVISE SU ORTOGRAFÍA!

El uso de la letra *h*

1. La mayoría de cognados que en inglés se escriben con **h**, también llevan **h** en español. Por ejemplo:

alcohol	habitar	hábito	héroe
hipótesis	historia	honor	horrible
hospital	hotel	humor	prohibir

¡Ojo! La palabra **armonía** habitualmente se escribe sin **h** en español.

2. Muchas palabras del español que no tienen cognados en inglés se escriben con **h.** Estos son unos pocos ejemplos.

ahora	ahorrar	almohada	bahía
haber[1]	hablar	hacer	hasta
helado	herida	hermano(a)	hielo
hierba	hierro	hijo(a)	hombre
hombro	hora	horno	hoy
hueso	huevo	huir	zanahoria

---

[1] Para los problemas de escritura con el verbo **haber**, véase *Antes de escribir*, Lección 6.

3. ¡Ojo con estas palabras! Su sonido es similar, pero su significado es muy diferente.

hola/ola

Hola, ¿qué tal?
Hay muchas **olas** en las playas de California.

echo (echar)/hecho (hacer)

Siempre **echo** (tiro) las cosas viejas a la basura.
¿Has **hecho** la tarea para mañana?

ojo/hoja

Ahora cualquier persona puede tener **ojos** verdes.
Las **hojas** de algunos árboles caen en otoño.
Compré un libro que tenía muchas **hojas.**

COMPOSICIÓN

Atajo writing assistant software supports your efforts with the task outlined in this *Composición* section by providing useful information when the following references are accessed.

Phrases/Functions: Describing the past; expressing location; sequencing events; talking about past events; writing about characters; writing about theme, plot, or scene

Vocabulary: Arts; fairytales and legends; people

Grammar: Personal pronouns *él, ella, ellos, ellas;* possessive adjective: *su(s);* verbs: preterite and imperfect; verbs: compound tenses

ENFOQUE: Narración en tercera persona

En la Lección 4 hemos visto la narración en primera persona para relatar un acontecimiento autobiográfico. En esta lección practicaremos la narración en tercera persona, forma que se usa para relatar un cuento, una leyenda, un artículo periodístico o el argumento de una película.

Prepárese a escribir

Ahora, Ud. va a escribir con sus propias palabras un chiste, una anécdota, un cuento o una leyenda que Ud. recuerde.

¡Organice sus ideas!

Organice la composición, teniendo en cuenta los tres momentos importantes de la narración:

1. la situación
2. la complicación
3. el desenlace

Modelo:

CAPERUCITA ROJA

Situación: Caperucita salió de su casa para visitar a su abuelita que estaba enferma. (Añadir todos los detalles necesarios para dar vida al relato.)

Complicación: Caperucita Roja se encontró con el lobo en el bosque. (Narrar todo lo que pasó hasta el momento en que el lobo atacó a Caperucita Roja.)

Desenlace: Un cazador que pasaba por allí mató al lobo. Caperucita Roja y la abuelita se salvaron. (Narrar desde la llegada del cazador a la casa de la abuelita hasta la muerte del lobo para salvar a las dos mujeres.)

Recuerde lo siguiente

Recuerde que en una narración el pretérito se usa para narrar acciones que ocurrieron una sola vez. El pretérito adelanta la narración mientras que el imperfecto describe: a) el ambiente en que toma lugar la acción, b) a las personas, animales o cosas y c) los estados mentales de las personas. El pluscuamperfecto describe una acción anterior a otra en el pasado.

Modelo:

Pretérito:	Caperucita Roja **salió** de su casa… No **obedeció** a su mamá… Se **fue** por el bosque…
Imperfecto:	**Era** un día de primavera… El sol **brillaba…** Los pájaros **cantaban…**
Pluscuamperfecto:	Cuando Caperucita Roja **llegó,** el lobo ya **había atacado** a la abuelita.

Para la comunicación:

Había una vez… *Once upon a time . . .*
cuando… *when . . .*
y entonces… *and then . . .*
de pronto… *suddenly . . .*
al principio… *at the beginning . . .*
al cabo de… *at the end of . . .*
a las dos/tres horas… *after two/three hours . . .*
al día/mes/año siguiente… *next day/month/year . . .*
mientras tanto… *in the meantime . . .*
durante… *during . . .*
finalmente… *finally . . .*
Colorín, colorado, este cuento se ha acabado. *And they lived happily ever after.*

LECCIÓN 10

Canal 4

8:00 a.m.

Canal 7

7:30 p.m.

Canal 14

6:00 p.m.

Canal 12

2:00 p.m.

Canal 9

9:15 a.m.

Canal 3

12:00 a.m.

Los programas de televisión

¿Cómo consigo la información?

Trabaje con un(a) compañero(a) de clase. Observen con atención los seis programas de la tele y hagan sus propios comentarios. Después, contesten las siguientes preguntas.

1. ¿Podría Ud. decir en qué canal pasan las noticias? ¿A qué hora del día o de la noche? ¿Es común que los comentaristas sean un hombre y una mujer? ¿dos mujeres? ¿dos hombres?

2. ¿De qué programa televisivo será la escena que pasan en el canal 14? ¿Cuál cree Ud. que ha sido el programa espacial más popular en los Estados Unidos? ¿Cuál es el personaje del espacio más famoso? ¿Por qué?

3. ¿Podría Ud. describir la escena que se ve en el canal 3 a medianoche? ¿Es común ver ese tipo de programas en la tele? ¿Qué programa de detectives le gusta más? ¿Por qué?

4. ¿Alguno de los miembros de su familia ve telenovelas? ¿Quién? ¿Por qué cree Ud. que estos programas son tan populares? ¿Cuánto tiempo duran? ¿En qué canal pasan una telenovela?

5. ¿Qué puede Ud. opinar de los programas de los canales 9 y 12? ¿A qué público están dirigidos?

6. Si en este momento Ud. tuviera la oportunidad de elegir uno de los seis programas, ¿cuál eligiría? ¿Por qué?

7. ¿Cuáles son los programas de televisión que gozan de mayor popularidad en este momento? ¿Picnsa Ud. que la televisión debe divertir, informar o educar a los televidentes? ¿Por qué?

8. Si Ud. fuera cstrella de cine o de televisión, ¿en qué tipo de programas le gustaría actuar? ¿Por qué?

ACTIVIDAD 1   ¡Charlemos!

Pregúntele a su compañero(a).

1. ¿Vas mucho al cine o prefieres alquilar una película y pasarla en casa? ¿Cuáles son tus películas favoritas? ¿las de amor? ¿las de misterio? ¿las de vaqueros? ¿las de ciencia ficción? ¿Cuál es la mejor película que has visto últimamente? ¿Qué piensas del premio Óscar para la mejor película del año?

2. ¿Qué opinas de los programas de televisión que vemos diariamente? ¿Cuáles crees que son las estrellas más admiradas de la telepantalla? ¿Cuánto tiempo pasas diariamente frente a la pantalla? ¿Qué canales ves?

3. ¿Quiénes crees que ven más televisión, los hombres o las mujeres? ¿la clase media o la clase alta? ¿los niños o los mayores de cincuenta años? ¿Cuál crees que es el sector de mayor consumo televisivo?

ACTIVIDAD 2   Los mejores programas de la tele

1. Con un(a) compañero(a) hagan una lista de los diez programas de televisión que actualmente gozan de mayor popularidad y coméntenlos.

2. Después, presenten a la clase su lista y compárenla con la de los otros estudiantes.

VOCABULARIO PARA LA COMUNICACIÓN

Los medios de comunicación

El teléfono

la guía telefónica *telephone directory*
    las páginas amarillas *the yellow pages*
La línea telefónica está ocupada. *The line is busy.*
una llamada equivocada *a wrong number*
una llamada telefónica *phone call*
    de larga distancia *long distance*
    local *local*
    por cobrar *collect*

marcar el número *to dial the number*
    ¿Aló? ¿Hola? *Hello. (on the phone)*
    ¿Bueno? ¿Diga? ¿Dígame? *May I help you?*
    ¿Con quién desea hablar? *With whom do you want to speak?*
    ¿Con quién hablo? *To whom am I speaking?*
    ¿De parte de quién? *Who may I say is calling?*
    ¿Desea dejar algún recado? *Would you like to leave a message?*

La oficina de correos

el apartado de correos *P.O. Box*
asegurar *to insure*
el buzón *mailbox*
la carta *letter*
    el (la) destinatario(a) *addressee*

cerrar (ie) el sobre *to seal the envelope*
el distrito postal *ZIP code*
echar (una carta) *to drop (a letter)*
enviar una carta *to send a letter*
    una encomienda postal *a parcel post*

un paquete *a package*
un telegrama *a telegram*
una tarjeta postal *a postcard*
franquear/el franqueo *to put on postage/postage*
pegar los sellos *to stick the stamps*
la etiqueta *the label, sticker*

pesar *to weigh*
por correo aéreo *by airmail*
      certificado *by registered mail*
      ordinario *by surface mail*
reclamar *to claim*
el (la) remitente *sender*

La prensa

el periódico/el diario *newspaper*
    el acontecimiento *event*
    los anuncios clasificados *classified*
    el artículo de fondo *editorial*
    los deportes *sports*
    el horóscopo *horoscope*
    las notas sociales *social news*
    las noticias locales *local news*
        internacionales *international news*
        nacionales *national news*
    en primera plana *on the first page*
    las tiras cómicas/las historietas *comic strips*
    los titulares *headlines*
el (la) periodista *journalist*

Los espectáculos

el actor (la actriz) *actor (actress)*
    interpretar el papel de *to play the role of*
una actuación *performance*
    en directo *live performance*
el argumento *plot*
el cine *the movies, the movie theater*
comprar los boletos/los billetes *to buy tickets*
el concierto *concert*
el (la) director(a) *director*
    dirigir una película *to direct a movie*
las estrellas del cine *movie stars*
el estreno *premiere, new movie*
filmar/rodar (ue) *to make a movie*
hacer cola *to stand in line*
la pantalla (cinematográfica) *film screen*

pasar/dar una película *to show a movie*
una película romántica *a romantic film*
      de ciencia ficción *a science fiction film*
      cómica *a comic film*
      dc dibujos animados *a cartoon*
      de guerra *a war film*
      de misterio *a mystery film*
      policiaca *a police/detective film*
      de vaqueros *a cowboy film*
los personajes *characters*
la taquilla *box office, ticket window*
el (la) taquillero(a) *ticket seller*
el teatro *theater*

La radio, la televisión, el video

la cinta, el video *videotape*
el (la) comentarista de televisión *TV commentator*
la publicidad, la propaganda *advertising*
la radio *radio*
la radioemisora *radio station*
    la cadena *network*

    la emisión *broadcast*
    el (la) locutor(a) de radio *radio announcer*
la tele *TV*
el (la) televidente *television viewer*
la televisión *television (industry, medium)*

el televisor *television set*
    apagar el televisor *to turn off the TV*
    encender (ie) *to turn on*
    mirar/ver la tele *to watch TV*
transmitir el boletín de noticias *to broadcast the news bulletin*

el boletín meteorológico *weather report*
el documental *documentary*
el reportaje *news report*
la telenovela *soap opera*
el video, la videocasetera *video, VCR*

PERSPECTIVAS

El televisor, sustituto de los padres

ACTIVIDAD 3 Comprensión y ampliación de la lectura

Con un compañero(a), responda a las siguientes preguntas, según el dibujo de la página 316.

1. ¿Quiénes son estos niños? ¿Cuántos años tienen? ¿Dónde están? ¿Por qué están solos?

2. ¿Qué están haciendo en este momento? ¿Qué programa están viendo? ¿Les gusta el programa?

3. ¿Qué expresión tienen en la cara? ¿Qué piensan? ¿Qué sienten? Describa a los niños detalladamente.

4. ¿Uds. eran como estos niños cuando tenían esa edad? ¿Les gustaba la televisión tanto como a ellos? ¿Qué recuerdos tienen?

ACTIVIDAD 4 ¡Charlemos!

En muchos países hispanos los niños pequeños pueden pasar muchas horas del día mirando televisión porque sus padres están ocupados en el trabajo. Esta situación de la vida moderna soluciona algunos problemas, pero puede crear otros. ¿Cuál es la opinión de Uds.? ¿Creen que la situación es similar en los Estados Unidos? ¿Cuáles son las ventajas y las desventajas de esta situación? ¿Qué harían Uds. si fueran los padres de un(a) niño(a) de corta edad?

GRAMÁTICA

 A. El gerundio

El revendedor de boletos

ya no hay / sesión
have no other choice

Cuántas veces le ha sucedido a Ud. que, **estando** en la cola para ver una actuación, le anuncian que *se han agotado* los boletos para la *función* del día? Ud., **tratando** de contener su mal humor, *no tiene más remedio* que recurrir al revendedor que siempre está dispuesto a ofrecerle los boletos para la función que Ud. desea.

—Parece que se están **agotando** los boletos para la función de Maná. Por casualidad, ¿no tiene Ud. dos boletos?

—Espere un momentito. Déjeme ver si aún me queda alguno. Sí, sí, aquí tengo dos.

—Y..., ¿a cuánto los está **dando**?

—A 6.000 pesos cada uno.

—¡Pero si en la taquilla los están **vendiendo** a 3.000 pesos!

—Entonces continúe **esperando** en esa cola que ya da vuelta a la esquina y, como Ud. ve, todavía falta un buen rato para que abran la taquilla.

—Pero si no me estoy **quejando.** Es sólo un comentario. Deme, por favor, los dos boletos que le quedan.

—Aquí los tiene.

El revendedor se va **alejando** y de pronto se vuelve a oír su voz que anuncia:

string quartet —Aún me quedan dos para el *Cuarteto de Cuerdas* de Praga.

ACTIVIDAD 5 Comprensión y ampliación de la lectura

1. Si le dicen que se están acabando los boletos para una función, ¿qué puede hacer Ud.?

2. ¿Qué intención tiene el revendedor de boletos cuando le dice a un cliente, "Déjeme ver si aún me queda alguno"?

3. ¿Por qué cree Ud. que los revendedores siempre tienen los boletos para la función que uno desea? ¿Piensa Ud. que revender boletos es un trabajo honesto? ¿Por qué?

4. ¿Cree Ud. que los revendedores tienen acuerdos especiales con los taquilleros para vender los boletos? ¿Cómo se podría solucionar el problema de la reventa de boletos?

5. ¿En alguna ocasión ha pasado Ud. horas esperando en una cola para ver una película? ¿Cuál? ¿Valió la pena esperar?

6. En los Estados Unidos, ¿se permite revender boletos? ¿Ha comprado Ud. alguna vez boletos de un revendedor? ¿Tuvo que pagar el mismo precio o un precio más alto?

1. Las formas del gerundio

Ud. recordará que el gerundio es invariable. Los verbos regulares forman el gerundio con las siguientes terminaciones.

Infinitivo	Radical	+	Terminación	=	Gerundio
llamar	llam–		**ando**		llam**ando**
encender	encend–		**iendo**		encend**iendo**
transmitir	transmit–		**iendo**		transmit**iendo**

Los verbos de las conjugaciones **–er** y **–ir** cuyo radical termina en una vocal toman la terminación **–yendo** en lugar de **–iendo.**

Infinitivo	Radical	+	Terminación	=	Gerundio
caer	ca–				ca**yendo**
creer	cre–				cre**yendo**
leer	le–		**yendo**		le**yendo**
construir	constru–				constru**yendo**
oír	o–				o**yendo**

Los verbos de la conjugación **–ir** que sufren en la tercera persona del pretérito un cambio de la vocal radical (**o → u, e → i**) sufren en el gerundio el mismo cambio de vocal.

Infinitivo	Pretérito	Gerundio
decir	dijo	diciendo
dormir	durmió	durmiendo
morir	murió	muriendo
pedir	pidió	pidiendo
poder	pudo	pudiendo
sentir	sIntió	sintiendo
venir	vino	viniendo

Hay un solo gerundio irregular: **ir → yendo.**

2. Los usos del gerundio

estar + gerundio

El uso más corriente del gerundio es con el verbo **estar** para expresar que una acción está en progreso.

Están hablando de las noticias locales.
Estaban refiriéndose al comentarista de la televisión.
Me gustaría que **estuviera actuando** en el teatro local.

Verbos de movimiento + gerundio

Los verbos de movimiento como **ir, venir, andar, entrar, salir** y **llegar** + gerundio describen una acción que se viene desarrollando gradualmente.

Va creciendo el número de televidentes.
Los recién llegados **entraron hablando** de las estrellas de cine.

Atención:

Al traducirse al inglés, dos de estos verbos tienen un matiz diferente.

venir + gerundio: *to keep –ing*
andar + gerundio: *to go around –ing*

Vienen diciendo lo mismo desde hace mucho tiempo.
Me dijo que **andaba buscando** trabajo como locutor de radio.

Verbos de continuidad + gerundio

Los verbos **continuar** y **seguir** + gerundio refuerzan la acción continua.

¿Continúas transmitiendo el boletín de noticias?
Seguiremos exigiendo una buena televisión pública.

Pronombre de complemento directo + verbo de percepción + gerundio

Con los verbos de percepción se puede usar el gerundio en lugar del infinitivo.

Los **vi saliendo** (salir) del concierto de Maná.
La **oímos pidiendo** (pedir) a gritos "¡Socorro!"

El gerundio en función de adverbio

El gerundio puede usarse como adverbio...

1. para modificar un verbo.

    La actriz contestó **riendo** al entrevistador.
    A menudo lo llamaba **quejándome.**

2. para explicar cómo se puede hacer algo (inglés: *by* + gerundio).

    Trabajando mucho, lograron mejorar su situación económica.
    Se puede aprender mucho **mirando** los programas educacionales.

3. cuando está subordinado a otro verbo y las dos acciones coinciden en algún momento del tiempo.

    Repitiendo sus oraciones se quedó dormido.
    Sonriendo al público, Julio Iglesias se despidió.

Recuerde que...

1. cuando el gerundio va acompañado de los pronombres de complemento directo e indirecto, lleva acento escrito si los pronombres van después.[1]

    Juan está **dándole** el boleto a Magda.
    Juan está **dándoselo** a Magda.
    Pero:
    Juan **le** está **dando** el boleto a Magda.
    Juan **se lo** está **dando** a Magda.

2. En español no se usa el gerundio después de las preposiciones, sino el infinitivo.[2]

    Antes de **ir** al teatro podemos comer algo.

---

[1] Revisar la Lección 5, pág. 161.
[2] Repasar la Lección 9, pág. 286.

ACTIVIDAD 6   El problema de la reventa de boletos

Los revendedores de boletos dicen que su trabajo es muy honesto y que tienen derecho a trabajar como revendedores si así lo desean. Seleccione los verbos apropiados y complete las siguientes oraciones con el gerundio. Los verbos pueden usarse más de una vez.

abandonar	comprender	dejar	mencionar
planear	tomar	tratar	tener

1. Hemos venido _____ los problemas de la reventa de boletos.
2. Las autoridades están _____ de poner fin a este negocio porque muchos jóvenes están _____ la escuela para trabajar de revendedores.
3. _____ la gravedad de la situación, desde hace algún tiempo las autoridades han venido _____ medidas para controlar la venta de boletos en la taquilla.
4. Se podría lograr este propósito _____ con anticipación la asistencia a un espectáculo y no _____ la compra de boletos para el último momento.
5. La venta normal de boletos para entrar a cines, teatros, conciertos y deportes se obtendría _____ un supervisor constante en cines, teatros, conciertos y deportes.

ACTIVIDAD 7   Los conjuntos vienen tocando

Hoy es día de fiesta y por todo el pueblo se ven conjuntos musicales que vienen y van cantando.

Su compañero(a) hace un comentario. Luego, Ud. le pregunta a él (ella) si fue él (ella) quien le dio la información a Ud. Su compañero(a) describirá la acción que se viene desarrollando gradualmente y expresará su entusiasmo. Sigan el modelo.

Modelo: Los conjuntos **cantan** por las calles. (ir)
—¿*Tú me dijiste que los conjuntos cantan por las calles?*
—¡*Por supuesto! Ellos van cantando por las calles.*

Para expresar entusiasmo:

¡Qué maravilla!	¡Maravilloso!	¡Fantástico!
¡Cuánto me alegro!	¡Ya lo creo!	¡Sin duda!
¡Estupendo!	¡Por supuesto!	¡Desde luego!

1. Ellos **traen** la alegría al pueblo. (llegar)
2. Los muchachos **bailan** por la plaza. (andar)
3. Los músicos **tocan** una canción popular. (entrar)
4. La canción que **cantan** es sobre una pareja. (venir)
5. Los conjuntos musicales **son** muy populares en las fiestas públicas. (seguir)

ACTIVIDAD 8   Charla de amor

Luis y Luisa están muy enamorados. Exprese sus sentimientos, poniendo el verbo en el gerundio y haciendo oraciones lógicas con los elementos de las dos cajas. Siga el modelo.

Modelo: *Llegando* a casa, te prometo llamar por teléfono.

1. (Llegar) a casa...	...se me pasan las horas volando.
2. Tú bien sabes que (hablar) contigo...	...quiero que sepas que te quiero mucho.
3. (Hacer) mis tareas...	...no puedo hacer mis tareas.
4. (Pensar) en ti...	...te prometo llamar por teléfono.
5. (Recordar) lo que me dijiste...	...no pude dormir en toda la noche.
6. (Volver) a hablar de nosotros...	...cometí muchos errores.

ACTIVIDAD 9   ¿Cómo se puede llegar a ser... ?

Intercambie ideas con un(a) compañero(a) sobre las maneras en que se puede llegar a ser un gran personaje.

Modelo: un(a) gran cómico(a)
—*¿Cómo se puede llegar a ser un gran cómico?*
—*Se puede llegar a ser un gran cómico trabajando mucho, practicando todos los días y preparando situaciones que hagan reír al público.*

1. un(a) buen(a) comentarista de televisión
2. un actor o actriz o una estrella del cine
3. locutor(a) de radio
4. un(a) director(a) de cine
5. un(a) periodista

ACTIVIDAD 10 Una estrella famosa

Imagínese que Ud. ha llegado a ser una estrella famosa. En grupos de cuatro estudiantes, cuente a sus amigos cómo llegó a ser una estrella tan famosa.

B. El futuro perfecto y el condicional perfecto

El futuro perfecto y el condicional perfecto se forman con el verbo auxiliar **haber** y el **participio pasado.** En el futuro perfecto, **haber** está en el futuro (**habré, habrás,** etc.) y en el condicional perfecto, **haber** está en el condicional (**habría, habrías,** etc.)

Futuro perfecto		Condicional perfecto	
habré		habría	enviado
habrás	apagado	habrías	
habrá	encendido	habría	escrito
habremos		habríamos	
habréis	dicho	habríais	recibido
habrán		habrían	

Los usos del futuro perfecto y del condicional perfecto

El futuro perfecto	El condicional perfecto
1. El futuro perfecto corresponde a *will have* en inglés. Indica una acción anterior a otro punto de referencia en el futuro. Te aseguro que todos **habrán olvidado** esa noticia en un año.	1. El condicional perfecto corresponde a *would have* en inglés. Indica una acción anterior a otro punto de referencia en el pasado. Te aseguré que todos **habrían olvidado** esa noticia.
2. El futuro perfecto también puede expresar probabilidad. Ya **habrá enviado** el mensaje. (Probablemente ya **ha enviado** el mensaje.)	2. El condicional perfecto también se usa para expresar deseo o posibilidad ante una condición contraria a la realidad.[1] **Habría ido,** pero no me invitaron. **Habrías terminado** si hubieras comenzado temprano.

ACTIVIDAD 11 ¿Crees que para el año 2010... ?

El año 2010 está por llegar. Para entonces los más viejos se habrán ido, algunos de nosotros habremos fracasado, pero la mayoría habrá logrado sus propósitos. Desde luego, todas son simples suposiciones.

Con un(a) compañero(a) intercambie preguntas según el modelo.

Modelo: terminar tus estudios
—*¿Crees que para el año 2010 ya habrás terminado tus estudios?*
— *¡Ya lo creo! Para entonces ya seré abogado.*

---

[1] Ver la pág. 326.

1. aprender varios idiomas
2. pagar todos los préstamos de tus estudios
3. conseguir un puesto
4. triunfar en tu profesión
5. casarse
6. ahorrar para comprar una casa
7. resolver la mayoría de tus problemas

ACTIVIDAD 12 Humor

Con un(a) compañero(a) de clase observen con atención el siguiente dibujo y hagan sus propias conjeturas, considerando éstas y otras preguntas.

1. ¿Cómo sabrá el señor que su esposa está en casa? ¿Habrá sentido algún ruido? ¿Habrá oído abrir la puerta? ¿Le habrá oído hablar?
2. ¿Qué edad tendrá el señor? ¿Las relaciones con su esposa habrán sido muy buenas?
3. ¿Qué le habrá asustado al señor?
4. ¿Dónde habrá ido la esposa? ¿Habrá vuelto antes de lo esperado?
5. ¿Habrán sido felices en su matrimonio hasta ahora?

ACTIVIDAD 13   ¡Qué día más ocupado!

Todo el día se le pasó a Ud. sin poder hacer lo que quería. Diga lo que habría deseado hacer y por qué no lo pudo hacer.

Modelo: levantarse a las ocho/estar cansado(a)
  Yo me habría levantado a las ocho, pero estaba muy cansado(a).

1. acostarse temprano/estar ocupado(a)
2. ponerse el vestido (la camisa) rojo(a)/no encontrarlo(la)
3. ir al cine/tener que estudiar para un examen
4. estudiar mucho/a las siete Raúl llamar por teléfono
5. llegar a tiempo a clase/mi reloj estar atrasado
6. recibir una A/no saber la última pregunta
7. llamarte por teléfono/ser demasiado tarde
8. irme a casa/tener otro examen

ACTIVIDAD 14   Yo, en tu lugar...

Un(a) compañero(a) le cuenta a Ud. lo que le ha pasado y Ud. le dice lo que habría hecho en su lugar.

Modelo: Mi novio(a) me pidió que le escribiera todas las semanas pero sólo le he escrito una carta.
  Yo le habría escrito todos los días.

1. Anoche fui a una fiesta y hoy no sé la materia para el examen.
2. No le he dicho a mi hermana que he perdido la carta que me dio para que se la echara al buzón.
3. Mi padre quería que estudiara derecho, pero yo prefería biología.
4. La semana pasada vi a mi novio con otra muchacha, pero hasta ahora no le he dicho nada.
5. Me dolía mucho la cabeza, pero María me llamó y yo acepté una invitación para cenar.

C. El pluscuamperfecto del subjuntivo

1. Las formas del pluscuamperfecto del subjuntivo

Formamos el pluscuamperfecto del subjuntivo con el imperfecto del subjuntivo de **haber** y el participio pasado.

Formación del pluscuamperfecto del subjuntivo

	enviar	ver	dirigir
hubiera hubieras hubiera hubiéramos hubierais hubieran	enviado	visto	dirigido

2. Los usos del pluscuamperfecto del subjuntivo

Se usa el pluscuamperfecto del subjuntivo en cláusulas subordinadas...

1. para describir una acción pasada, anterior a otra acción. El verbo de la cláusula principal está en el pasado del indicativo y exige el uso del subjuntivo en la cláusula subordinada.

   No podíamos creer que **hubiera contratado** una banda de rock para su boda.
   Tuve mucho miedo de que **hubieran llamado** por teléfono cuando yo estaba fuera.

2. para expresar una acción hipotética o contraria a la realidad en el pasado. El verbo de la cláusula principal está en el condicional y exige el uso del subjuntivo en la cláusula subordinada.

   Sería una lástima que Manuel **hubiera echado** la carta sin sellos.
   Me daría mucha vergüenza que **hubieras hecho** esa tontería.

3. si la condición en el pasado es incierta o contraria a la realidad, se usa el pluscuamperfecto del subjuntivo en la cláusula que comienza con **Si.**

   Si lo **hubiera sabido...** (no sabía)
   Si **hubiera estudiado** más... (no estudié)

La posible consecuencia en el pasado se puede expresar con el condicional perfecto o el pluscuamperfecto del subjuntivo.

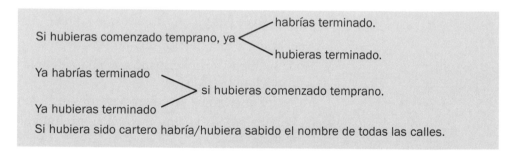

Si hubieras comenzado temprano, ya ⟨ habrías terminado.
hubieras terminado.

Ya habrías terminado
Ya hubieras terminado ⟩ si hubieras comenzado temprano.

Si hubiera sido cartero habría/hubiera sabido el nombre de todas las calles.

4. **De + infinitivo** sirve para reemplazar el pluscuamperfecto del subjuntivo en la cláusula de **"si..."**.

   De comenzar temprano, ya hubieras/habrías terminado.
   De ser cartero, hubieras/habrías sabido el nombre de todas las calles.

ACTIVIDAD 15   Teléfonos a bordo

¿Ha hecho Ud. alguna vez una llamada telefónica desde un avión? Si no la ha hecho nunca, lea con atención las siguientes instrucciones.

TELEFONOS A BORDO

Public phone on-board

Ahora puede hacer y recibir llamadas, hasta enviar faxes e información con el servicio Airfone de Aerocom.

Siga las instrucciones que aparecen en la pantalla. Oprima el botón para liberar el teléfono.

Seleccione el idioma. Siga las instrucciones para hacer o recibir llamadas o enviar información y faxes de su computadora personal. Oprima el "1" para realizar la llamada.

Deslice la tarjeta de crédito como se muestra. Marque el número deseado.

El cobro inicia al conectar la llamada y termina al acomodar el teléfono en su lugar o al oprimir el botón "End Call".

Aceptamos las siguientes tarjetas de crédito internacionales.

Imagínese que en una ocasión Ud. tuvo necesidad de hacer una llamada telefónica urgente desde un avión. Ud. trató de usar el teléfono a bordo pero no funcionaba. Cuando el avión aterrizó, Ud. fue a quejarse al mostrador de la compañía aérea. Con la ayuda de un(a) compañero(a), complete el diálogo con el pluscuamperfecto del subjuntivo.

—Señorita, tengo una queja. Quise hacer una llamada telefónica desde el avión pero el teléfono no funcionaba.

—Ah, lamento muchísimo que Ud. no _____ (poder) hacer su llamada, pero la compañía aérea no es responsable de los teléfonos.

—Pero... señorita, era un asunto de negocios muy urgente. Si yo _____ (hacer) esa llamada, no _____ (necesitar) quejarme.

—Lo siento, pero no puedo admitir esa explicación. Si Ud. _____ (seguir) las instrucciones de la pantalla, no _____ (tener) ningún problema.

—Pero… ¡yo sí seguí las instrucciones de la pantalla!

—Pues entonces, si Ud. _____ (oprimir) el botón para liberar el teléfono, su llamada _____ (ser) perfecta.

—Pero… ¡yo sí oprimí el botón!

—Déjeme ver… ¡Ya sé cuál es el problema! Si Ud. _____ (deslizar) la tarjeta de crédito, el teléfono _____ (funcionar) a las mil maravillas.

—Señorita, permítame decirle que sí deslicé la tarjeta de crédito. Si yo _____ (saber) que los teléfonos de sus aviones no funcionan, _____ (volar) con otra compañía aérea.

—Sentiría mucho que nuestra compañía le _____ (causar) serios problemas. ¿Aceptaría Ud. un boleto gratis como compensación?

—¡Con mucho gusto! Es Ud. muy amable, señorita.

ACTIVIDAD 16   ¡Charlemos!

Seleccione una de las siguientes situaciones con un(a) compañero(a). Comenten qué habrían hecho Uds. si les hubiera tocado vivirlas.

1. Si hubieran tenido que ir a una guerra…
2. Si hubiera habido la amenaza de una bomba en el avión en el que Uds. viajaban…
3. Si su equipo favorito hubiera perdido en el Gran Tazón *(Big Bowl)*…
4. Si hubieran nacido en otro país (por ejemplo, Honduras)…

D. Los pronombres relativos

 ### ACTIVIDAD 17   Comprensión y ampliación de la lectura

Guía cinematográfica

Como agua para chocolate (México, 1993) dirigida por Alfonso Arau, con Marco Leonardi, Lumi Cavazos y Regina Torne. Película basada en la novela de Laura Esquivel. La joven Tita, **quien** vive en un rancho al norte de México durante la época de la revolución, es la más joven de las tres hijas de una viuda **que** mantiene rígidamente las tradiciones familiares. Según una de estas tradiciones, la hija más joven no puede casarse porque su obligación es cuidar de su madre hasta que muera. Esto crea grandes conflictos familiares cuando Tita conoce a un joven del **que** se enamora. ****

El cartero (Italia, 1995) dirigida por Michael Radford, con Massimo Troisi, Philippe Noiret y María Grazia Cucinotta. Película basada en la novela *Ardiente paciencia (El cartero de Neruda),* de Antonio Skarmeta. Cuenta la relación entre un cartero **que** quiere conquistar el corazón de una mujer con poemas de amor y el mítico poeta chileno Pablo Neruda, **quien** recibió el premio Nóbel de Literatura en 1971, cuando éste estaba exiliado en una remota y bella isla italiana en 1952. ***

La flor de mi secreto (España, 1995) dirigida por Pedro Almodóvar, con Marisa Paredes, Juan Echanove e Imanol Arias. Amanda Gris es una escritora de novelas rosas **que** sufre una tremenda vida de soledad y desamor. Su marido ya no la quiere y todo se derrumba. Sólo le queda el apoyo de su hermana Rosa y de su madre. En ese momento aparece Ángel, un amigo con el **que** Amanda recupera la ilusión por la vida. *****

***** excelente, **** muy buena, *** buena, ** regular, * mala

---

1. De acuerdo con la *Guía cinematográfica,* ¿en qué novela está basada la película *Como agua para chocolate*? ¿y *El cartero*? ¿Conoce Ud. esas novelas?

2. ¿Vio Ud. alguna de las tres películas? ¿Cuál es su opinión sobre ellas?

3. Si no vio *El cartero,* ¿qué sabe Ud. sobre Pablo Neruda después de leer el comentario de la *Guía cinematográfica*? Si vio *El cartero,* ¿qué más puede decir sobre Pablo Neruda? ¿Por qué cree Ud. que el título de la película es *El cartero*?

4. ¿Qué calificación le dieron a cada película? ¿Está Ud. de acuerdo con estas calificaciones? ¿Qué calificaciones les daría Ud.?

5. ¿Cuál es la película que dirigió Pedro Almodóvar? ¿Qué sabe Ud. de este director español? ¿Conoce Ud. alguna de sus películas?

6. Después de leer los comentarios y las calificaciones de la *Guía cinematográfica*, ¿le gustaría ver alguna de las tres películas? ¿Por qué?

ACTIVIDAD 18   ¡Charlemos!

Pregúntele a su compañero(a).

1. Si tuvieras que elegir entre una novela y una versión cinematográfica de esa novela, ¿cuál elegirías? ¿Por qué? ¿Qué ejemplos puedes dar?

2. ¿Cuál es el tipo de cine que prefieres? ¿el de Hollywood? ¿el independiente? ¿el internacional? ¿Por qué?

3. ¿Cuáles son tus películas favoritas? ¿Las de amor, las de aventuras, las cómicas, las dc gucrra, las dcl ocste... ? ¿Cuál, por ejemplo?

4. ¿Cuál fue la última película que viste? ¿Te gustó? ¿Volverías a verla?

5. ¿Quiénes son los directores que más te interesan? ¿Por qué?

6. En tu opinión, ¿cuáles son los actores y actrices que mejor trabajan? ¿Cuáles son sus mejores interpretaciones?

Los usos de los pronombres relativos

El pronombre relativo sirve para unir dos oraciones simples y formar una oración compuesta. El pronombre relativo reemplaza a un sustantivo ya mencionado.

El señor habla. (El señor) es actor de cine.
El señor **que** habla es actor de cine.

El pronombre relativo puede ser sujeto o complemento del verbo.

Sujeto: **Los muchachos** llegaron. (Los muchachos) son muy simpáticos.
Los muchachos **que** llegaron son muy simpáticos.

Complemento: Recibí **la carta.** (La carta) es de mi padre.
La carta **que** recibí es de mi padre.

Los pronombres relativos pueden introducir dos clases de cláusulas subordinadas. Se usan con...

1. una cláusula restrictiva que completa el significado del antecedente y que no puede omitirse sin cambiar el sentido de la oración.

   Oración principal: Los libros   no me gustan.
   Pronombre relativo: ⌐ que ⌐
   Cláusula restrictiva: recibí hoy

2. una cláusula parentética que está separada de la oración principal por comas y sirve para ofrecer información adicional. Por lo tanto, esta información puede eliminarse sin alterar el sentido de la oración.

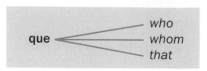

Oración principal:	El redactor del periódico,	quiere conocerte.
Pronombre relativo:		quien
Cláusula parentética:		parece ser muy amable,

El pronombre relativo es indispensable en español y no puede omitirse como sucede frecuentemente en inglés.

Ésta es la casa **que** me gusta. *This is the house (that) I like.*

Que

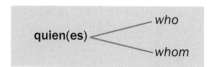

El pronombre relativo **que** es invariable y reemplaza a personas o cosas. Es el pronombre relativo que más se usa.

Que sigue al antecedente e introduce frecuentemente una cláusula restrictiva.

El hombre **que** habla es un periodista famoso. *(who)*
La muchacha **que** conocieron es mi novia. *(whom)*
Los periódicos **que** leímos eran muy interesantes. *(that)*

Quien(es)

El pronombre relativo **quien(es)** concuerda con el antecedente en número y reemplaza solamente a personas.

1. **Quien(es)** introduce una cláusula parentética, separada de la cláusula principal por comas.

   Raúl, **quien** fue mi compañero en la escuela, es locutor de radio. *(who)*

2. Si el pronombre relativo **quien** se usa como complemento directo, lleva "**a**" delante de la persona.

   Anoche conocí **a** la actriz María López. Ella preguntó por ti.
   La actriz María López, **a quien** conocí anoche, preguntó por ti. *(whom)*

3. **Quien(es)** se usa después de todas las preposiciones y reemplaza a personas.

   La profesora Gallo, **con quien** hablé esta mañana, parecía muy contenta. *(whom)*
   La bibliotecaria de la escuela, **de quien** te he hablado antes, se llama Cristina. *(whom)*

Lumi Cavazos en una escena de *Como agua para chocolate.*

ACTIVIDAD 19 *Como agua para chocolate*

Complete las siguientes oraciones con el pronombre relativo **que** o **quien(es)**, según el contexto.

1. *Como agua para chocolate* es el video _____ vi anoche con mis amigos.

2. Es la película extranjera _____ ha tenido más éxito en los Estados Unidos.

3. Laura Esquivel, _____ escribió la novela *Como agua para chocolate*, también es la autora del guión de la película.

4. Esta película cuenta la vida de Tita y de sus hermanas mayores, Rosaura y Gertrudis, _____ tienen una madre muy tradicional.

5. Hay una tradición familiar _____ dice que la hija más joven no puede casarse porque tiene que cuidar a su mamá.

6. Pedro, el hombre a _____ Tita ama, decide casarse con Rosaura para estar cerca de Tita.

7. Tita, _____ siempre está en la cocina, llega a ser una cocinera extraordinaria. Sus platos tienen efectos mágicos porque contienen los sentimientos _____ Tita lleva en su interior.

8. El día de la boda de Pedro y Rosaura todos los invitados _____ comieron la torta de boda se sintieron tan tristes como Tita, _____ había llorado mucho mientras cocinaba la torta de boda.

9. *Como agua para chocolate* es una película _____ divierte mucho porque pasan todo tipo de locuras.

ACTIVIDAD 20 Preparativos para el 12 de octubre

Ricardo es un estudiante hondureño que vive en una residencia estudiantil en los Estados Unidos. Ricardo y tres de sus amigos están preparando una fiesta para celebrar el encuentro de dos mundos —el latino y el estadounidense. Todos están muy entusiasmados pensando en los platos regionales que van a preparar, la música que van a escuchar y lo mucho que se van a divertir. Usando **que** o **quien(es)**, modifique cada una de las siguientes oraciones y complétela con una cláusula subordinada, según el modelo.

Modelo: Vivo con *tres estudiantes.*
Los tres estudiantes con quienes vivo son muy simpáticos.

1. Estamos preparando *la fiesta.*
2. Vamos a preparar *los platos regionales.*
3. Yo voy a llevar *la tortilla española.*
4. Conocí a *la muchacha argentina.*
5. Te hablé ayer de *las chicas.*
6. Me pondré *la camisa azul.*
7. Tocaremos *los últimos éxitos.*
8. Llamaremos por teléfono a *los amigos.*
9. ¿Vas a venir con *la estudiante peruana*?

Otros pronombres relativos

El que, el cual

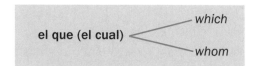

1. El pronombre relativo **el que (el cual)** concuerda en género y en número con el antecedente. Se usa este pronombre para reemplazar cosas y sigue a las preposiciones.

   La telenovela **de la que (la cual)** te he venido hablando termina esta noche.
   Los programas musicales **en los que (en los cuales)** aparece el cantante José José son siempre muy populares.

   El que (el cual) se usa en lugar de **quien(es)** cuando sigue a una preposición, para identificar con mayor claridad el antecedente.

   Las bailarinas **en las que (en las cuales)** pensé no pueden trabajar en mi programa de TV porque tienen otro compromiso.

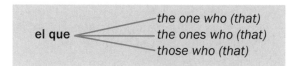

2. **El que** también se usa para introducir una cláusula subordinada parentética (entre comas). **El (la, los, las) que** distingue uno (una, unos, unas) entre varios al referirse a personas, cosas o lugares.

   El periodista, **el que** escribió el artículo, es de Madrid. *(the one who)*
   Este informe no es tan importante como **el que** leímos ayer. *(the one that)*

3. **El que** se usa después del verbo **ser** para referirse a personas o cosas.

   Estos carteros son **los que** distribuyen las cartas de la mañana.
     (the ones who)
   Esa emisora es **la que** transmite el mejor boletín de noticias. *(the one that)*

4. **El que** se usa para indicar un antecedente no mencionado que puede ser persona o cosa.

Los que llegaron tarde al cine no encontraron boletos. *(those who)*
Estas casas son muy cómodas pero prefiero **las que** vimos ayer.
  (the ones that)

Lo que

Lo que es el pronombre relativo neutro. Es invariable.

1. Se usa **lo que** cuando el antecedente es toda una idea expresada en una cláusula.

Los lectores criticaron el artículo de fondo, **lo que** molestó mucho al periodista. *(which)*

2. También se usa **lo que** para referirse a una idea imprecisa.

Lo que Ud. me dijo ayer nunca lo repetiré. *(that which, that)*
Francamente, no sé **lo que** va a pasar mañana. *(what)*

ACTIVIDAD 21   Una llamada telefónica muy extraña

Complete las siguientes oraciones con el pronombre relativo **que, quien, el (la, los, las) que** o **el (la, los, las) cual(es)**.

1. La llamada telefónica _____ recibí ayer fue muy extraña.
2. Me habló una muchacha _____ había visto mi programa de televisión.
3. La chica con _____ hablé parecía ser de Puerto Rico.
4. Me pidió que fuera al parque en _____ hay una iglesia de la época colonial.
5. Cuando llegué al lugar de nuestra cita vi la iglesia, delante de _____ había una hermosa muchacha vestida de blanco.
6. Creí que era la joven de Puerto Rico con _____ tenía una cita.
7. ¿Era ella la muchacha _____ me admiraba tanto como actor?
8. Ahí estaba la mujer por _____ había perdido el sueño.
9. Cuando me acerqué a ella, me rechazó diciendo que ella era una mujer _____ no hacía citas por teléfono.
10. Ese día cometí varios errores por _____ pagué muy caro.

ACTIVIDAD 22   La oficina en la que voy a trabajar

Mañana Ud. comienza a trabajar para un periódico muy importante. El jefe de redacción, quien es amigo suyo, desea mostrarle la oficina en la que Ud. va a trabajar.
  Una las dos frases con **el (la, los, las) que** o **lo que,** según las indicaciones. Siga el modelo en la próxima página.

Modelo: Ésta es la oficina. Vas a trabajar en esta oficina.
Ésta es la oficina en la que vas a trabajar.

1. Aquella señora será tu jefa. Ella lleva camisa azul. *(the one that)*
2. Trabajarás sólo seis horas por día. Eso me parece muy bien.
3. Éstos son los artículos. Quería hablarte sobre los artículos.
4. Ésta es la radioemisora. En la emisora se transmite el mejor boletín del tiempo.
5. Ésos son los archivos. Te he hablado varias veces de los archivos.
6. Aquél es el buzón. Debes echar tus cartas en el buzón.
7. Aquí tienes los artículos de fondo. Con los artículos de fondo vas a escribir tu informe.
8. Éstas son las notas sociales. La gente no paga nada por las notas sociales.

ACTIVIDAD 23 La noticia del día

Seleccione el pronombre relativo apropiado y hágale la pregunta a su compañero(a) de clase. Él (Ella) le contesta, usando la frase indicada.

Modelo: —¿Oíste la noticia de un incendio que pasaron en la tele?
—Lo que oí fue que *en el verano hay muchos incendios en California.*

1. —Me refiero al incendio de un teatro en (la que/el que/los que) murieron 87 personas.
—Lo que me parece terrible es que…
2. —Este incendio fue tan horrible como (que/el que/el cual) tuvo lugar en un club nocturno de Nueva York. ¿Recuerdas?
—¡Ya lo creo! Lo que no recuerdo es cuándo…
3. —La persona (quien/que/la cual) está acusada de intento de incendio es un menor de edad.
—Lo que deben hacer con el acusado es…
4. —La casa al lado de (que/la cual/el cual) estaba el teatro no fue destruida por las llamas.
—Lo que me llama la atención es que…
5. —El fuego (que/el que/el cual) estalló en la planta baja avanzó en segundos al primer piso.
—Lo que no recuerdo es qué…
6. —Los bomberos, (los que/que/los cuales) llegaron minutos más tarde, no pudieron hacer nada.
—Lo que me molesta es que…
7. —El señor Smith fue (el que/que/el cual) llamó a los bomberos.
—Lo que no comprendo es por qué…

¡OJO! CON ESTAS PALABRAS!

pero
sino ⟶ *but*
sino que

1. **pero** + (sujeto) + verbo

   pero equivale a *but*. Une dos cláusulas independientes.

   Teníamos sueño, **pero** no pudimos dormir.
   Estábamos invitados, **pero** no fuimos a la fiesta.

2. **sino** + sustantivo

   No... sino tiene el sentido de **al contrario** *(inglés: but [rather]).* Sirve para introducir una oración negativa seguida de una idea opuesta.

   No tengo sueño **sino** hambre.
   La carta **no** era para mí **sino** para José.

3. **sino** + **que** + verbo

   No... sino que se usa cuando los verbos de las dos cláusulas son distintos y se oponen.

   No me han dado el dinero, **sino que** lo han puesto en el banco.
   César Chávez no quiere la violencia, **sino que** espera que los ciudadanos comprendan y apoyen su causa.

4. **No sólo... sino (también)**

   No sólo... sino (también) *(inglés: not only . . . but also)* sirve para expresar una afirmación, eliminando la restricción impuesta por **sólo.**

   Pensamos visitar **no sólo** Colorado, **sino también** California.
   No sólo hablará con los campesinos, **sino** con los patrones.

ACTIVIDAD 24 ¿Qué película vamos a ver esta noche?

Complete el diálogo con **pero, sino, sino que** o **sino también.**

CARMEN: ¿Aló? ¿Paco? Te estaba esperando. No te dije que me llamaras a las seis _____ pasaras por mí para ir al cine.

PACO: Sí, sí. Ya lo sé, Carmen, _____ acabo de ver en la Guía Cinematográfica que en el cine Imperio hoy no pasan la película de Almodóvar que queremos ver.

CARMEN: Que yo sepa, no la dan en el Imperio _____ en el cine Palafox.

PACO: ¡Qué lástima! No sólo estamos atrasados _____ mi coche está sin gasolina y el cine Palafox queda muy lejos de aquí.

CARMEN: Bueno, no te preocupes, tenía muchas ganas de ver la película de Almo-dóvar _____ podemos verla otro día. Oye, como ya se hace tarde, ¿qué te parece si vamos al cine Universitario? No sólo vemos una pelí-cula con Andy García _____ una con Antonio Banderas.

PACO: No es mala idea, _____ me tienes que prometer ver las dos películas. La última vez nos salimos a la mitad de la segunda película porque te pareció muy larga.

CARMEN: No era larga _____ aburrida.

PACO: Bueno, bueno. Te paso a buscar en diez minutos.

AMPLIACIÓN Y CONVERSACIÓN

ACTIVIDAD 25 ¡Qué memoria!

Pregúntele a su compañero(a) si sabe cómo se llama la persona que...

1. entrega las cartas en las casas.
2. envía una carta.
3. recibe una carta.
4. vende las entradas del cine.
5. vende periódicos.
6. ve la televisión.
7. dirige una película.
8. actúa en una película.
9. hace los anuncios de radio.
10. presenta los comentarios de la tele.

ACTIVIDAD 26 Vamos al cine.

Complete el diálogo con un(a) compañero(a) y preséntenlo a la clase.

A: ¿Aló?

B: ...

A: Soy yo, ...(diga su nombre). ¿Qué vas a hacer hoy?

B: ...

A: ¿Te gustaría ir al cine conmigo?

B: ...

A: ¿Qué tipo de película te gustaría ver?

B: ...

A: ¿Por qué no te fijas en la Guía de Espectáculos si hay una función después de las ocho? Así tendríamos tiempo de comer algo antes de la película.

B: ...

A: ¿A qué hora quieres que te pase a buscar?

B: ...

A: Allí estaré a las... Hasta luego.

B: ...

ACTIVIDAD 27 Los mejores videos

¿Cree Ud. que los siguientes videos son populares entre los estudiantes?

1. Cambie ideas sobre ellos con uno(a) de sus compañeros de clase, pónganlos por orden de preferencia y eliminen o añadan los videos que Uds. piensan que deben estar en esta lista.

Casablanca	*Como agua para chocolate*
La flor de mi secreto	*Rambo*
Lo que el viento se llevó	*El gran dictador*
La vuelta al mundo en ochenta días	*El cartero*

2. Comparen la lista preparada por Uds. con la de las demás parejas y establezcan cuáles son los videos más populares en esta clase.

ACTIVIDAD 28 Videomanía

¡Bienvenidos al club de los videomaníacos! La revolución del video ha cambiado los hábitos de las personas. Si Ud. es de los que prefiere quedarse en casa y pasar una noche viendo películas, averigüe si hay en la clase otros estudiantes videomaníacos y hablen de lo siguiente.

1. las ventajas y desventajas de tener una videocasetera en casa
2. los programas que les gusta grabar
3. las películas que alquilan

ACTIVIDAD 29 Me ayudaron en español.

Lea y comente el anuncio de AT&T que aparece a continuación con un(a) compañero(a) de clase.

1. ¿Cuáles son algunos de los beneficios que ofrece AT&T en español?
2. Hagan algunas conjeturas sobre las muchachas:
   a. ¿Serán hispanas las tres muchachas?
   b. ¿Ya habrán hecho llamadas con la ayuda de una operadora que habla español?
   c. ¿Por qué AT&T habrá decidido servirle a la comunidad hispana?
   d. ¿...?

"¿Sólo dijiste AT&T Español?..."

"Sí, y me ayudaron en español."

Tan sencillo como eso. Porque AT&T tiene muchas opciones para hacer sus llamadas de larga distancia y AT&T Español es una de ellas.

Con AT&T Español usted obtiene asistencia para completar sus llamadas de persona a persona, por cobrar, hechas con la tarjeta "AT&T Card" y llamadas cobradas a un tercer número, así como crédito inmediato por llamadas a números equivocados y muchos beneficios más.

Para hacer sus llamadas de larga distancia con asistencia de operadora, si desea ayuda inmediata y efectiva en español . . . sólo marque "0" más el número al que desea llamar y diga "AT&T Español" a la operadora.

Disfrute la opción de utilizar AT&T Español.

AT&T
La mejor decisión.

ACTIVIDAD 30 La prensa

Cada vez hay más prensa en español dentro de los Estados Unidos. Fíjese en esta página de la sección de arte de la revista *Vanidades,* lea los pies de las fotos *(photo captions)* y comente con un(a) compañero(a) los cuadros y sus precios en las subastas *(auctions).*

ARTE

Pintura latinoamericana

A LA IZQUIERDA, WIFREDO LAM: "LA MAÑANA VERDE". EXTREMA DERECHA, LEONORA CARRINGTON: "LA MUJER-GATO". AMBAS PIEZAS OBTUVIERON UN PRECIO RECORD: CASI UN MILLON DE DOLARES LA DE LAM Y $299,500 LA DE CARRINGTON.

En las últimas subastas de la famosa casa Sotheby's de Nueva York, un grupo de obras latinoamericanas obtuvieron precios muy por encima de lo previsto, confirmando el auge ininterrumpido que viene experimentando desde hace algunos años la pintura de nuestros países.

"Cuchillo y fruta ante la ventana", del mexicano Diego Rivera, es un buen ejemplo. La obra tenía en el catálogo un valor estimado entre los 400 y los 600,000

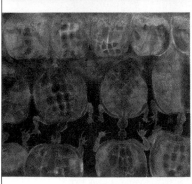

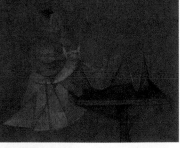

ARRIBA, ARMANDO MORALES: "ORACULO SOBRE MANAGUA", VENDIDO EN LA CIFRA RECORD PARA EL PINTOR DE CASI MEDIO MILLON DE DOLARES. A LA IZQUIERDA, ARRIBA, DIEGO RIVERA: "CUCHILLO Y FRUTA ANTE LA VENTANA", SUBASTADO EN $2 MILLONES 202,500. A LA IZQUIERDA, DEBAJO, FRANCISCO TOLEDO: "TORTUGAS", QUE

ALCANZO UN PRECIO RECORD PARA EL PINTOR DE $387, 500. A LA DERECHA, RUFINO TAMAYO: "NIÑA GLOTONA", QUE FUE ADQUIRIDO POR $772,500. LOS PRECIOS DE VENTA SUPERAN EN MUCHO LOS ESTIMADOS EN CATALOGOS.

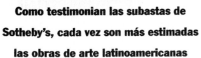

Como testimonian las subastas de Sotheby's, cada vez son más estimadas las obras de arte latinoamericanas

Otro ejemplo notable fue "La mañana verde", del cubano Wifredo Lam, con un precio de catálogo estimado entre los 700 y los 900,000 dólares, que se vendió en $965,000, casi un millón de dólares. La obra, una monumental tela pintada al óleo, pertenece a un grupo de cinco trabajos realizados por Lam a su regreso a Cuba, en 1943, tras haber permanecido cinco años en Europa, donde absorbió las influencias cubistas y surrealistas que luego utilizaría para expresar su patrimonio cultural.

También fueron vendidos en un precio superior al estimado: "Niña glotona", de Rufino Tamayo; "Naturaleza muerta resucitando", de Remedios Varo; "Bodegón con sopa de alverjas", de Fernando Botero; "Tres desnudos", "Bicicleta azul" y "Oráculo sobre Managua", de Armando

dólares, y alcanzó en la subasta el precio de 2.2 millones. Se trata de una naturaleza muerta, en acuarela y carbón sobre papel, pintada por Rivera en París en 1917, poco después del fallecimiento de su hijo. La obra no había sido expuesta al público desde 1946, y su valor radica, además de en sus consabidas cualidades estéticas, en el hecho de que señala el final de la época de cubismo clásico de Rivera.

Morales, y "La pose de la modelo", de Angel Zárraga, entre varios más. En escultura, "La mujer-gato", de la artista británico-mexicana Leonora Carrington, encabezó la lista de los precios por encima de lo estimado. Y la misma suerte corrieron las diversas manifestaciones de arte colonial, cada vez más vivamente disputadas en el mercado estadounidense.

ACTIVIDAD 31 ¡Charlemos!

Después de trabajar en la Actividad 30, pregúntele lo siguiente a su compañero(a). El año pasado tú eras un(a) estudiante pobre que tenía que pagar sus gastos, pero si hubieras sido rico(a)...

1. ¿Habrías comprado alguno de esos cuadros? ¿Por qué? ¿Habrías pagado medio millón de dólares por el cuadro de Armando Morales?

2. ¿Cuál de ellos te habrías llevado a tu casa?

3. ¿Cuál le habrías regalado a tu mejor amigo(a)? ¿Y a tus padres?

4. ¿Habrías preferido gastar tu dinero en otra cosa? ¿En qué habrías gastado tu dinero?

5. Si pudieras estudiar arte, ¿lo habrías estudiado en París o en Nueva York? ¿O habrías preferido otra ciudad? ¿Cuál?

6. Si hubieras podido pintar como uno(a) de estos artistas, ¿cuál habría sido? ¿Por qué?

ACTIVIDAD 32 En la oficina de correos

Ud. está en la oficina de correos y desea enviarle una encomienda postal a su mejor amigo(a) que está en Honduras.

1. Pregúntele al (a la) empleado(a) cuál sería la manera más segura de enviar su paquete.

2. ¿Qué tiempo tardaría en llegar?

3. ¿Debería enviar la encomienda certificada?

4. Pregunte si el (la) empleado(a) tiene una lista de los distritos postales en Honduras.

5. Verifique si puede asegurar el envío.

6. ¿Cuánto costaría el franqueo?

Una oficina de correos.

ACTIVIDAD 33 Mesa redonda

Escoja tres o cuatro compañeros para formar una mesa redonda e intercambien ideas sobre los siguientes temas.

1. **El periódico universitario**

   Ha llegado el momento tan esperado para hablar de nuestro propio periódico y dar sugerencias para el futuro. ¡No se desanime y dé su franca opinión! Considere éstas y otras preguntas. ¿Piensa Ud. que el periódico universitario cumple con su función de informar a los estudiantes de todos los hechos de interés que pasan en el mundo? ¿en la universidad? ¿en los deportes? ¿Son interesantes los titulares? ¿los artículos de fondo? ¿Qué modificaciones sugiere Ud.?

2. **Ética periodística**

   En los últimos años por un lado, los comentaristas de la prensa, la televisión y la radio han lanzado al público noticias de carácter secreto, tanto de los asuntos políticos como de la vida privada de los ciudadanos, dando lugar a grandes escándalos. Por otro lado, en asuntos internacionales se han visto limitados y frustrados por no poder informar al público sobre todo lo que deseaban. ¿Cree Ud. que se debe limitar la difusión de noticias para el público? ¿Se debe dar a conocer al público toda la información obtenida por los periodistas y comentaristas? ¿Qué peligros existen en la absoluta libertad de prensa? ¿Sabe Ud. de algunos escándalos nacionales causados por la prensa? ¿Qué consecuencias han tenido?

 ## ACTIVIDAD 34 Minidrama: Capítulo final de una telenovela

El público ha seguido durante dos años la apasionante historia de amor de una joven pareja que, después de muchísimos obstáculos, está a punto de lograr la felicidad. En este último capítulo, como siempre, los buenos son premiados y los malos castigados. Ha llegado el momento de crear el final de una telenovela. Con un(a) compañero(a), escribe tres párrafos cortos en los que describen lo que pasa. Como ejemplo le damos el siguiente argumento y unos personajes.

MARÍA:	Una hermosa muchacha de origen pobre que se enamoró de un joven rico. Espera un hijo de él pero todo los separa. María logra llegar a ser una gran actriz de cine.
CARLOS ALFONSO:	Joven rico que conoció a María cuando ella era muy pobre y no tenía una buena educación. Se enamoró de ella, pero por presiones familiares no se casaron.
NACHA:	Mujer del campo que ha criado a María.
LUCRECIA:	Joven rica y mala que desea casarse con Carlos Alfonso.
ELENA DEL PILAR:	Famosa actriz de cine que viene buscando desde hace quince años a una hija perdida. Casi al final de la novela se entera de que María es su hija.

¿Qué saben Uds. de... Honduras?

A. Recordar lo que sabemos

En la lección 10 de *Horizontes: Cultura y literatura* hay varias menciones a Honduras. Repasando y recordando lo que leyeron, responda con un(a) compañero(a) a las siguientes preguntas:

1. ¿Cómo se llama la capital de Honduras? ¿Qué otras ciudades importantes de Honduras conocen?
2. ¿Cuántos habitantes tiene Honduras? ¿Qué ciudad o estado de los Estados Unidos podría tener la misma cantidad de habitantes que Honduras?
3. ¿Con qué nombre se conoce a los (las) habitantes de Honduras? ¿Qué tipo de habitante predomina en Honduras?
4. ¿Cuál es la moneda de Honduras? ¿Saben Uds. a cuántas unidades de la moneda hondureña equivale un dólar de los Estados Unidos?
5. ¿Qué productos de exportación ofrece Honduras?
6. ¿Recuerdan el nombre de algún escritor hondureño?

B. Ampliar lo que sabemos

¿Les gustaría aprender más sobre Honduras? Reúnanse en grupos de tres o cuatro personas y preparen una presentación sobre uno de los siguientes temas. Elijan el que más les interese, u otro que no aparezca en la lista:

- La composición de la población hondureña. La mayoría mestiza. Las minorías autóctonas: chortís, lencas, pech, tolupanes y sumus. Las minorías étnicas mestizas entre población afro-caribeña y población nativa: misquitos y garífunas. La situación de las lenguas minoritarias.
- La historia de Honduras: las culturas mesoamericanas de la época precolombina; la resistencia a la invasión española por parte del lenca Lempira y el período colonial; la época contemporánea desde la Independencia hasta hoy: los fallidos intentos de formar la Federación Centro-americana, las constantes guerras civiles, la influencia de las compañías bananeras norteamericanas; la situación estratégica de Honduras durante los conflictos centroamericanos, especialmente el de Nicaragua.
- La naturaleza hondureña. Las especies autóctonas de Centroamérica: el sapo, los lagartos arbóreos, el guardabarranco. La diversidad de ecosistemas: selva lluviosa, bosque nublado, bosques mixtos subtropicales, sabana, bosque de matorral, manglar.
- Las desigualdades sociales en Honduras y en Centroamérica. Los altos niveles de pobreza y analfabetismo. Las causas profundas de las desigualdades. La labor de las ONGs (Organizaciones No Gubernamentales) en el alivio de las dificultades. Los efectos devastadores del huracán Mitch.
- La literatura hondureña. Otras aportaciones centroamericanas a la literatura universal: el nicaragüense Rubén Darío y el guatemalteco Miguel Ángel Asturias.
- La música de Honduras. Los instrumentos de las antiguas culturas precolombinas. Las músicas de los distintos grupos étnicos y sus instrumentos específicos como la zambumbia o caramba. La música para marimba. Las influencias hispana y afroantillana en el folklore hondureño. Las danzas: el iancunú y el curyay. Los compositores de música clásica.

- La riqueza de los yacimientos arqueológicos en Honduras. La importancia de Copán y su relación con la cultura maya. Otros yacimientos arqueológicos y sus culturas correspondientes: Naco, Los Naranjos, El Cajón, El Valle de Sula, Comayagua, Talgua. El papel de John Lloyd Stephens y Frederick Catherwood en la difusión de los yacimientos arqueológicos mayas.
- Más allá de los estereotipos. La representación de Honduras como República Banana o Bananera: realidad y ficción de un estereotipo norteamericano. Las visiones críticas del estereotipo en la cultura latinoamericana: la denuncia de la situación centroamericana en la poesía (Pablo Neruda en un poema de su *Canto General* sobre la United Fruit Co.), la narrativa (*El señor Presidente* de Miguel Ángel Asturias) y el cine.
- La cocina hondureña.

C. Compartir lo que sabemos. ¿Cómo preparar la presentación?

1. Utilicen todo tipo de fuentes de información para investigar sobre el tema elegido: libros, prensa, Internet, etc.

2. Incluyan en su presentación todos los medios audiovisuales que crean convenientes: fotografías, mapas, dibujos, videos, cintas o discos de música, etc.

3. Ofrezcan a sus compañeros de clase un esquema de todos los puntos que van a desarrollar en su presentación.

ANTES DE ESCRIBIR

¡REVISE SU ORTOGRAFÍA!

Las letras *ll* e *y*

En muchos de los dialectos del español las letras **ll** e **y** se pronuncian igual. Esto hace que a veces el estudiante se confunda al escribir. La siguiente información le ayudará en su escritura.

Se escriben siempre con **y**...

1. muchas formas de varios verbos.
   a. los verbos en **–uir:** distribuyo, contribuya, construyó, sustituyera
   b. algunas formas del verbo **oír** y de otros que terminan en **–aer** y **–eer:** oyes, oyó, oyera, creyeron, creyéramos, cayendo, leyendo
   c. verbos que toman **y** en muy pocas formas: estoy, soy, doy, voy, hay,[1] hayamos, yendo
2. otras palabras frecuentes: ayer, ayudar, hoy, ley, mayo, mayor, proyecto, rayo.

---

[1] Para los problemas de escritura con el verbo **haber**, véase *Antes de escribir*, Lección 6.

Se escriben siempre con **ll**...

1. las palabras que terminan en **–illa** o **–illo,** como los siguientes.

guerrilla	mantequilla	maravilla	mejilla
milla	rodilla	silla	orilla
tortilla	vainilla		

amarillo(a)	anillo	bosillo	cigarrillo
castillo	cuchillo	tobillo	

2. las palabras que terminan en **–illón:** sillón, millón, mejillón.

3. otras palabras frecuentes: apellido, callar, desarrollar, detalle, llamar, llegar, llenar, llorar, pollo, sello, servilleta.

 ENFOQUE: El ensayo

Atajo writing assistant software supports your efforts with the task outlined in this *Composición* section by providing useful information when the following references are accessed.

Phrases/Functions: Agreeing and disagreeing; comparing and contrasting; comparing and distinguishing; expressing an opinion; linking ideas; making transitions; weighing alternatives; writing an essay; writing an introduction; writing a conclusion

Vocabulary: Media: newsprint, photography and video, telephone and telegraph, television and radio

Grammar: Verbs: subjunctive agreement; verbs: subjunctive with a relative; verbs: subjunctive with *que*; comparisons: adjectives, equality and inequality, irregular

Prepárese a escribir

El primer paso es escoger un tema que sea de interés para el lector y sobre el cual el escritor tenga suficiente conocimiento para poder presentar sus puntos de vista de una manera inteligente.

¡Organice sus ideas!

Una vez escogido el tema, desarrolle un plan como el siguiente para organizar sus ideas.

Modelo: La televisión, medio educacional

Primer párrafo: Exprese su punto de vista. La televisión es, sin duda, el medio de comunicación más discutido, por ser el instrumento que tiene mayor poder de persuasión sobre la juventud. En los últimos años, muchos educadores han utilizado la televisión con fines educacionales.

Segundo párrafo: Justifique su punto de vista, dando uno o varios ejemplos que apoyen su opinión sobre los beneficios que puede tener la televisión en la sala de clase.

1. Programas infantiles que muestran el peligro de las drogas en las escuelas
2. ¿...?
3. ¿...?

Conclusión: Repetición y ampliación del punto de vista que presenta.

¡A escribir su propio ensayo!

Ud. es redactor(a) de la prensa local y le han encargado escribir un artículo sobre uno de los medios de comunicación.

1. Seleccione un tema.
2. Hable de él con sus compañeros de clase.
3. Trate de averiguar todo lo que pueda sobre el tema escogido.
4. Defienda su punto de vista.
5. Si se trata de un problema (en la prensa, en la televisión o en el cine), busque y ofrezca posibles soluciones.
6. No se olvide de que en la conclusión Ud. debe volver a la postura inicial.

Para la comunicación:

Para hacer una evaluación	*Para contradecir una evaluación*
Es claro (obvio) que... (+ indicativo)	No es cierto que... (+ subjuntivo)
Es lógico pensar que... (+ indicativo)	No parece que... (+ subjuntivo)
Se dice que... (+ indicativo)	Puede ser que... (+ subjuntivo)
Todo el mundo piensa que... (+ indicativo)	Al contrario...
Como se puede ver (apreciar)...	No existe una respuesta posible al problema, pero...
En la opinión de...	
Por su parte...	
Según...	

Apéndices

Apéndice 1
VOCABULARIO ÚTIL

Números cardinales

1	uno, un, una	18	diez y ocho, dieciocho	70	setenta
2	dos	19	diez y nueve, diecinueve	80	ochenta
3	tres	20	veinte	90	noventa
4	cuatro	21	veinte y uno (un, una),	100	ciento, cien
5	cinco		veintiuno (veintiún, veintiuna)	200	doscientos(as)
6	scis	22	veinte y dos, veintidós	300	trescientos(as)
7	siete	23	veinte y tres, veintitrés	400	cuatrocientos(as)
8	ocho	24	veinte y cuatro, veinticuatro	500	quinientos(as)
9	nueve	25	veinte y cinco, veinticinco	600	seiscientos(as)
10	diez	26	veinte y seis, veintiséis	700	setecientos(as)
11	once	27	veinte y siete, veintisiete	800	ochocientos(as)
12	doce	28	veinte y ocho, veintiocho	900	novecientos(as)
13	trece	29	veinte y nueve, veintinueve	1.000	mil
14	catorce	30	treinta	100.000	cien mil
15	quince	40	cuarenta	200.000	doscientos(as) mil
16	diez y seis, dieciséis	50	cincuenta	1.000.000	un millón
17	diez y siete, diecisiete	60	sesenta	1.000.000.000	mil millones
				1.000.000.000.000	un billón

Números ordinales

primero(a)	*first*	cuarto(a)	*fourth*	séptimo(a)	*seventh*	décimo(a)	*tenth*
segundo(a)	*second*	quinto(a)	*fifth*	octavo(a)	*eighth*		
tercero(a)	*third*	sexto(a)	*sixth*	noveno(a)	*ninth*		

Las estaciones del año

la primavera	*spring*
el verano	*summer*
el otoño	*fall*
el invierno	*winter*

Los meses del año

enero	*January*	julio	*July*
febrero	*February*	agosto	*August*
marzo	*March*	septiembre	*September*
abril	*April*	octubre	*October*
mayo	*May*	noviembre	*November*
junio	*June*	diciembre	*December*

Los días de la semana

lunes	*Monday*
martes	*Tuesday*
miércoles	*Wednesday*
jueves	*Thursday*
viernes	*Friday*
sábado	*Saturday*
domingo	*Sunday*

La hora

¿Qué hora es?		¿A qué hora es... ?
1:00	Es la una.	A las diez de la mañana. (10:00)
2:00	Son las dos.	A la una de la tarde. (1:00)
3:00	Son las tres.	A las ocho de la noche. (8:00)
4:05	Son las cuatro y cinco.	A las nueve en punto. (9:00)
5:10	Son las cinco y diez.	A las once y media. (11:30)
6:15	Son las seis y cuarto.	Al amanecer. *(dawn)*
7:30	Son las siete y media.	Al atardecer. *(dusk)*
7:45	Son las ocho menos cuarto.	Al anochecer. *(nightfall)*
12:00	Son las doce.	A(l) mediodía. *(noon)*
	Es (el) mediodía.	A (la) medianoche. *(midnight)*
	Es (la) medianoche.	

Apéndice 2
REGLAS DE PUNTUACIÓN
Y ORTOGRAFÍA

LA PUNTUACIÓN

Los signos de puntuación sirven para dar claridad a las ideas expresadas por escrito. Los más importantes son: el punto (.), la coma (,), los dos puntos (:), el punto y coma (;), los puntos suspensivos (…), los paréntesis (), las comillas («»), la raya *(dash)* (—), el guión *(hyphen)* (-), los signos de interrogación (¿?) y los signos de admiración (¡!).

La puntuación en español y en inglés tienen mucho en común y generalmente siguen las mismas reglas. Algunas diferencias importantes son las siguientes.

1. Se usa el punto y no la coma como en inglés para separar números.

    Después del inventario hay 2.420 libros en el almacén.

2. Se usa la coma…
    a. en la enumeración de una serie de elementos, excepto en las dos últimas palabras si van unidas por una conjunción.

    Compré manzanas, naranjas, peras y uvas.
    El proyecto es claro, preciso e interesante.

    b. para indicar las fracciones decimales.

    3½ equivale a 3,5.

3. La raya se usa para indicar el comienzo de un diálogo y se la repite cada vez que cambia la persona que habla.

    —Buenos días, Raúl. ¿Hace cuánto tiempo que estás aquí?
    —Hace media hora.

    Atención: Se usan las comillas en español como en inglés para indicar una cita.

    El mendigo me dijo: "Dios se lo pague".

4. Los signos de interrogación se colocan al principio y al final de una pregunta.

    ¿Te gustaría ir al cine conmigo?

5. Los signos de admiración se usan al principio y al final de una oración exclamativa.

    ¡Qué frío hace hoy!

LAS LETRAS MAYÚSCULAS Y MINÚSCULAS

A. Las mayúsculas

1. Como en inglés, en español se escriben con mayúscula los nombres propios de personas, animales, cosas y lugares.

> **G**loria **I**turralde llegó de **C**osta **R**ica trayendo a su gata **M**ichica.
> El lago **T**iticaca está en los **A**ndes.

2. En títulos de obras literarias, artículos y películas, únicamente la primera palabra lleva la letra mayúscula.

> Gabriel García Márquez escribió *Los funerales de la mamá grande.*
> Cantinflas actuó en la película *La vuelta alrededor del mundo en ochenta días.*

B. Las minúsculas

Al contrario del inglés, en español se escriben con minúscula los días de la semana, los meses del año, los adjetivos de nacionalidad y los nombres de los idiomas.

> Enviamos su pedido el día **l**unes, 5 de **a**bril.
> Para ser **e**spañola habla muy bien el **i**nglés.

DIVISIÓN DE SÍLABAS

A. Las consonantes

1. Una consonante entre dos vocales se une a la vocal siguiente (las letras **ch, 11** y **rr** constituyen una sola consonante).

> e/**n**e/**r**o   za/**p**a/**t**o   te/**ch**o   ca/**ll**a/**d**o   fe/**rr**o/**c**a/**rr**i/**l**e/**r**o

2. Dos consonantes juntas generalmente se separan.

> a**l**/**t**o   co/me**n**/**z**ar   tie**m**/**p**o   pe**r**/**s**o/na   a**c**/**c**ión

3. No se separan ni los grupos de consonantes con **b, c, f, g** o **p** seguida de **l** o **r** ni los grupos **dr** o **tr.**

> a/**br**i/ré   a/**pr**en/de/mos   ha/**bl**ar   a/**gr**a/da/**bl**e   re/**tr**a/to

4. Si hay tres o más consonantes entre dos vocales, sólo la última consonante se une a la vocal siguiente, a menos que la última consonante sea **l** o **r.**

> i**ns**/**p**i/ra/ción   co**ns**/**t**i/tuir   i**ns**/**t**an/te
> *Pero:* o**s**/**tr**a   e**x**/**pl**i/ca/ción

B. Las vocales

1. Dos vocales abiertas (**a, e, o**) se separan.

> l**e**/**e**/mos   ca/**e**/rán   l**o**/**a**/ble   em/pl**e**/**a**/do

2. Los diptongos (combinación de dos vocales cerradas [**i, u**] o una abierta y una cerrada) no se separan.

> **cue**/llo   **tie**/nes   **vie**/jo   a/ve/ri/**guar**   **bai**/la/ri/na

3. Si la vocal abierta del diptongo lleva acento, las vocales no se separan.

> re/vi/**sión**   vi/**vió**   tam/**bién**   pu/bli/ca/**ción**

4. Si la vocal cerrada lleva acento, se rompe el diptongo; por lo tanto, las vocales se separan.

> gra/d**ú**/**an**   r**í**/**o**   i/r**í**/**a**/mos   dor/m**í**/**a**/mos

EL ACENTO EN EL LENGUAJE HABLADO Y ESCRITO

1. El *acento de intensidad* se refiere al lenguaje hablado. Es la mayor fuerza que se da a una sílaba en una palabra.

   per**so**na   re**cuer**do   univer**sal**

2. Si una palabra termina en vocal o en el consonante **n** o **s**, el acento de intensidad cae naturalmente en la penúltima sílaba.

   ma**ña**na   **co**men   **a**las

3. Si una palabra termina en consonante con la excepción de **n** o **s**, el acento de intensidad cae naturalmente en la última sílaba.

   pregun**tar**   pa**red**   carna**val**

4. Las palabras que no se pronuncian de acuerdo a estas reglas llevan acento ortográfico sobre la vocal de la sílaba acentuada.

   te**lé**fono   lad**rón**   **fá**cil   mate**má**ticas

5. Las palabras de una sola sílaba generalmente no llevan acento ortográfico. Sin embargo, se usa el acento ortográfico en algunos casos para indicar una diferencia de significado en dos palabras que se pronuncian de la misma manera.

de	preposición	**dé**	presente de subjuntivo y mandato formal (**dar**)
el	artículo definido	**él**	pronombre de la tercera persona singular
mas	pero	**más**	*more*
mi	adjetivo posesivo	**mí**	pronombre preposicional
se	pronombre	**sé**	primera persona singular del presente del indicativo (**saber**)
si	*if*	**sí**	*yes*, pronombre reflexivo
te	pronombre complemento	**té**	*tea*
tu	pronombre posesivo	**tú**	pronombre personal

6. Las palabras interrogativas y exclamativas llevan acento ortográfico en la sílaba acentuada.

   ¿**Qué** hora es?   ¿**Cómo** estás?   ¡**Cuánto** lo quería!

Apéndice 3
LOS VERBOS

Verbo de la primera conjugación: **–ar**
Infinitivo: **hablar**
Gerundio: **hablando**
Participio pasado: **hablado**

Tiempos simples

Indicativo					Subjuntivo			Imperativo	
Presente	Imperfecto	Pretérito	Futuro	Condicional	Presente	Imperfecto		Afirmativo	Negativo
hablo	hablaba	hablé	hablaré	hablaría	hable	hablara	hablase		
hablas	hablabas	hablaste	hablarás	hablarías	hables	hablaras	hablases	habla (tú)	no hables
habla	hablaba	habló	hablará	hablaría	hable	hablara	hablase	hable (Ud.)	
hablamos	hablábamos	hablamos	hablaremos	hablaríamos	hablemos	habláramos	hablásemos	hablemos (nosotros)	
habláis	hablabais	hablasteis	hablaréis	hablaríais	habléis	hablarais	hablaseis	hablad (vosotros)	no habléis
hablan	hablaban	hablaron	hablarán	hablarían	hablen	hablaran	hablasen	hablen (Uds.)	

Tiempos compuestos

Indicativo				Subjuntivo		
Presente perfecto	Pluscuamperfecto	Futuro perfecto	Condicional perfecto	Presente perfecto	Pluscuamperfecto	
he hablado	había hablado	habré hablado	habría hablado	haya hablado	hubiera hablado	hubiese hablado
has hablado	habías hablado	habrás hablado	habrías hablado	hayas hablado	hubieras hablado	hubieses hablado
ha hablado	había hablado	habrá hablado	habría hablado	haya hablado	hubiera hablado	hubiese hablado
hemos hablado	habíamos hablado	habremos hablado	habríamos hablado	hayamos hablado	hubiéramos hablado	hubiésemos hablado
habéis hablado	habíais hablado	habréis hablado	habríais hablado	hayáis hablado	hubierais hablado	hubieseis hablado
han hablado	habían hablado	habrán hablado	habrían hablado	hayan hablado	hubieran hablado	hubiesen hablado

Verbo de la segunda conjugación: **-er**
Infinitivo: **aprender**
Gerundio: **aprendiendo**
Participio pasado: **aprendido**

Tiempos simples

	Indicativo					Subjuntivo			Imperativo	
Presente	*Imperfecto*	*Pretérito*	*Futuro*	*Condicional*		*Presente*	*Imperfecto*		*Afirmativo*	*Negativo*
aprendo	aprendía	aprendí	aprenderé	aprendería		aprenda	aprendiera	aprendiese		
aprendes	aprendías	aprendiste	aprenderás	aprenderías		aprendas	aprendieras	aprendieses	aprende (tú)	no aprendas
aprende	aprendía	aprendió	aprenderá	aprendería		aprenda	aprendiera	aprendiese	aprenda (Ud.)	
aprendemos	aprendíamos	aprendimos	aprenderemos	aprenderíamos		aprendamos	aprendiéramos	aprendiésemos	aprendamos (nosotros)	
aprendéis	aprendíais	aprendisteis	aprenderéis	aprenderíais		aprendáis	aprendierais	aprendieseis	aprended (vosotros)	no aprendáis
aprenden	aprendían	aprendieron	aprenderán	aprenderían		aprendan	aprendieran	aprendiesen	aprendan (Uds.)	

Tiempos compuestos

Indicativo				Subjuntivo		
Presente perfecto	*Pluscuamperfecto*	*Futuro perfecto*	*Condicional perfecto*	*Presente perfecto*	*Pluscuamperfecto*	
he aprendido	había aprendido	habré aprendido	habría aprendido	haya aprendido	hubiera aprendido	hubiese aprendido
has aprendido	habías aprendido	habrás aprendido	habrías aprendido	hayas aprendido	hubieras aprendido	hubieses aprendido
ha aprendido	había aprendido	habrá aprendido	habría aprendido	haya aprendido	hubiera aprendido	hubiese aprendido
hemos aprendido	habíamos aprendido	habremos aprendido	habríamos aprendido	hayamos aprendido	hubiéramos aprendido	hubiésemos aprendido
habéis aprendido	habíais aprendido	habréis aprendido	habríais aprendido	hayáis aprendido	hubierais aprendido	hubieseis aprendido
han aprendido	habían aprendido	habrán aprendido	habrían aprendido	hayan aprendido	hubieran aprendido	hubiesen aprendido

Verbo de la tercera conjugación: **–ir**
Infinitivo: **vivir**
Gerundio: **viviendo**
Participio pasado: **vivido**

Tiempos simples

Indicativo					Subjuntivo			Imperativo	
Presente	*Imperfecto*	*Pretérito*	*Futuro*	*Condicional*	*Presente*	*Imperfecto*		*Afirmativo*	*Negativo*
vivo	vivía	viví	viviré	viviría	viva	viviera	viviese		
vives	vivías	viviste	vivirás	vivirías	vivas	vivieras	vivieses	vive (tú)	no vivas
vive	vivía	vivió	vivirá	viviría	viva	viviera	viviese	viva (Ud.)	
vivimos	vivíamos	vivimos	viviremos	viviríamos	vivamos	viviéramos	viviésemos	vivamos (nosotros)	
vivís	vivíais	vivisteis	viviréis	viviríais	viváis	vivierais	vivieseis	vivid (vosotros)	no viváis
viven	vivían	vivieron	vivirán	vivirían	vivan	vivieran	viviesen	vivan (Uds.)	

Tiempos compuestos

Indicativo				Subjuntivo		
Presente perfecto	*Pluscuamperfecto*	*Futuro perfecto*	*Condicional perfecto*	*Presente perfecto*	*Pluscuamperfecto*	
he vivido	había vivido	habré vivido	habría vivido	haya vivido	hubiera vivido	hubiese vivido
has vivido	habías vivido	habrás vivido	habrías vivido	hayas vivido	hubieras vivido	hubieses vivido
ha vivido	había vivido	habrá vivido	habría vivido	haya vivido	hubiera vivido	hubiese vivido
hemos vivido	habíamos vivido	habremos vivido	habríamos vivido	hayamos vivido	hubiéramos vivido	hubiésemos vivido
habéis vivido	habíais vivido	habréis vivido	habríais vivido	hayáis vivido	hubierais vivido	hubieseis vivido
han vivido	habían vivido	habrán vivido	habrían vivido	hayan vivido	hubieran vivido	hubiesen vivido

VERBOS IRREGULARES

| | Indicativo | | | | | Subjuntivo | | | Imperativo | |
	Presente	Imperfecto	Pretérito	Futuro	Condicional	Presente	Imperfecto		Afirmativo	Negativo
andar	ando	andaba	anduve	andaré	andaría	ande	anduviera	anduviese		
	andas	andabas	anduviste	andarás	andarías	andes	anduvieras	anduvieses	anda	no andes
andando	anda	andaba	anduvo	andará	andaría	ande	anduviera	anduviese	ande	
	andamos	andábamos	anduvimos	andaremos	andaríamos	andemos	anduviéramos	anduviésemos	andemos	
andado	andáis	andabais	anduvisteis	andaréis	andaríais	andéis	anduvierais	anduvieseis	andad	no andéis
	andan	andaban	anduvieron	andarán	andarían	anden	anduvieran	anduviesen	anden	
caber	quepo	cabía	cupe	cabré	cabría	quepa	cupiera	cupiese		
	cabes	cabías	cupiste	cabrás	cabrías	quepas	cupieras	cupieses		
cabiendo	cabe	cabía	cupo	cabrá	cabría	quepa	cupiera	cupiese		
	cabemos	cabíamos	cupimos	cabremos	cabríamos	quepamos	cupiéramos	cupiésemos		
cabido	cabéis	cabíais	cupisteis	cabréis	cabríais	quepáis	cupierais	cupieseis		
	caben	cabían	cupieron	cabrán	cabrían	quepan	cupieran	cupiesen		
caer	caigo	caía	caí	caeré	caería	caiga	cayera	cayese		
	caes	caías	caíste	caerás	caerías	caigas	cayeras	cayeses	cae	no caigas
cayendo	cae	caía	cayó	caerá	caería	caiga	cayera	cayese	caiga	
	caemos	caíamos	caímos	caeremos	caeríamos	caigamos	cayéramos	cayésemos	caigamos	
caído	caéis	caíais	caísteis	caeréis	caeríais	caigáis	cayerais	cayeseis	caed	no caigáis
	caen	caían	cayeron	caerán	caerían	caigan	cayeran	cayesen	caigan	
conducir	conduzco	conducía	conduje	conduciré	conduciría	conduzca	condujera	condujese		
	conduces	conducías	condujiste	conducirás	conducirías	conduzcas	condujeras	condujeses	conduce	no conduzcas
conduciendo	conduce	conducía	condujo	conducirá	conduciría	conduzca	condujera	condujese	conduzca	
	conducimos	conducíamos	condujimos	conduciremos	conduciríamos	conduzcamos	condujéramos	condujésemos	conduzcamos	
conducido	conducís	conducíais	condujisteis	conduciréis	conduciríais	conduzcáis	condujerais	condujeseis	conducid	no conduzcáis
	conducen	conducían	condujeron	conducirán	conducirían	conduzcan	condujeran	condujesen	conduzcan	
dar	doy	daba	di	daré	daría	dé	diera	diese		
	das	dabas	diste	darás	darías	des	dieras	dieses	da	no des
dando	da	daba	dio	dará	daría	dé	diera	diese	dé	
	damos	dábamos	dimos	daremos	daríamos	demos	diéramos	diésemos	demos	
dado	dais	dabais	disteis	daréis	daríais	deis	dierais	dieseis	dad	no deis
	dan	daban	dieron	darán	darían	den	dieran	diesen	den	
decir	digo	decía	dije	diré	diría	diga	dijera	dijese		
	dices	decías	dijiste	dirás	dirías	digas	dijeras	dijeses	di	no digas
diciendo	dice	decía	dijo	dirá	diría	diga	dijera	dijese	diga	
	decimos	decíamos	dijimos	diremos	diríamos	digamos	dijéramos	dijésemos	digamos	
dicho	decís	decíais	dijisteis	diréis	diríais	digáis	dijerais	dijeseis	decid	no digáis
	dicen	decían	dijeron	dirán	dirían	digan	dijeran	dijesen	digan	

	Presente	Imperfecto	Pretérito	Futuro	Condicional	Pres. subj.	Imp. subj.	Imp. subj.	Imperativo	Imperativo neg.
estar	estoy	estaba	estuve	estaré	estaría	esté	estuviera	estuviese		
	estás	estabas	estuviste	estarás	estarías	estés	estuvieras	estuvieses	está	no estés
estando	está	estaba	estuvo	estará	estaría	esté	estuviera	estuviese	esté	
	estamos	estábamos	estuvimos	estaremos	estaríamos	estemos	estuviéramos	estuviésemos	estemos	
estado	estáis	estabais	estuvisteis	estaréis	estarías	estéis	estuvierais	estuvieseis	estad	no estéis
	están	estaban	estuvieron	estarán	estarían	estén	estuvieran	estuviesen	estén	
haber	he	había	hube	habré	habría	haya	hubiera	hubiese		
	has	habías	hubiste	habrás	habrías	hayas	hubieras	hubieses		
habiendo	ha	había	hubo	habrá	habría	haya	hubiera	hubiese		
	hemos	habíamos	hubimos	habremos	habríamos	hayamos	hubiéramos	hubiésemos		
habido	habéis	habíais	hubisteis	habréis	habríais	hayáis	hubierais	hubieseis		
	han	habían	hubieron	habrán	habrían	hayan	hubieran	hubiesen		
hacer	hago	hacía	hice	haré	haría	haga	hiciera	hiciese		
	haces	hacías	hiciste	harás	harías	hagas	hicieras	hicieses	haz	no hagas
haciendo	hace	hacía	hizo	hará	haría	haga	hiciera	hiciese	haga	
	hacemos	hacíamos	hicimos	haremos	haríamos	hagamos	hiciéramos	hiciésemos	hagamos	
hecho	hacéis	hacíais	hicisteis	haréis	haríais	hagáis	hicierais	hicieseis	haced	no hagáis
	hacen	hacían	hicieron	harán	harían	hagan	hicieran	hiciesen	hagan	
ir	voy	iba	fui	iré	iría	vaya	fuera	fuese		
	vas	ibas	fuiste	irás	irías	vayas	fueras	fueses	vé	no vayas
yendo	va	iba	fue	irá	iría	vaya	fuera	fuese	vaya	
	vamos	íbamos	fuimos	iremos	iríamos	vayamos	fuéramos	fuésemos	vamos	
ido	vais	ibais	fuisteis	iréis	iríais	vayáis	fuerais	fueseis	id	no vayáis
	van	iban	fueron	irán	irían	vayan	fueran	fuesen	vayan	
oír	oigo	oía	oí	oiré	oiría	oiga	oyera	oyese		
	oyes	oías	oíste	oirás	oirías	oigas	oyeras	oyeses	oye	no oigas
oyendo	oye	oía	oyó	oirá	oiría	oiga	oyera	oyese	oiga	
	oímos	oíamos	oímos	oiremos	oiríamos	oigamos	oyéramos	oyésemos	oigamos	
oído	oís	oíais	oísteis	oiréis	oiríais	oigáis	oyerais	oyeseis	oíd	no oigáis
	oyen	oían	oyeron	oirán	oirían	oigan	oyeran	oyesen	oigan	
poder	puedo	podía	pude	podré	podría	pueda	pudiera	pudiese		
	puedes	podías	pudiste	podrás	podrías	puedas	pudieras	pudieses		
pudiendo	puede	podía	pudo	podrá	podría	pueda	pudiera	pudiese		
	podemos	podíamos	pudimos	podremos	podríamos	podamos	pudiéramos	pudiésemos		
podido	podéis	podíais	pudisteis	podréis	podríais	podáis	pudierais	pudieseis		
	pueden	podían	pudieron	podrán	podrían	puedan	pudieran	pudiesen		
poner	pongo	ponía	puse	pondré	pondría	ponga	pusiera	pusiese		
	pones	ponías	pusiste	pondrás	pondrías	pongas	pusieras	pusieses	pon	no pongas
poniendo	pone	ponía	puso	pondrá	pondría	ponga	pusiera	pusiese	ponga	
	ponemos	poníamos	pusimos	pondremos	pondríamos	pongamos	pusiéramos	pusiésemos	pongamos	
puesto	ponéis	poníais	pusisteis	pondréis	pondríais	pongáis	pusierais	pusieseis	poned	no pongáis
	ponen	ponían	pusieron	pondrán	pondrían	pongan	pusieran	pusiesen	pongan	
querer	quiero	quería	quise	querré	querría	quiera	quisiera	quisiese		
	quieres	querías	quisiste	querrás	querrías	quieras	quisieras	quisieses		
queriendo	quiere	quería	quiso	querrá	querría	quiera	quisiera	quisiese		
	queremos	queríamos	quisimos	querremos	querríamos	queramos	quisiéramos	quisiésemos		
querido	queréis	queríais	quisisteis	querréis	querríais	queráis	quisierais	quisieseis		
	quieren	querían	quisieron	querrán	querrían	quieran	quisieran	quisiesen		

saber	sé	sabía	supe	sabré	sabría	sepa	supiera	supiese		no sepas
	sabes	sabías	supiste	sabrás	sabrías	sepas	supieras	supieses	sabe	
sabiendo	sabe	sabía	supo	sabrá	sabría	sepa	supiera	supiese	sepa	
	sabemos	sabíamos	supimos	sabremos	sabríamos	sepamos	supiéramos	supiésemos	sepamos	
sabido	sabéis	sabíais	supisteis	sabréis	sabríais	sepáis	supierais	supieseis	sabed	no sepáis
	saben	sabían	supieron	sabrán	sabrían	sepan	supieran	supiesen	sepan	
salir	salgo	salía	salí	saldré	saldría	salga	saliera	saliese		no salgas
	sales	salías	saliste	saldrás	saldrías	salgas	salieras	salieses	sal	
saliendo	sale	salía	salió	saldrá	saldría	salga	saliera	saliese	salga	
	salimos	salíamos	salimos	saldremos	saldríamos	salgamos	saliéramos	saliésemos	salgamos	
salido	salís	salíais	salisteis	saldréis	saldríais	salgáis	salierais	salieseis	salid	no salgáis
	salen	salían	salieron	saldrán	saldrían	salgan	salieran	saliesen	salgan	
ser	soy	era	fui	seré	sería	sea	fuera	fuese		no seas
	eres	eras	fuiste	serás	serías	seas	fueras	fueses	sé	
siendo	es	era	fue	será	sería	sea	fuera	fuese	sea	
	somos	éramos	fuimos	seremos	seríamos	seamos	fuéramos	fuésemos	seamos	
sido	sois	erais	fuisteis	seréis	seríais	seais	fuerais	fueseis	sed	no seais
	son	eran	fueron	serán	serían	sean	fueran	fuesen	sean	
tener	tengo	tenía	tuve	tendré	tendría	tenga	tuviera	tuviese		no tengas
	tienes	tenías	tuviste	tendrás	tendrías	tengas	tuvieras	luvieses	ten	
teniendo	tiene	tenía	tuvo	tendrá	tendría	tenga	tuviera	tuviese	tenga	
	tenemos	teníamos	tuvimos	tendremos	tendríamos	tengamos	tuviéramos	tuviésemos	tengamos	
tenido	tenéis	teníais	tuvisteis	tendréis	tendríais	tengáis	tuvierais	tuvieseis	tened	no tengáis
	tienen	tenían	tuvieron	tendrán	tendrían	tengan	tuvieran	tuviesen	tengan	
traer	traigo	traía	traje	traeré	traería	traiga	trajera	trajese		no traigas
	traes	traías	trajiste	traerás	traerías	traigas	trajeras	trajeses	trae	
trayendo	trae	traía	trajo	traerá	traería	traiga	trajera	trajese	traiga	
	traemos	traíamos	trajimos	traeremos	traeríamos	traigamos	trajéramos	trajésemos	traigamos	
traído	traéis	traíais	trajisteis	traeréis	traeríais	traigáis	trajerais	trajeseis	traed	no traigáis
	traen	traían	trajeron	traerán	traerían	traigan	trajeran	trajesen	traigan	
valer	valgo	valía	valí	valdré	valdría	valga	valiera	valiese		no valgas
	vales	valías	valiste	valdrás	valdrías	valgas	valieras	valleses	val	
valiendo	vale	valía	valió	valdrá	valdría	valga	valiera	valiese	valga	
	valemos	valíamos	valimos	valdremos	valdríamos	valgamos	valiéramos	valiésemos	valgamos	
valido	valéis	valíais	valisteis	valdréis	valdríais	valgáis	valierais	valieseis	valed	no valgáis
	valen	valían	valieron	valdrán	valdrían	valgan	valieran	valiesen	valgan	
venir	vengo	venía	vine	vendré	vendría	venga	viniera	viniese		no vengas
	vienes	venías	viniste	vendrás	vendrías	vengas	vinieras	vinieses	ven	
viniendo	viene	venía	vino	vendrá	vendría	venga	viniera	viniese	venga	
	venimos	veníamos	vinimos	vendremos	vendríamos	vengamos	viniéramos	viniésemos	vengamos	
venido	venís	veníais	vinisteis	vendréis	vendríais	vengáis	vinierais	vinieseis	venid	no vengáis
	vienen	venían	vinieron	vendrán	vendrían	vengan	vinieran	viniesen	vengan	
ver	veo	veía	vi	veré	vería	vea	viera	viese		no veas
	ves	veías	viste	verás	verías	veas	vieras	vieses	ve	
viendo	ve	veía	vio	verá	vería	vea	viera	viese	vea	
	vemos	veíamos	vimos	veremos	veríamos	veamos	viéramos	viésemos	veamos	
visto	veis	veíais	visteis	veréis	veríais	veáis	vierais	vieseis	ved	no veáis
	ven	veían	vieron	verán	verían	vean	vieran	viesen	vean	

VERBOS CON CAMBIOS EN EL RADICAL

Verbos de la primera y de la segunda conjugación (–ar y –er): o → ue

Indicativo						Subjuntivo			Imperativo	
	Presente	*Imperfecto*	*Pretérito*	*Futuro*	*Condicional*	*Presente*	*Imperfecto*		*Afirmativo*	*Negativo*
contar	cuento	contaba	conté	contaré	contaría	cuente	contara	contase		
	cuentas	contabas	contaste	contarás	contarías	cuentes	contaras	contases	cuenta	no cuentes
contando	cuenta	contaba	contó	contará	contaría	cuente	contara	contase	cuente	
	contamos	contábamos	contamos	contaremos	contaríamos	contemos	contáramos	contásemos	contemos	
contado	contáis	contabais	contasteis	contaréis	contaríais	contéis	contarais	contaseis	contad	no contéis
	cuentan	contaban	contaron	contarán	contarían	cuenten	contaran	contasen	cuenten	
volver	vuelvo	volvía	volví	volveré	volvería	vuelva	volviera	volviese		
	vuelves	volvías	volviste	volverás	volverías	vuelvas	volvieras	volvieses	vuelve	no vuelvas
volviendo	vuelve	volvía	volvió	volverá	volvería	vuelva	volviera	volviese	vuelva	
	volvemos	volvíamos	volvimos	volveremos	volveríamos	volvamos	volviéramos	volviésemos	volvamos	
vuelto	volvéis	volvíais	volvisteis	volveréis	volveríais	volváis	volvierais	volvieseis	volved	no volváis
	vuelven	volvían	volvieron	volverán	volverían	vuelvan	volvieran	volviesen	vuelvan	

Otros verbos: **acordarse, acostar(se), almorzar, colgar, costar, demostrar, doler, encontrar, llover, mostrar, mover, probar, recordar, rogar, soler, soñar, torcer**

Verbos de la primera y de la segunda conjugación (–ar y –er): e → ie

Indicativo						Subjuntivo			Imperativo	
	Presente	*Imperfecto*	*Pretérito*	*Futuro*	*Condicional*	*Presente*	*Imperfecto*		*Afirmativo*	*Negativo*
pensar	pienso	pensaba	pensé	pensaré	pensaría	piense	pensara	pensase		
	piensas	pensabas	pensaste	pensarás	pensarías	pienses	pensaras	pensases	piensa	no pienses
pensando	piensa	pensaba	pensó	pensará	pensaría	piense	pensara	pensase	piense	
	pensamos	pensábamos	pensamos	pensaremos	pensaríamos	pensemos	pensáramos	pensásemos	pensemos	
pensado	pensáis	pensabais	pensasteis	pensaréis	pensaríais	penséis	pensarais	pensaseis	pensad	no penséis
	piensan	pensaban	pensaron	pensarán	pensarían	piensen	pensaran	pensasen	piensen	
entender	entiendo	entendía	entendí	entenderé	entendería	entienda	entendiera	entendiese		
	entiendes	entendías	entendiste	entenderás	entenderías	entiendas	entendieras	entendieses	entiende	no entiendas
entendiendo	entiende	entendía	entendió	entenderá	entendería	entienda	entendiera	entendiese	entienda	
	entendemos	entendíamos	entendimos	entenderemos	entenderíamos	entendamos	entendiéramos	entendiésemos	entendamos	
entendido	entendéis	entendíais	entendisteis	entenderéis	entenderíais	entendáis	entendierais	entendieseis	entended	no entendáis
	entienden	entendían	entendieron	entenderán	entenderían	entiendan	entendieran	entendiesen	entiendan	

Otros verbos: **atravesar, cerrar, comenzar, confesar, despertar(se), empezar, encender, entender, negar, nevar, perder, sentar(se), tender, tropezar**

Verbos de la tercera conjugación (–ir): o → ue → u

	Indicativo					Subjuntivo			Imperativo	
	Presente	Imperfecto	Pretérito	Futuro	Condicional	Presente	Imperfecto		Afirmativo	Negativo
dormir	duermo	dormía	dormí	dormiré	dormiría	duerma	durmiera	durmiese		
	duermes	dormías	dormiste	dormirás	dormirías	duermas	durmieras	durmieses	duerme	no duermas
durmiendo	duerme	dormía	durmió	dormirá	dormiría	duerma	durmiera	durmiese	duerma	
	dormimos	dormíamos	dormimos	dormiremos	dormiríamos	durmamos	durmiéramos	durmiésemos	durmamos	
dormido	dormís	dormíais	dormisteis	dormiréis	dormiríais	durmáis	durmierais	durmieseis	dormid	no durmáis
	duermen	dormían	durmieron	dormirán	dormirían	duerman	durmieran	durmiesen	duerman	

Otro verbo: **morir**

Verbos de la tercera conjugación (–ir): e → ie → i

	Indicativo					Subjuntivo			Imperativo	
	Presente	Imperfecto	Pretérito	Futuro	Condicional	Presente	Imperfecto		Afirmativo	Negativo
mentir	miento	mentía	mentí	mentiré	mentiría	mienta	mintiera	mintiese		
	mientes	mentías	mentiste	mentirás	mentirías	mientas	mintieras	mintieses	miente	no mientas
mintiendo	miente	mentía	mintió	mentirá	mentiría	mienta	mintiera	mintiese	mienta	
	mentimos	mentíamos	mentimos	mentiremos	mentiríamos	mintamos	mintiéramos	mintiésemos	mintamos	
mentido	mentís	mentíais	mentisteis	mentiréis	mentiríais	mintáis	mintierais	mintieseis	mentid	no mintáis
	mienten	mentían	mintieron	mentirán	mentirían	mientan	mintieran	mintiesen	mientan	

Otros verbos: **advertir, arrepentir(se), consentir, convertir(se), divertir(se), herir, preferir, referir, sugerir**

Verbos de la tercera conjugación (–ir): e → i

	Indicativo					Subjuntivo			Imperativo	
	Presente	Imperfecto	Pretérito	Futuro	Condicional	Presente	Imperfecto		Afirmativo	Negativo
pedir	pido	pedía	pedí	pediré	pediría	pida	pidiera	pidiese		
	pides	pedías	pediste	pedirás	pedirías	pidas	pidieras	pidieses	pide	no pidas
pidiendo	pide	pedía	pidió	pedirá	pediría	pida	pidiera	pidiese	pida	
	pedimos	pedíamos	pedimos	pediremos	pediríamos	pidamos	pidiéramos	pidiésemos	pidamos	
pedido	pedís	pedíais	pedisteis	pediréis	pediríais	pidáis	pidierais	pidieseis	pedid	no pidáis
	piden	pedían	pidieron	pedirán	pedirían	pidan	pidieran	pidiesen	pidan	

Otros verbos: **competir, concebir, despedir(se), elegir, impedir, perseguir, reír(se), reñir, repetir, seguir, servir, vestir(se)**

VERBOS DE CAMBIO ORTOGRÁFICO

–gar g → gu delante de e		
Verbo	Indicativo	Subjuntivo
	Pretérito	Presente
llegar	llegué	llegue
	llegaste	llegues
	llegó	llegue
	llegamos	lleguemos
	llegasteis	lleguéis
	llegaron	lleguen

Otros verbos: **colgar, jugar, navegar, pagar, rogar**

–ger, –gir g → j delante de a y o		
Verbo	Indicativo	Subjuntivo
	Presente	Presente
proteger	protejo	proteja
	proteges	protejas
	protege	proteja
	protegemos	protejamos
	protegéis	protejáis
	protegen	protejan

Otros verbos: **coger, corregir, dirigir, escoger, exigir, recoger**

–guar gu → gü delante de e		
Verbo	Indicativo	Subjuntivo
	Pretérito	Presente
averiguar	averigüé	averigüe
	averiguaste	averigües
	averiguó	averigüe
	averiguamos	averigüemos
	averiguasteis	averigüéis
	averiguaron	averigüen

Otro verbo: **apaciguar**

–guir gu → g delante de o y a		
Verbo	Indicativo	Subjuntivo
	Presente	Presente
seguir	sigo	siga
	sigues	sigas
	sigue	siga
	seguimos	sigamos
	seguís	sigáis
	siguen	sigan

Otros verbos: **conseguir, distinguir, perseguir, proseguir**

–cer, –cir después de una vocal c → zc delante de o y a		
Verbo	Indicativo	Subjuntivo
	Presente	Presente
conocer	conozco	conozca
	conoces	conozcas
	conoce	conozca
	conocemos	conozcamos
	conocéis	conozcáis
	conocen	conozcan

Otros verbos: **agradecer, aparecer, establecer, merecer, obedecer, ofrecer, producir**

–cer, –cir después de una consonante c → z delante de a y o		
Verbo	Indicativo	Subjuntivo
	Presente	Presente
vencer	venzo	venza
	vences	venzas
	vence	venza
	vencemos	venzamos
	vencéis	venzáis
	vencen	venzan

Otros verbos: **convencer, esparcir, torcer**

–car c → qu delante de e		
Verbo	Indicativo	Subjuntivo
	Pretérito	Presente
buscar	busqué	busque
	buscaste	busques
	buscó	busque
	buscamos	busquemos
	buscasteis	busquéis
	buscaron	busquen

Otros verbos: **comunicar, explicar, indicar, practicar, sacar, tocar**

–zar z → c delante de e		
Verbo	Indicativo	Subjuntivo
	Pretérito	Presente
comenzar	comencé	comience
	comenzaste	comiences
	comenzó	comience
	comenzamos	comencemos
	comenzasteis	comencéis
	comenzaron	comiencen

Otros verbos: **abrazar, almorzar, cruzar, empezar, gozar**

–uir i (no acentuada) → **y** entre vocales (menos **–quir**)

Verbo	Indicativo		Imperativo	Subjuntivo	
	Presente	Pretérito		Presente	Imperfecto
huir	huyo	huí		huya	huyera
	huyes	huiste	huye	huyas	huyeras
	huye	huyó	huya	huya	huyera
huyendo	huimos	huimos	huyamos	huyamos	huyéramos
	huís	huisteis	huid	huyáis	huyerais
huido	huyen	huyeron	huyan	huyan	huyeran

Otros verbos: **construir, concluir, contribuir, destruir, instruir, sustituir**

–aer, –eer, i (no acentuada) → **y** entre vocales			**–eír** pierde una **e** en la tercera persona			**–iar i** › **í**			**–uar u** → **ú**		
Verbo	Indicativo	Subjuntivo	Verbo	Indicativo	Subjuntivo	Verbo	Indicativo	Subjuntivo	Verbo	Indicativo	Subjuntivo
	Pretérito	Imperfecto		Pretérito	Imperfecto		Presente	Presente		Presente	Presente
creer	creí	creyera	*reír*	reí	riera	*enviar*	envío	envíe	*actuar*	actúo	actúe
	creíste	creyeras		reíste	rieras		envías	envíes		actúas	actúes
	creyó	creyera		rió	riera		envía	envíe		actúa	actúe
creyendo	creímos	creyéramos	*riendo*	reímos	riéramos		enviamos	enviemos		actuamos	actuemos
	creísteis	creyerais		reísteis	rierais		enviáis	enviéis		actuáis	actuéis
creído	creyeron	creyeran	*reído*	rieron	rieran		envían	envíen		actúan	actúen

Otros verbos: **caer, leer, poseer**

Otros verbos: **sonreír, freír**

Otros verbos: **ampliar, criar, enfriar, guiar, variar**

Otros verbos: **acentuar, continuar, efectuar, graduar(se), situar**

Apéndice 4
¿Lleva el verbo una preposición?

abandonarse a + *noun*	*to give oneself up to*	Me abandoné a la tristeza.
acabar con + *noun*	*to finish, to exhaust*	Acabé con mis tareas.
acabar de + *inf.*	*to have just*	Acabamos de llegar.
acabar por + *inf.*	*to end (up) by*	Acabaste por pedirle perdón.
acercarse a + *inf.*	*to approach*	Se acercó a ver el desfile.
+ *noun*		Se acercó a la casa.
aconsejar + *inf.*	*to advise*	Te aconsejo confesar tu falta.
acordarse (o → ue) de + *inf.*	*to remember*	¿Te acordarás de escribirme?
+ *noun*		Me acordé de ti.
acostumbrarse a + *inf.*	*to get used to*	Se acostumbraron a salir temprano.
+ *noun*		Se acostumbró al país.
agradecer + *noun*	*to be thankful for*	Te agradezco tu compañía.
alegrarse de + *inf.*	*to be glad to (about)*	Me alegro de verlos sanos y contentos.
alejarse de + *noun*	*to go away from*	Nos alejamos del parque.
amenazar con + *inf.*	*to threaten to, with*	Me amenazó con no pagar.
+ *noun*	*to threaten with*	Me amenazó con un palo.
animar a + *inf.*	*to encourage to*	Lo animé a salir.
animarse a + *inf.*	*to make up one's mind to*	Nos animamos a bailar.
apostar (o → ue) a + *inf.*	*to bet (that)*	Te apuesto a que tengo razón.
aprender a + *inf.*	*to learn to*	Aprendiste a cocinar.
apresurarse a + *inf.*	*to hasten to*	Se apresuraron a ir de compras.
aprovechar + *inf.*	*to make good use of*	Aproveché la gran oportunidad.
aprovecharse de + *inf.*	*to take advantage of*	Se aprovecharon del pobre viudo.
arrepentirse (e → ie, i) de + *inf.*	*to repent of, to be sorry for*	Se arrepintió de hacerlo.
+ *noun*		Me arrepiento de mis faltas.
arriesgarse a + *inf.*	*to risk*	Nos arriesgamos a perderlo todo.
asistir a + *noun*	*to attend*	Asistimos al concierto anoche.
asomarse a + *inf.*	*to appear (at), to look out of*	Me asomé a ver si venía.
+ *noun*		Me asomé a la ventana.
asombrarse de + *inf.*	*to be astonished at*	Se asombró de conducir tan rápido.
+ *noun*		Se asombró de los cuadros.
aspirar a + *inf.*	*to aspire to*	Aspira a ser astronauta.
asustarse de + *inf.*	*to be frightened at*	Se asustó de verme tan triste.
+ *noun*		Se asustó de su aspecto triste.
atreverse a + *inf.*	*to dare (to)*	Te atreviste a venir en la lluvia.
autorizar a (para) + *inf.*	*to authorize to*	¿Me autorizas a comprar el coche?

aventurarse a + *inf.*	*to venture (to)*	Nos aventuramos a entrar en el castillo.
avergonzarse (o → üe) de + *inf.*	*to be ashamed of*	Me avergüenzo de no saber la lección.
ayudar a + *inf.*	*to help to*	Te ayudo a cocinar.
bastar con + *noun*	*to be enough*	Basta con eso para prepararlo.
burlarse de + *noun*	*to make fun of*	Se burlaron del enfermo.
buscar + *noun*	*to look for*	Busco mis libros.
cambiar de + *noun*	*to change*	Cambiamos de avión.
cansarse de + *inf.*	*to grow tired of*	Se cansó de esperarla.
carecer de + *noun*	*to lack*	Carece de ideales.
casarse con + *noun*	*to get married to*	Se casó con José.
cesar de + *inf.*	*to cease, to stop*	Cesó de llover.
comenzar (e → ie) a + *inf.*	*to begin to*	Comenzaron a pintar la casa.
complacerse en + *inf.*	*to take pleasure in*	Se complacen en enviarme regalos.
comprometerse a + *inf.*	*to obligate oneself to*	Me comprometo a firmar el contrato.
comprometerse con + *noun*	*to get engaged to*	Se comprometió con Juan.
concluir de + *inf.*	*to finish*	Concluimos de trabajar a las ocho.
condenar a + *inf.*	*to condemn to*	Fue condenado a morir.
+ *noun*		Fue condenado a muerte.
confesar (e → ie) + *inf.*	*to confess*	Confesó tener miedo.
+ *noun*		Confiesa su miedo.
confiar en + *inf.*	*to trust*	Confío en saber pronto la verdad.
+ *noun*		Confío en la verdad.
conformarse con + *inf.*	*to resign oneself to*	Me conformo con vivir en la pobreza.
+ *noun*		Me conformo con la pobreza.
consagrarse a + *inf.*	*to devote oneself to*	Se consagró a trabajar día y noche.
+ *noun*		Se consagró al trabajo.
conseguir (e → i) + *inf.*	*to succeed in (doing)*	Consiguió llegar a la cumbre.
+ *noun*	*to get, to obtain*	Consigo dinero para el viaje.
consentir (e → ie, i) + *inf.*	*to consent to*	No le consiento gritar.
contar (o → ue) con + *inf.*	*to count on, to rely upon*	Cuento con tener tu ayuda.
+ *noun*		Cuento con tu ayuda.
contentarse con + *inf.*	*to content oneself with*	Me contento con viajar.
+ *noun*		Me contento con un viaje.
contribuir a + *inf.*	*to contribute to*	Contribuyó a descubrir el crimen.
+ *noun*		Contribuyó al descubrimiento.
convenir (e → ie) + *inf.*	*to be convenient*	Conviene decírselo.
convenir (e → ie, i) en + *inf.*	*to agree to*	Convenimos en ir juntos.
convertirse (e → ie, i) en + *noun*	*to become*	La lluvia se convirtió en granizo.
creer + *inf.*	*to believe, to think*	Creo entender sus intenciones.
cuidar + *noun*	*to care for*	Cuidaba mucho sus plantas.
cuidar de + *inf.*	*to take care to*	Cuide de no perderlo.
cumplir con + *noun*	*to fulfill*	Cumplió con su obligación.
deber + *inf.*	*ought, must*	Debe hablar en voz alta.
decidir + *inf.*	*to decide*	Decidieron enviar la carta.

decidirse a + *inf.*	to make up one's mind to, to decide upon	Nos decidimos a comenzar.
+ *noun*		Nos decidimos al viaje.
decidirse por + *noun*	to decide on	Me decidí por estos zapatos.
dedicarse a + *inf.*	to devote oneself to	Me dediqué a trabajar.
+ *noun*		Me dediqué al trabajo.
dejar + *inf.*	to let, to allow, to permit	Déjame probarlo.
dejar de + *inf.*	to stop, to fail to	Dejará de trabajar.
desafiar a + *inf.*	to dare to, to challenge to	Te desafío a pelear.
+ *noun*		Te desafío a un duelo.
desear + *inf.*	to desire	Deseo tener dos hijos.
despedirse (e → i, i) de + *noun*	to take leave of	Nos despedimos de ellos.
destinar a (para) + *noun*	to destine to, to assign	Fue destinado al (para el) Perú.
determinarse a + *inf.*	to make up one's mind to	Me determiné a seguir mi carrera.
dirigirse a + *noun*	to address, to make one's way toward	Se dirigió a la policía.
disculparse por + *inf.*	to excuse oneself for	Se disculpó por llegar tarde.
+ *noun*		Se disculpó por su error.
disfrutar de + *noun*	to enjoy (a thing)	¡Disfrute de la vida!
disponerse a + *inf.*	to get ready to	Se dispusieron a partir.
divertirse (i → ie, i) con + *persona*	to amuse oneself (by) with (a person)	Me divierto con Juan.
en + *noun*		Me divierto en las fiestas.
dudar + *inf.*	to doubt	Dudo saber la lección.
dudar de + *noun*	to doubt	Duda de todos.
dudar en + *inf.*	to hesitate to	¿Por qué dudaste en llamarme?
echarse a + *inf.*	to start to, to begin	Al ver el oso, se echó a correr.
empeñarse en + *inf.*	to insist on, to persist in	Se empeñó en golpearme.
enamorarse de + *noun*	to fall in love with	Se enamoraron de la niñita.
encargarse de + *inf.*	to take it upon oneself to, to take charge of	Me encargo de organizar la fiesta.
+ *noun*		Me encargo de las deudas.
enterarse de + *noun*	to find out about	Ayer me enteré del divorcio.
entrar en (a) + *noun*	to enter	Entramos en el (al) museo.
faltar a + *noun*	to be absent from, to fail to (do)	Faltaste a la reunión de anoche.
felicitar por + *noun*	to congratulate for	Te felicito por tu cumpleaños.
felicitarse de + *inf.*	to congratulate oneself on	Me felicito de conocerte tan bien.
fijarse en + *noun*	to notice	¿Te fijaste en su sombrero?
fingir + *inf.*	to pretend	Fingió no vernos.
gozar de (con) + *noun*	to enjoy	Goza de (con) su familia.
gustar(le) + *inf.*	to like, to please	Nos gusta bailar.
haber de + *inf.*	to have to, to be going to	Hoy he de verlo.
hacer + *inf.*	to make, to cause	No lo hagas llorar.
hay que + *inf.*	to be necessary	Hay que pagar los impuestos.
huir de + *noun*	to flee from, to avoid	Huimos del peligro.
imaginarse + *inf.*	to imagine	¿Te imaginas tener tanto dinero?
impacientarse por + *inf.*	to grow impatient for (to)	Se impacienta por trabajar.
impedir (e → i, i) + *inf.*	to prevent, to impede	Me impidió llamar por teléfono.
importar(le) + *inf.*	to matter	No me importa ver tu desdén.
+ *noun*		No me importa tu desdén.

inclinarse a + *inf.*	*to be inclined to*	Me inclino a pensar así.
influir en + *noun*	*to influence*	Influyó en mis decisiones.
insistir en + *inf.*	*to insist on*	Insiste en vivir de ese modo.
inspirar a + *inf.*	*to inspire to*	Me inspiró a escribir.
intentar + *inf.*	*to attempt*	Intentará decírselo.
ir a + *inf.*	*to be going to*	Voy a rezar.
+ *noun*	*to go to*	Voy a la iglesia.
irse de + *noun*	*to leave*	Me voy de esta casa.
jugar (u → ue) a + *noun*	*to play at, to practice (a sport)*	¿Juegas al tenis?
jurar + *inf.*	*to swear*	Juró decir la verdad.
limitarse a + *inf.*	*to limit oneself to*	Me limité a viajar por México.
+ *noun*		Me limité a un viaje a México.
llegar a + *inf.*	*to manage to, to succeed in*	Llegamos a preparar la comida.
+ *noun*	*to come to, to arrive at*	Llegamos a la posada.
lograr + *inf.*	*to succeed in, to manage to*	Lograste abrir la puerta.
luchar para + *inf.*	*to struggle in order to*	Lucho para dar de comer a los pobres.
luchar por + *noun*	*to struggle on behalf of*	Lucho por los pobres.
mandar + *inf.*	*to cause, to have, to order to*	Nos mandó llamar.
maravillarse de + *inf.*	*to marvel at*	Me maravillo de escucharte cantar.
+ *noun*		Me maravillo de tu talento.
marcharse de + *noun*	*to leave*	Se marchó del pueblo.
merecer + *inf.*	*to deserve*	Merece recibir el premio.
meterse a + *inf.*	*to begin, to set oneself to*	Se metió a cantar.
meterse en + *noun*	*to become involved in*	Se metió en malos negocios.
mirar + *inf.*	*to watch*	Miraba partir el tren.
+ *noun*	*to look at*	Miró todos los cuadros.
morirse (o → ue, u) por + *inf.*	*to be dying to*	Me muero por conocerlos.
necesitar + *inf.*	*to need*	Necesito salir de compras.
negar (e → ie) + *inf.*	*to deny*	Negó conocerlo.
negarse (e → ie) a + *inf.*	*to refuse to*	Me niego a abrir la puerta.
obligar a + *inf.*	*to oblige to*	Nos obligan a firmar un contrato.
obstinarse en + *inf.*	*to persist in*	Se obstina en callar.
ocuparse de + *inf.*	*to take care of*	Se ocupa de hacer las compras.
+ *noun*		Se ocupa de las compras.
ocurrirse(le) + *inf.*	*to occur (to someone)*	Se nos ocurrió ir al cine.
ofrecer + *inf.*	*to offer*	Te ofrezco dividir las ganancias.
+ *noun*		Te ofrezco las ganancias.
ofrecerse a + *inf.*	*to offer to, to promise*	Se ofreció a darnos una conferencia.
oír + *inf.*	*to hear*	Oímos rugir a las fieras.
oler (o → ue[hue]) a + *noun*	*to smell of, like*	La casa huele a pescado.
olvidar + *inf.*	*to forget*	Olvidaste traer un paraguas.
olvidarse de + *inf.*	*to forget*	Se olvidó de cerrar con llave la puerta.

oponerse a + *inf.*	to be opposed to	Nos oponemos a pagar tus deudas.
+ *noun*		Nos oponemos a tus proyectos.
optar por + *inf.*	to choose	Optaron por salir temprano.
ordenar + *inf.*	to order	Te ordeno cantar.
parar de + *inf.*	to stop, to cease	Paré de fumar.
pararse a + *inf.*	to stop to	Me paré a ver los vestidos de moda.
pararse en + *noun*	to stop at	Me paré en todas las tiendas.
parecer + *inf.*	to seem	Parece tener razón.
parecerse a + *noun*	to resemble	Se parece al abuelo.
pasar a + *inf.*	to proceed to, to pass on to	Pasó a pedir dinero para el proyecto.
+ *noun*		Pasó a la siguiente lección.
pedir (e → i) + *noun*	to ask for	Pides más ayuda.
pensar (e → ie) + *inf.*	to intend	Piensa escribir una novela.
pensar (e → ie) de + *noun*	to have an opinion about	¿Qué piensas de mí?
pensar (e → ie) en + *noun*	to think about (have in mind)	Piensa en su madre.
permitir + *inf.*	to permit	No permiten hablar inglés en clase.
persistir en + *inf.*	to persist in	Persiste en mentir.
poder (o → ue) + *inf.*	can, to be able to	¿Podemos entrar?
ponerse a + *inf.*	to set oneself to, to begin to	Nos pusimos a esquiar.
preferir (e → ie, i) + *inf.*	to prefer	Prefieren callar.
prepararse a (para) + *inf.*	to prepare oneself to	Se prepara a (para) salir.
prepararse para + *noun*	to prepare oneself for	Se prepara para los exámenes.
pretender + *inf.*	to claim	¿Pretendes decir la verdad?
principiar a + *inf.*	to begin to	Principia a llover.
prohibir + *inf.*	to forbid	Te prohibo salir.
prometer + *inf.*	to promise	Prometo decírtelo.
proponerse + *inf.*	to propose	Me propuse sacar buenas notas.
quedar en + *inf.*	to agree to	Quedamos en vernos más a menudo.
quedar por + *inf.*	to remain, to be	Queda por ver lo que dirá.
quedarse a (para) + *inf.*	to remain to	Se quedó a (para) cuidar a los niños.
quedarse en + *noun*	to remain in	Se quedó en casa.
quejarse de + *inf.*	to complain of (about)	Se queja de no tener tiempo.
+ *noun*		Se queja de sus padres.
querer (e → ie) + *inf.*	to want, to wish	Quiero bailar.
recordar (o → ue) + *inf.*	to remember	Recuerdo oírlo gritar.
reírse (e → i, i) de + *noun*	to laugh at, to make fun of	Todos se rieron de mí.
renunciar a + *inf.*	to renounce, to give up	Renunció a vivir en el campo.
+ *noun*	to resign	Renunció a su puesto.
reparar en + *noun*	to notice, to observe	No reparé en sus defectos.
resignarse a + *inf.*	to resign oneself to	No me resigno a morir.
+ *noun*		No me resigno a la muerte.
resistirse a + *inf.*	to resist, to refuse to	Se resiste a salir.
resolverse (o → ue) a + *inf.*	to resolve to	Me resolví a salir solo.
retirarse a + *inf.*	to retire, withdraw	Se retiró a descansar.
rogar (o → ue) + *inf.*	to beg, to ask, to request	Te ruego hablar despacio.

romper a + *inf.*	*to begin (suddenly) to*	Al verlo rompimos a llorar.
romper con + *noun*	*to break off relations with*	Rompí con mi novio.
saber + *inf.*	*to know (how)*	Sabe patinar muy bien.
salir de + *noun*	*to leave, come out of*	Salí de la casa temprano.
sentarse (e → ie) a (para) + *inf.*	*to sit down to*	Nos sentamos a (para) comer.
sentir (e → ie, i) + *inf.*	*to be sorry, regret*	Siento comunicarle esta noticia.
separarse de + *noun*	*to leave*	Me separé de mi esposa.
servir (e → i, i) de + *noun*	*to serve as, to function as*	Mi radio sirve también de reloj.
servir para + *noun*	*to be of use for*	Estas carpetas sirven para papeles.
servirse de + *noun*	*to use*	Me serví de estos documentos para el juicio.
soler (o → ue) + *inf.*	*to be in the habit of*	Suelo despertarme temprano.
soñar (o → ue) con + *inf.*	*to dream of (about)*	Sueñas con viajar.
+ *noun*		Sueñas con viajes.
sorprenderse de + *inf.*	*to be surprised to*	Se sorprendió de verte conmigo.
+ *noun*	*to be surprised at*	Se sorprendió de mi casa.
sostener (e → ie) + *inf.*	*to maintain*	Sostiene saber la verdad.
subir a + *noun*	*to go up, to climb*	Subimos a las montañas.
suplicar + *inf.*	*to beg*	Te suplico contestar mis cartas.
tardar en + *inf.*	*to take long to*	Tardaste en llegar.
temer + *inf.*	*to fear*	Temo recibir su carta.
terminar de + *inf.*	*to finish*	Terminaré de trabajar.
terminar por + *inf.*	*to end (up) by*	Terminamos por divorciarnos.
tirar de + *noun*	*to pull*	Tiré de la puerta.
tocar(le) + *inf.*	*to be one's turn*	Te toca jugar a las cartas.
trabajar en + *noun*	*to work at*	Trabajamos en casa.
trabajar para + *inf.*	*to strive to, in order to, to work for*	Trabaja para mantener a su hijo.
trabajar por + *noun*	*to work on behalf of*	Trabaja por su hijo.
tratar de + *inf.*	*to try to*	¿Trataste de verlo?
tratarse de + *noun*	*to be a question of, to be about*	Se trata de algo muy serio.
tropezar (e → ie) con + *noun*	*to come upon*	Tropecé con María cn Lima.
vacilar en + *inf.*	*to hesitate to*	Vacilé en decírselo.
valer más + *inf.*	*to be better*	Vale más hablar con él.
valerse de + *noun*	*to avail oneself of*	Me valí de él para conocer al jefe.
venir a + *inf.*	*to come to, to amount to*	Vine a visitarte.
ver + *inf.*	*to see*	Vimos salir la luna.
volver (o → ue) a + *inf.*	*to do again*	Volvieron a llamarme.
+ *noun*	*to return to*	Volvieron al Paraguay.

Vocabulario

Note: Exact and very close cognates are not included in this vocabulary.

Abbreviations: *adj.* adjective   *m.* masculine   *sing.* singular

           n. noun   *f.* feminine   *pl.* plural

           adv. adverb   *colloq.* colloquial

A

abajo *(adv.)* below, down
abogado(a) *(m., f.)* lawyer
abordar to board
aborto *abortion, miscarriage*
abrazar to embrace, to hug
abrir to open
abrigo overcoat, shelter
abrochar to fasten
     abrocharse el cinturón de seguridad to fasten
        one's seatbelt
abuelo(a) *(m., f.)* grandfather, grandmother
abundar to be abundant, to abound
aburrir to bore
aburrirse to get bored
acabar to end
acabar de + *inf.* to have just + past participle
acabarse to run out of
acciones *(f., pl.)* stocks, shares
acelerador *(m.)* gas pedal
acercarse a to approach
acero steel
aconsejar to advise, to counsel
acontecer to happen
acontecimiento event, incident, happening
acordar (ue) to agree upon
acordarse (ue) de to remember
acostar (ue) to put to bed
acostarse (ue) to go to bed
acostumbrarse to get accustomed to; to be
     customary

actriz *(f.)* actress
actuación *(f.)* performance
actual present-day
actualidad *(f.)* present time
actuar to act (as)
acuerdo agreement
     acuerdo de paz peace treaty
     ¡de acuerdo! O.K.
     de acuerdo con according to
adelante ahead
adelgazar to lose weight
además in addition, besides
adicción *(f.)* addiction
adicional additional
adiós good-bye
¿adónde? to where?
adornar to decorate
adornos *(pl.)* decorations
aduana customs
aéreo(a) *(adj.)* air
     correo aéreo air mail
     línea aérea airline
aeropuerto airport
afán *(m.)* eagerness, anxiety
afecto affection
afeitar(se) to shave (oneself)
afirmación *(f.)* statement
agencia agency
agente *(m., f.)* agent
agitar to gesticulate, to excite, to stir
agotar(se) to run out of; to exhaust

agradable *pleasant*
agradecer *to thank, to be grateful to*
agricultor(a) *(m., f.) farmer*
agricultura *agriculture*
aguacate *(m.) avocado*
ahorrar *to save*
ahorros *(pl.) savings*
aire *(m.)* **acondicionado** *air conditioning*
ajo *garlic*
alcalde(sa) *(m., f.) mayor*
alcaldía municipal *City Hall*
alcanzar *to give; to reach*
aldea *village*
alegrarse de *to be glad*
alegría *happiness*
alérgico(a) *(adj.) allergic*
alfombra *rug, carpet*
alma *(f.) (uses* **el***) soul*
almacén *(m.) department store*
algo *something, somewhat*
algodón *(m.) cotton*
alguien *someone*
algún *some, any*
alguno(a) *(m., f.) someone; something*
aligerar *to lighten*
alimentación *(f.) nutrition, feeding*
aliviar *to relieve*
almohada *pillow*
almorzar (ue) *to eat lunch*
alojamiento *lodging*
alquiler *(m., n.) rent, rental*
alrededor de *around*
altas horas de la noche *very late at night*
alto(a) *(adj.) tall, high*
  en alto *on high; commanding respect*
alzar *to lift, to raise*
amanecer *(m., n.) dawn*
amar *to love*
ambiente *(m.) atmosphere*
ambulancia *ambulance*
ambulante *(adj.) traveling*
  negociante *(m., f.)* **ambulante** *peddler*
americana *jacket (Spain)*
amistad *(f.) friendship*
amor *(m.) love*
ampliar *to amplify, to expand*
amplio(a) *(adj.) ample, broad*
analizar *to analyze*
ancho(a) *(adj.) wide*

andén *(m.) platform*
ánimo *spirit*
antelación *(f.):* **con antelación** *in advance*
antepasados *(pl.) ancestors*
anterior *previous, prior*
antes de *before*
anticipación *(f.) anticipation*
  con anticipación *in advance*
antiguo(a) *(adj.) ancient*
antihéroe *(m.) antihero*
anuncio *advertisement*
  anuncio clasificado *classified ad*
Año Nuevo *New Year*
apagar *to turn off, to extinguish*
apariencia *appearance*
apartado de correos *P.O. Box*
apellido *last name*
aplicar *to apply*
apoyar *to support*
aprender *to learn*
aprestarse a *to get ready*
apresurarse a *to hurry, to hasten to*
aprobar (ue) *to approve*
  aprobar el curso *to pass the course*
aprovechar *to take advantage of*
apuntar *to take notes*
apuntes *(m., pl.) notes*
apuro *problem*
árbol *(m.) tree*
  árbol de Navidad *Christmas tree*
  árbol genealógico *family tree*
archivo *file*
arena *sand*
argumento *plot*
armario *closet*
armonía *harmony*
arquitecto(a) *(m., f.) architect*
arquitectura *architecture*
arreglar *to arrange; to fix; to straighten*
arriba *above; upstairs*
artesanía *handicrafts*
artículo de fondo *editorial*
ascenso *promotion*
asegurar *to assure; to insure*
asiento *seat*
  asiento delantero *front seat*
  asiento del pasillo *aisle seat*
  asiento trasero *back seat*
  asiento de ventanilla *window seat*

asignatura *course, subject*
asistencia *attendance*
asistir *to attend*
asombroso(a) *(adj.) astonishing*
aspiradora *vacuum cleaner*
atender (ie) *to attend to*
aterrizaje *(m.) landing*
    aterrizaje forzoso *forced landing*
aterrizar *to land*
atmósfera *atmosphere*
atraco *robbery; mugging*
atraer *to attract*
atrás *in the back*
atrasar *to delay; to be late*
atravesar (ie) *to cross*
atreverse a *to dare to*
atropellar *to run over*
aumentar *to increase*
aun *even*
    aun cuando *even though*
aún *still, yet*
aunque *although; even if*
ausencia *absence*
autobús *(m.) bus*
auxiliar *(m., f.)* de vuelo *flight attendant*
auxilio: pedir (i) auxilio *to cry for help*
avergonzado(a) *(adj.) embarrassed*
averiguar *to verify, to find out*
avión *(m.) airplane*
aviso *warning; notice*
ayer *yesterday*
ayuda *help*
ayudar *to help*
ayuntamiento *city hall*
azafata *stewardess*
azteca *(n., m., adj.) Aztec*
azúcar *(n., m.) sugar*

B

bachillerato *high school (degree)*
bailar *to dance*
baile *(m.) dance*
bajar *to go down, to take down; to lose (weight)*
bajar de *to get off*
bajo *(prep.) under*
baloncesto *basketball*
bancario(a) *(adj.) banking*
   giro bancario *bank money order*
banco *bank*

bandera *flag*
banquero(a) *(m., f.) banker*
bañar(se) *to bathe (oneself)*
bañera *bathtub*
baño *bathroom, bath*
barato(a) *(adj.) cheap*
barbacoa *barbecue*
barbilla *chin*
barco *ship*
   por barco *by ship*
barra *bar*
barrer *to sweep*
barrio *neighborhood*
base *(f.) basis, base*
basta con *is enough to*
basura *garbage*
batidor *(m.) beater*
batir *to beat*
baúl *(m.) car trunk (maletero in some countries)*
bebida *drink*
beca *scholarship*
bedel *(m.) an officer in a university*
Belén *Bethlehem; nativity, crèche*
bélico(a) *(adj.) warlike*
bellas artes *fine arts*
beneficio *benefit*
besar *to kiss*
biblioteca *library*
bicicleta *bicycle*
bienestar *(m.) welfare*
bienvenida *welcome*
   ¡Bienvenido! *Welcome!*
   dar la bienvenida *to welcome*
billete *(m.) ticket*
   billete de ida y vuelta *round-trip ticket*
blusa *blouse*
boca *mouth*
   boca abajo *face down*
   boca arriba *face up*
bocadillo *sandwich*
boda *wedding*
bola *ball*
boletín *(m.)* de noticias *news bulletin*
boletín *(m.)* meteorológico *weather report*
boleto *ticket*
   boleto de ida y vuelta *round-trip ticket*
bolsa *purse, bag*
bolsillo *pocket*
bombín *(m.) bowler hat*

borla *tassel*
borrador *eraser; first draft*
borrar *to erase*
bostezar *to yawn*
botas *(pl.) boots*
bote *(m.) bottle, jar; boat*
botella *bottle*
botiquín *(m.) medicine cabinet*
botones *(m., sing.) bellboy*
bragas *(pl.) underwear*
brazo *arm*
brinco *jump*
brindar *to toast*
brindis *(m.) toast*
bulla *(colloq.) loud noise*
bulto *parcel post*
burlarse de *to make fun of*
buscar *to look for*
buzón *(m.) mailbox*

c

cabeza *head*
   cabeza en alto *pride*
cabina de mando *pilot's cabin*
cabina de teléfono *telephone booth*
cacique *(m.) leader*
cada *each*
cadena *chain, network*
caer(se) *to fall*
cafetera *coffee pot*
caja *box; cashier's booth*
cajero(a) *(m., f.) cashier*
cajuela *glove compartment*
calavera *skull*
calificación *(f.) grade*
calcetines *(m., pl.) (sing.* **calcetín***) socks*
calzoncillos *(pl.) underwear*
calle *(f.) street*
callejero(a) *(adj.) street*
cama *bed*
cámara *chamber; camera*
   Cámara de Diputados *House of*
     Representatives
camarero(a) *(m., f.) waiter, waitress*
cambio *change, exchange*
   casa de cambio de moneda *money exchange*
     office
caminar *to walk*
camilla *stretcher*

camisa *shirt*
campana *bell*
campesino(a) *(m., f.) farmer; person who lives*
   in the country
campo *countryside*
canal *(m.) channel; canal*
canasta *basket*
canción *(f.) song*
cancha *court (tennis)*
cantar *to sing*
cantidad *(f.) quantity*
capacitado(a) *(adj.) qualified, trained*
capital *(m.) capital (money)*
capital *(f.) capital (city)*
capó *car hood*
capricho *whim*
cara *face*
   cara de pocos amigos *hostile expression*
cárcel *(f.) jail*
cargador(a) *(m., f.) loader*
cariño *affection, love*
cariñoso(a) *(adj.) affectionate, loving*
carnaval *(m.) carnival; Mardi Gras*
carne *(f.) meat*
   carne de res *beef*
   carne de ternera *veal*
carné *(m.) card*
   carné de identidad *identification card*
carnicería *butcher shop*
carnicero(a) *(m., f.) butcher*
caro(a) *(adj.) dear; expensive*
carrera *profession, career; race*
careterra *road, highway*
carroza *float (parade)*
carta *letter*
cartera *wallet*
cartero(a) *(m., f.) mail carrier*
casa *house*
casado(a) *(m., f.) married person (n.);*
   married (adj.)
casar(se) *to marry (to get married)*
casco *helmet*
casero(a) *(adj.) having to do with the home*
casi *almost*
castigar *to punish*
catálogo *catalogue*
catarro *cold*
catedrático(a) *(m., f.) full professor*
causa *cause*
   a causa de *because of, due to*

cebolla onion
cejas (pl.) eyebrows
celoso(a) (adj.) jealous
cementerio cemetery
cenar to eat dinner
censura censorship
centro center
   centro comercial shopping center
cepillar(se) to brush (one's teeth, hair)
cepillo brush
   cepillo de dientes toothbrush
cercanía nearness, proximity
cerdo pig
cerebro brain
cerradura lock
cerrar (ie) to close, to seal
cesta basket
chamarra (Mex.) jacket
champiñón (m.) mushroom
chaqueta jacket
charla conversation
cheque (m.) check
chimenea fireplace
chisme (m.) gossip
chiste (m.) joke
chofer (m., f.) driver
chorizo sausage
ciencia science
   ciencia ficción science fiction
científico(a) (m., f.) scientist
cierto(a) (adj.) certain, sure
cilindro cylinder
cine (m.) movies
cinta ribbon; tape
cintura waist
cinturón (m.) belt
   cinturón de seguridad seatbelt
círculo circle
cita appointment
ciudad (f.) city
ciudadano(a) (m., f.) citizen
claro(a) (adj.) clear
   ¡Claro que sí! Of course!
cobrar to cash (a check), to collect
coche (m.) car
   coche-cama sleeping car
   coche-comedor dining car
cocina kitchen
cocinar to cook

codo elbow
coger to pick, take
cojín (m.) pillow
col (f.) cabbage
cola line; glue
   hacer cola to stand in line
colcha bedspread
colegio school
   colegio mayor dormitory
colgar (ue) to hang
colocar to put (in place)
colorado(a) (adj.) red; (n.) redhead
comedor dining room
comentarista (m., f.) commentator
comenzar (ie) to begin
cometer to commit, to do
cómico(a) (adj.) funny
comida food
como as, like
   ¿cómo? how? what?
   ¡cómo! how!
   ¡cómo no! of course!
cómoda chest of drawers
cómodo(a) (adj.) comfortable
compañero(a) (m., f.) friend
   compañero(a) de cuarto roommate
compatriota (m., f.) fellow citizen
competencia contest, competition
comportarse to behave
comprador(a) (m., f.) shopper, buyer
comprar to buy, to purchase
comprometerse a to get engaged; to commit
   oneself
computadora computer
comunidad (f.) community
con with
   con tal (de) que provided that
concierto concert
concurso contest
conducir to drive
conductor(a) (m., f.) driver
conejo de Pascua Easter bunny
confirmar to confirm
congelar to freeze
congestión (f.) (traffic) jam
conjugar to conjugate
conjetura guess, conjecture
conmemorar to commemorate
conocer to know, to be acquainted with

conseguir (i) *to obtain*
conservador(a) *(adj.) conservative*
construir *to build*
consulta *consultation, visit to a doctor's office*
consumo *consumption*
contado: al contado *in cash*
contaminación *(f.)* **ambiental** *pollution*
contaminar *to pollute, to contaminate*
contar (ue) *to tell, to count*
contestador *(m.)* **automático** *answering machine*
contestar *to answer*
contrabando *illegal goods*
contrabandista *(m., f.) smuggler*
contratar *to contract; to hire*
contratiempo *mishap*
convenir (ie) *to suit*
convertir (ie) *to convert*
   convertirse en *to become*
convivencia *living together*
convocatoria *exam period*
copa *wine glass*
corazón *(m.) heart*
corbata *necktie*
cordero *lamb*
cordillera *mountain range*
correos: oficina de correos *post office*
   correo aéreo *air mail*
   correo ordinario *surface mail*
   correo certificado *registered mail*
corregir (i) *to correct*
correr *to run*
   correr las cortinas *to open or close the curtains*
correspondencia *correspondence*
corresponder *to correspond; to write*
corrida de toros *bullfight*
corriente *(f.) current*
cortés *(adj.) courteous*
cortesía *courtesy, politeness*
corto(a) *(adj.) short*
costa *coast*
costar (ue) *to cost*
costillas *(pl.) ribs*
costoso(a) *(adj.) expensive*
costumbre *(f.) custom*
cotidiano(a) *(adj.) daily*
cotilleo *gossip*
crecimiento *growth*
crédito de vivienda *mortgage*

creencia *belief*
creer *to believe*
crimen *(m.) crime; (n., m., f.) criminal, outlaw; delinquent, perpetrator*
crucero *liner (boat)*
cruzar *to cross*
cuadra *block*
   a dos cuadras *two blocks away*
cuadro *painting; picture*
cuadros: a cuadros *plaid*
cual(es) *which*
   ¿cuál(es)? *which (one[s])?*
cualquier(a) *any, whatever*
cuando *when*
   ¿cuándo? *when?*
¿cuánto(s)(a)(s)? *how much?, how many?*
cuarteto de cuerdas *string quartet*
cuarto *room; fourth; quarter*
cuello *neck*
cuenta *account; bill; calculation*
   cuenta conjunta *joint account*
   cuenta corriente *checking account*
   cuenta de ahorros *savings account*
cuento *story, tale*
cuero *leather*
cuerpo *body*
cuestión *(f.) issue, matter*
cuestionar *to question*
cuidado *care, attention*
   tener cuidado *to be careful*
culpable *(adj.) guilty*
cumpleaños *birthday*
cumplir... años *to turn . . . years old*
cursar *to take (a course)*
curso *course*
cuota *fee*

D

daños *(pl.) damages*
dar *to give*
   dar fin a *to end*
   dar a luz *to bear a child*
   dar la bienvenida *to welcome*
   dar una clase *to teach a class*
   dar una película *to show a movie*
   dar una vuelta *to walk around, go for a ride*
   darse cita con *to meet*
   darse cuenta de *to realize*
   dárselo a *to sell for (give it to you for)*

de *from, of*
  ¿de dónde? *from where?*
debajo (de) *below*
deber *to owe, should, ought*
débil *weak*
decano(a) *(m., f.) dean*
decidirse a *to make up one's mind*
decir (i) *to say, to tell*
  es decir *that is to say*
  querer (ie) decir *to mean*
dedicarse a *to dedicate oneself to*
dedo *finger*
defectuoso(a) *(adj.) defective*
defender (ie) *to defend*
dejar *to allow; to leave behind*
  dejar de *to stop; to fail to do something*
  dejar un recado *to leave a message*
  dejárselo a *to sell at a reduced price*
delante de *in front of*
delicuencia *crime*
delicuente *(m., f.) criminal, delinquent*
demanda *claim, lawsuit*
demás: los demás *the others*
demonios: ¿dónde demonios... ? *where on earth . . . ?*
dentista *(m., f.) dentist*
dependiente(a) *(m., f.) clerk*
deporte *(m.) sport*
deportivo(a) *(adj.) related to sports*
derecho(a) *(adj.) right;* **derecho** *(n.) law, privilege*
  a la derecha *to the right*
  derechos de aduana *import duties*
derrocar *to knock down, to overthrow*
derrota *defeat*
desafiar *to challenge; to defy*
desamparado(a) *(m., f.) homeless*
desanimar *to discourage*
desarrollarse *to develop*
desayuno *breakfast*
desayunar(se) *to eat breakfast*
descansar *to rest*
descanso *rest*
descender (ie) *to go down*
descongelar *to defrost*
describir *to describe*
descuento *discount*
desde *since; from*
  desde luego *of course*

desear *to want, to desire*
  de desear *desirable*
desechable *disposable*
desempleo *unemployment*
deseo *desire, wish*
desfile *(m.) parade*
desierto *desert*
desmayarse *to faint*
desmayo *fainting spell*
desnutrición *(f.) malnourishment*
despacho *office (lawyer's, doctor's)*
despedida *farewell*
despedir (i) *to fire, to dismiss*
despedirse (i) *to say good-bye*
despegar *to take off (plane)*
despegue *(m.) take off (plane)*
despertar (ie) *to awaken*
despertarse (ie) *to wake up*
después *after*
destapar *to open*
desteñido(a) *(adj.) faded*
destinatario(a) *(m., f.) recipient, addressee*
destrozar *to destroy, to rip apart*
destruir *to destroy*
desvelarse *to stay awake*
desventaja *disadvantage*
desvestir(se) (i) *to undress (oneself)*
detalle *(m.) detail*
detener(se) (ie) *to stop*
detrás de *behind*
día *(m.) day*
  Día de Acción de Gracias *Thanksgiving*
  Día de los Muertos *All Saints' Day*
diablo *devil*
diagnóstico *diagnosis*
diario(a) *(adj.) daily;* **diario** *(n.) newspaper*
dibujo *drawing*
  dibujos *(pl.)* **animados** *cartoons*
dictadura *dictatorship*
dictar *to dictate*
  dictar una conferencia *to give a lecture*
diente *(m.) tooth*
difícil *difficult*
dilema *(m.) dilemma*
diminuto(a) *(adj.) very small*
dios *(m.) god*
diputado(a) *(m., f.) deputy, representative*
directo: en directo *live (performance)*

dirigir to manage
discar to dial
discoteca discotheque
discriminado(a) (adj.) discriminated
disculpa excuse
discurso speech
disfrutar to enjoy
disminuir to decrease
disponibilidad (f.) availability
dispuesto(a) a (adj.) willing to
distrito postal zip code
diversión (f.) entertainment
divertido(a) (adj.) entertaining
divertirse (ie) to have a good time
divorciado(a) (adj.) divorced
divorcio divorce
doblar to turn (at corner)
doblarse to bend over
doble double
    habitación (f.) **doble** double room
docena dozen
doctrina doctrine
documental (m.) documentary
doler (ue) to hurt
dolor (m.) pain
doloroso(a) (adj.) painful
domicilio place of residence
donde where
    ¿dónde? where?
dormir (ue) to sleep
dormirse (ue) to fall asleep
dormitorio bedroom, dormitory
ducha shower
ducharse to shower
dudable doubtful
dudar to doubt
dulce sweet
dulces (m., pl.) candies, pastries
durante during
durar to last

E

echar to throw
    echar al buzón to mail
edad (f.) age
educador(a) (m., f.) educator
efectivo cash
    pagar en efectivo to pay (in) cash
efectuar to bring out, to implement

eficaz (adj.) efficient; that works
egresar to leave; to graduate
ejecutivo(a) (m., f.) executive
ejemplo example
ejercicio exercise
ejército army
elaborar to prepare, to put together
electrodoméstico (kitchen) appliance
elegir (i) to elect
embarazada (adj.) pregnant
embotellamiento traffic jam
emoción (f.) emotion
empeñarse en to insist, to persist
empezar (ie) to begin
empleado(a) (m., f.) employee
empleo job
empresa company, undertaking
en seguida immediately
enamorado(a) (m., f.) boyfriend, girlfriend
enamorarse to fall in love
encajar to set in
encantado(a) (adj.) delighted
encantar to enchant
encarcelamiento imprisonment
encariñarse con to grow in affection for
encargado(a) (m., f.) person in charge, superintendent
encender (ie) to light; to turn on (lights, appliances)
encima de on top of
encinta pregnant
encomienda postal postal parcel
encontrar (ue) to find
encontrarse (ue) con to meet
encuentro meeting
encuesta survey, poll
endosar to endorse
enfadado(a) (adj.) angry
enfadarse to get angry
enfermarse to get sick
enfermedad (f.) illness
enfermero(a) (m., f.) nurse
enfermo(a) (adj.) sick person
enfoque (m.) focus
enfrentarse to confront
enfriar to cool down
engordar to get fat
enhorabuena congratulations
enojarse to get angry

enseñanza *teaching*
enseñar *to show*
  enseñar a *to teach*
entender (ie) *to understand*
enterarse *to find out, to hear about*
entibiar *to cool off*
entonces *then*
entrar *to enter*
entre *among, between*
entregar *to deliver, to hand over*
entrenarse *to train (for a sport, etc.)*
entretenido(a) *entertaining*
entrevista *interview*
entusiasmado(a) *(adj.) enthusiastic*
enviar *to send*
enyesado: estar enyesado *to be in a cast*
época *age, era*
equipaje *(m.) baggage, luggage*
  equipaje de mano *carry-on luggage*
equipo *team*
  equipo de sonido *sound system*
  equipo de video *video camera*
equivocado(a) *mistaken*
equivocar(se) *to (make a) mistake*
escala *scale*
escapar *to escape*
escaso(a) *(adj.) scant; a few*
escena *scene*
escenario *stage*
escenificación *(f.) staging*
escoba *broom*
escoger *to choose*
escombros *(pl.) rubble*
escribir *to write*
escritor(a) *(m., f.) writer*
espalda *back*
espantoso(a) *(adj.) horrible*
espárragos *(pl.) asparagus*
espectáculo *show*
espera *wait*
especialización *(f.) major (field)*
espinacas *(pl.) spinach*
espíritu *(m.) spirit*
esposo(a) *(m., f.) husband, wife*
esqueleto *skeleton*
esquina *corner*
estación *(f.) station; season*
  estación de ferrocarril *railroad station*
estado *state*
  estado civil *marital status*

estampado(a) *(adj.) printed, stamped*
estancia *room*
estar *to be*
  estar en forma *to be in good shape*
  estar en onda *to know what's going on*
  estar por *to be about to*
este *(m.) east*
estirar *to stretch*
estómago *stomach*
estornudar *to sneeze*
estrecho(a) *(adj.) wide*
estrella *star*
  estrella del cine *movie star*
estrellarse *to explode; to crash*
estreno *première; new movie*
estricto(a) *(adj.) strict*
estudiante *(m., f.) student*
estudiantil *(adj.) related to students*
estufa *stove*
estupendo(a) *(adj.) wonderful*
etiqueta *label*
europeo(a) *(adj.) European*
examen *(m.) exam*
examinarse *to take an exam*
exigir *to demand*
éxito *success*
experiencia *experience*
explicar *to explain*
exponer *to exhibit*
exprimidor *juicer*
exprimir *to squeeze*
extender (ie) *to extend*
extraño(a) *(adj.) strange, foreign; (n.) stranger*

F

fábrica *factory*
fábula *fable*
fácil *(adj.) easy*
facilidad *(f.) ease*
factura *bill*
facturar el equipaje *to check the luggage*
facultad *(f.) school (in a university)*
falda *skirt*
faltar *to miss; to be lacking; to fail (to fulfill)*
familiar *(adj.) related to family; (n.) family member*
farmacéutico(a) *(m., f.) pharmacist*
farmacia *pharmacy*
fastidiado(a) *bothered*
fastidio *nuisance; boredom*

felicitar *to congratulate*
  ¡Felicitaciones! *Congratulations!*
  Feliz cumpleaños *Happy birthday*
feria *fair*
ferrocarril *(m.) railroad*
  estación de ferrocarril *railroad station*
festejar *to celebrate*
fiebre *(f.) fever*
fiesta *party*
fijarse en *to notice, to pay attention to*
filmar *to film*
filosofía *philosophy*
filósofo(a) *(m., f.) philosopher*
fin *(m.) end*
  fin de año *New Year's Eve*
  fin de semana *weekend*
  por fin *finally*
financiero(a) *financial*
firma *company*
flecha *arrow*
flor *(f.) flower*
folleto *pamphlet*
fondos *(pl.) funds*
formulario *printed form*
fortalecer *to strengthen*
foto *(f.) photograph*
fracasar *to fail*
fracturarse *to fracture, to break*
franquear *to put on postage*
franqueo *postage*
franqueza *frankness*
  con franqueza *frankly*
frasco *bottle*
frazada *blanket*
frecuencia *frequency*
  con frecuencia *frequently*
fregadero *kitchen sink*
freno *brake*
frente *(f.) forehead*
fresa *strawberry*
fresco(a) *(adj.) fresh*
frescura *freshness*
frijoles *(m., pl.) beans*
frontera *border*
frutería *fruit store*
fuego *fire*
fuegos artificiales *(pl.) fireworks*
fuera *outside*
fuerte *strong*

fumar *to smoke*
función *(f.) event, show; showing of a movie*
funcionar *to work*
funcionario(a) *(m., f.) worker, officer*
funda *pillowcase*
furioso(a) *(adj.) angry*
fútbol *(m.) soccer*

G

gabinete *(m.) office, cabinet*
gallo *rooster*
  misa de gallo *Christmas midnight mass*
gamba *shrimp*
ganadería *cattle raising*
ganadero(a) *(n., m., f.) cattle rancher;*
  (adj.) related to livestock
ganado *livestock*
ganancias *(pl.) earnings, profit*
ganar *to earn; to win*
ganas *(pl.) desire*
  tener ganas de *to feel like*
ganga *bargain*
ganso *goose*
garaje *(m.) garage*
garganta *throat*
gaseosa *mineral water*
gastado(a) *(adj.) worn out*
gastar *to spend*
gemelo(a) *(m., f.) twin*
generalmente *generally, usually*
gerente *(m., f.) manager*
gimnasio *gymnasium*
ginecólogo(a) *(m., f.) gynocologist*
girar: girar un cheque *to write a check*
giro *money order*
  giro bancario *bank draft*
globo *globe, balloon*
gobernante *(m., f.) ruler*
golpe: golpe de estado *coup d'état*
golpear *to beat up*
gorro *cap*
gozar *to enjoy*
grabar *to engrave*
grabadora *tape recorder*
gracias *thanks*
graduación *(f.) commencement*
graduarse *to graduate*
grasa *grease*
gratis *free*

gratuito(a) *(adj.) free*
gravedad *(f.) seriousness, gravity*
grifo *water faucet*
gripe *(f.) flu*
grito *shout*
  a gritos *shouting*
grúa *crane*
guantes *(m., pl.) gloves*
guardarropa *wardrobe*
guerra *war*
guía *guide*
  guía telefónica *telephone directory*
guitarra *guitar*
gustar *to like, to be pleasing to*
gusto *pleasure*
  mucho gusto en conocerle *a pleasure to meet you*

H

haber *to be, to have (auxiliary)*
  haber de + *inf. to be supposed to*
  haber que + *inf. one must, it is necessary to*
había *there was, there were*
habichuelas *(pl.) (green) beans*
habilidad *(f.) ability*
habitación *(f.) room*
  habitación doble *double room*
  habitación sencilla *single room*
hablar *to speak*
  ¡ni hablar! *don't even say it!, no way!*
hacer *to do, to make*
  hacer un brindis *to make a toast*
  hacer cola *to stand in line*
  hacerse *to become*
hambre *(f. uses* **el**) *hunger*
  tener hambre *to be hungry*
harto(a) *(adj.):* **estar harto(a)** *to be fed up*
hasta luego *see you later*
hasta la vista *so long*
hasta pronto *see you soon*
hasta que *until*
hay *there is, there are*
  hay que *one has to*
  no hay de qué *you are welcome*
heredar *to inherit*
herido(a) *(adj.) wounded*
hermano(a) *(m., f.) brother, sister*
herramienta *tool*
hierba *grass, herb*

hierro *iron*
hígado *liver*
hijo(a) *(m., f.) son, daughter*
  hijo de vecino *any person*
himno nacional *national anthem*
hipoteca *mortgage*
hispánico(a) *(adj.) related to Hispanic culture*
hispano(a) *(m., f.) Spanish-American (person)*
historietas *(pl.) comics*
hogar *(m.) home*
hoja *leaf, sheet (paper)*
  hoja de maíz *corn husk*
hojalata *tin*
hombre *(m.) man*
hombro *shoulder*
hongos *(pl.) mushrooms*
hora *hour (clock)*
  es hora de *it's time to*
  ¿qué hora es? *what time is it?*
  ya es hora *time's up*
horario *schedule*
hornear *to bake*
horno *oven*
hospitalizar *to enter the hospital*
hubo *there was, there were*
huelga *strike*
hueso *bone*
huésped *(m., f.) guest*
huevo *egg*
huir *to flee*
humillado(a) *(adj.) humiliated*
huracán *(m.) hurricane*

I

ida: ida y vuelta *round trip*
idioma *(m.) language*
ídolo *idol*
iglesia *church*
igual *equal*
igualdad *(f.) equality*
imagen *(f.) image*
imaginar *to imagine*
imperio *empire*
impermeable *(m.) raincoat*
imponer *to impose*
importar *to matter, to care*
importe *(m.) sum, amount charged*
impresionar *to impress*
impresos *(pl.) printed matter, forms*

impuesto *tax*
inca *(m., f.) Inca; (m.) Peruvian money*
incendio *fire*
inclinarse *to bend over*
inconveniente *(m.) disadvantage, inconvenience*
indígena *(m., f.) native inhabitant*
indignarse *to get angry*
indudable *without a doubt*
informática *computer science*
informe *(m.) report*
ingeniería *engineering*
ingeniero(a) *(m., f.) engineer*
ingresar *to enter, to enroll*
ingresos *(pl.) income*
iniciar *to begin*
inmediato: de inmediato *immediately*
inodoro *toilet*
inquietud *(f.) concern, worry*
inscribirse *to register*
insomnio *insomnia, sleeplessness*
intercambiar *to exchange*
interés *(m.) interest*
   tasa de interés *rate of interest*
internar *to enter (a hospital, jail)*
interpretar el papel de *to play the role of*
interrogar *to interrogate*
interrumpir *to interrupt*
intervenir (ie) *to intervene*
inundación *(f.) flood*
invertir (ie) *to invest*
inyección *(f.) injection*
   poner una inyección *to give an injection*
ir *to go*
   ir de compras *to go shopping*
irritarse *to get angry*
irse *to go away, to leave*
isla *island*
itinerario *itinerary, schedule*
izquierdo(a) *left*
   a la izquierda *to the left*

J

jábon *(m.) soap*
jamás *never*
jamón *(m.) ham*
jarabe *(m.) syrup*
jardín *(m.) garden*
jardinero(a) *(m., f.) gardener*
jefe(a) *(m., f.) chief, boss*

jeringuilla *syringe*
jornada *day's work*
   jornada completa *full-time*
   media jornada *half-time*
jubilarse *to retire*
judío(a) *(adj.) Jewish*
juego *game*
jugador(a) *(m., f.) player*
jugar (ue) *to play*
jugo *juice*
juguete *(m.) toy*
justificar *to justify*
juventud *(f.) youth*

L

labio *lip*
lago *lake*
lámpara *lamp*
lana *wool*
lápiz *(m.) pencil*
largo(a) *(adj.) long*
   a lo largo *through, along, by*
   larga distancia *long distance*
lata *can*
latido *throb, beat*
lavabo *sink*
lavadora *washing machine*
lavaplatos *(m., sing.) dishwasher*
lavar *to wash*
lavar(se) *to wash (oneself)*
lecho *bed*
lechuga *lettuce*
lectura *reading*
lengua *language; tongue*
   sacar la lengua *to stick out one's tongue*
lenguaje *(m.) language*
letras *(pl.) letters; humanities*
letrero *sign*
levantar *to raise, to lift*
levantarse *to get up*
ley *(f.) law*
leyenda *legend*
libertad *(f.) de expresión freedom of speech*
libra *pound*
libre *(adj.) free*
librería *bookstore*
libreta de cheques *check book*
licenciatura *degree (equivalent to B.A.)*
licuadora *blender*

licuar *liquify; to blend*
líder *(m., f.) leader*
ligar *to make close friends*
ligue *(m.) close friend*
limosna *alms*
limpiaparabrisas *(m., sing.) windshield wiper*
limpio(a) *(adj.) clean*
línea *line*
   línea aérea *airline*
liso(a) *(adj.) plain, straight*
lista *list*
   lista de espera *waiting list*
   pasar lista *to call the roll*
listo(a) *(adj.) intelligent, ready*
   estar listo(a) *to be ready*
llamada *call*
   llamada de larga distancia *long distance call*
   llamada equivocada *wrong number*
   llamada local *local call*
   llamada por cobrar *collect call*
   llamada telefónica *phone call*
llamar *to call*
   llamarse *to call oneself, to be named*
llano *prairie*
llanta *car tire*
llave *(f.) key*
llegada *arrival*
llegar *to arrive*
llenar *to fill; to fill out*
llevar *to carry; to wear; to be . . . time in a place*
   llevarse *to take away, to carry off*
   llevarse bien *to get along with*
llover (ue) *to rain*
lluvia *rain*
loco(a) *(adj.) crazy*
lograr *to achieve, to manage to*
luchar *to fight*
lucir trajes regionales *to wear the traditional dress*
luego *later*
lustrar *to shine*
luz *(f.),* **luces** *(pl.) light*

M

madera *wood*
madre *mother*
madrina *godmother*
madrugada *dawn*
maestría *master of Arts (degree)*

maduro(a) *(adj.) mature, ripe*
mal *(m.) evil; sickness*
mal *badly*
   mal aliento *bad breath*
malo(a) *(adj.) bad*
maleta *suitcase*
maletín *(m.) small suitcase, briefcase*
maltratado(a) *(adj.) mistreated*
mando *command*
mandón(a) *(adj.) bossy*
manejar *to drive*
manga *sleeve*
manguera *hose*
mano *(f.) hand*
manta *blanket*
mantener (ie) *to maintain*
   mantenerse (ie) en forma *to stay in shape*
mantenimiento *maintenance*
manzana *apple*
mañana *tomorrow; morning*
mapa *(m.) map*
maquillar(se) *to (put on) make-up*
máquina *machine*
   máquina de afeitar *shaver*
maravilla *marvel*
marca *brand*
marcar *to dial (a number)*
marcharse *to go away, to leave*
mareo *dizziness, seasickness*
mariachis *(m. pl.) Mexican musical group*
mariscos *(pl.) seafood*
masa *dough*
materia *subject*
maternidad *(f.) maternity; motherhood*
matinal *(adj.) morning*
matrícula *registration (fee)*
matricularse *to register*
matrimonio *marriage*
maya *Mayan*
mayor *bigger; older*
mayoría *majority*
mayúscula *capital letter*
medicamento *medication*
médico(a) *(m., f.) physician*
medio(a) *(adj.) half*
medios *(pl.) means*
   medios de comunicacíon *media*
mejilla *cheek*
mejor *better*

mejorar *to improve*
mendigo(a) *(m., f.)* *beggar*
menor *smaller; younger*
  menor de edad *minor*
mensaje *(m.)* *message*
mentir (ie) *to lie*
menudo: a menudo *often*
mensual *monthly*
mercadería *merchandise*
mercado *market*
mercancía *merchandise*
mes *(m.)* *month*
mesa *table*
mestizo(a) *(m., f.)* *mixed-blood person*
meter *to put*
miedo *fear*
  tener miedo *to be afraid*
miel *(f.)* *honey*
mientras (que) *while; as long as*
  mientras tanto *meanwhile*
mimado(a) *(adj.)* *spoiled*
minería *mining*
minero(a) *related to mining; miner*
minifalda *miniskirt*
mirar *to look at*
misa *mass*
  misa de gallo *Christmas midnight mass*
misionero(a) *(m., f.)* *missionary*
mito *myth*
mochila *knapsack*
moda *fashion*
  estar de moda *to be in style*
  estar pasado de moda *to be out of style*
mojar(se) *to get wet*
molestar *to bother*
montar en *to ride*
moneda *currency, coin*
mono(a) *(m., f.)* *monkey*
montaña *mountain*
moraleja *moral (of a story)*
moreno(a) *(adj.)* *dark complexioned*
morir (ue) *to die*
mostrador(a) *showcase; counter*
mostrar (ue) *to show*
moto(cicleta) *(f.)* *motorcycle*
moverse (ue) *to make a move*
muchedumbre *(f.)* *crowd*
mudar de *to change*
mudarse *to change clothes; to move (change address)*

mudo(a) *(adj.)* *silent*
mueble *(m.)* *piece of furniture*
  muebles *(pl.)* *furniture*
muela *tooth*
muelle *(m.)* *spring; pier, wharf*
muerto(a) *(adj.)* *dead*
mujer *(f.)* *woman*
muleta *crutch*
muñeca *wrist; doll*
muñeco *dummy, doll*
músculo *muscle*

N

Nacimiento *Nativity scene, crèche*
nada *nothing*
  de nada *you're welcome; not at all*
nadar *to swim*
nadie *no one, nobody*
nalgas *(pl.)* *buttocks*
naranja *orange*
narcotraficante *(m., f.)* *drug dealer*
narcotráfico *drug traffic*
nariz *(f.)* *nose*
narrar *to narrate*
natación *(f.)* *swimming*
natal: ciudad natal *birthplace*
náusea *nausea*
Navidad *(f.)* *Christmas*
negar (ie) *to deny*
negocios *(pl.)* *business*
  hombre (mujer) de negocios *businessperson*
negro(a) *(n., m., f.)* *black person*
nevar (ie) *to snow*
nevera *icebox, refrigerator*
neumático *tire*
ni... ni *neither . . . nor*
¡Ni hablar! *No way!*
nieto(a) *(m., f.)* *grandson, granddaughter*
nieve *(f.)* *snow*
ningún *not any*
ninguno(a) *(adj.)* *not one*
no más *only (Mex.)*
noche *(f.)* *night*
nocturo(a) *(adj.)* *evening, night*
norte *(m.)* *north*
nota *grade, note*
notas *(pl.)* **sociales** *social news*
noticia *news*
novio(a) *(m., f.)* *boyfriend (girlfriend); bridegroom (bride)*

nuevo(a) *(adj.)* *new*
nunca *never*
número *number*

O

obedecer *to obey*
obligatorio(a) *(adj.)* *compulsory*
obrero(a) *(m., f.)* *blue-collar worker*
obtener (ie) *to obtain*
océano *ocean*
ocupación *(f.)* *job, trade*
ocupado(a) *(adj.)* *busy*
oeste *(m.)* *west*
ofender *to offend*
oferta *offer*
oficina *office*
oficio *trade, job*
ofrecer *to offer*
oído *(m.)* *(inner) ear*
ojo *eye*
ola *wave*
olor *(m.)* *smell, odor*
olvidar *to forget*
olla *cooking pot*
opinar *to express an opinion*
oprimir *to press*
optativo(a) *elective*
orden *(m.)* *order*
orden *(f.)* *command; order of merchandise*
oreja *(outer) ear*
orejera *earflap*
orilla *shore*
orina *urine*
oscilar *to fluctuate*
¡Ostras! *What the heck!*
otro(a) *(adj.)* *another*

P

paciente *(m., f.)* *patient*
padecer (una enfermedad) *to suffer (an illness)*
padre *(m.)* *father*
padrino *godfather*
pagar *to pay*
    pagar en efectivo/al contado *to pay cash*
    pagar en cuotas mensuales *to pay monthly payments*
    pagar con tarjeta de crédito *to pay with a credit card*
páginas *(pl.)* amarillas *the yellow pages*
pago *payment*

pago inicial *down payment*
país *(m.)* *country*
pájaro *bird*
palabra *word*
paloma *dove*
palomita *pigeon*
pampa *grasslands (Argentina)*
pan *(m.)* *(loaf) of bread*
    pan de molde *sandwich bread*
panadería *bakery*
panadero(a) *(m., f.)* *baker*
pantalla *screen (movie or TV)*
pantalones *(m., pl.)* *pants, slacks*
pantorrilla *calf*
pañuelo *handkerchief*
papa *potato*
Papá Noel *Santa Claus*
papel *(m.)* *paper; role (in a play)*
    papel de envolver *wrapping paper*
    papel higiénico *toilet paper*
par *(m.)* *pair*
para *in order to, for*
    ¿para qué? *for what purpose?, why?*
parada *stop*
paraguas *(m., sing.)* *umbrella*
parecer *to seem*
parecerse *to resemble, to look like*
pareja *pair, couple*
pariente *(m., f.)* *relative*
paro *strike, stoppage*
partida *party (political)*
párrafo *paragraph*
pasaje *(m.)* *ticket, fare*
pasajero(a) *(m., f.)* *traveler, passenger*
pasar *to pass, to come in*
    pasar lista *to call the roll*
    pasado de moda *out of fashion*
Pascua *Easter*
pasillo *aisle*
pasta: pasta de dientes *toothpaste*
pastel *(m.)* *cake*
pastilla *pill*
    pastilla para dormir *sleeping pill*
patata *potato*
patillas *(pl.)* *sideburns*
patinador(a) *(m., f.)* *skater*
patria *homeland*
patrocinador(a) *(m., f.)* *sponsor*
pavo *turkey*
paz *(f.)* *peace*

peatón *(m., f.) pedestrian*
pecho *chest, breast*
pedir (i) *to ask for; to order*
  pedir la baja *to resign*
  pedir un préstamo *to ask for a loan*
pegar *to glue, to paste; to hit*
peinar(se) *to comb (oneself)*
película *film*
peligro *danger*
pelo *hair*
pendiente *hanging, pending; earring*
pensamiento *thought*
pensar (ie) *to think about/of*
  pensar de *to think of*
  pensar en *to think about*
  pensar en un deseo *to make a wish*
peor *worse*
pepino *cucumber*
pera *pear*
percance *(m.) accident, mishap*
perder (ie) *to lose*
  perder el vuelo *to miss the flight*
perderse (ie) *to get lost*
pérdidas *(pl.) losses*
perdonar *to excuse*
permanencia *stay, green card*
permiso *permission, permit*
periódico *newspaper*
periodismo *journalism*
periodista *(m., f.) journalist*
pero *but*
perseguir (i) *to pursue*
personaje *(m.) character in a play*
personajes *(pl.)* **e intérpretes** *(pl.) cast*
personal *(adj.) personal; (m.) personnel*
pertenencias *(pl.) belongings*
perturbar *to disturb*
pesar *to weigh*
  a pesar de (que) *in spite of; although*
pescadería *fish market*
pescado *fish*
peso *weight; currency of several Latin American countries*
pestaña *eyelash*
picar *to eat small bits*
pie *(m.) foot*
pies de foto *(m., pl.) captions*
piel *(f.) skin*
pierna *leg*
píldora *pill*

piloto *(m., f.) pilot*
piratería aérea *hijacking*
piscina *pool*
piso *floor; apartment*
pista *roadway; clue; track*
  pista de aterrizaje *landing field*
placa *license plate*
placer *(m.) pleasure*
plana: primera plana *front page*
plancha *iron*
planchar *to iron*
plano(a) *(adj.) flat*
  plano de la casa *floorplan*
planta baja *ground floor*
plantearse *to examine, to study*
plata *silver*
plátano *banana; plantain*
plato *plate; dish*
playa *beach*
plazos *(pl.):* **comprar a plazos** *to buy on installment*
pleno(a) *(adj.) full*
plomo *lead*
  sin plomo *unleaded*
pluma *pen; feather*
población *(f.) town; population*
pobreza *poverty*
poder *(m.) power*
poder (ue) *to be able to*
podría *could*
policía *(f.) police*
policía *(m.) policeman*
  mujer policía *(f.) policewoman*
político(a) *(m., f.) politician*
pollo *chicken*
poner *to put, to place*
  poner una inyección *to give a shot*
  poner la mesa *to set the table*
ponerse *to put on, to wear; to become*
  ponerse en cola *to stand in line*
por *through, by*
  por favor *please*
  por fin *finally*
  por lo menos *at least*
  por poco *almost*
  ¿por qué? *why?*
  porque *because*
  por supuesto *of course*
posponer *to put off, to postpone*
postulante *(m., f.) applicant*

postular to apply for
precio price
precisar to need; to be specific
preferir (ie) to prefer
pregonar to announce
pregunta question
   hacer preguntas to ask questions
preguntar to ask
preguntarse to wonder
prejuicio prejudice
premiar to give an award
prenda jewel
   prenda de vestir piece of clothing
prensa press, newspapers
preocupar to worry
preparar(se) to prepare (to get ready)
preparativos (pl.) preparations
presentar to present, to introduce
   me gustaría presentarle(te) a... I would like
     you to meet . . .
   presentarse al examen to take a test
presión (f.) arterial blood pressure
   presión alta high blood pressure
préstamo loan
prestar to lend
   prestar atención to pay attention
presupuesto budget
prevenir (ie) to prevent, to warn
primer, primero(a) (adj.) first
primo(a) (m., f.) cousin
principio beginning
prisa haste
   tener prisa to be in a hurry
probar (ue) to try; to taste
procedencia place of origin
procedente de coming from
proceso procedure, process; lawsuit
programador(a) (m., f.) programmer
prometer to promise
pronto soon
   de pronto soon
   tan pronto como as soon as
propaganda advertising, advertisement
propina tip
proponer to propose
propósito aim, purpose
proteger to protect
proyecto project
prueba test
publicidad (f.) advertising

¿Puedo? May I?
puerta door
puesto job, position; market stall
   puesto de periódicos newspaper stand
pulmón (m.) lung
punto point
   punto de vista point of view

Q

que that, which
¿qué? what?
   ¿por qué? why?
   ¡qué lata! what a nuisance!
   ¡qué lástima! what a pity!
   ¡qué lío! what a problem!
   ¿qué tal? how are you?
   ¡qué tontería! what nonsense!
   ¡qué va! no way!
quedar en to agree on
quedarle bien to suit
quedar(se) to remain, to stay; to be located; to
   do the correct thing; to have left
   quedarse con to keep
   quedársele a uno(a) to be left (remaining
     to one)
quehacer (m.) task, chore
queja complaint
quejarse (de) to complain
quemar to burn
querer (ie) to wish, to want; to love
   querer decir to mean
querido(a) (adj.) dear, beloved
queso cheese
quien who, whom
¿quién? who?, whom?
quinceañera fifteen-year-old girl
quisiera I would like to
quitar(se) to take (off)
quizá, quizás perhaps

R

racimo bunch
ración (f.) portion, serving
radio (m.) radio set
radio (f.) radio
radioemisora radio station
raspar to scrape
rato short while
raya stripe
   a rayas striped

rayo *ray; thunderbolt, lightning*
  rayos equis *(pl.) X-rays*
raza *race*
razón *(f.) reason*
  tener razón *to be right*
realizar *to fulfill, to achieve*
rebaja *discount*
  en rebaja *reduced*
rebajar *to reduce*
rebozo *shawl (Mex.)*
recado *message*
recámara *bedroom (Mex.)*
recepción *(f.) hotel lobby*
receta *prescription*
recetar *to prescribe*
recibir *to receive*
reciclado *recycling*
reclamar *to claim*
recoger *to pick up*
  recoger la mesa *to clear the table*
recordar (ue) *to remember*
recorrer *to travel through, to pass over*
recostarse (ue) *to lean back*
rector(a) *(m., f.) president of a university, chancellor*
recuerdo *memory, souvenir*
reemplazar *to replace*
referirse (ie) a *to refer to*
refrán *(m.) proverb, saying*
refresco *drink*
regalo *gift*
regar (ie) *to water*
regatear *to bargain*
régimen *(m.)* **militar** *military regime*
registrar *to examine, to look for, to inspect*
relajar *to relax*
relámpago *lightning*
releer *to reread*
relleno *stuffing*
reloj *(m.) watch, clock*
remedio *remedy*
  no tener más remedio *to have no other choice*
remitente *(m., f.) sender*
renunciar *to quit, to resign (job)*
reñir (i) *to fight; to scold*
repasar *to review*
repetir (i) *to repeat*
repicar las campanas *to ring (church) bells*
reportaje *(m.) news report*
reprobar (ue) *to fail, to flunk*

requisito *requirement, requisite*
resfriado: coger un resfriado *to catch a cold*
resfrío *cold*
resistir *to resist*
resolver (ue) *to solve*
respirar *to breathe*
restar *to subtract*
retirar *to take away*
retirarse *to withdraw, to retreat*
retraso *delay*
reunir *to meet; to gather*
reunión *(f.) meeting*
revendedor(a) *(m., f.) resaler; scalper*
reventar (ie) *to pop, to burst, to explode*
revisar *to review, to check*
revista *magazine*
Reyes *(m., pl.)* **Magos** *the Three Wise Men*
rezongar *to mumble*
riesgo *risk*
riñón *(m.) kidney*
río *river*
ritmo *rhythm*
robo *robbery, theft*
rodar (ue) *to film (a movie)*
rodear *to surround*
rodilla *knee*
rogar (ue) *to beg, to plead*
romper *to break*
ropa *clothing*
ropero *closet*
ruborizado(a) *(adj.) awkward*
rueda *wheel*
ruido *noise*
rumbo a *bound for*

S

sábana *bed sheet*
saber *to know; to taste*
  ¡sabe a demonios! *it tastes horrible!*
sacar *to take out*
  sacar buenas (malas) notas *to get good (bad) grades*
sacerdote *(m.) priest*
sala *room; living room*
  sala de espera *waiting room*
salida *exit*
salir *to leave; to depart*
salón *(m.) room*
saltar *to jump*

salud (f.) health
  ¡Salud, dinero y amor! To your health!
saludable (adj.) healthy
saludar to greet; to salute
salvar to save, to rescue
sandalia sandal
sandía watermelon
sangre (m.) blood
santo saint
sartén (f.) frying pan
secadora dryer
secar(se) to dry (oneself)
  secar los platos dry the dishes
sed (f.) thirst
  tener sed to be thirsty
seda silk
seguir (i) to follow
segundo second
seguro(a) (adj.) estar seguro to be safe; to be sure
seguro insurance
seleccionar to select
sello postage stamp
selva jungle
Semana Santa Holy Week
semáforo traffic light
sencillo(a) (adj.) easy; simple
  habitación (f.) sencilla single room
sendero path
sentarse (ie) to sit
sentimiento feeling
sentir (ie) to feel
sentirse mal (bien) to feel sick (well)
señal (f.) signal
  señales (pl.) del tránsito traffic signals
serenata serenade
servir (i) to serve
sicólogo(a) (m., f.) psychologist
SIDA AIDS
siempre always
siguiente following
silbar to whistle
silla chair
  silla de ruedas wheelchair
sillón (m.) armchair; rocking chair
sin without
  sin cesar ceaseless(ly)
  sin embargo however
sindicato union
sino but

síntoma (m.) symptom
sobre (m.) envelope
sobre above; about
sobregirar to overdraw
sobreviviente (m., f.) survivor
socio(a) (m., f.) partner
socorro: pedir (i) socorro to cry for help
soldado (m., f.) soldier
soler (ue) to be accustomed to
solicitante (m., f.) applicant
solicitar to apply
  solicitar un empleo to apply for a job
solicitud (f.) application
sólo only
solo(a) (adj.) alone
soltero(a) (m., f.) a single person
sonreír (i) to smile
soñar (ue) to dream
soplado(a) a mano (adj.) hand-blown
soplar to blow out (candles)
sorprender to surprise
sorpresa surprise
sortear to slalom, to draw lots
sospechoso(a) suspicious, suspect
subasta auction
subir to go up, to take up
  subir a to get on
subrayar to underline
suceder to take place
sucio(a) (adj.) dirty
sucursal (f.) branch
suegro(a) (m., f.) father-in-law, mother-in-law
sueldo salary
suele ser (it) usually is
suelo floor
sueño dream
  tener sueño to be sleepy
suerte (f.) luck
  tener suerte to be lucky
sufrir to suffer
sugerir (ie) to suggest
sujetador (m.) bra
sumar to total, to add
suplicar to beg
suponer to suppose
supuesto: por supuesto of course
sur (m.) south
suspender to flunk a student or a subject
sustituir to substitute

T

tablón (m.) **de anuncios** bulletin board
tacaño(a) (adj.) cheap, stingy
tacón (m.) heel
tal such
   ¿Qué tal? How are you?
talla size
tallado(a) (adj.) carved
tamaño size
tampoco neither
tanque (m.) **de gasolina** gas tank
tapas (pl.) snacks (Spain)
taquilla ticket office, ticket window
tarea task, work, homework
tarifa fare; fee
tarjeta card
   tarjeta de crédito credit card
   tarjeta postal postcard
taza cup
   taza de café cup of coffee
teatro theater
techo roof
tejado roof
tejido(a) (adj.) knit
tele(visión) (f.) television broadcasting
telenovela soap opera
telepantalla television screen
televidente (m., f.) television viewer
televisor (m.) television set
telón (m.) theater curtain
temer to be afraid of, to fear
temporada season
tenderse (ie) to lie down
tener (ie) to have, to possess
   tener lugar to take place
tensión (f.) stress
teñir (i) to dye
terminar to end, to finish
ternera veal
tertulia gathering, conversation
terraza terrace
terremoto earthquake
testigo (m., f.) witness
tiempo time
   tiempo libre free time
tilo linden tree (medicinal)
timbre (m.) doorbell
tina bathtub
tinto: vino tinto red wine

tío(a) (m., f.) uncle, aunt
tira: tira cómica comic strip
titular (m.) headline
título title; degree
toalla towel
tobillo ankle
tocado hairdo; headdress
todo(a) (adj.) all, every
   ante todo above all
tomar to take, to drink
   tomar apuntes to take notes
   tomar asiento to sit down
tontería foolishness
   ¡Qué tontería! What nonsense!
toparse con to meet
torear to bullfight
tormenta storm
torta cake
tortilla corn flour pancake
   tortilla española Spanish omelette
tos (f.) cough
toser to cough
tostadora toaster
trabajador(a) (m., f.) worker
traducir to translate
traer to bring
traje (m.) suit
trámite (m.) procedure
tranquilo(a) (adj.) calm, quiet
tránsito traffic, transit, passage
transporte (m.) transportation
transmitir to broadcast
trapo rag, piece of cloth
tratar to try; be about
tren (m.) train
tropezarse con to meet
trotar to jog
trueno thunder
tumba grave
turista (m., f.) tourist

U

último(a) last
único(a) (adj.) only
   hijo(a) único(a) only child
universitario(a) (m., f.) university student
unos (unas) some, a few
uña nail
uva grape

V

¡**Vale!** O.K.
valor (m.) value; courage
valle (m.) valley
vaquero (m.) cowboy
vaqueros (pl.) jeans
variedad (f.) variety
varón (m.) male
vecino(a) (m., f.) neighbor
vehículo vehicle
vela candle
vena vein
vencimiento: fecha de vencimiento due date
vendedor(a) (m., f.) salesperson
vender to sell
¡**Venga!** Come on!
venir (ie) to come
venta sale
ventaja advantage
ventanilla car window; ticket booth
ventilador (m.) vent
verano summer
verbena popular festival
verde (adj.) green; unripe
verdura vegetable, greens
verdulería vegetable market
verificar to check
vespertino(a) (adj.) evening
vestido dress
vestimenta clothes, garments
vestirse (i) to dress oneself
vez (f.) time, occasion
   a veces sometimes

   otra vez another time
viajar to travel
viaje (m.) trip
viajero(a) (m., f.) traveler
vida life
videocasetera VCR
vidrio glass
Viernes (m.) **Santo** Good Friday
villancico Christmas carol
vino wine
virutas (pl.) wood shavings
visto: por lo visto apparently
viudo(a) (adj.) widowed; (n.) widower, widow
vivienda housing
voceador(a) (m., f.) one who shouts to sell newspapers
volante (m.) steering wheel
voluntad (f.) will, desire
volver (ue) to return
   volver en sí to regain consciousness
volverse (ue) to become
voto vote
voz (f.) voice
vuelo flight
   vuelo directo direct flight
vuelta return
   estar de vuelta to return
vuelto change (money)

Z

zapato shoe
zona zone
zumo juice

Answer Key

LECCIÓN 1

Actividad 2

1. María Elena está desayunando cuando Armando se acerca a su mesa.
2. Dice que ella no ha venido a España a divertirse, sino a estudiar.
3. Dice que así no va a conocer bien la vida en España y que las experiencias nuevas, las diversiones, los ligues, también forman parte de la vida.
4. Porque Armando la ha convencido.

Actividad 4

—(Muy) bien / mal / así así, ¿y tú (qué tal / cómo estás)?
—Me llamo… (Soy…)
—Estudio…
—Soy de…
—Llevo aquí… días / semanas / meses / años.
—Conozco un sitio muy divertido que se llama…
—Me parece bien / mal,…
—A la(s)…

Actividad 5

1. Encantado(a). / Gusto de conocerlo.
2. Pase, por favor. / ¡Adelante!
3. Gracias.
4. ¡Por supuesto! / ¡Cómo no! / ¡Claro que sí! / …
5. No hay de qué. / De nada.

Actividad 6

1. V.
2. F. La película El gaucho se está rodando en Argentina.
3. F. Ha filmado tres películas. Ahora está rodando la cuarta.
4. F. Cree que es muy buena y está seguro de que le va a gustar al público.
5. F. Según Marcos Sánchez, un buen actor tiene que actuar en diferentes papeles.
6. F. El periodista sí está de acuerdo.

Actividad 7

1. e
2. h
3. b
4. f
5. c
6. a
7. g
8. d

Actividad 9

1. Cuál
2. Cuáles, qué
3. qué, Cuál, Qué
4. cuál, Cuál, Qué

Actividad 10

1. Cuál
   Desperado.
2. Quién
   Robert Rodríguez.
3. Dónde
   En México.
4. Cuál
   Un mariachi se sumerge en el oscuro mundo del hampa donde conoce a un peligroso narcotraficante al que se enfrenta con la ayuda de su mejor amigo y de la joven propietaria de una librería.
5. Por qué
   Porque es una película extremadamente violenta.

6. qué
En *Desperado*.
7. Qué
Banderas encarna al famoso justiciero enmascarado.

Actividad 11

1. Qué
2. Cuánto / Cómo
3. Cuántos
4. Cómo / Cuánto
5. Qué
6. Qué / Cuántas

Actividad 12

1. i
2. j
3. e
4. g
5. c
6. b
7. a
8. d
9. h
10. f

Actividad 13

1. un, un, un
2. unas, del, al, los, la
3. las, una, La, la, el
4. los, La, la
5. el, al, al
6. los, las, unos

Actividad 14

A: una
B: un
B: un, Ø
B: Ø
B: Ø, una, unos, Ø, Ø
A: un, un, un, unos, Ø

Actividad 15

1. casa vieja
2. blusa blanca y falda corta
3. joven muchacha, gran dama
4. flores rojas y amarillas
5. mariposas grandes
6. muchacha morena
7. lejano país

Actividad 21

1. Éste
2. estos
3. Esta
4. estas
5. esta
6. esto, Ésto
7. Este
8. esta
9. Ésta

Actividad 22

1. esos, Éso
2. ese
3. Esa
4. ese
5. Esa
6. Ese, eso
7. Esa
8. esas
9. ese
10. esa

Actividad 24

Roberto: pedir
Roberto: pregunté, pregunté por
Maribel: me pregunto
Maribel: hacer una pregunta
Maribel: Por qué
Roberto: Porque, porque, pregunta.
Maribel: a causa del, pregunta

LECCIÓN 2

Actividad 2

1. Se encuentra en Madrid y es importante porque Madrid es la capital de España.
2. El camarero pide a gritos la comida o bebida solicitada por el cliente.
3. Cuando dice "dos con leche y dos de churros", pide dos cafés con leche y dos raciones de churros.
   Cuando dice "dos solos y dos con gas", pide dos vasos de vino solo y dos vasos de vino con gas.
4. Se deriva de la palabra *bocado*. En el artículo se mencionan los bocadillos de jamón, de tortilla y de queso.

Actividad 6

L: tú
JI: yo
JI: Ø
L: Ø, Ø, Ø
JI: Ø
L: Ø, Yo, ellos, tú, Ø

Actividad 11

1. empieza
2. cojo
3. van y vienen
4. ríen
5. anuncia
6. distribuyen
7. quiero, traigo
8. ofreces, habla
9. puede, llega, Conoce
10. conozco, Vengo, viven
11. continúan
12. oyen

Actividad 12

EL AGENTE: puedo
LA VIAJERA: Quiero / Deseo
EL AGENTE: parten / salen, tiene
LA VIAJERA: sale / parte
EL AGENTE: debe
LA VIAJERA: Puede / Sabe, tiene
EL AGENTE: es

Actividad 19

1. encontrará
2. tendrá
3. habrá
4. enviaremos
5. tendrá, estaremos
6. verá, llevará, estarán, haremos

Actividad 20

Capricornio: saldrá, será
Cáncer: vendrá, Valdrá
Acuario: ayudarán, comenzará
Leo: sufrirá, Tendrá
Piscis: sentirá, tendrá, podrá
Virgo: recibirá, contará, habrá
Aries: recibirá, buscarán
Libra: producirá, firmará
Tauro: empezarán, ganará, hará
Escorpión: tomarán, Conocerá, encontrará

Géminis: tendrá, será
Sagitario: tendrá, pondrán

Actividad 24

1. V.
2. F. Le gusta más "trabajar para vivir" que "vivir para trabajar".
3. F. Hace más de cuarenta años que trabaja en su oficio.
4. V.
5. V.

Actividad 28

1. Teníamos tantas ganas de aterrizar como el piloto.
2. ¿Estás tan cansado del viaje como yo?
3. En Quito visitamos tantas iglesias como ellos.
4. En el futuro no viajaré tanto como este año.
5. En este viaje verdaderamente he gastado tanto dinero como tú.
6. Ellas regresaron tan contentas como Uds.

Actividad 29

1. Avianca tiene tantos pilotos como Aeroméxico, pero Iberia no tiene tantos pilotos como Avianca o Aeroméxico.
2. Los aviones de Iberia son tan modernos como los de Aeroméxico, pero los aviones de Avianca no son tan modernos como los de Iberia o Aeroméxico.
3. Avianca tiene tantos aviones como Aeroméxico, pero Iberia no tiene tantos aviones como Avianca o Aeroméxico.
4. Los asistentes de vuelo de Aeroméxico trabajan tantas horas al día como las azafatas de Iberia, pero los asistentes de vuelo de Avianca no trabajan tantas horas al día como las azafatas de Aeroméxico o Iberia.

Actividad 32

1. Otra vez
2. época
3. vez
4. hora
5. hora
6. rato
7. Otra vez

c. rato
d. época
b. veces
g. tiempo
a. hora
f. hora
e. Cada vez

Actividad 33

1. el más
2. más (pequeño) que
3. más (lunas) que, de
4. tan, el más (caliente) de
5. de, de, más, menos
6. más (corto) que, menos (tiempo) que

LECCIÓN 3

Actividad 3

1. En España, para matricularse hay que llenar los impresos de matrícula, llevar la documentación y el importe requeridos. Con más de dos asignaturas pendientes el (la) estudiante no podrá pasar de curso oficialmente.
2. El DNI es el Documento Nacional de Identidad. Su equivalente en los Estados Unidos sería el *Driver's Licence* o *ID Card*.
3. Porque el horario se establece de acuerdo a la disponibilidad de los profesores y a las obligaciones de los alumnos (estudiantes). Estos no tienen que elaborar su propio horario.

Actividad 7

1. c
2. a
3. d
4. e
5. b
6. f

Actividad 11

A: está para
A: son de, es de, es de
A: son para
A: está de
A: son de, son de

Actividad 12

1. La ducha no funciona
   —estar
   —está
2. La biblioteca está cerrada
   —son
   —está

3. En busca de alojamiento
   —estar
   —Estás
   —es
   —es
4. Una llamada telefónica
   —estás
   —Estás
5. ¿Por qué tan serio(a)?
   —Estás
   —está

Actividad 15

1. b, f, h
2. e
3. c, d, g
4. i
5. a

Actividad 21

—de
—en
—en
—de
—de, del
—de
—de
—en, de, de, de, en, de
—En

Actividad 22

1. (se llevarán / tomarán)
2. (llevo / tomo), (llevar / tomar)
3. (faltes a / dejes de)
4. (llevar / llevarse)
5. (fracasó / suspendió)
6. (Faltan / Toman)
7. (suspende / se quita), (deja de / falta a)
8. (fracasar / faltar)

Actividad 23

1. falta
2. acaban de
3. tienen lugar
4. acaban de, llevaremos
5. llevar, se acaban

Actividad 30

1. No es suficiente: miles de licenciados se hallan en situación de paro.

2. Los empresarios optan por aquellos candidatos que puedan aportar además de un título universitario una fuerte preparación idiomática.
3. Los idiomas más solicitados son inglés, francés y alemán, y también ruso y chino.
4. T&S también ofrece italiano, portugués y árabe.
5. La matrícula es gratuita presentando el vale *(coupon)*.

LECCIÓN 4

Actividad 4

1. ...una nevera (un refrigerador).
2. ...televisor (una nueva tele).
3. ...el lavaplatos.
4. ...la aspiradora.
5. ...la plancha.
6. ...el ventilador ...el contestador automático.
7. ...despertador.
8. ...el teléfono.

Actividad 6

1. La Ciudad de México fue en sus orígenes una pequeña población fundada por una de las siete tribus nahuatlacas procedentes de Aztlán.
2. Tenochtitlán surgió en 1325 en un islote del Lago Texcoco.
3. En 1519 Hernán Cortés llegó al país por las costas de Quintana Roo.
4. Cortés se alió a los tlaxcaltecas para atacar a los mexicas.
5. El 30 de junio de 1520, fecha conocida como "la noche triste", los mexicas derrotaron a los invasores (es decir, a Hernán Cortés y sus soldados).
6. Cortés reagrupó sus fuerzas antes del 19 de junio de 1521.
7. La capital de la Nueva España se edificó sobre las ruinas de la capital mexica, Tenochtitlán.

Actividad 7

1. hiciste, Estuve
2. comenzaste, Lavé, ordené, pusimos
3. Barriste, barrí, lavé
4. Pusiste, arreglaste, hice, cambié, anduve
5. pudiste, fue, llevó

Actividad 8

1. fue
2. se divirtieron
3. bailaron y cantaron
4. pudo
5. invitó
6. recibió
7. saqué
8. trajiste
9. tuvieron
10. llegó

Actividad 11

1. Primero se adornaba la casa con el belén y el árbol. Después se compraban dulces y se cocinaban los platos típicos para esas fiestas. Por último, se invitaba a todos los tíos y primos que vivían en la ciudad.
2. La abuela preparaba todo con la ayuda de los hermanos.
3. Se invitaba a todos los tíos y primos que vivían en la ciudad.
4. Los tíos, como siempre, se escapaban con cualquier excusa y no hacían mucho. El abuelo compraba los juguetes y después se quejaba porque los niños hacían mucho ruido cuando jugaban.

Actividad 13

—era
—salía, hacía, arreglaba, hacía, colgaba, pasaba
—preparaba
—hacía

Actividad 15

1. Pudo realizar uno de sus sueños: hacer un viaje largo por Sudamérica.
2. Tuvo que interrumpir su viaje porque su hermana Ana se había comprometido y se casaba muy pronto.
3. Todos estaban muy nerviosos y ocupados.
4. La boda fue muy bonita.

Actividad 22

M: conociste
D: conocí
M: sabías
D: supe
M: pudiste
D: quería, conocía

M: pudiste
D: quise, podía
M: supiste, quería
D: sabía

Actividad 27

1. (<u>conocía</u> / ~~sabía~~), (~~conocía~~ / <u>sabía</u>)
2. (<u>conocía</u> / ~~sabía~~), (~~conocía~~ / <u>sabía</u>)
3. (~~conoció~~ / <u>supo</u>), (<u>conocimos</u> / ~~supimos~~)
4. (~~conocía~~ / <u>sabía</u>)
5. (<u>conocimos</u> / ~~supimos~~)
6. (<u>conoció</u> / ~~supo~~), (~~conoce~~ / <u>sabe</u>)
7. (~~conocía~~ / <u>sabía</u>)

Composición

Modelo: *Caprichos de una niña mimada*
era, era, tenía, decía, daba, lloraba, gritaba, sabía,
compró, hice, podía

LECCIÓN 5

Actividad 6

1. has fijado, ha cambiado, ha pasado, ha dicho
2. se han casado, he estado, Han puesto
3. ha venido, He tenido, ha visto

Actividad 8

había cobrado, había dicho, habían invitado,
había visto, había encontrado, ha rebajado,
Hemos vendido, ha visto

Actividad 9

1. La suma total se ha depositado (ingresado) en
   la cuenta 75483 de Banco Mexicano Somex.
2. Rosario Santos ha depositado (ingresado)
   tres cheques. Ha hecho el primer depósito
   (ingreso) por treinta y siete mil pesos, el
   segundo por setecientos cincuenta mil pesos
   y el tercero por cuarenta y dos mil ciento
   sesenta y dos pesos.
3. El importe total de los cheques es ochocien-
   tos veintinueve mil ciento sesenta y dos
   pesos.

Actividad 11

1. La tamalera lleva un rebozo.
2. Ella ofrece su mercadería. Se dirige a sus
   compradores diciendo: "marchantita(o)".
3. Sí, ofrece rebajas. Si uno compra cuatro se los
   deja por menos.

4. El tamal es una comida de origen indígena
   preparada con masa de maíz. El tamal se
   rellena con carne o dulce. Los vende la
   tamalera.
5. Los tamales se hacen de carne, masa y hoja.
6. Hay tamales rojos y verdes porque pueden
   estar hechos de chile rojo o chile verde.

Actividad 12

1. Sí, las pagué todas.
2. Sí, los llevé al banco.
3. Sí, las envié.
4. Sí, el banco lo aprobó.
5. Sí, los compradores los firmaron.
6. Sí, la jefe de ventas la va a entregar (va a
   entregarla) hoy.
7. Sí, los contraté.
8. Sí, lo hice.

Actividad 13

1. Una verdadera amistad
   M: la
   C: la
   M: me, me, me, la
   C: La
   M: la
2. ¿Dónde se encuentran Uds.?
   E: las, me, lo, te
   V: me, nos

Actividad 18

1. ti, (con)tigo
2. (con)migo, Ud. y yo, mí, (con)migo

Actividad 19

1. Se puede comprar de todo y con toda
   comodidad con la tarjeta Cajamadrid.
2. Se debe poner la tarjeta Cajamadrid en la
   función "Tarjeta de Viaje".
3. Porque cuando se tenga algo que celebrar, se
   quedará bien sin tener que llevar dinero
   encima.
4. Se puede obtener dinero de los cajeros
   automáticos las 24 horas del día.

Actividad 21

1. Ø, al, a, a, con
2. con, a, Ø, a, a, Ø, con

Actividad 23

—vienes, vamos, voy

—voy, llego

Actividad 27

Sr. Ochoa: con, en

Recepcionista: de, a

Sr. Ochoa: al

Recepcionista: en (sobre / encima de), a

LECCIÓN 6

Actividad 3

1. En las grandes ciudades los enfermos van a los hospitales, clínicas y consultorios médicos. En las poblaciones menores la medicina casera ha sobrevivido para los males menores.
2. Aconsejan quedarse en cama, tomar un vaso de zumo (jugo) de naranja con miel y hacer hervir hojas de flor de tila.
3. En los pueblos andinos se puede encontrar boldo, menta y salvia.

Actividad 4

1. b
2. b
3. c
4. c

Actividad 7

1. Es importante que apruebes el curso.
2. Es preciso que estudies las enfermedades cardíacas.
3. Es necesario que aprendas a tomar la tensión.
4. Es natural que estés nervioso.
5. Más vale que no te equivoques.
6. Es importante que sigas las instrucciones de los médicos.
7. Es mejor que repases el sistema respiratorio.
8. Es preciso que conozcas todos los síntomas de las enfermedades.

Actividad 8

1. Es mejor que me dejes en paz.
   —haga
   —sepa, te levantes, te duches
   —dejes
   —bajes

2. El descanso es importante.
   —estés, llame
   —sea, descanse
   —me quede, haga

Actividad 9

(This is an open-ended activity. If you have other answers, ask your instructor.)

1. Es evidente que (+ ind.) Ud. no tiene fiebre.
2. Lamento que (+ subj.) Ud. tenga naúseas.
3. Es indudable que (+ ind.) necesita un análisis de orina.
4. Opino que (+ ind.) está embarazada.
5. Le prohibo que (+ subj.) fume y que haga ejercicios.
6. Le recomiendo que (+ subj.) siga una buena dieta y tome vitaminas.
7. Es mejor que (+ subj.) no se acueste tarde.
8. Supongo que (+ ind.) se siente mal.
9. Es conveniente que (+ subj.) camine mucho.
10. Le sugiero que (+ subj.) vuelva la próxima semana.

Actividad 14

1. Es un método milenario para eliminar la tensión.
2. La frente, el abdomen, los ojos, la mano, la muñeca y los dedos.
3. Se colocan los dedos índices en la parte superior de la frente. Mientras se presiona suavemente, se mueven los dedos en forma circular.

Actividad 16

1. Por favor, desvístase en esa sala.
2. No se ponga boca abajo, póngase boca arriba.
3. Respire profundamente.
4. Levante los brazos.
5. Al llegar a casa, tome la medicina cada tres horas.
6. Descanse mucho y no salga por las noches.
7. No tome bebidas alcohólicas.
8. Sustituya la carne por el pescado.
9. Venga a la clínica dos veces por mes.
10. Traiga los análisis de sangre y orina.

Actividad 22

1. sigue
2. Ve, goza, no estés
3. Entra, sal
4. Ten, lleva
5. cuídate, escribe

Actividad 23

1. No hagas una cita para hoy, hazla para mañana / No hagas la cita para mañana, hazla para hoy.
2. No tomes un jarabe, toma una aspirina / No tomes una aspirina, toma un jarabe.
3. No te quedes en casa, ve a la biblioteca / No vayas a la biblioteca, quédate en casa.
4. No llames por teléfono a la profesora, espera hasta mañana / No esperes hasta mañana, llama por teléfono a la profesora.

Actividad 26

1. Transformemos la tensión en actividad.
2. Corramos y montemos en bicicleta porque ambos ejercicios nos ponen en contacto con la naturaleza.
3. Practiquemos ejercicios respiratorios.
4. Relajemos los músculos de los brazos, la cara, los hombros, el estómago y las piernas.
5. Levantémonos y acostémonos temprano para gozar las mejores horas del día.
6. Tratemos de mantener siempre un cuerpo sano.

Actividad 28

1. —(asistir / ~~atender~~)
   —(~~moverme~~ / mudarme)
2. —(~~registrarme~~ / matricularme)
   —(~~mantengo~~ / soporto)
3. —(~~atiendes~~ / asistes)
   —(mantiene / ~~soporta~~)
4. —(realizar / ~~registrar~~)
   —(~~te retires~~ / te jubiles)
5. —(moverlos / ~~mudarlos~~)
   —(ayudas / ~~asistes~~)
6. —(atender / ~~ayudar~~)
   —(me di cuenta / ~~realicé~~)

LECCIÓN 7

Actividad 3

1. ciudad sucia
2. ciudad limpia
3. ciudad sucia

4. ciudad sucia
5. ciudad limpia
6. ciudad limpia
7. ciudad sucia
8. ciudad limpia

Actividad 5

1. Las tres condiciones para obtener un crédito de vivienda son: ser jefes de familia, ocupar permanentemente la vivienda y poder hacer los pagos mensuales.
2. Las personas que deseen más información pueden dirigirse a las oficinas del Programa de Vivienda de su ciudad.

Actividad 7

1. tenga
2. se preocupaba / se preocupó
3. quieren
4. trabaje
5. comprenda
6. vivimos
7. pueda
8. sea

Actividad 10

1. digas
2. sepan
3. vayan
4. estemos
5. tengamos
6. son
7. quiera
8. salga

Actividad 15

1. Magda y Rosario tienen quince años.
2. Porque no tenía plan.
3. Rosario le pidió que la acompañara al Corte Inglés para que le ayudara a comprar unos zapatos azules que había visto la semana pasada.
4. Decidió que debía aprovechar las gangas: ¡quería comprarlo todo! para atraer a Manolo.

Actividad 17

ME: estuvieran
ME: llegáramos
ME: subiera
ME: comprara
ME: quedara
ME: regresáramos

Actividad 18

1. tuviera
2. camináramos
3. diéramos
4. abriera
5. nos fuéramos, pudiera
6. acompañara
7. enviara, llevara

Actividad 22

1. Mucho antes de que nacieran nuestros abuelos ya existían, tanto en España como en México, una serie de negociantes ambulantes.
2. Van de casa en casa comprando y vendiendo objetos viejos.

Actividad 24

1. Que
2. Ojalá
3. Que
4. Ojalá
5. Ojalá
6. Quién
7. Ojalá
8. Que

Actividad 26

1. cariñosamente
2. Verdaderamente
3. rápidamente
4. Seguramente
5. cortésmente
6. desesperadamente
7. Finalmente
8. francamente

Actividad 27

salí, fui, había dejado, metí, había puesto, coloqué, me puse, me marché

Actividad 28

LOLA: (vienes / ~~vas~~).
EUGENIA: (~~Me marcho~~ / Vengo), (~~terrible~~ / terriblemente)
EUGENIA: (~~poner~~ / ponerse)
EUGENIA: (~~colocar~~ / ponerse), (dejó / ~~metió~~), (salió / ~~metió~~)
EUGENIA: (de inmediato / ~~inmediato~~)
EUGENIA: (~~puso~~ / se puso)

LECCIÓN 8

Actividad 2

Argentina: Buenos Aires
Costa Rica: San José
Ecuador: Quito
Nicaragua: Managua
El Salvador: San Salvador
Brasil: Brasilia
Cuba: La Habana
Guatemala: Guatemala
Paraguay: Asunción
Uruguay: Montevideo
Bolivia: La Paz y Sucre
Chile: Santiago
Honduras: Tegucigalpa
Perú: Lima
Venezuela: Caracas
Colombia: Bogotá
Rep. Dominicana: Santo Domingo
México: Ciudad de México
Panamá: Panamá
Puerto Rico: San Juan

Actividad 3

1. F. Se habla sin cesar sobre la situación política dcl país.
2. F. No existen dos o tres corrientes ideológicas sino que cada país tiene muchos partidos políticos.
3. V.
4. V.
5. V.
6. F. A Rigoberta Menchú le concedieron el Premio Nóbel de la Paz en 1992 por su defensa de la población indígena de Guatemala.

Actividad 5

a. Hernán Cortés: Conquistador de México.
b. Simón Bolivar: Líder de la Independencia de los países sudamericanos. De su nombre deriva Bolivia.
c. Isabel Perón: Esposa del presidente argentino Perón.
d. César Chávez: Líder sindical de los agricultores hispanos de California.
e. Violeta Chamorro: Presidenta de Nicaragua.
f. Fernando Valenzuela: Jugador estadounidense de béisbol.

Actividad 6

1. Yo me pararía, lo cogería en los brazos, le secaría las lágrimas y le ayudaría a encontrar su camino.

2. Casi nunca tiene lo suficiente para comer, no tiene un lugar decente para dormir, no tiene cuidado médico, no tiene la oportunidad de asistir a la escuela o no tiene esperanza para el futuro.
3. Yo daría a un niño la oportunidad de tener mejor nutrición, programas de salud, ir a la escuela y tener esperanza en el futuro.

Actividad 8

1. apoyaría, tendría
2. votaría, tendría
3. habría, faltaría
4. podría, llevaría

Actividad 11

1. El político dijo que jamás permitirían el despotismo y la tiranía en su nación. Dijo que la justicia reinaría en todas partes. También dijo que llamaría a elecciones y que el pueblo elegiría a su presidente. Finalmente dijo que daría fin a las huelgas, que habría trabajo para todos y que los pobres no sufrirían más.

Actividad 12

1. Irían al Corte Inglés.
2. Usarían su tarjeta de crédito.
3. Tomarían el metro.
4. Serían las dos y media.
5. Tendrían prisa.

Actividad 17

1. Hablan de política.
2. Manuel dice que se alegra de que las naciones hispanoamericanas hayan logrado formar democracias. Rubén dice que es interesante que Chile y Nicaragua hayan efectuado elecciones libres.

Actividad 18

1. ¡Es terrible que Manuelita haya reprobado el curso!
2. Es malo que los padres les hayan dado muchas libertades a los chicos.
3. Me alegro de que Raúl se haya casado.
4. Ojalá se hayan divertido.
5. Dudo que la haya recibido.
6. Me parece extraño que haya pasado tres noches fuera de casa.
7. Quizás hayas hecho bien.

Actividad 19

1. Navegaremos en el océano tan pronto como hayan bajado las olas.
2. Llegarás al valle después de que hayas cruzado la montaña.
3. ¿Es posible que los obreros se hayan declarado en huelga?
4. Es interesante que el candidato haya logrado tantos triunfos.
5. El alcalde resolverá la crisis antes de que haya terminado su período.
6. ¡Es increíble que ninguno de nosotros lo haya apoyado!
7. Lucharemos hasta que hayamos firmado un acuerdo de paz.
8. Estaré satisfecha cuando se hayan ido a los Estados Unidos.

Actividad 20

1. S: te has repuesto
   A: hayas recibido
2. S: he recibido, ha sufrido
   A: haya desaparecido
3. S: ha dicho
   A: haya perdido
4. S: haya pasado

Actividad 22

(This is a open-ended activity. In case you have other answers ask your instructor.)
1. Ninguna nación debe hacer discriminaciones de raza, nacionalidad, clase, edad, religión o sexo.
2. Nadie puede atacar a un país sin motivo alguno.
3. Las Naciones Unidas no permitirían ninguna invasión extranjera.
4. Si algo trágico sucediera a una de las naciones, algunos países irían en su auxilio.
5. Ni Estados Unidos ni China ni Gran Bretaña ni ningún país debe tratar de imponer sus doctrinas políticas.

Actividad 24

1. Varios estudios son hechos por los ecologistas.
2. Estos proyectos ecológicos son apoyados por muchos ciudadanos.
3. Una pronta solución al problema es deseada por los brasileños.

4. Las leyes ecológicas son revisadas por el gobierno brasileño.
5. La selva del Amazonas es puesta en peligro por la falta de árboles.

Actividad 25

1. Se resolverá la crisis económica.
2. En las últimas elecciones se aprobaron varias reformas.
3. Se recibió a los ciudadanos.
4. Se prohibirán las manifestaciones fascistas.
5. Se escuchó a los manifestantes.
6. Se solicitó un aumento de sueldo.

Actividad 26

La electricidad fue descubierta por Thomas Edison.
El continente americano fue descubierto por Cristóbal Colón.
El mural *Guernica* fue pintado por Pablo Picasso.
Napoleón Bonaparte fue derrotado en la batalla de Waterloo en 1815.
México fue invadido por Hernán Cortés.
El premio Nóbel de la Paz fue ganado por Rigoberta Menchú en 1992 y Óscar Arias en 1987.

Actividad 27

1. queda
2. quedaste mal
3. quedó en
4. te quedan bien (mal)
5. nos quedamos
6. quedo / quedaré
7. me queda
8. quedarse
9. quedarte
10. queda
11. te quede
12. te quedes, me queda

Actividad 32

1. La Parroquia de San Miguel fue construida en 1683. La fachada actual se inició en 1880.
2. El Oratorio de San Felipe Neri se terminó en 1712. Se nota la influencia indígena en el labrado de su fachada.
3. En el Centro Cultural Ignacio Ramírez se dan clases de arte.

4. La iglesia de la Concepción se inauguró en 1765.
5. Desde El Mirador se puede apreciar una bella vista de la ciudad.
6. En la Presa Ignacio Allende se practican deportes acuáticos.

LECCIÓN 9

Actividad 4

1. Los sombreros de algunos indígenas bolivianos son cascos similares a los usados por los conquistadores. Los cascos son de cuero y llevan adornos de borlas de lana. Francisco Pizarro y sus hombres (los conquistadores) introdujeron el uso de los cascos.
2. La variedad de colores y de formas son infinitas y tan impresionantes como los desfiles de modas de París.
3. Su origen es el bombín londinense. Las mujeres empiezan a usarlo en la niñez.
4. Hasta en las casas más modestas se puede ver una increíble variedad de sombreros colgados en las paredes a la vista de todo el mundo.

Actividad 5

1. V.
2. F. Levante no es una ciudad, es una región.
3. V.
4. V.
5. F. Muchos de los participantes van vestidos con el traje típico valenciano.

Actividad 9

1. Los vimos ir y venir de un lado a otro.
2. Los escuchamos hablar en voz baja.
3. Los sentimos volver a su cuarto.
4. Yo les había rogado no tocarlos.
5. De pronto, los oímos bajar y entrar a la sala.
6. Papá no les permitió abrirlos esa noche.
7. Mamá les ordenó acostarse de inmediato.

Actividad 12

1. A Sarita le gustaría ir al mercado de San Juan de Dios.
2. Se puede contemplar el verde y el rojo de las sandías, los racimos amarillos de los plátanos, el color inconfundible de las naranjas, el verde de las peras.

3. Se encuentran palomitas de cerámica, gallos de vidrio soplados a mano, platitos de madera tallada y adornos de hojalata para el árbol de Navidad.

Actividad 14

1. para
2. para
3. por, para
4. por
5. por
6. Para, para
7. para
8. por, por
9. por, por
10. para
11. Para
12. Por, para
13. Para

Actividad 15

1. para   d
2. por   c
3. para   e
4. para   b
5. por   g
6. para   i
7. por   h
8. por   f
9. por   a
10. para   j

Actividad 16

a lo largo de = por
Hacia = Para
a causa de = por
con el propósito de = para
a cambio de = por
Durante = Por
debido a = por

Actividad 18

1. (por / para)
2. (Sobre / En), (con / de)
3. (con / de)
4. (por / con)
5. (con / sin)
6. (a / de), (entre / sobre)
7. (para / por), (para / por), (en / de)
8. (para / por), (sin / de), (con / sobre)
9. (de / en), (por / para)

10. (a / de), (hasta / desde)
11. (entre / sobre), (hasta / desde), (por / para)
12. (Sin / Hasta)

Actividad 21

hermanita, amiguita, casita, Abuelito, hijita, Carmencita, collarcito, pulserita

Actividad 25

1. (arriba / encima)
2. (Delante del / Enfrente del)
3. (enfrente del / al lado del)
4. (Detrás de / Antes de)
5. (abajo del / detrás del)
6. (Encima de / Debajo de)
7. (Detrás de / Debajo de)
8. (detrás de / después de)
9. (frente a / antes de)

Actividad 27

1. Una cesta de Navidad puede ser para la familia, para el (la) médico, para un amigo(a), para el (la) profesor(a), para un compromiso…
2. Para acertar con el detalle que todos esperan.
3. Las cestas son para todos los gustos y presupuestos.

LECCIÓN 10

Actividad 5

1. Puedo recurrir al revendedor.
2. Su intención es vender los boletos a un precio más caro que su precio normal.

Actividad 6

1. mencionando
2. tratando, abandonando
3. Comprendiendo, tomando
4. planeando, dejando
5. teniendo

Actividad 7

1. Ellos llegan trayendo la alegría al pueblo.
2. Los muchachos andan bailando por la plaza.
3. Los músicos entran tocando una canción popular.
4. La canción que vienen cantando es sobre una pareja.
5. Los conjuntos musicales siguen siendo muy populares en las fiestas públicas.

Actividad 8

(In case you have other answers ask your instructor.)

1. Llegando a casa te prometo llamar por teléfono.
2. Tú sabes bien que hablando contigo se me pasan las horas volando.
3. Haciendo mis tareas cometí muchos errores.
4. Pensando en ti no pude dormir en toda la noche.
5. Recordando lo que me dijiste no puedo hacer mis tareas.
6. Volviendo a hablar de nosotros quiero que sepas que te quiero mucho.

Actividad 11

1. ¿Crees que para el año 2010 habrás aprendido varios idiomas?
2. ¿Crees que para el año 2010 habrás pagado todos los préstamos de tus estudios?
3. ¿Crees que para el año 2010 habrás conseguido un puesto?
4. ¿Crees que para el año 2010 habrás triunfado en tu profesión?
5. ¿Crees que para el año 2010 te habrás casado?
6. ¿Crees que para el año 2010 habrás ahorrado para comprar una casa?
7. ¿Crees que para el año 2010 habrás resuelto la mayoría de tus problemas?

Actividad 13

1. Yo me habría acostado temprano pero estaba muy ocupado(a).
2. Yo me habría puesto el vestido rojo (la camisa roja) pero no lo encontré.
3. Yo habría ido al cine pero tenía que estudiar para un examen.
4. Yo habría estudiado mucho pero a las siete Raúl llamó por teléfono.
5. Yo habría llegado a tiempo a clase pero mi reloj estaba atrasado.
6. Yo habría recibido una A pero no sabía la última pregunta.
7. Yo te habría llamado por teléfono pero era demasiado tarde.
8. Yo me habría ido a casa pero tenía otro examen.

Actividad 15

—hubiera podido
—hubiera hecho, hubiera (habría) necesitado
—hubiera seguido, hubiera (habría) tenido
—hubiera oprimido, hubiera (habría) sido
—hubiera deslizado, hubiera (habría) funcionado
—hubiera sabido, hubiera (habría) volado
—hubiera causado

Actividad 17

1. La película *Como agua para chocolate* está basada en la novela *Como agua para chocolate* de Laura Esquivel. La película *El cartero* está basada en la novela *Ardiente paciencia (El cartero de Neruda)* de Antonio Skarmeta.
3. Pablo Neruda es un poeta chileno que recibió el Premio Nóbel de Literatura en 1952.
4. *Como agua para chocolate* recibió la calificación de muy buena, *El cartero* recibió la calificación de buena y *La flor de mi secreto* recibió la calificación de excelente.
5. La película que dirigió Pedro Almodóvar es *La flor de mi secreto*.

Actividad 19

1. que
2. que
3. quien
4. quienes
5. que
6. quien
7. quien, que
8. que, quien
9. que

Actividad 20

1. La fiesta que estamos preparando...
2. Los platos regionales que vamos a preparar...
3. La tortilla española que voy a llevar...
4. La muchacha argentina a quien conocí...
5. Las chicas de quienes te hablé ayer...
6. La camisa azul que me pondré...
7. Los últimos éxitos que tocaremos...
8. Los amigos a quienes llamaremos...
9. La estudiante peruana con quien vas a venir...

Actividad 21

1. que
2. que
3. quien / la que / la cual
4. el que / el cual
5. la que / la cual
6. quien / la que / la cual
7. que
8. quien / la que / la cual
9. que
10. los que / los cuales

Actividad 22

1. La que lleva la camisa azul será tu jefa.
2. Trabajarás sólo seis horas por día, lo que me parece muy bien.
3. Éstos son los artículos de los que quería hablarte.
4. Ésta es la emisora en la que se transmite el mejor boletín del tiempo.
5. Éstos son los archivos de los que te he hablado varias veces.
6. Aquél es el buzón en el que debes echar tus cartas.
7. Aquí tienes los artículos de fondo con los que vas a escribir tu informe.
8. Éstas son las notas sociales por las que la gente no paga nada.

Actividad 23

1. el que
2. el que
3. que
4. la cual
5. que
6. que
7. el que

Actividad 24

CARMEN: sino que
    PACO: pero
CARMEN: sino
    PACO: sino que también
CARMEN: pero, sino también
    PACO: pero
CARMEN: sino también

Actividad 25

1. cartero(a)
2. remitente
3. destinatario
4. taquillero(a)
5. voceador
6. televidente
7. director(a)
8. actor o actriz
9. locutor(a)
10. comentarista

Índice

Text Credits

p. 13: "Estrenos: Desperado", *Sin ir más lejos (Revista mensual de información cinematográfica)*, N° 11, septiembre 1995; **p. 40:** "Aeropuerto internacional" pamphlet, Madrid-Barajas Airport; **p. 52:** "Los secretos de la noche, Madrid", *El País Semanal*, N° 222, domingo 21 de mayo, 1995; **p. 53:** "Horóscopo", Leonor Andrassy, *Vanidades*, Vol. 28, N° 12, 6 de junio, 1988 (Reprinted by permission from Editorial America, S.A. d/b/a Editorial Televisa); **p. 73:** "Guía práctica: Euskadi", *Viajar*, N° 61, agosto 1990; **p. 97:** "El tiempo", *El País*, 19 de septiembre, 1990; **p. 99:** "Cursos de español" advertisement, Escuela de Español de Las Alpujarras, Granada, España; **p. 105:** Greeting cards, Hallmark Cards Ibérica, S.A.; **p. 107:** "Paro NO, Idiomas SI", *El periódico universitario*, Bilbao, España, septiembre 1995; **p. 121:** "Breve historia de la Ciudad de México", *Catálogo de viajes de la Ciudad de México*; **p. 140:** "El plano para la casa", *Jueves del Excelsior*, N° 3234, 12 de julio, 1984; **p. 142:** QUINO, Buenos Aires, Argentina; **p. 153:** advertisements, *Viva: La Revista de Clarín*, N° 994, 21 de mayo, 1995; **p. 154:** advertisements, *La Opinión*, 7 de enero, 1991; **p. 168:** advertisement, "La Tarjeta Cajamadrid", *El Globo*, España; **p. 174:** "El Corte Inglés" brochure, reprinted with permission from Grandes Almacenes, El Corte Inglés, S.A.; **p. 195:** cartoon, Juan Ballesta, *Cambio 16*, N° 1232, 3 de julio, 1995; **p. 196:** "Cómo eliminar la tensión en 60 segundos", *Buenhogar*, Vol. 26, N° 9, 23 de abril, 1991 (Reprinted by permission from Editorial America, S.A. d/b/a Editorial Televisa.); **p. 203:** advertisement, *Viva, La Revista de Clarín*, N° 994, 21 de mayo, 1995; **p. 208:** "Bellcza y salud", Marke, a publication of *Aeroméxico*; **p. 220:** "Ciudad sucia, ciudad limpia", *La Revista de El Mundo del Siglo Veintiuno*, 26 de noviembre, 1995; **p. 224:** advertisement, *La Revista de El Mundo del Siglo Veintiuno*, 5 de noviembre, 1995; **p. 239:** Casa-museo Federico García Lorca, Fuentevaqueros, Granada, España; **p. 241:** "Bocadillos en alza", Gervasio Pérez, *El País Semanal*, N° 210, 26 de febrero, 1995; **p. 253:** "Usted tiene la oportunidad de...", Plan International USA, *Más*, Vol. II, N° 3, 1991; **p. 256:** © 1997 Antonio Frasconi / Licensed by VAGA, New York, NY.; **p. 270:** San Miguel de Allende brochure, Jardín Principal, México; **p. 288:** photo, Cristina Sánchez, *Colors*, Vol. 10, March 1995. Daniel Beltra / Gamma Liaison.; **p. 296:** Thc Far Sidc © 1987 Farworks, Inc. /Dist. by Universal Press Syndicate. Reprinted by permission. All rights reserved.; **p. 302:** "Una Navidad para todos los gustos y presupuestos", advertisement, El Corte Inglés, *El País Semanal*, N° 251, 10 de diciembre, 1995; **p. 324:** cartoon, Juan Ballesta, *Cambio 16*, N° 973, 16 de julio, 1990; **p. 327:** "Teléfonos a bordo", *Escala*, a publication of Aeroméxico, N° 76, noviembre 1995; **p. 328:** "El cartero" and "La flor de mi secreto", adapted from *Guía del Ocio*, N° 1046, 1–7 de enero, 1996; **p. 339:** "Arte: Pintura latinoamericana", *Vanidades Continental*, Año 35, N° 5, 28 de febrero, 1995. Reprinted by permission from Editorial America, S.A. d/b/a Editorial Televisa.

Photo Credits

All photos by Jonathan Stark except as noted.

p. 12: Photofest; **p. 13** Courtesy of Buena Vista Social Club/World Circuit/Nonesuch Records; photo by Susan Titelman; **p. 14:** Photofest; **p. 41** © Ted Streshinsky/CORBIS; **p. 45:** Peter Menzel/Stock Boston; **p. 49** © Richard Glover/CORBIS; **p. 55** © CORBIS; **p. 59:** Lionel Delevingne/Stock Boston; **p. 72** © Yann-Arthus Bertrand/CORBIS; **p. 77:** Martha Bates/Stock Boston; **p. 83:** Michael Dwyer/Stock Boston; **p. 87:** Dagmar Fabricius; **p. 92:** Photofest; **p. 94:** Steve Prezant/The Stock Market; **p. 103:** Miro Vintoniv/Stock Boston; **p. 120:** Tom McCarthy/The Stock Market; **p. 121 top:** Eric Wessman/Stock Boston, **bottom:** The Image Works Archives; **p. 125:** David Woods/The Stock Market; **p. 129:** Bob Daemmrich/The Image Works; **p. 143:** Mangino/The Image Works; **p. 151:** Stuart Cohen/Comstock; **p. 167:** W. Hill Jr./The Image Works; **p. 172:** José L. Pelaez/The Stock Market; **p. 173:** Superstock; **p. 177:** Esbin-Anrso/The Image Works; **p. 184:** Kaz Chiba/Liaison International; **p. 187:** M. Rangell/The Image Works; **p. 188:** Mangino/The Image Works; **p. 199:** Stuart Cohen/Comstock; **p. 200:** Superstock; **p. 215:** J. Greenberg/The Image Works; **p. 219:** M. Antman/The Image Works; **p. 226:** Franken/Stock Boston; **p. 231:** Grant LeDuc/Stock Boston; **p. 233** © Stuart Cohen/The Image Works; **p. 248** © David G. Houser/CORBIS; **p. 250:** Cameramann/The Image Works; **p. 251 top:** Crandall/The Image Works, **bottom:** AP/Wide World Photos; **p. 259:** Crandall/The Image Works; **p. 262:** M. Everton/The Image Works; **p. 266:** Carlos Humberto/The Stock Market; **p. 282 left:** R. Camillo/The Stock Market, **right:** Comstock; **p. 284:** Mangino/The Image Works; **p. 285:** S. Chester/Comstock; **p. 295:** B. Daemmrich/The Image Works; **p. 305:** M. Antman/The Image Works; **p. 306:** Peter Menzel/Stock Boston; **p. 307:** Bob Daemmrich/Stock Boston; **p. 315:** Gary Payne/Gamma Liaison; **p. 317:** Superstock; **p. 318:** S. Dooley/Liaison International; **p. 331:** Photofest.

John Wiley : Customer Service
1-800-225-5945